HANS KÜNG
Sieben Päpste

Weihnachtsgeschenk von
M. + R. Themmer zw 2016

Th.- 28.12.16

HANS KÜNG

Sieben Päpste

Wie ich sie erlebt habe

PIPER
München Berlin Zürich

Mehr über unsere Autoren und Bücher:

www.piper.de
www.piper.de/hans-kueng

www.weltethos.org

MIX
Papier aus verantwor-
tungsvollen Quellen
FSC® C014496

ISBN 978-3-492-05687-8
© Piper Verlag GmbH, München 2015
Gesetzt aus der Minion Pro
Satz: Dr. Stephan Schlensog, Tübingen
Druck und Bindung: GGP Media GmbH, Pößneck
Printed in Germany

Inhalt

III. Paul VI. – Giovanni Battista Montini 92

Einführung

Persönliche Erfahrungen und Erkenntnisse

Pius XII. Pacelli,
Johannes XXIII. Roncalli,
Paul VI. Montini,
Johannes Paul I. Luciani,
Johannes Paul II. Wojtyła,
Benedikt XVI. Ratzinger,
Franziskus, Bergoglio:

Über diese sieben Päpste will ich schreiben, wie ich sie als Zeitzeuge, Theologe und Insider des Katholischen erlebt habe.

»Zwischen dem Tübinger Theologen und den Päpsten waltet ja eine Art Reichsunmittelbarkeit – mit allen damit verbundenen Ambivalenzen.« Dieses Wort des Politikwissenschaftlers Professor Hans Maier, langjähriger Bayerischer Kultusminister und Vorsitzender des Zentralkomitees der deutschen Katholiken, hat mir erst das Charakteristikum meines Umgangs mit den Päpsten bewusst gemacht und in einen historischen Zusammenhang gebracht. »Reichsunmittelbarkeit« meint in meinem Fall wohl das Verhältnis einer gewissen Unmittelbarkeit und Direktheit ohne Zwischeninstanzen und Beachtung eines Dienstweges, mit Ambivalenzen, positiv-konstruktiven wie negativ-konfrontativen Spannungen.

Es geht hier nicht um eine allgemeine, umfassende, kritisch erarbeitete Geschichtsschreibung zu den letzten sieben Päpsten, von der man Neutralität und Vollständigkeit erwarten müsste. Es geht auch nicht um eine Würdigung der Regierungs- und Verwaltungsaufgaben der Päpste oder um die Darstellung alltäglicher Abläufe, liturgischer Handlungen, Audienzen und Empfänge. Hier geht es vielmehr um einen Bericht von sehr individuellen »Erfahrungen«, die ich persönlich, direkt oder indirekt, mit den letzten sieben Päpsten gemacht habe, und von oft unkonventionellen, aber begründbaren »Erkenntnissen«, die mir in meinem langjährigen Studium der Papstgeschichte und Papstideologie aufgingen, dies oft im persönlichen Umgang mit den sieben Päpsten meiner Lebenszeit.

In diesem Geschehen der letzten Jahrzehnte blieb ich nicht nur, wie mein früherer, inzwischen verstorbener hochgeschätzter Kollege, der Soziologe Ralf Dahrendorf, ein »engagierter Beobachter«. Ich wurde nolens volens ein bescheidener Mitakteur, oft auch Mitleidender, der – aufgrund fachlicher Kompetenz und publizistischer Präsenz – nicht nur als analytischer Problematisierer, sondern auch als synthetischer Problemlöser und Verfechter von Visionen bestimmte Überzeugungen, Werte und Maßstäbe vertrat. Nicht römische Konformität wurde mir zum Ideal, sondern das offene und unerschrockene Einstehen, Widerstehen und Standhalten im Kampf für Freiheit und Wahrheit in katholischer Kirche und Ökumene.

Um eine persönliche Wertung der sehr unterschiedlichen Pontifikate kann und will ich mich nicht herumdrücken, aber sie ist im Kern *theologisch* begründet. Dass bestimmte Päpste weniger gut »wegkommen« als andere, hat natürlich auch mit meiner Sympathie oder Antipathie zu tun. Wie könnte es anders sein? Doch entscheidend wurde für mich die Nähe zum Evangelium Jesu Christi, auf das sich alle diese Päpste als »Stellvertreter Christi« zumindest theoretisch berufen. Konkret wurde diese Nähe als Treue zum Zweiten Vatikanischen Konzil, das die gesamte katholische Kirche repräsentiert und das Evangelium für unsere Zeit in maßgeblicher Weise neu interpretieren wollte. Auch bei scharf kritisierten Päpsten verschweige ich nicht ihre (in der Kirchenpresse und von Hoftheologen ohnehin ständig ausgebreiteten) positiven Leistungen, und umgekehrt bei hochgelobten Päpsten nicht ihre Versäumnisse und Fehlentscheidungen.

Also alles in allem der kritische Beitrag eines engagierten Zeitzeugen, der sich gewiss um Fairness bemüht, aber gerade deshalb sein Auge auch auf oft vernachlässigte oder bewusst ignorierte schwarze oder graue Seiten der Papstgeschichte richten und seine Stimme den Opfern päpstlicher Politik und Lehre leihen musste und muss. Die Stimme eines Insiders durchaus, aber nicht die eines vatikanischen Höflings, sondern eines katholischen Theologen und früheren Konzilstheologen, der allen Schwierigkeiten zum Trotz loyal zu seiner kirchlichen Gemeinschaft steht und der erst durch konkrete Reaktionen ganz bestimmter Päpste zu einem, wie manchmal von Zeitgenossen etikettiert, »Leader der loyalen Opposition seiner Heiligkeit« gemacht wurde.

Für meine »persönlichen Erfahrungen und Erkenntnisse« und deren Verankerung in soliden Argumenten kann ich mich auf frühere Publikationen stützen, vor allem auf die drei umfangreichen Bände meiner »Erinnerungen«, die meine Lebensgeschichte mit der kirchlichen und politischen Zeitgeschichte verknüpfen. In jedem der Bände ist selbstverständlich von den Päpsten, mit denen ich es in meinem Leben zu tun hatte, immer wieder die Rede. Doch in diesem kleinen Buch hier fasse ich die zerstreuten biografischen Erinnerungen und strukturellen Erwägungen zusammen und biete für jeden einzelnen Papst eine zusammenhängende Geschichte. So gesehen geht es auch hier nicht – ganz so, wie ich es in meinen Abschiedsreden ankündigte – um ein wirklich neues Opus, aber doch um ein neues Opusculum, das dem Leser, so hoffe ich, eine fortlaufende, spannende Lektüre der jüngsten Papstgeschichte zu bieten vermag.

Bei dieser Erzählung ist mir natürlich bewusst, dass die sieben Päpste unserer Zeit eine einzigartige, rund zweitausendjährige Tradition hinter sich haben. Auch wenn der Primat des römischen Bischofs in seiner Anfangsphase und späteren Begründung mit vielen exegetischen und historischen Fragezeichen versehen werden muss, kommt dem Papsttum doch unbestreitbar ein solch religiöses und weltpolitisches Gewicht zu, dass es auch im 21. Jahrhundert ernst genommen zu werden verdient. Andererseits muss auch jeder informierte und redliche Katholik zugeben, dass in dieser Reihe von nach offizieller Zählung 268 »Heiligen Vätern« – etwa im 10. oder 16. Jahrhundert – einige höchst unheilige, unmoralische, ja, verbrecherische Gestalten auszumachen sind. Diese Erinnerung lässt uns Menschliches, Allzumenschliches auch bei Päpsten des 20. und 21. Jahrhunderts erwarten.

Damit ist nun genügend deutlich gemacht: Dieses Buch bietet selbst bei (von Päpsten!) heiliggesprochenen Päpsten keine Hagiografie. Von einem kritischen Wissenschaftler darf man auf argumentativ begründete sowie an der Historie und dem Evangelium geschärfte Urteile hoffen, die nicht mit oberflächlichem und moralisierendem Aburteilen zu verwechseln sind. Die Urteilskriterien können sehr verschiedenartig (politisch, literarisch, kunsthistorisch, philosophisch …), aber doch nicht einfach beliebig sein. Für Christen, und auch für christliche Kirchenhistoriker, muss das letztlich ausschlaggebende Kriterium die Christlichkeit eines Papstes sein. Und diese wird gemessen an den christlichen Urintentionen, letztlich an dem Christus Jesus selber, wie er in den neutestamentlichen Schriften mit einem unverwechselbaren Profil bezeugt ist. Dabei kann zumindest deutlich werden, was klar unchristlich ist und übrigens auch von Nichtchristen oft als solches erkannt wird. Doch auf wahrhaft Menschliches und authentisch Christliches aufmerksam zu machen bereitet dem Verfasser dieses Buches sehr viel mehr Freude, und er hofft, dass auch dies ihm gelingen wird.

Tübingen, im Juni 2015   *Hans Küng*

Pius XII. Pacelli (1939–1958)

2. 3. 1876	Geboren in Rom. Studierte Philosophie an der Päpstlichen Universität Gregoriana und Theologie am päpstlichen Institut Sant'Apollinare
1899	Priesterweihe und 1901 Eintritt in den Dienst des Staatssekretariats
1917	Titularerzbischof von Sardes, Übernahme der bayerischen Nuntiatur (bis 1925)
1920–29	Nuntius für das Deutsche Reich
1929	Kardinal
1930	Staatssekretär Pius' XI.
1933	Reichskonkordat
2. 3. 1939	Wahl zum Papst als Pius XII.
1950	Dogmatisierung der Aufnahme Marias in den Himmel
9. 10. 1958	Gestorben in Castel Gandolfo

I. Pius XII. – Eugenio Pacelli

»Unser« Papst: Pius XII.

Dunkle Schatten lägen über der Welt, erklärt uns im Päpstlichen Collegium Germanicum-Hungaricum zu Rom in seiner Tischrede am Tag der üblichen Priesterweihe 1948 der neue Apostolische Visitator für Deutschland, Alois Muench, Bischof von Fargo/USA. Aber niemals habe der Fels Petri so unerschüttert gestanden wie gerade heute. Was dies beweise? Es beweise die große Anhänglichkeit und Anerkennung, die dem Heiligen Vater von allen Seiten entgegengebracht werde. Mit Ergriffenheit hören wir Alumni sein Glückwunschtelegramm für unsere Neupriester, unterzeichnet von Giovanni Battista Montini, Substitut, dem wichtigsten Mann des Staatssekretariats.

Für unsere geistige Formung im Germanikum ist die Ergebenheit gegenüber dem Papst von kapitaler Bedeutung. Ich bin mit meinen 20 Jahren erst wenige Tage in Rom, da fahren wir »Erstjährigen« zusammen mit den Neupriestern und ihren Angehörigen in die päpstliche Sommerresidenz Castel Gandolfo, um dort von Pius XII. persönlich empfangen zu werden. Es ist der 13. Oktober 1948. Ein großes Erlebnis, keine Frage. Selbst Protestanten und Sozialdemokraten damals sind von diesem Papst begeistert. Eine hohe, schlanke Gestalt, ein vergeistigtes Gesicht, sprechende Hände. Mit seiner perfekten Gestik, seinen Sprachkenntnissen, seiner Rhetorik, seiner klassischen Bildung erscheint Pius XII. allgemein als Idealbild eines Papstes schlechthin.

Für uns Deutschsprachige ist er überdies »der Papst der Deutschen«: ausgesprochen germanophil vor, während und nach der Nazizeit. Seit seiner Zeit als Nuntius in Deutschland ist er von einer fast gleichaltrigen, fähigen deutschen Ordensfrau, seiner höchst einflussreichen Vertrauten »Madre« Pasqualina Lehnert, betreut und von deutschen Mit- oder Zuar-

18

beitern umgeben, zumeist Jesuiten, die unsere Professoren an der Päpstlichen Universität Gregoriana sind.

Noch wird in dieser Zeit keine öffentliche Kritik an Pacellis hochdiplomatischer »Judenpolitik« laut, noch ist seine diktatorische »Innenpolitik« nicht ruchbar geworden. Er erscheint als der »*Pastor angelicus*« – so lautet der Sinnspruch in der »Prophezeiung« des irischen Bischofs Malachias für ihn, den 106. Papst. Bis zum Weltende sollen es insgesamt 111 Päpste sein; bald werden wir in der Basilika von San Paolo fuori le mura die 111 Medaillons mit den Papstportraits (damals noch fünf leere) samt ihren Sinnsprüchen bestaunen. Inzwischen wissen wir freilich: diese »Prophezeiung« ist eine Fälschung aus dem Jahr 1590. Viele glauben trotzdem an sie.

Wichtig für uns auch: Eugenio Pacelli ist unverkennbar ein Sympathisant unseres Kollegs. Als Nuntius in München und Berlin hatte er die Konkordate des Vatikans mit Bayern und Preußen abschließen können. Kaum war er von Pius XI. zum Kardinalstaatssekretär ernannt, hatte er schon einen offiziellen Besuch im Collegium Germanicum gemacht. Das war am 12. Januar 1933 gewesen. Nicht bekannt ist im Kolleg, dass derselbe Pacelli in diesen Tagen seinen Vertrauten und Vorsitzenden der katholischen Zentrumspartei, Prälat Ludwig Kaas, einen Altgermaniker, zu einer Koalition mit Hitler gedrängt hatte. Am 30. Januar 1933 war Hitler zum Reichskanzler ernannt worden, und bereits am 20. Juli desselben Jahres hatte er mit Pacelli das »Reichskonkordat« abgeschlossen. Ein unschätzbarer Prestigegewinn für den deutschen Diktator.

Aufschlussreich, was Pacelli damals als Kardinalstaatssekretär im Germanikum erklärt hatte. Die Erfahrungen seiner Mission jenseits der Alpen hätten ihm »die providentielle Bedeutung« des Kollegs in überzeugender und greifbarer Form vor Augen geführt«. *Drei Vorzüge* habe das römische Studium. Erstens: »*Rom macht weltweit!* Ohne den Sinn für die Heimat verkümmern zu lassen, gibt die Ewige Stadt Verständnis für den Mitmenschen anderer Länder und Zonen, Ehrfurcht vor seiner Art, Verbundenheit mit ihm durch das wunderbare Einheitsband derselben Liebe zu Christus und damit auch jene brüderliche Gesinnung, aus der die wahre Völkerversöhnung und der ersehnte Friede ersprießen.« Zweitens: »*Rom gibt Liebe zur Kirche und zum Stellvertreter Christi!* Nicht als ob diese Liebe dem anderen Klerus der Heimat fehlte. Aber die eigene Erfahrung unterbaut die Festigkeit der Liebe noch stärker und verleiht ihr den köstlichen Beigeschmack der persönlichen Vertrautheit.« Und drittens: »*Rom und die Erziehung in diesem Hause schaffen einen hochwertigen Nährboden für späteres priesterliches Wirken!*«»Ich glaube«, fährt Pacelli fort, »wir können den Geist Ihres Heims am besten mit zwei Worten bezeichnen: Selbstzucht und Übernatürlichkeit«, und schließt mit dem Satz: »Wenn Priestertum Gnade ist, dann ist der Weg zum Priestertum am Grabe des Felsenmannes unter der segnenden Hand des Papstes doppelte Gnade und doppelte Verantwortung.« Die ganze katholische Rom-Ideologie? Das war sie in nuce. Und die Germaniker applaudierten begeistert.

Freilich: Als am 2. März 1939 auf der Piazza San Pietro weißer Rauch aus der Sixtina aufsteigt, erzählt mir einmal der spätere Augsburger Bischof Stimpfle, rechnen die Germaniker keinesfalls damit, dass derselbe Pacelli zum Papst gewählt werden könnte. Schon immer galten die Kardinalstaatssekretäre als politisch zu exponiert und deshalb als für das Papstamt ungeeignet. Aber als das »Habemus Papam« auf den Namen »Eugenium Pacelli« geht, jubeln die Germaniker noch mehr als alle anderen. Sie wissen schon 1939, was wir Germaniker 1948 erst recht wissen: Dieser Papst ist aufgrund von Werdegang, Ausrichtung und Sympathie in ganz besonderer Weise »unser« Papst. Selbstzucht und Übernatürlichkeit! Pacellis Schlüsselworte werden uns noch beschäftigen.

Und in der Tat werden denn auch nie so viele *Germaniker zu Bischöfen ernannt* wie unter Pius XII.: von Luxemburg bis Brixen, von Speyer, Freiburg, Eichstätt und München bis Limburg und Würzburg ... Der neue Bischof von Würzburg, Julius Döpfner (26. 8. 1913 – 24. 7. 1976), mit dem ich später als dem Kardinal von München und Präsidenten der Deutschen Bischofskonferenz zu tun bekomme, besucht uns als Deutschlands jüngster Bischof in unserem ersten Kollegsjahr 1948. Einmalig in der Kollegsgeschichte: Er findet hier noch fünf Alumnen vor, die mit ihm den roten Talar der Germaniker getragen haben und 1939 auf dem Petersplatz dabei waren. Aber während Döpfner vom Kaplan zum Vizeregens des Priesterseminars und schließlich zum Bischof avancierte, mussten die anderen, weil in Deutschland zum Militärdienst eingezogen, zuerst hier ihre Studien abschließen, darunter der genannte Josef Stimpfle.

13. Oktober 1948: In Castel Gandolfo sehe ich Pius XII. zum ersten Mal »leibhaftig«, wie er unseren Neupriestern viel Erfolg in ihrem Apostolat und uns »Neorubri« (neu im roten Talar) Mut und Ausdauer im Studium wünscht. Ist es nicht erhebend, den Summus Pontifex so ganz nah zu erleben und seine Sympathie zu erfahren? Mit dem Apostolischen Segen versehen, fahren wir in froher Stimmung nach Rom zurück, wo nun nach all den Feiern der Ernst des Lebens beginnt. Schon zwei Tage darauf, am 15. Oktober, gehen wir zum ersten Mal an unsere Universität, die Pontificia Universitas Gregoriana, wo vom Rektor in feierlicher Inauguration das neue Schuljahr eröffnet wird. Die Gregoriana wird im Jahr 2001 ihren 450. Geburtstag feiern und 21 Heilige, 10 Päpste und mehr als ein Drittel der gegenwärtigen Kardinäle unter ihren früheren Studenten zählen.

Dem Papst ganz nahe

1950 ist in Rom ein besonderes, ein »heiliges« Jahr! Zum ersten Mal können zahllose deutsche Pilger nach Rom kommen. Großer Bedarf an Pilgerführern – warum nicht auch Germaniker? Dies ist das Argument von Don Carlo Bayer, Altgermaniker, Leiter des deutschen Pilgerkomitees in Rom. Der Rektor stimmt zu. Und bald sind wir, weil in unseren wehenden roten Soutanen überall leicht sichtbar, unter Pilgern und Pilgerinnen besonders beliebt. Wir sind ja auch keine gewöhnlichen Touristenführer, sondern junge Theologen, die den Menschen neben äußeren Daten und Fakten den inneren Geist der traditionellen Stätten des Christentums zu vermitteln trachten. Außer der willkommenen Tagesvergütung erhalten wir von unserer Pilgergruppe am Ende jeweils eine respektable Summe Trinkgeld. Ich deponiere das Geld vorschriftsgemäß beim P. Minister, um so etwas Kapital anzusammeln für die Rückreise in den Heimaturlaub nach drei Jahren, wofür ich schon früh einen größeren Umweg über Wien plane.

Der Höhepunkt der Romfahrt ist für die meisten Pilger die Papstaudienz, jetzt wegen der großen Scharen meist in der Peterskirche. Meine Gruppen zeigen sich dort jeweils nicht wenig erstaunt, wenn sie ihren Pilgerführer plötzlich vorn neben dem Papstthron vor der grandiosen Confessio Berninis stehen sehen. Ich weiß nicht mehr, wer mich da zuerst durch die hinteren Eingänge in die Basilika geführt hat, damit ich als Sprecher der Deutschsprachigen das »Vater unser« vorbete und »Großer Gott, wir loben Dich« anstimme. Jedenfalls sehe ich so, direkt unter der Kuppel Michelangelos, wie auf einen Schlag die ganze Basilika im Licht erstrahlt und der Summus Pontifex auf der Sedia gestatoria in die Peterskirche getragen wird, wie er absteigt, wie er die Ehrengäste begrüßt, wie er sich von Begeisterten die Hände küssen lässt. Aber auch, wie er anschließend zur Confessio kommt und sich neben mir vom Leibarzt seine Hände desinfizieren lässt. Verständlich und menschlich. Unser Mikrofon wird jetzt direkt vor seinen Thron gestellt. Von dort aus hält er seine offizielle Begrüßung und eine Ansprache. Abgeschlossen alles mit dem feierlichen Apostolischen Segen. Natürlich schreibe ich mit Freuden nach Hause, wie nahe ich schon dem »Heiligen Vater« gekommen bin.

Ein anderer Germaniker hat nicht dasselbe Glück. Wir führen nämlich vorwiegend die besonders zahlreichen Frauen- und Mädchengruppen durch Rom; noch heute habe ich Spaß an den mir damals zugesandten hübschen Fotos. Selbstverständlich bleiben jene Roten, die nicht wie ich einen Platz an der Confessio haben, auch in Sankt Peter inmitten ihrer Gruppen. Dies aber gefällt dem Heiligen Vater gar nicht. Und wie sein Vorgänger Pius X. ins Kolleg telefonieren ließ, weil er von seinem Fenster aus auf dem Petersplatz einen »Roten« allein sah (statt vorschriftsmäßig mindestens zu zweit), so winkt eines Tages Pius XII. von seinem Thron aus mit großer Geste einen Germaniker aus seiner Mädchenschar heraus. Offensichtlich sieht der Papst hier des Priesteramtskandidaten »Selbstzucht« in Gefahr. Ja, er wartet mit der Ansprache, bis der Arme, jetzt auch der Kopf hochrot, ganz vorn, von seiner Gruppe getrennt, Aufstellung genommen hat.

Doch dies genügt dem Pastor Angelicus nicht. Prompt lässt er durch seinen Privatsekretär, P. Robert Leiber SJ, unseren Rektor wissen, Seine Heiligkeit wünsche nicht, dass Germaniker Frauen- oder Mädchengruppen führen. Wir sind perplex. Große Diskussion. Doch dem »Wunsch« des Papstes wird selbstverständlich Folge geleistet. In der zweiten Jahreshälfte können wir nur noch wenige Pilger führen. Ich finde dies völlig unverständlich und frage unseren Exerzitienmeister P. Johannes Hirschmann aus Frankfurt/St. Georgen, einen bekannten Moraltheologen. Dieser öffnet mir für alle Zukunft die Augen mit der entwaffnenden Erklärung: Auch Päpste seien nun einmal vor »Sexualkomplexen« nicht gefeit. »Selbstzucht« kann also auch innere Unfreiheit bedeuten.

Doch auch vonseiten der Kollegleitung hat man Angst, die stramme Kollegsdisziplin könne unter den Pilgerführungen leiden. Jedenfalls erklärt uns eines Abends der Präfekt der Philosophenkammer, Josef Stimpfle, bei der abendlichen Ankündigung – diese macht immer der »oberste« Germaniker in der Selbstverwaltung des Kollegs – vor dem Silentium religiosum tiefernst: Er habe heute in der Stadt einen Mitbruder gesehen, »einfach so, einfach so«. Und mit strenger Miene streicht er mit seinen Händen von oben nach unten über seinen Talar, wie wenn dieser Mitbruder nackt durch Roms Straßen gegangen wäre. Doch das »einfach so« – es wurde unter uns sprichwörtlich – bezieht sich lediglich darauf, dass jener Mitbruder in der römischen Bruthitze ohne die fußlange rote Scholastika, einfach so nur im roten Talar, durch die Stadt gegangen war. Was draußen keinem Menschen auffällt, kann die innerkirchliche Ordnung ernsthaft erschüttern. Einfach so.

Alle Pilgerführer erhalten nach dem Heiligen Jahr 1950, vom Kölner Kardinal Frings überreicht, eine bronzene Verdienstmedaille am grünen Ordensband. Neben Kardinal Valerio Valeri steht auch der neu kreierte Kardinal von München, der Germaniker Joseph Wendel. Eine volle Woche erleben wir von ganz nah, welche höfischen Zeremonien fällig sind, wenn der Papst einen seiner »Söhne« (Kardinäle sind ganz und gar »Kreaturen« des Papstes, während Bischöfe als seine »Brüder« zu respektieren sind) installiert: Überbringung des Ernennungsbigliettos, »Visite di calore« der Kardinäle und des diplomatischen Corps, Festbankett, eine heilige Aufregung, alles bei uns im Kolleg. Dann im Vatikan halböffentliches Konsistorium, gefolgt vom öffentlichen Konsistorium, schließlich die Besitzergreifung der römischen Titelkirche Santa Maria Nuova. SCV ist auf den Limousinen die Abkürzung für »Stato e Città del Vaticano« – von den spöttischen Römern übersetzt mit »Se Cristo vedesse – Wenn dies Christus gesehen hätte«. In der Tat: Was hat dies alles mit Jesus Christus zu tun?

Erstarrte Fronten

Am 13. Oktober 1951 beendet Pius XII. in aller Form die Feierlichkeiten des Heiligen Jahres 1950. Und zwar mit einer Rundfunkansprache an eine Million Pilger im portugiesischen Wallfahrtsort Fatima. Kardinallegat Tedeschini teilt der Öffentlichkeit mit, dass der Papst – o Wunder – im vergangenen Jahr in Rom die gleichen Erscheinungen am Himmel beobachtet habe, die seit 1917 als das Sonnenwunder von Fatima bezeichnet werden. Bei uns im Germanikum haben selbst intensive Marienverehrer zu dieser Zeit keine derartigen Erlebnisse.

Eine kritische Sicht der Amtsführung Pius' XII. setzt sich auch bei mir höchst langsam durch. Seine frühe Enzyklika »Divino afflante Spiritu« (1943), wesentlich vom Rektor des Bibelinstituts, Augustin Bea, inspiriert, bedeutete für die Bibelwissenschaft eine wahre Befreiung: moderne Methoden erlaubt, Archäologie, Paläontologie, Studium der semitischen Sprachen und der Alten Literatur erwünscht, die Bedeutung der verschiedenen literarischen Formen der Texte zu beachten … Aber schon die Instructio »Ecclesia catholica« der Inquisitionsbehörde, des Sanctum Officium, vom 20. Dezember 1949, gegen die ökumenische Bewegung, welche die von der katholischen Kirche verweigerte Teilnahme an dem im Vorjahr in Amsterdam gegründeten Weltrat der Kirchen unterstreicht, befremdet mich.

Aber vieles weiß oder verstehe ich damals nicht. Etwa dass der Jesuit Pierre Teilhard de Chardin schon 1926 seinen Lehrstuhl am Pariser Institut Catholique verloren hatte und seither von der römischen Inquisition verfolgt wird; dass er zu seinen Lebzeiten kein einziges seiner theologischen Werke gedruckt sehen darf; ja, dass er nun im Lauf der Säuberung – im Gefolge der Enzyklika »Humani generis« über einige glaubensbedrohende Ansichten – 1951 irgendwo aufs Land im Staat New York verbannt wird, wo seinem Sarg am Ostersonntag 1955 ein einziger Mensch folgen wird. 1968 werde ich als Gastprofessor in New York ganze 160 Kilometer am Hudson entlang zu seiner Grabstätte fahren, und es wird mich schmerzen, dass das Grab des großen Paläontologen und Theologen in keiner Weise ausgezeichnet ist, sodass ich es nur mit Mühe finden kann. »Damnatio memoriae – aus dem Gedächtnis auslöschen«: eine alte römische Sitte!

Kein Zweifel: Im Vatikan hat 1950 die letzte, reaktionäre Phase des Pontifikats Pius' XII. begonnen, die in der Theologie Friedhofsruhe einkehren lässt und für die Arbeiterpriester in Frankreich eine Katastrophe bedeutet. Aber auch in der großen Politik zwischen Ost und West scheint sich wenig zu bewegen. Der Kalte Krieg ist zum Stellungskrieg erstarrt, der bestenfalls Stellvertreterkriege wie in Korea zulässt. In Moskau ist Stalins Herrschaft ebenfalls in die Endphase eingetreten. Präsident Truman wird bald von General Eisenhower abgelöst. Gegenüber der Sowjetunion verfolgt er eine »Politik der Stärke«, deren Exponent sein Außenminister John Foster Dulles ist, Onkel des zum Katholizismus konvertierten Jesuitentheologen Avery Dulles, der es unter Johannes Paul II. noch zum Kardinal bringen sollte.

In der Bundesrepublik Deutschland folgt dem Wiederaufbau die Westintegration. 1951 beenden die Westmächte den Kriegszustand mit Deutschland. Trotz päpstlichen Einspruchs wird am 10. April das Gesetz über die Mitbestimmung der Arbeitnehmer in den westdeutschen Unternehmen des Bergbaus und der eisenschaffenden Industrie verabschiedet. Am 10. September schließt die Bundesrepublik einen Wiedergutmachungsvertrag mit dem Staat Israel, während der Vatikan dem Judenstaat die diplomatische Anerkennung aus ideologischen Gründen nach wie vor versagt. Der Vatikan spielt immer mehr die Rolle der weltpolitischen Nachhut. Bezüglich des Kommunismus gilt nach wie vor das Decretum des Sanctum Officium vom 1. Juli 1949: Wer der kommunistischen Partei beitritt, sie fördert, kommunistische Bücher oder Zeitschriften herausgibt, liest oder in ihnen schreibt, ist ipso facto exkommuniziert. Doch im Land von »Don Camillo und Peppone« – diese vergnüglichen Filme mit dem französischen Schauspieler Fernandel werden auch uns in der Sommervilla San Pastore gezeigt – nimmt man es nicht so genau. In Rom werden die Gesetze gemacht und (nur) in Deutschland gehalten.

Das päpstliche Mariendogma

Am 1. November 1950 erblicke ich meine Professoren Bea, Hürth, Tromp und andere Mitglieder des Sanctum Officium direkt vor mir auf dem Petersplatz. Sie sitzen zusammen mit dem französischen Außenminister Robert Schuman – einem Europäer der ersten Stunde – auf den Ehrenplätzen bei einem Großereignis des »außerordentlichen« päpstlichen Lehramtes: der Definition eines neuen Dogmas über Maria. »Die unbefleckte Gottesmutter und immerwährende Jungfrau Maria ist«, so erklärt Pius XII. feierlich und für alle Katholiken verbindlich, »nach Vollendung ihres irdischen Lebenslaufes mit Leib und Seele in die himmlische Herrlichkeit aufgenommen worden« (ob sie gestorben ist, lässt der Papst bewusst offen).

Ein unfehlbarer Spruch, da ex cathedra vom obersten Lehrer und Hirten der katholischen Kirche unter dem besonderen Beistand des Heiligen Geistes ausgesprochen: Zum ersten Mal nimmt der Papst die durch das Vatikanische Konzil 1870 erfolgte Definition der päpstlichen Unfehlbarkeit in Anspruch. Und dies jetzt gegen allen Widerspruch von Protestanten, Orthodoxen und nicht zuletzt von Katholiken, die über diese »von Gott« angeblich »geoffenbarte Glaubenswahrheit« in der Bibel schlichtweg keinen Beleg finden. Mein eigener Basler Diözesanbischof, Franziskus von Streng, ist 1950 prominent dabei als päpstlicher Thronassistent mit Kerze. Warum? Weil unser Bistum die sündhaft teure neue Bronzetür des Heiligen Jahres zwar bezahlen durfte, auf deren gewaltigen Türflügel aber nicht etwa der Name unseres Bischofs eingegossen wurde, sondern der des früheren deutschen Zentrumsvorsitzenden und Papstfreundes Prälat Ludwig Kaas, jetzt Direktor der vatikanischen Fabbrica di San Pietro. Auch dies ist alte römische Tradition: Für die eigenen Lorbeeren lässt man andere bezahlen. Doch was hat Kaas davon? Kaum zwei Jahre später muss er »das Zeitliche«, das ihm so sehr am Herzen lag, »segnen«.

Ob wir denn mit diesem unfehlbaren Dogma gar keine Probleme hätten? So fragen uns deutsche Theologiestudenten aus Bonn, die in unserem Refektorium zu Gast sind. Soeben war ein langer Artikel des führenden deutschen Patrologen Prof. Berthold Altaner erschienen, der mit vielen Belegen aufzeigt, dass dieses Dogma keine historische Grundlage in den ersten Jahrhunderten besitzt, sondern auf die Legende einer wundersüchtigen apokryphen Schrift aus dem fünften Jahrhundert zurückgeht. Wir Germaniker – unter dem Einfluss von Männern wie Tromp und Hürth – wollen von diesen Einwänden nichts hören. Wir meinen, die deutschen Theologiestudenten seien durch ihre »rationalistischen« Professoren von der an der Gregoriana verbreiteten Erkenntnis abgehalten worden, dass sich ein solches Dogma nun einmal langsam, quasi »organisch« im Lauf der Dogmengeschichte »entwickelt« habe, dass es aber im Grunde schon in biblischen Sätzen wie »Maria, Du bist voll der Gnade, der Herr ist mit Dir« (Lk 1,30) angelegt, »implizit« also, enthalten sei.

In meiner Surseer Heimat praktizierten wir auch in der katholischen Jugendbewegung eine recht selbstverständliche Marienverehrung, vor allem stimmungsvolle Maiandachten und Waldweihnachten – ohne Probleme. Aber in Rom wird jetzt eine enthusiastische Marienverehrung von Pius XII. wie schon von Pius IX. bewusst strategisch eingesetzt, nicht zuletzt mit Hilfe des großen italienischen Volkspredigers P. Riccardo Lombardi SJ. Zum triumphalen Abschluss seines »Kreuzzugs der Güte« in der Stadt Rom hält man schon am 8. Dezember 1949 – natürlich immer mit den Kommunisten im Visier – unter Beteiligung Hunderttausender eine riesige Prozession ab, bei der wir Germaniker mit anderen Seminaristen abwechselnd stolz das Gnadenbild von Santa Maria Maggiore nach Sankt Peter tragen dürfen. Die Abschlussveranstaltung des »Kreuzzugs« findet dann nachts in Santa Maria Maggiore statt mit einer in Roms Pfarrkirchen übertragenen gewaltigen Predigt P. Lombardis, die, bezeichnend für diese

Frömmigkeit, endet mit: »Evviva Gesù! Evviva la Madonna! Evviva l'Italia!«

Solche Marienverehrung verbindet sich für uns freilich mit einer zunehmend kritischen Einstellung gegenüber neuen Marienerscheinungen wie etwa denen im bayrischen Heroldsbach in den 40er- und 50er-Jahren. Über deren kirchliche Nichtanerkennung wird unser Mitbruder, der zuständige Bamberger Weihbischof und Erforscher der Frühscholastik Arthur Michael Landgraf, uns bald eingehend berichten. Nach dessen nüchternen Kriterien wären sicher auch die Erscheinungen von Fatima kirchlich nie anerkannt worden.

Auf dem Petersplatz nun an diesem strahlenden 1. November des Heiligen Jahres 1950 bin ich mit Begeisterung bei der Definition des Dogmas dabei. Ich vollziehe auch in aller Stille jene Weihe der vollständigen Hingabe an Maria und durch Maria an Jesus, wie sie der französische Volksmissionar und Ordensstifter Grignion de Montfort (+1716, von Pius XII. 1947 heiliggesprochen) propagiert hatte. Sie ist mir empfohlen worden vom sonst so kritischen P. Wilhelm Klein, unserem Spiritual, ein glühender Marienverehrer, der in »geistiger Exegese« freilich sogar in den Paulusbriefen Maria (als »geschaffene Gnade«) zu finden trachtet. Davon werde ich mich mit zunehmender Kenntnis der kritischen Schriftauslegung und kirchenpolitischer Erfahrung immer mehr distanzieren.

Die Arbeiterpriester – ein Testfall

Anfang der 1950er-Jahre hatte sich Frankreich – mit seiner großen Kommunistischen Partei, seinen starken Gewerkschaften und zahllosen Streiks – zu einem Krisenherd der katholischen Kirche entwickelt. Frankreichs Bischöfe waren alarmiert worden durch die religionssoziologische Untersuchung der Abbés Godin und Daniel unter dem Titel »France, pays de mission?«. »Frankreich – ein Missionsland«? Der Befund ist denn auch alarmierend: Ein fast totaler Verlust der Arbeiterschaft, von der gerade noch zwei Prozent religiös aktiv sind! Es ist vor allem der Kardinal-Erzbischof von Paris, Emmanuel Suhard, der, wiewohl auch er wie die Mehrzahl der französischen Bischöfe durch die Kollaboration mit dem autoritären nazihörigen Pétain-Regime kompromittiert, jetzt entschieden auf diesen Befund reagiert. Schon früh lese auch ich seinen weit über Frankreich hinaus bekannten, genau analysierenden Hirtenbrief »Essor ou déclin de l'Eglise? – Aufschwung oder Verfall der Kirche?« Im März 1953 spricht bei uns im Germanikum der Sekretär der »Semaines Sociales de France«, Professor Folliet aus Lyon, über Frankreichs Arbeiterbewegung und seine sozialkatholische Bewegung.

Dem Vatikan ist die Religionssoziologie – von Gabriel Le Bras an der Sorbonne etabliert – verdächtig, da sie gegenüber dem herrschenden Triumphalismus ein realistisches Bild von der zum Teil desolaten Lage der Kirche an der Basis zeigt. Verdächtig natürlich auch die »Rückkehr zu den Quellen«, da so von der Bibel und den Kirchenvätern her eine andere Theologie und ein weniger juristisches Bild der Kirche entwickelt wird als in der herrschenden Neuscholastik. Verdächtig ebenfalls jeglicher »Ökumenismus«, der in den anderen christlichen Kirchen Wahres und Gutes und sogar eine Form von »Kirche« zu finden vorgibt. Verdächtig unter all diesen Umständen erst recht die »Arbeiterpriester«.

Mit großer Anteilnahme verfolge ich so das unter Kardinal Suhards Protektorat nach dem Krieg gestartete Experiment der »Mission de Paris«, später der »Mission de France«, welche die Arbeiterschaft zurückzugewinnen sucht: und zwar durch Priester als Arbeiter, durch »prêtres ouvriers«. Was man schon während des Krieges unter den französischen Zwangsarbeitern in deutschen Rüstungsfabriken ausprobiert hatte, soll jetzt auch in Frankreich realisiert werden. Man schickt Priester als Arbeiter in die Fabriken, damit sie dort als Seelsorger unter den Arbeitern wirken. Eine fast unmögliche Aufgabe angesichts der seit den Revolutionen von 1789 und 1848 anhaltenden Entfremdung der jetzt meist sozialistisch-kommunistischen Arbeiterschaft von der verbürgerlichten, »kapitalistischen« Kirche. Kommen da die engagierten Arbeiterpriester darum herum, sich die berechtigten Forderungen der Arbeiterschaft zu eigen zu machen? Gar der Gewerkschaft, oft auch der Kommunistischen Partei, beizutreten? Von sieben Millionen Lohnempfängern in Frankreich verdienen 1953 mehr als eine Million weniger als 30 Dollar im Monat. Als besser Gebildete werden Arbeiterpriester vereinzelt in Betriebsräte oder gar als Gewerkschaftssekretäre gewählt. Mit heißem Herzen lese ich den auf persönlichen Erfahrungen beruhenden Roman von Gilbert Cesbron »Les saints vont en enfer« – »Die Heiligen gehen in die Hölle«.

Und in die »Hölle« kommen die Arbeiterpriester jetzt tatsächlich. Doch nicht in die des totalitären Kommunismus, sondern in die der totalitären römischen Inquisition. Diese kann zwar Abweichler nicht mehr physisch, wohl aber psychisch verbrennen. Es ist jener Kardinal Pizzardo, Sekretär der vatikanischen Kongregation für die Seminare, dem ich meine Silbermedaille für das philosophische Lizentiat verdanke, der jetzt unter der Direktive des Sanctum Officium und in Zusammenarbeit mit dem Pariser Nuntius Marella im August/September 1953 eine breit angelegte römische Welle der Repression anrollen lässt: Allen französischen Seminaristen ist ab sofort Ferienarbeit in den Fabriken untersagt. Alle Arbeiterpriester sind aus den Fabriken zurückzurufen in die religiösen Häuser der Orden und Diözesen. Das Seminar der »Mission de France« wird geschlossen. Die Professoren werden nach Hause geschickt. Das alles geschieht selbstverständlich nicht ohne Billigung Pius' XII. Es ist der Wunsch des Heiligen Vaters persönlich …

90 Arbeiterpriester sind die Betroffenen, mehr waren von Rom ohnehin nicht toleriert worden. Und die sollen unter fast 50 000 Weltpriestern und Ordensleuten für die Kirche eine so ungeheure Gefahr darstellen? Die Weltpresse verfolgt die Er-

eignisse aufmerksam, und überall, auch in unserem Kolleg, wird die Frage leidenschaftlich diskutiert. Zum ersten Mal bin ich fest überzeugt: Pius XII. ist in dieser Frage im Unrecht! Das Ende der Arbeiterpriester ist eine Tragödie. Und mit dem Ende der Arbeiterpriester ist ja auch das Ende der sie unterstützenden Theologie gekommen.

Theologen-Säuberung: Yves Congar gegen die »römische Hydra«

Eine zweite Säuberung (und beabsichtigte Einschüchterung auch der nicht direkt Betroffenen) setzt jetzt ein, nicht mehr gegen die Jesuiten, die sich nach der Enzyklika »Humani generis« (1950) als gebrannte Kinder rechtzeitig aus der Mission de France zurückgezogen hatten, sondern gegen die Dominikaner. Genau wie in autoritären oder totalitären Regierungssystemen werden führende Mitglieder ohne irgendein legales Verfahren und ohne Möglichkeit der Verteidigung aus ihren Stellungen entfernt. Von Menschenrechten redet kein Mensch und erst recht kein Papst. Mit allen Mitteln sollen die Orden, die sich aufgrund ihrer aus dem Mittelalter stammenden Verfassung einen Rest von Autonomie gegenüber der römischen Zentrale bewahrt haben, zur politischen Unterordnung unter den Willen des in Rom herrschenden Machtkartells gezwungen werden.

Nicht nur der Papst, auch das Sanctum Officium bleibt bei solchen Aktionen gerne im Hintergrund. Es ist der Dominikanergeneral, der Spanier Emanuel Suárez, der im Februar 1954 angewiesen wird, die drei Provinziäle von Paris, Lyon und Toulouse, die Patres Avril, Belaud und Nicolas, ihrer Ämter zu entheben. Tragischerweise kommt Suárez am 29. Juni, nachdem er in Rom am Fest von St. Peter und Paul teilgenommen und die ganze Nacht hindurch selber sein Auto gesteuert hatte, zwischen Perpignan und der spanischen Grenze ums Leben. Die Elite des Predigerordens (OP, Ordo Praedicatorum) ist jetzt lahmgelegt. Denn vier weitere berühmte Dominikanertheologen, die ich später persönlich kennenlerne, werden aus Paris verbannt: Pierre Boisselot (Verlagsleiter der Editions du Cerf), Henri Féret (Lehrstuhl für Katechetik), Marie-Dominique Chenu (der große Anreger, exzellenter Thomaskenner und Theologiehistoriker, zeitkritischer Verfasser einer Theologie der Arbeit und Hauptstütze der Arbeiterpriester) und vor allem Yves Congar. Dieser wird im Februar 1954 aus seinem Heimatkonvent Le Saulchoir bei Paris ausgeschlossen und nach Jerusalem verbannt, bevor er nach Cambridge abgeschoben und generell mit Rede- und Publikationsverbot belegt wird. Fehlt nur noch, dass man ihn (wie in der Sowjetunion) in eine Nervenheilanstalt steckt: Denn wer gegen das System (»Kirche« oder »Partei«) ist, der kann doch nur verrückt sein …

Zu meiner Überraschung treffe ich Yves Congar, diesen bedeutendsten Ökumeniker und Ekklesiologen unserer Kirche, jetzt aber ein gemiedener »auteur suspect«, im Winter 1954/55 in Rom, wo er sich zwischen seinem Exil in Jerusalem und Cambridge kurze Zeit aufhält. Erst später höre ich, dass er vom Sanctum Officium dringend nach Rom gerufen worden war, ohne aber je vorgelassen zu werden. So martert man die Menschen. Er darf in Rom weder predigen noch Vorträge halten, ja nicht einmal im Sprechzimmer Studenten empfangen. Als Mitglied eines kleinen internationalen Ökumenischen Zirkels, geleitet in Nachfolge von P. Charles Boyer SJ vom hervorragenden holländischen Liturgiewissenschaftler Herman Schmidt SJ, dessen Vorlesungen ich eifrig besuche, bin ich gut zwei Stunden mit Congar zusammen. Gastgeber ist das Centro »Unitas« an der Piazza Navona, das von den bewundernswert engagierten holländischen Damen des Gral-Laienordens geführt wird.

Wir Studenten können uns kaum vorstellen, was in dem ruhig und freundlich in unserer Runde sitzenden, verketzerten und zur öffentlichen Untätigkeit verurteilten Dominikaner vor sich geht. Er spricht hier über sein der Zukunft zugewandtes Kirchenverständnis, das auf die Laienschaft baut und auf die

Ökumene ausgerichtet ist. Erst im Jahr 2000 – sechs Jahre nach seiner Erhebung zum Kardinal, fünf Jahre nach seinem Tod! – wird sein erschütterndes »Journal d'un théologien 1946–1956« veröffentlicht: Congars dunkelstes Jahrzehnt im Kampf gegen die »römische Hydra« (»l'hydre romaine«). Aufgrund seiner grausamen Erfahrungen mit der unheiligen römischen Inquisition – das Wort »Heiliges Offizium« setzt er immer in Anführungszeichen – hat er längst in vielem tiefer als wir kritische römische Studenten dieses kranke religiöse System und dessen Symptome durchschaut: die römischen Methoden, die behaupten, Gott zu dienen, indem sie die Freiheit des Evangeliums unterdrücken. Congar schreibt in seinem Tagebuch bereits 1937 über dieses »kirchliche, klerikale System, wo die Gewissen geknechtet werden, die Beziehungen der Seele mit Gott aber abgeleitet und kontrolliert erscheinen«: »eine Religion durch Bevollmächtigung (›procuration‹) zugunsten des Klerus, ein kirchliches Imperium, dessen Autokrat der Papst ist«.

Aber Congar hat die Hoffnung nicht aufgegeben. Denn er ist überzeugt, dass diese Kirche sich reformieren muss, wenn sie nicht verfallen soll. Man solle mit denen, die sie verlassen haben, diskutieren und sie nicht bekämpfen: »débattre plutôt que combattre!« Und was die Arbeiterpriester angeht, hat er den viel zitierten Satz geschrieben: »On peut condamner une solution si elle est fausse, on ne peut condamner un problème.« – »Man kann eine Lösung verurteilen, wenn sie falsch ist; man kann kein Problem verurteilen« (»Témoignage Chrétien« 1953).

Nie wollte Congar austreten, nicht aus dem Orden, nicht aus dem geistlichen Amt, nicht aus der Kirche, gar ein Schisma provozieren. Aber zutiefst verabscheut er das System, das er mit dem stalinistischen vergleicht (und das »Heilige Offizium« mit der Gestapo), weil es mit Denunzierung und Geheimhaltung in der Kirche eine Atmosphäre der Verdächtigung und der Gerüchte schafft und letztlich auf Angst beruht, auf der Angst nicht nur vor dem Kommunismus, sondern vor jeglicher Veränderung des Status quo. Ernsthaft ringt Congar mit der Frage, ob er sich nicht zum Komplizen mache, wenn er seinem Ordensgeneral, in dem er immer den Nachfolger seines Ordensgründers, des heiligen Dominikus, sieht, unbedingt gehorche. Einem General, der ihn zwar gegenüber dem Heiligen Offizium verteidige, aber doch immer nur innerhalb eines Systems, ohne je die diesem System inhärenten Lügen zurückzuweisen: »Ich habe heute Angst, dass das Absolute und die Simplizität des Gehorsams mich in eine Komplizenschaft hineinzieht mit diesem abscheulichen System der geheimen Denunzierungen, welches die wesentliche Bedingung des ›Heiligen Offiziums‹ ist, Zentrum und Scheitelpunkt für den ganzen Rest. Denn, tatsächlich, wenn der P. General Chenu, Féret, Boisselot und mich ohne Grund – ich meine ohne einen anderen Grund als die Unzufriedenheit des ›Heiligen Offiziums‹ und seiner Schriftgelehrten vom päpstlichen Hof – mit Sanktionen belegt, so arbeitet er für die Verdächtigungen und die Lügen, die verlogenerweise auf uns lasten.« Congars Schlussfolgerungen: »Es ist das System und seine Lügen, die ihm inhärent sind, die man ganz und gar zurückweisen müsste« (»Journal«, 23. 3. 1954).

Ob ich selber andere Entscheidungen bezüglich meines Lebensweges getroffen hätte, wenn mir Congar das, was er damals nur seinem »Journal« anvertraute, verraten hätte? Die Gefährlichkeit eines unbedingten Gehorsams, selbst gegen sein eigenes Gewissen, war mir ja auch schon vorher schmerzhaft deutlich geworden, und ich habe mir diesbezüglich meine Meinung gebildet: Glaube ist nicht Unterwerfung unter eine menschliche Autorität, sondern unbedingtes Vertrauen auf Gott selbst.

Affinität des päpstlich-autoritären Kirchenverständnisses zum faschistisch-autoritären Staatsverständnis

Henri de Lubac und die Jesuiten haben sich äußerlich der kirchlichen Autorität unterworfen – und schweigen. Die Kirche sei »quand-même notre Mère – trotzdem unsere Mutter«, wird mir de Lubac während des Konzils unter der Kuppel von St. Peter tadelnd sagen, nachdem ich meinen ersten kritischen Vortrag über »Wahrhaftigkeit in der Kirche« gehalten hatte. Auch Yves Congar und die Dominikaner haben sich äußerlich der kirchlichen Autorität unterworfen – und schweigen. Insofern ist es nicht richtig, wenn man im Jahr 2000 Yves Congars ganz privates »Journal« der Jahre 1946–1956 mit »La révolte d'un théologien« anpreist. Alle französischen Priester und Theologen, so kann man in den 50er-Jahren triumphierend in Rom verkünden, hätten sich den römischen Maßnahmen im Geist des Gehorsams »unterworfen«: »Humiliter se subiecerunt« – »Demütig haben sie sich unterworfen« ist die traditionelle Formel. Alle? Außer 40 (von 90) Arbeiterpriester, die sich weigern, die Fabrikarbeit aufzugeben und sich zu unterwerfen! Man hat nicht mehr viel von ihnen gehört. Damnatio memoriae. Ihre Namen sind vergessen. Ob vielleicht irgendwann einmal jemand ihre Geschichte schreiben wird?

Mitten in den Auseinandersetzungen um die Arbeiterpriester fliegen am 5. November 1953 die drei französischen Kardinäle Feltin (Suhards Nachfolger in Paris), Gerlier (Lyon) und Liénart (Lille) nach Rom, um persönlich bei Pius XII. zu intervenieren. Ohne allen Erfolg. Drei Jahre später in Paris werde ich bei einem kleinen Abendessen auf Einladung des aufgeschlossenen Msgr. Lalande, Vorsitzender von »Pax Christi« und früher Sekretär von Kardinal Suhard, Gelegenheit erhalten, Kardinal Pierre Gerlier bezüglich dieser Unterredung zu befragen. Der Papst sei nicht zu überzeugen gewesen, meint der Primas von Gallien. Am Ende habe er gesagt: »Ma conscience de pape m'oblige d'agir ainsi« – »Mein Gewissen als Papst verpflichtet mich, so zu handeln«. Und, jetzt zu mir gewandt, Kardinal Gerlier: »Et alors, qu'est-ce que vous voulez faire« – »Was wollen Sie da machen, cher Monsieur l'Abbé?« Ich zucke die Schultern und ärgere mich nachträglich darüber, dass mir die Antwort nicht einfiel: »Démissionez, Eminence.« Oder noch besser: »Résistez!« – »Widerstehen Sie!« Doch »Résistez« war die Parole der französischen Hugenotten gegen Kardinal Richelieu. Und hätte sich angesichts eines solchen bischöflichen Gewissens (»conscience d'évêque«) und der angedrohten Demission der drei Führer der »Eglise de France« das Gewissen gerade dieses Papstes wirklich noch geändert?

Ich weiß es bis heute nicht. Damals war die Stellung des ebenso selbstbewussten wie selbstgerechten Pius XII. noch unangefochten. Freilich weiß man bereits: Weder der italienische Überfall auf Albanien am Karfreitag 1939 noch die Auslösung des Zweiten Weltkriegs durch den deutschen Überfall auf Polen im September 1939 noch der schon seit 1942 dem Papst bekannt gewordene Holocaust konnten Pius XII., den »Stellvertreter«, zu einer öffentlichen Verurteilung veranlassen. Doch Rolf Hochhuths »christliches Trauerspiel« wird erst 1963 erscheinen.

Immer klarer wird mir: Das Versagen jeglichen prophetischen Protestes angesichts all der Verbrechen gegen die Menschlichkeit durch die totalitären Machthaber einerseits und das autoritäre Einschreiten desselben Papstes gegen die Erneuerer in der eigenen Theologie und Kirche andererseits haben im Grunde dieselbe Wurzel: Es ist die unübersehbare *Affinität zwischen des Papstes autoritärem*, das heißt: antiprotestantischem, antiliberalem, antisozialistischem, antimodernem *Kirchenverständnis und einem höchst autoritären*, das heißt: faschistischen *Staatsverständnis*. Deshalb ja auch Konkordate Pacellis mit Hitler-Deutschland, Salazar-Portugal und Franco-Spanien. Bezeichnenderweise hat Pius XII. die, von Pius XI. 1926 verbotene, nationalistisch-faschistoide Action Française (für die das absolute Übel die Demokratie und das absolute Heilmittel die Monarchie ist) schon wenige Wochen nach seiner Wahl wieder zugelassen. Aber die bereits vorbereitete Enzyklika seines Vorgängers gegen Nazismus und Antisemitismus – Gustav Gundlach ist einer der drei Redakteure – lässt er liegen. Aus dem harten Kern der Action Française rekrutierten sich 1940 Marschall Pétains katholische Anhänger, während sich die Katholiken in der Résistance (de Gaulle, Bidault, Schuman, Abbé Pierre ...) oft gegen die Hierarchie auf den Primat ihres Gewissens berufen mussten.

Servile Bischöfe

Das Schlimme an diesem autoritären, quasi faschistischen Kirchenverständnis ist, dass es von den *Bischöfen* weithin mitgetragen wird, wie es wiederum Yves Congar schon damals sehr klar erkannt hat: Für die Bischöfe (die sich übrigens zum schönen Teil auf die Seite des Regimes von Marschall Pétain gestellt hatten) seien die Dominikaner »eine Résistance, das heißt wir (die Dominikaner) sind die einzige organische Kraft, die denkt, die eine Unabhängigkeit hat und die sich nicht damit begnügt, wann immer der römische Götze (l'idole romaine) gesprochen hat, auszurufen, ›es ist nicht ein Mensch, es ist ein Gott, der gesprochen hat‹ (Apg 12,22: so wurde damals König Herodes, der das königliche Gewand angezogen und sich auf den Thron gesetzt hatte, nach seiner Rede vom Volk gefeiert, bevor ihn der Engel des Herrn schlug, weil er Gott nicht die Ehre gab, und er von Würmern zerfressen den Geist aufgab)«.

Und Congar fährt in seinem »Journal« am 9. 2. 1954 fort: »Die Bischöfe sind ganz und gar gekrümmt in Passivität und Servilität; sie haben für Rom eine aufrichtige, kindliche Ehrerbietung. Sogar eine kindische, infantile. Für sie ist dies ›die Kirche‹ ... Rom konkret, das ist der Papst, das ist das ganze System der Kongregationen, die erscheinen, als ob sie diese Kirche seien, die Jesus auf den Felsen gebaut hat. Und es ist das ›Heilige Offizium‹. Das ›Heilige Offizium‹ regiert konkret die Kirche und beugt jeden unter die Furcht oder die Interventionen. Es ist diese oberste Gestapo, unbeugsam, deren Entscheidungen man nicht diskutieren kann … Der Grund der Debatte ist also eine neue Konzeption der Kirche, die man uns auferlegen will, und deren Basis ist erstens eine Reduktion von allem auf den Gehorsam und auf eine Beziehung Autorität – Untertanen; zweitens eine neue Konzeption des Gehorsams, von einem ›style super jésuitique‹.«

Congar hat damals ein Dossier über »Papolatrie«, »Papstvergötzung« von Pius IX. bis Pius XII. angelegt. Darin finden sich so schöne »Trouvailles« wie die von den »drei weißen Dingen« in der katholischen Kirche: Hostie, Maria, Papst. Leider hat er dies nie veröffentlicht. Er war schließlich zufrieden, dass er sich auf Einladung des mutigen Erzbischofs Weber in Straßburg niederlassen und dort in bescheidenem Rahmen sogar wieder predigen und Vorträge halten durfte. Ein bewegendes »Dossier confidentiel« von fast 800 Seiten über die Verurteilung der Dominikaner hat 1989 François Leprieur OP vorgelegt unter dem Titel »Quand Rome condamne«.

Auf einer Fahrt von Tunis nach Bône (Hippo, Bischofsstadt Augustins) in Algerien im Frühjahr 1955 treffen mein Mitgermaniker Franz Knapp und ich, aus Rom kommend, rein zufällig den ebenfalls exilierten Superior der Mission de France, Msgr. Louis Augros. Lange, lange erzählt er uns am Abend von den Arbeiterpriestern. Mit deren Ende ist jedenfalls auch das definitive Ende des »Renouveau catholique« gekommen, jener hoffnungsvollen religiös-literarischen Erneuerungsbewegung, die angesichts eines starren römischen Dogmatismus zur Rechten und eines positivistisch-deterministischen Laizismus zur Linken die Werte eines authentischen Katholischseins zu verwirklichen sucht. Repräsentiert am Anfang durch so glänzende Namen wie Léon Bloy, Charles Péguy und Paul Claudel, fortgesetzt dann durch Georges Bernanos und Julien Green, schließlich in anderer Weise aufgegriffen durch die theologische Avantgarde der Jesuiten und Dominikaner, die sich ja auch in der Résistance engagieren, die Jesuiten Chaillet, Fessard und de Lubac mit der Untergrundzeitung »Témoignage chrétien«.

Als ich kaum zwei Jahre nach der Unterdrückung der Arbeiterpriester für mein Doktorat von Rom nach Paris umsiedle, kann ich von dieser großen Generation öffentlich nur noch die (stark angegriffene) Stimme von François Mauriac hören, der nach seinem Kampf gegen Franco und Vichy zum Anhänger de Gaulles geworden ist und 1952 den Nobelpreis für Literatur erhalten hat. Die römische Intervention – eine Tragödie auch für die vorher so lebendige französische Theologie, von der sie sich nie mehr erholen wird. Ja, die gesamte biblische, liturgische, patristische, pastorale, ökumenische Erneuerung ist davon mit betroffen. Auch im deutschsprachigen Raum hat man sie seit dem 19. Jahrhundert von Rom aus ständig gebremst, im französischen Raum aber hat man sie total blockiert, wenn nicht definitiv gestoppt. »Quand-même notre Mère«? Noch kein Papst und kein Episkopat hat diesbezüglich ein »Mea Culpa« abgelegt.

Ein Mann der Kirche, kein Heiliger

Welch grausame Ironie: Dieser Pius XII., letzter unangefochtener Vertreter des vorkonziliaren mittelalterlich-gegenreformatorisch-antimodernen Paradigmas, der noch unmittelbar nach dem Zweiten Weltkrieg (1950) äußerst forsch vorging bei der Definition eines »unfehlbaren« Mariendogmas, dem gleichzeitigen Verbot der Arbeiterpriester und der Absetzung der bedeutendsten Theologen seiner Zeit, derselbe Pius XII. war von Anfang an äußerst zurückhaltend gewesen gegenüber einer öffentlichen Verurteilung von Nationalsozialismus und Antisemitismus.

Warum? Kurz beantwortet: Weil Eugenio Pacelli von seiner Person und Laufbahn her 1. ausgesprochen germanophil und ganz von deutschen Mitarbeitern umgeben war (»der Papst der Deutschen«), 2. vor allem juristisch-diplomatisch und nicht theologisch-evangelisch dachte, 3. nicht pastoral-menschenbezogen, sondern kurial-institutionsfixiert agierte, 4. seit dem Schockerlebnis von München im Jahr 1918 (»Räterepublik«) von einer körperlichen Berührungsangst und einer Kommunismusfurcht besessen, zutiefst autoritär-antidemokratisch eingestellt (»Führer-Katholizismus«) und so 5. für eine pragmatisch-antikommunistische Allianz mit dem totalitären Nazismus geradezu prädisponiert war. Wichtig war für den Berufsdiplomaten Pacelli die »Freiheit der Kirche«, verstanden als die weitestmögliche staatliche Anerkennung der Kircheninstitution und des neuen Kirchenrechts, jenes von ihm mit ausgearbeiteten und 1917 mitten im Krieg ohne Zustimmung des Weltepiskopats promulgierten zentralistischen neuen Codex Iuris Canonici. »Menschenrechte« und »Demokratie« blieben diesem Papst im Grunde fremd. Und was die Juden betrifft, so waren für ihn schon als Kardinal nicht mehr Jerusalem und sein Volk die Stadt und das Volk Gottes. Nein, für ihn, den Römer, war Rom – nicht die Römer, sondern Rom und immer wieder Rom – das neue Zion, und römisch war für ihn jedes Volk, das den römischen Glauben lebt. In diesem mittelalterlich-antijüdischen Sinn war Pacelli *römisch-katholisch*.

Der Kardinalstaatssekretär Pacelli, am 2. März 1939 unerwartet zum Papst gewählt, war zuerst und zuletzt »*ein Mann der Kirche*«, wie ich es in meinen römischen Studienjahren von seinem Privatsekretär und engsten Vertrauten P. Robert Leiber SJ selber hören konnte. Und das hieß im Klartext: Pius XII. war entgegen aller Fremd- und Eigenstilisierung »*kein Heiliger*« (so nicht ohne kritischen Unterton derselbe P. Leiber); ebenso im »Lexikon für Theologie und Kirche« (21963, Bd. 8, 543): »Als autoritäre Persönlichkeit hat er die Kirche zentralistisch (und seit 1944 ohne Staatssekretär) geleitet.« Doch die für unseren Zusammenhang entscheidende Frage ist: War

Eugenio Pacelli auch die für diese Zeit so bitter notwendige prophetische Gestalt?

Pius XII. und die Juden

Es ehrt den mutigen jüdischen Gelehrten Pinchas Lapide (die zahlreichen römisch-katholischen Apologeten fallen hier nicht ins Gewicht), dass er Pius XII. gegen pauschale Angriffe in Schutz nahm. Es ist in der Tat falsch zu behaupten, Pius XII. habe »nichts für die Juden getan«, er sei gar Rassist oder Antisemit gewesen oder habe aus Feigheit oder zur Wahrung finanzieller Interessen des Vatikans geschwiegen. Wahr ist vielmehr: Pacelli hat oft zum Frieden gemahnt und besonders in den Weihnachtsansprachen 1939–1942 die psychologischen, rechtlichen und religiösen Grundlagen eines dauerhaften Friedens formuliert. Auch hat er sich mit diplomatischen Demarchen und karitativen Hilfen, besonders gegen Ende des Krieges, für die Rettung einzelner Juden oder Gruppen von Juden, vor allem in Italien und Rom, eingesetzt. Zweimal – in seiner Weihnachtsansprache 1942 sowie im Geheimen Kardinalskonsistorium vom 2. Juni 1943 – hat er kurz, allgemein und abstrakt das Schicksal der »unglücklichen Leute« beklagt, die um ihrer Rasse willen verfolgt würden. Das steht außer Frage. Aber die Grundfrage bleibt: Genügte das in dieser historischen Stunde, genügte das für einen, der »Stellvertreter Christi« auf Erden zu sein beanspruchte?

Wohl nicht. Denn was ist das alles im Vergleich zu dem, was derselbe Papst nicht getan hat? Auch dies ist Tatsache – und der persönliche Hintergrund dieses Papstes macht hier einiges begreiflicher:

1. In allen seinen Stellungnahmen benutzte der Papst verblüffend allgemeine Wendungen. Er sprach von »unglücklichen Leuten«; das Wort »*Juden*« dagegen nahm er, von der traditionell-antijüdischen römischen Theologie geprägt, *öffentlich nie in den Mund*; die unter direkter Aufsicht seines Staats-

sekretariats erscheinende römische Jesuitenzeitschrift veröffentlichte zur selben Zeit antijüdische Artikel.

2. Pacelli sah sich offensichtlich nicht genötigt, auch nur mit einem Wort den alles Völkerrecht brechenden *deutschen Überfall auf Polen* ausdrücklich zu verurteilen, der ein ganzes (immerhin katholisches) Volk ins Unglück stürzte. Nicht einmal eine Protestnote, öffentlich oder geheim, ging nach Berlin ab. Vielmehr beteuerte er angesichts dieses Verbrechens stets seine»Neutralität« und drückte bestenfalls sein Mitleid mit den Leiden des polnischen Volkes aus, ohne diesem katholischen Volk, dessen Repräsentanten ihn um ein Wort oder eine Geste der Unterstützung gebeten hatten, effektiv zu helfen.

3. Der kirchenpolitisch und kirchenjuristisch denkende Papst *überschätzte* aufgrund seiner»déformation professionnelle« den Einfluss von *Diplomatie und Konkordaten* maßlos. Das alte römische Wort»Quod non est in actis non est in mundo« (»Was nicht in den Akten ist, ist nicht in der Welt«) hatte für ihn beinahe auch den umgekehrten Sinn »Quod est in actis, est in mundo«.

4. Unendlich viel wichtiger als die leidige Judenfrage waren für ihn, den entschiedenen Antizionisten, *zwei politische Ziele*: der Kampf gegen den über alles gefürchteten *Sowjetkommunismus*, der von den Deutschen gewonnen werden, und – natürlich auch hier – die Erhaltung der *Institution Kirche*, die über den Krieg hinweggerettet werden musste. Dahinter mussten die Interessen einer bestimmten Minderheit und im Grunde auch der Weltfrieden zurückstehen.

5. Die noch unter seinem Vorgänger Pius XI. (der 1937 gegen den Nationalsozialismus die Enzyklika»Mit brennender Sorge« veröffentlicht hatte) ausgearbeitete *Enzyklika gegen Rassismus und Antisemitismus* – 1938 ohnehin viel zu spät – veröffentlichte Pacelli, jetzt Papst, nicht; er unterstützte auch die holländischen Bischöfe nicht, die sich öffentlich für die Juden eingesetzt hatten, sodass die Nazischergen dort freie Hand hatten.

6. Obwohl schon der öffentliche Protest eines einzigen deutschen Bischofs (Clemens August Graf von Galen in Münster) gegen Hitlers monströses »Euthanasieprogramm«, ebenfalls viel zu spät (1941), breite öffentliche Wirkung zeigte (die Bischofskonferenz, schon seit Herbst 1940 informiert, konnte sich zu keinem Protest aufraffen) und auch die lutherischen Bischöfe Dänemarks mit ihrem öffentlichen Eintreten für die Juden erfolgreich waren, *vermied* Pacelli als Staatssekretär und Papst – sonst in Tausenden von Ansprachen zu allen möglichen Themen sich äußernd – *jeglichen öffentlichen Protest gegen den Antisemitismus*; auch die naheliegende Kündigung des von den Nazis doch von Anfang an ständig missachteten Konkordats (oder des Konkordats mit dem faschistischen Italien) kam für ihn nicht infrage.

Ein Papst, der schwieg

Vergebens wartete die Welt. Pius XII., dessen Friedensappelle verhallten, betonte immer wieder seine »Neutralität«, drückte manchen Opfern sein Mitgefühl aus und zog es im Übrigen vor, *auch während des Krieges zu schweigen*: nicht nur zu den notorischen deutschen Kriegsverbrechen überall in Europa und zu dem ethnisch wie politisch bedingten Massenmord an mindestens 10 000 orthodoxen Serben durch das rechtsradikal-katholische Ustascha-Regime in Kroatien in den Jahren 1941 bis 1945. Nein, er schwieg *auch zur Judenvernichtung*, dem größten Massenmord aller Zeiten, über den er seit 1942 (über den Berner Nuntius Bernardini und italienische Militärpfarrer in Russland) wohl besser informiert war als jeder andere Staatsmann des Westens. Und Pacelli (auf seine beiden Ziele fixiert) ließ sich selbst dann nicht umstimmen, als er im Verlauf des Krieges immer öfter um eine öffentliche Stellungnahme gebeten wurde, nicht nur vom Berliner Bischof Konrad von Preysing, dem einzigen deutschen Bischof von politischem Format, sondern auch von jüdischen Organisationen, selbst von Präsident Roosevelt und anderen westlichen Staatsmännern, schließlich auch vom Oberrabbiner Herzog von Palästina. Dies blieb auch unverändert seine Haltung während und nach der kurzen, gewaltlosen Besetzung Roms durch die Deutschen (Oktober 1943 bis Juni 1944) – obwohl gerade damals die »Endlösung« mit der Deportation der ungarischen Juden nach Auschwitz in die Gaskammern ihren Höhepunkt erreichte.

Gewiss, Pius XII., persönlich keineswegs feige, hatte eine nicht unbegründete Angst vor Vergeltungsschlägen der Nazis, in erster Linie vor solchen gegen die katholische Kirche und – nach der Besetzung Roms durch die deutschen Truppen – auch gegen den Vatikan. So berichtete denn auch beim Abtransport der römischen Juden im Oktober 1943 der damalige deutsche Vatikanbotschafter *Ernst von Weizsäcker* nach Berlin, »der Papst« habe sich, »obwohl dem Vernehmen nach von verschiedenen Seiten bestürmt, zu keiner demonstrativen Äußerung gegen den Abtransport der Juden aus Rom hinreißen lassen«, wiewohl »sich der Vorgang sozusagen unter den Fenstern des Papstes abgespielt« habe. Ja, der Papst habe »auch in dieser heiklen Frage alles getan, um das Verhältnis zu der deutschen Regierung und den in Rom befindlichen deutschen Stellen nicht zu belasten«. Zwar sei im »Osservatore Romano« am 25./26. Oktober ein offizielles Kommuniqué über die Liebestätigkeit des Papstes veröffentlicht worden, aber wie in diesem Blatt üblich, »reichlich gewunden und unklar«: der Papst »lasse seine väterliche Fürsorge allen Menschen ohne Unterschied der Nationalität, Religion und Rasse angedeihen«. Dazu der Botschafter: »Gegen diese Veröffentlichung sind Einwendungen umso weniger zu erheben, als ihr Wortlaut … von den wenigsten als spezieller Hinweis auf die Judenfrage verstanden werden wird.«

Es ist paradox genug: Wiewohl Papst Pacelli nach dem Krieg 1949 nicht die geringsten Hemmungen zeigte, alle kommunistischen Parteimitglieder der ganzen Welt (aufgrund kurzsichtiger italienischer Wahlinteressen der Kurie) auf einen Schlag zu exkommunizieren, sah er nicht nur von einer Exkommunikation, sondern auch von jeglicher öffentlicher Verurteilung so prominenter »Katholiken« und Massenmörder wie Hitler, Himmler, Goebbels und Bormann ab (Göring, Eichmann und andere führende Nazis waren nominell Protestanten), ganz zu schweigen vom antisemitischen katholischen Prälaten und Staatspräsidenten Tiso der besetzten Slowakei, vom ebenfalls antisemitischen Ustaschaführer Ante Pavelic sowie vom französischen Marschall Pétain. Den großen antifaschistischen Führer der italienischen »Democrazia Cristiana« und ersten Ministerpräsidenten Italiens nach dem Krieg aber, Alcide de Gasperi, empfing er nie. Dieser war während der faschistischen Zeit im Vatikan als Hilfsbibliothekar beschäftigt; dem Papst Pacelli, der die Monarchie in Italien beibehalten wollte und de Gasperi später gar ein Wahlbündnis mit den Neofaschisten nahelegen ließ, erschien er zu wenig klerikal und devot.

»Ein christliches Trauerspiel«

Während selbst seine kluge deutsche Vertraute Sr. Pasqualina Lehnert und andere wie Kardinal Eugène Tisserant, der französische Dekan des Kardinalskollegiums, immer wieder zu deutlichen Stellungnahmen gegen das nationalsozialistische Regime drängten, schwieg sich der Papst selber öffentlich aus – trotz zunehmender Informationen zum Holocaust. Dies war mehr als ein politisches, es war ein moralisches Versagen: Es war das bis heute unbegreifliche *Verweigern eines moralischen Protestes ohne Rücksicht auf politische Opportunitäten* durch einen Christen, der in aller Form der »Stellvertreter Christi« par excellence zu sein beansprucht. Noch unbegreiflicher freilich ist, dass derselbe Papst *seine Fehler nach dem Krieg verdrängte* und durch autoritäre Maßregelung innerkatholischer Dissenters besonders in Frankreich kompensierte.

Und am unbegreiflichsten (oder aufgrund der schlimmen Vorgeschichte nur zu begreiflich) ist, dass Pius, der mit Hitler und anderen Diktatoren paktiert hatte, nach dem Holocaust dem jungen demokratischen Staat Israel durch all die Jahre bis zu seinem Tod 1958 die diplomatische Anerkennung versagte.

So war denn der Pontifikat Pius' XII.,

der zweifellos beste Intentionen besaß und eine wegweisende Enzyklika für die katholische Bibelexegese (»Divino afflante Spiritu«, 1943) veröffentlicht hatte, aber in fast allen entscheidenden Punkten (Liturgiereform, Ökumenismus, Antikommunismus, Religionsfreiheit, Judenfrage, »moderne Welt«) vom Nachfolger und dessen Konzil korrigiert werden musste;

der mehr öffentlich redete als je ein Papst zuvor, aber schwieg zu dem allergrößten Verbrechen seiner Zeit;

der rastlos für seine Kirche tätig war und doch passiv blieb angesichts der allergrößten Katastrophe seines Pontifikats;

der die Katholiken paternalistisch auf kindlichen Gehorsam gegenüber sich selbst, aber auch gegenüber Hitler, Mussolini, Franco und Salazar festlegte, nur um »die Kirche«, ihr »Recht«, ihren Apparat und ihre Institutionen zu retten;

der mit den eigentlichen Feinden des Christentums paktierte, aber gegen alle »Abweichler« und »Neuerer« in der eigenen Kirche einen erbarmungslosen Kirchenkampf führte:

so war denn dieser Pontifikat bei allem äußeren Glanz in Wahrheit »*ein christliches Trauerspiel*«.

Und wer gegen das Drama mit diesem Untertitel, Rolf Hochhuths »*Der Stellvertreter*« aus dem Jahre 1963, noch ein Vierteljahrhundert später protestiert – wie noch 1988 anlässlich einer Neuinszenierung in München unisono der dortige Erzbischof, der Generalsekretär der deutschen Bischofskonferenz, der Wissenschaftsminister, gleichgeschaltete kirchliche Presseorgane –, der beweist eben nicht nur, dass er die Geschichte nicht unvoreingenommen studiert, sondern auch, dass er in der Zwischenzeit rein nichts hinzugelernt hat. Besser hätte man sich das Wort Johannes' XXIII. zu eigen gemacht, der auf die Frage, was man gegen Hochhuths Drama tun könne, Hannah Ahrendt zufolge gesagt haben soll: »Tun? Was kann man gegen die Wahrheit tun?«

Karl Barth und die Christuserscheinung Pius' XII.

Die tiefe Enttäuschung über Pius XII. hat meine Loyalität zum Petrusamt in der Kirche nicht beeinträchtigt. Ich feiere am 11. Oktober 1954 meine erste Eucharistie in den Grotten der Petersbasilika, in der Unterkirche unter Berninis Confessio, am dort vermuteten, wenngleich keineswegs bewiesenen Grab des Apostels Petrus, der nach sicheren frühen Zeugnissen in Rom als Märtyrer hingerichtet worden war. In diesem schlichten, stillen Raum kann ich ganz konzentriert und ohne Pomp meine erste »Messe«, besser »Eucharistie- oder Dankesfeier« in Erinnerung an das Abschiedsmahl und die Hingabe unseres Herrn zelebrieren.

Nicht nur meine erste Eucharistiefeier, sondern auch meine erste Predigt halte ich im Vatikan, im Sonntagsgottesdienst der päpstlichen Schweizergarde. Die Gardisten samt ihrem Oberst Pfyffer von Altishofen und Major von Balthasar, Bruder von Hans Urs, alles Luzerner, horchen auf, als ihnen am Christkönigsfest Ende Oktober 1954 ein Neupriester deutlich macht: Sie, die in neuester Zeit mehr Exkönige als früher zum Papst zu geleiten hätten, könnten vom gekreuzigten König Christus die christliche Umwertung aller Werte ablesen: Die Monarchie Christi bedeute Demokratie (1 Petr 1,9: »Ihr seid ein königliches Priestertum«), und Herrschen in Christi Reich heiße Dienen (»der Höchste sei der Diener aller«). Im Vatikan ungewohnte Töne. Im Rückblick finde ich es angebracht, mit dieser Predigt, einem anhand einer kleinen handschriftlichen Skizze redigierten Text, den im Herbst 2015 erscheinenden Band 3 meiner »Sämtlichen Werke« (Thematik »Kirche«) zu eröffnen.

Nach meiner Rückkehr in die Schweiz 1955 diskutiere ich auch mit Karl Barth über die aktuelle Lage der katholischen

Kirche. Und natürlich über das Papsttum, von dessen ungeheuren Möglichkeiten Barth fasziniert, von dessen konkreter Gestalt und Praxis er jedoch abgestoßen ist: »Ich kann von diesem Stuhle Petri her die Stimme des Guten Hirten nicht hören«, pflegt er zu sagen. Und meint damit besonders Pius XII. Dessen angebliche Christuserscheinung am 2. Dezember 1954 war publik gemacht worden in der Illustrierten »Oggi« vom 25. November 1955, zwei Tage später vom vatikanischen Pressebüro und Radio bestätigt. Karl Barth testet mich hintergründig: »Was halten Sie denn davon?« Meine Antwort: »Nichts.« Barth aber reizt es, das Spiel fortzusetzen, er insistiert: »Aber das wäre doch immerhin die erste Christuserscheinung nach der des Apostels Paulus. Und da wäre es wichtig zu wissen, was unser Herr Jesus dem Papst Pius gesagt hat?« Als ich das nicht wissen will, rückt er mit der Pointe heraus: »Gewiss hätte Christus zum Papst ganz ähnlich wie zu Paulus gesagt: Pius, Pius, warum verfolgst du mich?«

Später erfahre ich aus sicherer Quelle: Die ganze Erscheinungsstory – in peinlicher Weise bebildert mit gestellten großen Farbfotos seiner Heiligkeit mit zwei Vögelchen auf der Hand, mit Schäfchen und Kindern und beim Gebet in seiner Privatkapelle neben seinem Schlafzimmer in Castel Gandolfo – war an »Oggi« verkauft worden. Von wem? Von P. Lombardis Manager P. Rontondi SJ, der dafür mindestens 50 (wenn nicht 100) Millionen Lire für einen »guten Zweck« (ein Bauunternehmen von Lombardis »Mondo migliore«) kassiert hat!

Pius XII. hat es – zufolge einer Mitteilung des Postulators seiner Seligsprechung, des uns Germanikern wohlbekannten früheren Repetitors P. Peter Gumpel SJ im Jahr 2002 – auch mit dem Teufel zu tun gehabt: Er vollzog mehrmals eine Teufelsaustreibung an Adolf Hitler, den er für besessen hielt. Ein bisher völlig unüblicher Exorzismus auf 1500 Kilometer Distanz – ihm als »Stellvertreter« Gottes oder Christi offensichtlich möglich erscheinend – freilich ohne jeden Erfolg! Ob unser Betreiber des Seligsprechungsprozesses nicht überlegt hat, dass Psychiater Christuserscheinung wie Teufelsaustreibung wie bei Papst Bonifaz VIII. als Anzeichen eines drohenden »Cäsarenwahnsinns« (= krankhafte Übersteigerung eines Machttriebs bei Herrschern oder Diktatoren) diagnostizieren könnten?

Pius XII.: Der größte Papst des 20. Jahrhunderts?

Zwei Wochen im Oktober 1958 habe ich mit einer Gruppe Luzerner auf einer Studienreise auf den Spuren des Apostels Paulus in der Ägäis verbracht. Am 9. Oktober erhalten wir in Athen die Nachricht vom Tod Pius' XII. Mit meinen Kenntnissen des Altgriechischen versuche ich, die in neugriechischer Sprache geschriebenen Athener Zeitungen zu lesen. Aber erst später, nach langer Bahnfahrt durch den Balkan, kann ich schließlich in Mailand ausführliche Berichte und Kommentare der italienischen Presse zum Tode von Papa Pacelli studieren. Seltsam: Der vorher so hochgepriesene und umschmeichelte »Pastor angelicus« wird mit höchst kritischen Nekrologen bedacht.

Pius XII. – der größte Papst des Jahrhunderts? Jetzt wagen manche Journalisten über den Autokraten Pacelli, seinen Triumphalismus, Dogmatismus und Nepotismus, das zu schreiben, was sie vorher ängstlich verschwiegen haben. Ja, des Papstes geld- und ruhmgieriger Leibarzt (ein Augenarzt!) »Dr. Riccardo Galeazzi Lisi« (sein Name prangte auf unserem Weg zur Gregoriana jeden Tag in großen Lettern werbend an der Piazza Barberini!) verkauft in schamloser Weise den Medien die von ihm höchst indiskret aufgenommenen Fotos des verstorbenen Papstes. Dazu auch sein wenig appetitliches Tagebuch über Pacellis Agonie und schließlich in einer Pressekonferenz die technischen Details der Einbalsamierung. Da diese misslang, muss nachts in der Peterskirche – man berichtet von einer gespenstischen Szene auf dem riesigen Katafalk unter der Kuppel Michelangelos – »korrigiert« werden. Man fühlt sich an Innozenz III., angeblich »größter Papst des Mittelalters«, erinnert, den man nach seinem Tod, von allen verlassen und völlig nackt, weil von den eigenen Dienern ausgeraubt, in der Kathedrale zu Perugia fand. Dass die mächtigste Frau im Vatikan, Madre Pasqualina Lehnert, nach dem Tod Pius' XII. vom Dekan des Kardinalskollegiums, Kardinal Tisserant, sofort barsch aus dem Palast gewiesen wurde, passt zu dieser makabren Szene ...

Pius XII. bleibt als Papst umstritten, und seine Selig- und Heiligsprechung lässt auf sich warten bis auf den heutigen Tag. Doch auch für ihn wird wie für alle von einem Papst heiliggesprochenen Päpste das Wort gelten, das unser Spiritual P. Wilhelm Klein 1954 seiner Exhorte am Vorabend der Heiligsprechung des Antimodernisten-Papstes Pius X. durch Pius XII. voranstellte, gut lutherisch formuliert: »Morgen wird in St. Peter der ›Simul iustus et peccator‹ (der ›gleichzeitig Gerechter und Sünder‹ ist) heiliggesprochen!«

Johannes XXIII. Roncalli (1958–1963)

25. 11. 1881	Geboren in Sotto il Monte (bei Bergamo). Theologische Studien im Seminar von Bergamo und an der Lateranuniversität
1904	Priesterweihe
1925	Apostolischer Delegat für Bulgarien, Türkei, Griechenland
1944 – 53	Nuntius in Paris
ab 1952	Ständiger Beobachter des Heiligen Stuhls bei der UNESCO
1953	Patriarch von Venedig
1953	Kardinal
28. 10. 1958	Wahl zum Papst als Johannes XXIII.
25. 1. 1959	Ankündigung des Zweiten Vatikanischen Konzils
11. 10. 1962	Eröffnung des Zweiten Vatikanischen Konzils. 1. Session
3. 6. 1963	Gestorben in Rom

II. Johannes XXIII. – Angelo Roncalli

Unerwartete Wahl: Angelo Roncalli

Natürlich ist Ende Oktober 1958 die ganze Welt gespannt auf die Wahl des neuen Papstes. Pius XII., sich selbst zunehmend isolierend und entscheidungsunfähig, hatte in den letzten Jahren kaum noch Kardinals- und Kurienposten besetzt. So finden sich von dem an sich 70-köpfigen Kollegium nur 51 Kardinäle zum Konklave ein. Aus Griechenland nach Luzern zurückgekehrt, verfolge auch ich in unserem Pfarrhaus am Radio mit brennendem Interesse jeden neuen Wahlgang. Erst am vierten Tag, Dienstag, dem 28. Oktober 1958, steigt nach zehn ergebnislosen Wahlgängen endlich weißer Rauch aus dem Kamin der Sixtinischen Kapelle auf. Wer ist der Erkorene? Von den Kolonnaden herunter wird der Name Ruffini gerufen. Ich erschrecke: Kardinal Ruffini von Palermo – einer der reaktionärsten Kardinäle aus dem Dunstkreis des Sanctum Officum, der sich mit Publikationen gegen Evolutionslehre und moderne Bibelinterpretation gewendet hat? Aber bald darauf wird auf der Loggia der Peterskirche der wahre Name verkündet: Angelo Roncalli, Patriarch von Venedig, der sich zur Überraschung aller den Namen Johannes gewählt hat: Johannes XXIII.

Ich gehöre zu den wenigen, die von dieser Wahl nicht ganz überrascht sind. Denn mein Pariser Doktorvater Louis Bouyer hatte mir schon lange Zeit zuvor bei einem Besuch unserer Familie in Sursee vorausgesagt, der nächste Papst würde Roncalli sein. Warum? Er sei »jovial, fromm und nicht allzu intelligent«. Nicht gerade schmeichelhafte Kriterien. Aber ich nehme daraufhin eine kleingedruckte Meldung in der Presse sehr bewusst wahr, Kardinal Gerlier von Lyon habe beim Eintritt in das Konklave auf die Frage, wer Kandidat der französischen Kardinäle sei, verlauten lassen: »Roncalli«.

Jetzt aber, so fragt man sich in der ganzen Welt, soll dies nun die richtige Wahl gewesen sein? Nach dem großen, schlanken, hierokratischen Pacelli nun dieser rundliche, wenig vergeistigte Roncalli. Im Vatikan kursiert diesbezüglich eine amüsante Quasiprophezeiung: dass sich die runden Päpste (mit einem R im Namen) abwechseln mit schlanken Päpsten (ohne R im Namen). Man kann in der Tat diese Regel von Roncalli und Montini zumindest bis zur Mitte des 19. Jahrhunderts zurückverfolgen: Pius XII. (Pacelli), Pius XI. (Ratti), Benedikt XV. (della Chiesa), Pius X. (Sarto), Leo XIII. (Pecci), Pius IX. (Mastai-Ferretti) … Dieser Aberglaube sollte indes nach Johannes XXIII. (Roncalli) und Paul VI. (Montini) mit Johannes Paul I. (Luciani) unterbrochen werden, der nach 33 Tagen sterben wird. Man könnte abergläubisch werden …

Dass ich von der Wahl des Patriarchen von Venedig zum Papst besonders begeistert gewesen wäre, kann ich mit dem besten Willen nicht sagen. Roncalli – zumindest kein fanatischer Reaktionär! Immerhin ist bekannt, dass er, seit 1925 Apostolischer Delegat für Bulgarien, Türkei und Griechenland, während des Zweiten Weltkriegs Tausende von Juden, insbesondere Kinder (durch Blanko-Taufscheine), aus Rumänien und Bulgarien gerettet und Deportationen griechischer Juden verhindert hat. Auch dass er seit Dezember 1944 als Nuntius in Paris trotz diplomatischer Pannen den durch Kollaboration mit dem Vichy-Regime kompromittierten 33 Bischöfen recht geschickt zu helfen vermochte, sodass schließlich nur wenige der Forderung de Gaulles entsprechend ihren Bischofssitz aufgeben müssen. Mit dem klügsten Kopf des französischen Episkopats, dem in Rom nicht sonderlich beliebten Pariser Kardinal Suhard, hat er sich in seiner Pariser Zeit gegen 50 Mal getroffen. Und erst nach seiner Versetzung nach Venedig ist die Kurie gegen die Arbeiterpriester vorgegangen.

Aber noch ist Roncalli für die meisten ein Rätsel. Er scheint ein braver Vatikanbeamter und freundlicher Seelsorgediplomat zu sein. Oder ist er mehr? Dass er in Bulgarien und in der Türkei, immer gerne reisend und voller Neugierde, die Offenheit für fremde Kulturen und Religionen gelernt hat, wird meist erwähnt. Aber dass er in seinen römischen Studienjahren dem bedeutendsten italienischen »Modernisten«, dem Kirchenhistoriker Ernesto Buonaiuti, nahegestanden hat (nachzulesen in einer Buonaiuti gewidmeten Dissertation meines Schülers Bernadino Greco »Ketzer oder Prophet?«, 1979), wird von römisch-katholischen Kirchenhistorikern gern ignoriert oder heruntergespielt.

Erst nach Roncallis frühem Tod werde ich nach Sotto il Monte bei Bergamo fahren, um dort das einfache Bauernhaus zu besichtigen, wo Angelo Giuseppe Roncalli 1881 geboren wurde: Zweifellos auch noch als Papst ein bäuerlicher Mensch traditionellen Glaubens mit Bodenhaftung. Seinem »Geistlichen Tagebuch« zufolge ist er in derselben kirchlichen Frömmigkeit und Selbstdisziplin aufgewachsen, mit denselben nachtridentinischen geistlichen Übungen und einer Pflege der moralischen Tugenden wie wir im Germanikum, hat sich aber geistig durch Integration verschiedener Stränge der Spiritualität weiterentwickelt.

Im zersplitterten Konklave war Roncalli offensichtlich der Kompromisskandidat, der schließlich für Konservative wie Gemäßigte wählbar schien. Man will nach dem allzu langen strengen Pacelli-Pontifikat einen Mann fortgeschrittenen Alters und gütiger Physiognomie. Ob aber manche von Roncallis Wählern seine Einfachheit und Friedfertigkeit im Denken und Handeln nicht vorschnell mit gutmütiger Einfalt verwechseln? Ob sie seine geistig-geistliche Substanz, Wachheit, Zielgerichtetheit und Entschlossenheit nicht gewaltig unterschätzen? Nicht Pacelli, Roncalli sollte – dies zeichnet sich schon bald ab und kann im Rückblick als bestätigt gelten – der größte Papst des Jahrhunderts werden. In seinem Fünf-Jahres-Pontifikat bewirkt er mehr als die Päpste vor und nach ihm, deren Amtszeit viermal so lang ist.

Ein anderes Verständnis des Papsttums

Aus dem alten »Übergangspapst« wird ein Papst des großen Übergangs. In eine neue Richtung weist als Erstes die Wahl des Papstnamens Johannes, mit dem er, der kirchenhistorisch gut gebildet ist, sich deutlich von den Pius-Päpsten absetzt. Zwar ärgern sich kritische Kirchenhistoriker wie der Tübinger Karl August Fink, zweifellos einer der besten Kenner der Materie, dass Roncalli nicht den Namen Johannes XXIV. gewählt hat. Hieß doch schon in der Zeit des Abendländischen Drei-Päpste-Schismas im 15. Jahrhundert einer der drei sich gegenseitig befehdenden Päpste Johannes XXIII. Diesen dürfe man nicht als Gegenpapst abqualifizieren, da weder das Konzil von Konstanz (1412–15) noch der von diesem gewählte Papst Martin V. im Nachhinein entscheiden wollten, wer in den Jahrzehnten des Schismas der wahre Papst gewesen sei. Doch Angelo Roncalli wollte die umstrittene Frage der Rechtmäßigkeit nicht entscheiden (so in der kurzen Ansprache zur Annahme der Wahl). Er wollte den Patron seines Vaters, seiner Pfarrkirche und der Lateranbasilika ehren und in seinem Amt wie Johannes der Täufer die Wege des Herrn bereiten und wie Johannes, der Lieblingsjünger, dem Herrn nahe sein.

Und schon bald wird deutlich, dass der neue Papst wirklich und nicht nur symbolisch Bischof von Rom sein will und – nicht durch eine neue Theorie, sondern einen neuen Stil – ein anderes Verständnis des Papsttums praktiziert als seine Vorgänger:

Während die Pius-Päpste sich als »Gefangene des Vatikans« stilisierten, macht Papst Johannes leutselig private und öffentliche Besuche in der Stadt und lädt zum Essen ein: eher ein Mann der spontanen Begegnung als der großen Ideen und Entwürfe.

Während Eugenio Pacelli sich aristokratisch gab, wiewohl er gar kein Aristokrat war, zeigt sich Angelo Giuseppe Roncalli ganz bewusst als Mensch, der auch den Juden (»Ich bin Giuseppe, Josef, euer Bruder«), ja, allen Menschen schlicht Bruder sein will.

Während Pius sich in gestellten Posen mit Kindern oder Tieren beim Gebet und an einer weißen Schreibmaschine fotografieren ließ und in Gruppenfotos konstant die »Schokoladenseite« zeigte, so mokiert sich Johannes – mit gesundem Selbstbewusstsein zu gesunder Selbstironie fähig – darüber, wie er in seiner Leibesfülle gar nicht fotogen sei, und zeigt ganz unverstellt durch sein Gesicht ohne Arg, demütig und gütig, eine bezwingende Liebenswürdigkeit und verborgene Kraft.

Während sein Vorgänger sich als Experte gab für alle möglichen Fragen von der Astronomie bis zur Hebammenkunst (20 Bände Reden) und große Discorsi hielt zu sozialen Fragen, führt der neue Papst ein »geistliches Tagebuch«. Groß geworden im Sozialkatholizismus seiner Heimat Bergamo, erhöht er in einer seiner ersten Amtshandlungen die schäbig niedrigen Gehälter der vatikanischen Angestellten samt Kinderzulagen. Nicht das »Lehramt« ist ihm das Wichtigste, sondern das praktische christliche Zeugnis.

Während Papa Pacelli seine drei bürgerlichen Neffen Giulio, Carlo und Marcantonio im Stil der Renaissance- und Barockpäpste zu »Fürsten« (»Principi Pacelli«) und mächtigen Männern der römischen Finanzwelt machte, lehnt Papa Roncalli jede Familienpolitik und jeden Nepotismus ab und kümmert sich dafür als Bischof um seine Diözese Rom und ihren Klerus. Er visitiert die Pfarrgemeinden besonders der Vorstädte: ein großer Kommunikator, der im unmittelbaren Kontakt mit Menschen unterschiedlichster Couleur Vertrauen weckt.

Während der abgehobene und misstrauische Autokrat Pacelli, der als letzter absoluter Monarch des Abendlandes möglichst ohne die Kurie regierte, angestaunt, bewundert und gefürchtet wurde, wird der unprätentiöse und unkonventionelle Menschenfreund Roncalli geliebt. Er schafft den Fußkuss ab, ebenso die drei vorgeschriebenen Kniebeugen bei Privataudienzen sowie die schwülstigen Ehrentitel und Ausdrucksweisen des »Osservatore Romano« (dieser pflegte »die Worte von den hehren Lippen des Erwählten zu pflücken«). Bald kreiert Papst Johannes neue Kardinäle, an der Spitze den von Pius »exilierten« Erzbischof von Mailand, Giovanni Battista Montini. Die eigentlichen Probleme dieses Pontifikats liegen von Anfang an nicht, wie man später oft meinen wird, in der Außen-, sondern in der Innenpolitik: nicht bei Fragen der internationalen Entspannung, sondern der innerkirchlichen Erneuerung. Und nachdem ich mit Lob für Johannes XXIII. nicht zu sparen gedenke, muss ich zunächst die Kritik deutlich formulieren.

Die versäumte Kurienreform

Einen großen dunklen Schatten, der den ganzen Pontifikat Johannes' XXIII. von Anfang an begleitet und damit auch auf das kommende Konzil fällt, sollten auch die Hagiografen des Konzilspapstes nicht verschweigen: Der reformwillige Papst herrscht über eine reformunwillige Kurie. Und dafür trägt der Papst gewiss nicht allein, aber doch als Hauptverantwortlicher die Schuld.

Manche sagen: Der Papst hätte eine gründliche Kurienreform sicher gewollt, wenn er sie gegen kurialen Widerstand hätte durchsetzen können. Aber wozu hat denn das Vatikanum I 1870 dem Papst feierlich (und gegen die Tradition der ersten tausend Jahre Christenheit) eine rechtlich verbindliche Jurisdiktionsvollmacht über jede Ortskirche und jeden einzelnen katholischen Christen zugeschrieben? Und dies doch sicher auch über seine eigenen Kurienkardinäle! Der Papst – der einzige absolutistische Fürst Europas nach der Französischen Revolution, so etwas wie ein »Sonnenkönig« in der Kirche (»L' état – c'est moi« Ludwigs XIV. und »La tradizione sono io« des damaligen Konzilspapstes Pius' IX. entsprechen sich): dieser Papst also ohnmächtig gegenüber seinen eigenen »Kreaturen«?

Die Historie kann auch Kirchenhistoriker lehren: Als der nur 23-jährige Ludwig XIV. nach dem Tod Kardinal Mazarins sich selber zum Premierminister machte, ernannte er zum Ärger mancher in seinem 4000-köpfigen Hofstaat einige ganz wenige hoch qualifizierte, leistungsfähige und allesamt bürgerliche Ressortminister für sein »Cabinet« (ursprünglich »kleines Zimmer«). Ja, sagt man, das kann ein König, aber doch nicht ein Papst? Doch, das konnten auch Päpste an entscheidenden Zeitwenden! Denn wenn im 11. Jahrhundert der lothringische Papst Leo IX. in einem nur fünfjährigen Pontifikat die dann unter Gregor VII. durchgeführte »Gregorianische Reform« zu initiieren vermochte, so nur, weil er (unter größtem persönlichem Einsatz) die Kardinäle zu einer Art päpstlichem Senat machte und in dieses Gremium auch von jenseits der Alpen hervorragende Vertreter der Reform berief (darunter Hildebrand, den kommenden Gregor VII.). Und wenn im 16. Jahrhundert der Farnese-Papst Paul III., selber ein Renaissance-Mensch, dennoch der katholischen Reform zum Durchbruch verhalf, so nur, weil er die Führer der Reformpartei, eine Reihe fähiger und tiefreligiöser Männer (darunter den Laien Contarini), ins Kardinalskollegium berief. Und umgekehrte Beispiele? Diese gibt es natürlich ohne Zahl, und auch sie beweisen meine These: Warum haben Papst Martin V. (nach dem großen Abendländischen Schisma und dem Konzil von Konstanz) und Papst Pius IX. (nach der Revolution von 1848) als Reformer völlig versagt? Weil sie sich nach anfänglichem gutem Willen wieder ins kuriale System eingepasst haben. Und jetzt im 20. Jahrhundert, 1958/59?

Führungsschwäche

Ich bin sicher nicht der Einzige, der darüber enttäuscht ist, dass Papst Roncalli die ihm gebotene einzigartige Chance zur Erneuerung der römischen Kurie nicht besser nutzt. Eine – gemessen an des Papstes großen Zielen – völlig verfehlte Perso-

nalpolitik: statt der Ernennung frischer Reformkräfte die Bestätigung trockener Reaktionäre. Eine Fehlentscheidung nach
der anderen, die eine gefährliche Führungsschwäche verraten.
Erste Fehlentscheidung: Der Posten des Staatssekretärs und
viele wichtige kuriale Schaltstellen sind vakant: Um die Kurie
zu gewinnen, ernennt der Papst den erfahrenen, aber schrof-
fen und unökumenischen Kurialen Domenico Tardini zum
Staatssekretär, der nach seinem Tod am 30. Juli 1961 freilich
vom ebenso kurialen, aber konzilianteren Kardinal Amleto Cicognani (zuvor ein Vierteljahrhundert Delegat in Washington)
abgelöst wird. Dann bestätigt der Papst alle reformunwilligen
Kardinäle der Pius-Kurie (Ottaviani, Pizzardo, Micara …),
schließlich besetzt er sogar die freien Posten allesamt mit
konservativen kurialen Funktionären. Für die scheinbar kluge
Taktik wird er einen hohen Preis bezahlen: Statt die Kurie zu
gewinnen, umgarnt ihn diese.

Zweite Fehlentscheidung: Der neue Papst kann 15 vakante
Kardinalssitze füllen und ernennt noch über die seit Sixtus V.
im 16. Jahrhundert festgelegte Zahl 70 hinaus weitere 18 Kardinäle. Angesichts der auf alle Kontinente sich ausbreitenden
Kirche eine durchaus berechtigte Erweiterung. Aber trotz einiger guter Männer (Montini an der Spitze) und mancher neuer
Mitglieder aus Asien, Lateinamerika und Afrika erscheint das
neue Sacrum Collegium eher noch konservativer als das alte.
Resultat: Statt sich zumindest in Kurie und Kardinalskollegium
(abgesehen von seinem Privatsekretär Loris Capovilla und Kardinal Augustinus Bea) mit einem Kreis von Reformwilligen zu
umgeben, steht er nun unter dem ständigen Druck seiner früheren reformunwilligen Vorgesetzten und Kollegen im diplomatischen Dienst. Mit anderen Worten: Johannes XXIII. behält
die Kurie Pius' XII. bei, deren Exponenten entschlossen sind,
sich dem Konzilspapst nur so weit wie unbedingt notwendig
äußerlich zu beugen und im Übrigen sich erfolgreich in »Scha-
denbegrenzung« und Obstruktion zu üben, um die bisherigen
Machtstrukturen bewahren zu können. So manövriert sich der

neue Papst, der nicht dominieren, aber auch nicht wirklich regieren will, in die unmögliche Lage eines Regierungschefs, der mit dem ihm wenig freundlich gesinnten, ja weithin unfähigen Kabinett seines konservativen Vorgängers eine Politik der Erneuerung betreiben will. In Washington und anderen Regierungssitzen undenkbar, warum dann im Vatikan?

Dritte Fehlentscheidung: Auf Wunsch der Kurie »weiht« er alle Sekretäre der einzelnen Dikasterien (Ministerien) – bisher einfache »Monsignori« – zu Erzbischöfen, jetzt »Eccellenze«. Er erhöht so nicht nur die Zahl diözesenloser Hofbischöfe (mit Namen nicht mehr existierender Diözesen). Er gibt diesen Monsignori jetzt auch noch höheren Rang und Autorität gegenüber den einfachen Diözesanbischöfen, die zu ihnen, meist schon demütig genug, »ad limina« pilgern müssen. Eine ungeheure Hypothek für Papst und Episkopat bis heute. Wer wird die Kirche je wieder erlösen von diesen Hofbischöfen und Hoferzbischöfen? Zustände wie im alten Byzanz!

Vierte Fehlentscheidung: Geradezu lähmend muss sich die Ernennung der Kurienkardinäle der vatikanischen Dikasterien auch zu Chefs der vorbereitenden Konzilskommissionen auswirken. Konziliare Reformkommissionen haben nun als Vorsitzende (und auch Sekretäre!) kuriale Funktionäre vom Schlage Ottavianis und Pizzardos, die jegliche ernsthafte Reform verhindern und den Status quo mit Hilfe des späteren Konzils zementieren möchten. »Parlamentarische« Untersuchungskommissionen, an deren Spitze der Minister selber und sein Staatssekretär stehen? Anderswo undenkbar. Yves Congar nennt dies das »péché originel«, die »Erbsünde« des Konzils. Reformgegner als Vorsitzende der Reformkommissionen: Wie soll das gut gehen?

Ein ökumenisches Konzil!

Irgendwann im Herbst 1958 erhalte ich in Luzern einen Telefonanruf von Karl Barth: Er lädt mich ein zu einer Gastvorlesung an seiner protestantischen Theologischen Fakultät in Basel. Über das Thema »Rechtfertigung« soll ich reden. Aber gerade in Anwesenheit von Barth will ich dies nicht tun; meine 1957 als Buch veröffentlichte Dissertation zu diesem Thema wüsste da mehr als ich, das könne man ja nachlesen, ich wolle mich nicht wiederholen ...»Aber vielleicht ein anderes Thema?« Karl Barth denkt einen Moment nach:»Hochinteressant wäre es, von Ihnen als einem katholischen Theologen zu hören, was er zu sagen hat zu ›Ecclesia semper reformanda‹ – zur ›immer wieder zu reformierenden Kirche‹.«

Ein nicht nur hochinteressantes, sondern hochbrisantes Thema. Ob ich es – neben all den seelsorglichen Arbeiten – bewältigen kann? Zwei Wochen später sage ich zu. Ich fühle mich gut vorbereitet. Ich weiß, was ich jetzt im protestantischen Basel als katholischer Theologe zu vertreten habe, wenngleich es schwerfällt, die Masse der Probleme in ein gut einstündiges Konzept zu bringen. Es wird ein systematisch aufgebauter und bis ins Letzte durchgegliederter und – wenn ich die 24 eng geschriebenen Seiten heute nochmals lese – rasanter Vortrag in drei Teilen: Ist in der katholischen Kirche eine Kirchenreform *möglich*? *Inwiefern* ist in der katholischen Kirche eine Kirchenreform möglich? Ist in der katholischen Kirche eine Kirchenreform *wirklich*?

All das kann ich kurz und deutlich sowohl von der Heiligen Schrift wie von der Kirchengeschichte her begründen und gehe detailliert auch auf praktische Reformforderungen ein. Eben alles das, was mir zu einem guten Teil schon in Rom aufgegangen ist. Meine zentrale Forderung würde freilich selbst ein Yves Congar kaum unterschreiben: Die Katholiken sollten die berechtigten Anliegen der Evangelischen sowohl im Leben wie in der Lehre verwirklichen, und umgekehrt die Evangelischen die berechtigten Anliegen der Katholiken – beides in Rückbesinnung auf ein und dasselbe Evangelium!

Nach fast anderthalb Stunden der Schluss, wörtlich:»Wir sind auf dem Weg! Nicht mehr! Wir sind auf dem Wege und noch weit vom Ziel! Wir haben noch viele Wünsche an unsere Kirche und an die eure! Wir müssen mit Widerständen rechnen, mit Enttäuschungen und Rückschlägen, das gehört zur Kirche aus Menschen. Den Glaubenden entmutigt es nicht. Vier Jahrhunderte zeigen ihm, dass es mit der katholischen Reform ernsthaft vorangeht. Wir sind auf dem Wege! Wir, die alte Kirche, die Kirche mit den vielen Runzeln, aber doch die alte Kirche: eine lebendige Kirche, die versucht, mit der Ecclesia semper reformanda ernst zu machen. Kierkegaard hat den Protestantismus als ›Korrektiv‹ dieser alten Kirche bezeichnet, das nie zum ›Regulativ‹ werden dürfte. Was aber wird geschehen, wenn die zu Korrigierende weiterhin sich langsam selber korrigiert? Als eine Kirche, die zwar bis ans Ende der Tage Ecclesia reformanda bleibt, die aber doch in Bezug auf die reformatorischen Anliegen einmal Ecclesia reformata wäre. Ecclesia catholica reformata! Vorausgesetzt, es käme so weit: Was soll dann geschehen? Mit dieser Frage an Sie, meine lieben Zuhörer, möchte ich meinen allzu langen Vortrag schließen.«

Tosender Applaus. Karl Barth? Ganz einverstanden. Aber in der anschließenden Diskussion, traditionellerweise im Restaurant nebenan, die Frage eines protestantischen Studenten: »Sind Sie nicht allzu optimistisch bezüglich Zukunft und Reformfähigkeit der katholischen Kirche?« Gemurmel. Meine Antwort: »Seit dem 18. Oktober des vergangenen Jahres haben wir einen neuen Papst, Angelo Roncalli, Johannes XXIII. Er hat schon viele Reformimpulse gegeben. Ich glaube nicht, dass dies schon die letzten waren.« So geschehen am Montag, dem 19. Januar 1959.

Sechs Tage später, am Sonntag, dem 25. Januar 1959 – eine der seltsamsten Fügungen in meinem Leben: Am Ende der Weltgebetswoche, die in unserer Pfarrei mit sieben Vorträgen (über Ostkirchen, Protestantismus, Anglikanismus, Altkatholizismus, aber auch über Judentum und Islam) und mit einer ökumenischen Kollekte (nach Vorschlag meines Lehrers an der Sorbonne, Oscar Cullmann) für eine evangelische Gemeinde beschlossen worden war, an diesem Sonntag, genau 90 Tage nach seiner Wahl, kündet Johannes XXIII. das Zweite Vatikanische Konzil an! Welch eine Überraschung für die ganze Kirche, ja, die ganze Welt.

In früheren Jahrhunderten wäre eine Konzilsankündigung keineswegs eine solche Überraschung gewesen; immer wieder sind Konzilien gefordert worden. In der Kirche der vergangenen Jahrzehnte jedoch ist nach vielem gerufen worden, nur nicht nach einem ökumenischen Konzil. Nicht einmal P. Lombardi tut es öffentlich. Außerhalb der katholischen Kirche ist man weithin der Meinung, der Zentralisierungsprozess der katholischen Kirche habe im Vatikanum I 1870 seinen Höhepunkt erreicht, und dieses Konzil dürfte das letzte katholische Konzil gewesen sein, da die Fülle der Vollmacht, die hier dem Papst zuerkannt worden war, ein weiteres Konzil im Grunde überflüssig mache. Auch innerhalb der katholischen Kirche glaubt man nicht mehr recht an ökumenische Konzilien, jedenfalls rechnet man nicht mehr mit ihnen. In den Handbüchern der katholischen Dogmatik sind denn auch die Traktate über das Amt des Papstes immer länger und die über das Konzil immer kürzer geworden, ja, zum Teil – gerade in den umfangreichsten Ekklesiologien – überhaupt verschwunden. Konzilien sind in Leben und Theologie der Kirche faktisch nicht mehr gefragt.

Vor diesem Hintergrund ist es eine kühne Tat ohnegleichen, ein ökumenisches Konzil einzuberufen. Für Roncalli, entgegen manchen Behauptungen, keineswegs ein leichtfertig spontaner Akt. Er ist, von Anfang seines Pontifikats an geplant, seine ganz persönliche Initiative und Entscheidung, gründend in seinem pastoralen und päpstlichen Sendungsbewusstsein. Hätte sich Pius XII. (damals unter P. Lombardis Einfluss) schließlich doch zu einem Konzil entschlossen, so wäre dies wie unter Gregor VII. oder Innozenz III. im Mittelalter eine in ihren Inhalten und Beschlüssen weithin vorprogrammierte Papstsynode geworden; bei der Definition des neuen Mariendogmas durch Pius XII. 1950 waren die Bischöfe, vorher pro forma befragt, ja, auch in die Rolle von reinen Statisten gedrängt worden. Johannes XXIII. aber will gerade eine auf Mitverantwortung zielende Versammlung des Bischofskollegiums, welches, gewiss unter seiner Leitung, selber die »Zeichen der Zeit« lesen und im Geiste Jesu Christi ein »Aggiornamento«, eine Erneuerung und ökumenische Verständigung erreichen sollte: ein »neues Pfingsten«.

Zu diesem großen gesamtkirchlichen Ereignis erhofft, ja, erbittet sich der Papst schon bei der Konzilsankündigung besonders die Kooperation seiner wichtigsten Mitarbeiter. Aber das kalte Schweigen der in San Paolo anwesenden Kardinäle und dann auch der meisten abwesenden (von denen 38 überhaupt nicht antworten) sowie das Hinunterstufen der Konzilsankündigung durch den »Osservatore Romano«, Sprachrohr der Kurie, zeigen es dem Papst: Statt mit Zusammenarbeit wird er mit einem ernsthaften Widerstand seiner eigenen Funktionäre rechnen müssen. Diese sehen sich nämlich durch ein Konzil in ihrer Macht ernsthaft bedroht, wiewohl sie sich in all ihren (oft willkürlichen) Verwaltungsakten stets auf den Papst berufen.

Angesichts der »Taubheit mancher Kreise in der Zentralverwaltung«, bemerkt ein einfühlsam interpretierender Biograf des Konzilspapstes, der italienische Kirchenhistoriker Giuseppe Alberigo, »wendet Johannes die ihm eigentümlichen methodischen Grundsätze an: Vor allem die Regel, mehr auf das zu setzen, was eint, und ebenso, zu einem Höchstmaß an Nachgiebigkeit bereit zu sein; alles sehen, vieles außer Acht lassen und weniges korrigieren, eine Grundregel, die ihm von jeher teuer war, wurde nun immer aktueller, und er hielt sich gern an sie. Zugleich jedoch war er überzeugt, dass er von dem angekündigten Vorhaben nicht abgehen könne. Eventueller Widerstand stachelte ihn an, es noch besser und genauer zu erklären.«

Aber: Genügt eine solche »Methode« angesichts des massiven Widerstandes der führenden Kreise der Kurie? Genügt es,

»ein Höchstmaß an Nachgiebigkeit« zu zeigen und das Konzilsvorhaben nur »noch besser und genauer zu erklären«? So frage ich später meinen Freund Giuseppe Alberigo, den um die Erforschung der Geschichte des Vatikanum II verdienten Direktor des Istituto per le Scienze Religiose in Bologna, dessen Papstbiografie »Giovanni XXIII: profezia nella fedeltà« (Brescia 1978) am Ende zur Hagiografie wird, die keine kritischen Töne mehr zulässt. Hätte Papa Giovanni wirklich keine politische Alternative gehabt? Mir scheint: Die hat er in bester Absicht aufgrund ebendieser »Methode« – um nicht zu sagen Mentalität, Erziehung, Bildung, Lebenseinstellung – gleich schon am Anfang seines Pontifikats verspielt.

Wie auch immer: Ich meinerseits habe jedenfalls mit meinem Basler Vortrag das detaillierte Grundkonzept für ein Buch zum Konzil bereits fertig. Es wird den Titel »Konzil und Wiedervereinigung« erhalten. Karl-Josef Kuschel hat es zu Recht als mein »lebensgeschichtliches Glück« bezeichnet, »in einem Moment der Kirchengeschichte theologisch zur Stelle zu sein, als die katholische Kirche erstmals seit der Reformation begann, ihre theologischen Fundamente neu zu vermessen«. Und so wage ich denn, vorsichtig und bescheiden ein umfassendes Reformprogramm zu formulieren: Es sei zwar nicht Aufgabe des Theologen, für das Konzil einen Plan der Erneuerung aufzustellen und direkt Vorschläge zu machen, doch könne er immerhin konkrete Möglichkeiten aufzeigen, über die dann die Bischöfe befinden mögen.

Meiner Einschätzung nach soll man vor dem Konzil nicht an den sich zurückhaltenden Papst und erst recht nicht an die dominierende Kurie, sondern direkt an die endlich wieder einmal versammelten Bischöfe appellieren. Sie werden im Konzil und als versammeltes Konzil das Sagen haben. Deshalb konzentriere ich strategisch alle konkreten Vorschläge auf die Aufwertung des Bischofsamtes, wie sie ja auch dem gegenwärtigen Bischof von Rom, der dem Bischofsamt seiner Brüder hohen Respekt zollt, am Herzen liegt.

Eine Verbindung zu Johannes XXIII.

Dreieinhalb Jahre später, im August 1962, halte ich mich in Oxford auf, im Old Palace gegenüber Christ Church, der der katholischen Studentengemeinde gehört, »to polish up my English«, um mein autodidaktisch angeeignetes Englisch rechtzeitig vor dem Konzil, das im Oktober eröffnet werden wird, zu perfektionieren. Bald erscheint dort auch ein italienischer Prälat aus dem Staatssekretariat namens Antonio Travia, einer jener klugen, bescheidenen und sympathischen Kurialbeamten, die im Vatikan still ihre Pflicht tun. Travia war lange Zeit im Staatssekretariat die rechte Hand des Substituts Montini. Er ist hocherfreut, als er in mir einen römisch Gebildeten trifft, mit dem er sich ohne Schwierigkeiten auf Italienisch unterhalten kann. Vedremo, wir werden sehen, was sich da ergibt.

Unsere Gespräche zeigen mir, dass der Monsignore im Prinzip Reformen nicht abgeneigt ist. So gehe ich aufs Ganze, kaufe in einer Buchhandlung die – für ihn leichter verständliche – französische Ausgabe meines Buches »Konzil und Wiedervereinigung« und stelle es ihm mit einer freundlichen Widmung vor die Zimmertüre. Natürlich bin ich gespannt, wie der Monsignore reagieren wird. Der liest das Buch in einem Zug und zeigt sich von ihm begeistert. Es müsse unbedingt in die Hände Johannes' XXIII. gelangen, meint er, denn ich hätte genau sein Programm entwickelt. Wir sind nur noch einige wenige Tage zusammen. Am 25. August lade ich den Prälaten in ein stilvolles Oxford-Restaurant zum Abendessen ein. Vorher kaufe ich ein weiteres Exemplar meines Buches für den Papst selber, wieder auf Französisch.

Mit Datum vom 1. September 1962 schreibe ich einen italienisch gehaltenen Brief im kurialen Stil an Johannes XXIII., an den »Beatissimo Padre«. Kardinal König habe ihn ja schon vor einiger Zeit auf mein Buch angesprochen, das bereits in verschiedene Sprachen übersetzt sei. Ich würde mir gestatten, es demjenigen zukommen zu lassen, der die Inspiration zu einem Konzil hatte:»Meine bescheidene Arbeit will in der Tat nichts anderes sein, als der programmatischen Linie Relief geben, die Ihre Heiligkeit für das Zweite Vatikanische Konzil gezeichnet hat, ausgerichtet auf die Vereinigung aller Christen durch die Erneuerung des katholischen Lebens.«

Msgr. Antonio Travia nimmt Buch und Brief mit sich zurück nach Rom, wo er jetzt Consigliere der Vatikanbotschaft bei der italienischen Republik ist, aber alle notwendigen Verbindungen zum Palazzo Apostolico besitzt. Er schreibt mir am 21. September 1962 und übermittelt mir »streng vertraulich« (»in via riservatissima«) die Nachricht: Johannes XXIII. sei bereits einige Zeit zuvor in positiver Weise auf mein Buch »Konzil und Wiedervereinigung« aufmerksam gemacht worden: »Sua Santità hat es sich schon vor einigen Monaten anschaffen lassen und es, natürlich, zumindest teilweise gelesen.« Jetzt sei das von mir übermittelte Exemplar in den Händen von P. Luigi Ciappi vom Orden der Dominikaner, Maestro del S. Palazzo Apostolico, damit er es lese und seine persönliche Meinung ausdrücke. Danach würde ich einen offiziellen Dank bekommen für das Geschenk, das ich dem Papst gemacht habe. Im Übrigen hofft Msgr. Travia, dass ich während meines Konzilsaufenthalts ein Referat halte für seine »Gruppo Romano Laureati di Azione Cattolica«. Diese Zusammenkunft könne schon am 14. Oktober, also unmittelbar nach Beginn des Konzils, stattfinden. Ich möge mich nach meiner Ankunft in Rom telefonisch melden.

Mit einem Schreiben vom 13. Oktober wird mir dann von der Bonner Nuntiatur im Auftrag des vatikanischen Staatssekretariates mitgeteilt, dass das dem Papst übersandte Buch »seine hohe Bestimmung erreicht hat«: »Das Staatssekretariat lässt Euer Hochwürden die Genugtuung des Heiligen Vaters für den Ausdruck Ihrer ergebenen Verehrung bekunden und Ihnen als Unterpfand göttlicher Gnaden Seinen apostolischen Segen übermitteln.«

Dem Ganzen beigelegt, ohne Namensangabe, »einige Anmerkungen, die im Auftrag des Staatssekretariates von zuständiger Stelle über Ihr Werk aufgezeichnet wurden«. Sie stammen von jenem Dominikaner Luigi Ciappi, dem höchst konservativen Hoftheologen des Papstes. Immerhin: Allgemeine »Vorzüge« des Werkes werden gelobt, andererseits auch Defekte angemeldet. Aber mir ist natürlich wichtiger, was der Papst persönlich von meinen Ideen denkt. Die Eröffnungsrede zum Zweiten Vatikanum wird mir vielleicht zeigen, ob er mich entweder desavouiert oder vielleicht doch bestätigt.

Konzilseröffnung zwiespältig

Rom, 10. Oktober 1962. Mehr als dreieinhalb Jahre sind seit der Ankündigung des Konzils vergangen. Es ist der Vortag der Konzilseröffnung. Eine erste Zusammenkunft der deutschen Bischöfe und Theologen, am Abend ein Empfang in der Deutschen Botschaft. Die Stimmung ist ungewiss bis schlecht. Alle Gespräche kreisen um die exzessive Führungsrolle der Kurie, um die in ihrem Geist vorgefertigten Textentwürfe (»Schemata«) für die Konzilsdekrete und vor allem um die von ihr präparierten Listen für Kommissionswahlen mit meist vatikanhörigen Bischöfen. Auch die führenden französischen, deutschen und holländischen Theologen, darunter Chenu, Congar, Daniélou und de Lubac sowie Rahner, Ratzinger und Schillebeeckx, sind besorgt, ja, eher pessimistisch. In den vorbereiteten Texten kaum eine Spur von »Aggiornamento«, von pastoraler Einstellung, von ökumenischer Öffnung. Wie wird es gehen mit den Wahlen, wie mit den Schemata? Sind die Aufgeschlossenen und Aktiven unter Bischöfen und Ordensoberen nicht eine verschwindende Minderheit – was kann man da schon erreichen? Ist durch die manipulative Vorbereitung des Konzils und seiner Dekrete in den vergangenen drei Jahren nicht schon alles abgemacht und ausgemacht? Angeblich sichere Gleise für die Diskussionen, wie von der

Kurie suggeriert ... Das Gespenst der erfolglosen römischen Diözesansynode geht um. Man spricht von einem »Concilio lampo«: einem zeremoniellen »Blitzkonzil« ohne ernsthafte Diskussionen; Generalsekretär Felici redet von zwei Monaten. Nur ja keine zentrifugalen Prozesse, warnen die Männer aus der Ära Pius' XII., nur ja keine »Verwirrung« der Gläubigen und der Bischöfe durch neue, gefährliche Theologien. Dann kommt jener denkwürdige Morgen des 11. Oktober 1962. Für mich der achte Jahrestag meiner Primiz in derselben Basilika. Ein großartigeres Szenario für eine Konzilsversammlung ist kaum denkbar. Lang und beeindruckend die fast einstündige Prozession der rund 2500 Konzilsväter mit ihren weißen Mitren und liturgischen Gewändern von der vatikanischen Scala Regia über den Petersplatz durch die Masse der Leute hinein in diese Basilika, die in ihrer Größe und Pracht ihresgleichen sucht. Zum ersten Mal kann das Konzilsgeschehen, in früheren Jahrhunderten von nur wenigen Vertrauten miterlebt, dank ausgezeichneter Eurovisions- und Telstarübertragung von Millionen Menschen im freien Europa und in Nordamerika von Anfang bis Ende miterlebt werden.

Allerdings sehen nun die Millionen von ganz nahe neben viel Ergreifendem auch viel Störendes. Und wie ich fühle sich viele Mitchristen wie Nichtchristen abgestoßen vom völlig unzeitgemäßen barocken Prunk dieser Zeremonie. So viel verblichene Pracht, so viel hohles religiöses Pathos – in Latein ohnehin unverständlich für fast alle. Auch viele Bischöfe nicht nur Zentraleuropas finden es traurig: Die päpstlichen Zeremoniäre verspürten offensichtlich noch nicht einmal einen Hauch von der die Kirche durchwehenden liturgischen Erneuerung.

Vieles ist überflüssig in diesem Gottesdienst, vor allem am Schluss die »Obödienz«, die Gehorsamsleistung der Konzilsväter, die niederzuknien haben vor dem auf dem Thron sitzenden Pontifex. Der alte Byzantinismus: Die Kardinäle und Patriarchen küssen des Papstes Ring. Zwei Erzbischöfe als Repräsentanten des Episkopats seine Stola. Die beiden Vertreter der Ordensoberen sogar seine Füße. Als ob sie allesamt nicht schon ohnehin ganz und gar auf den Gehorsam gegenüber Rom eingeschworen wären. An eine kollegiale, gar parlamentarische Zusammenarbeit untereinander aber sind sie überhaupt nicht gewöhnt. Dabei wäre gerade diese für ein Konzil besonders nötig.

Einen Lichtpunkt gibt es indes in dieser fast siebenstündigen Zeremonie: Papst Johannes XXIII. Ihn macht niemand für den überholten prunkvollen Rahmen verantwortlich. Schon vorher hörte man, es solle ihm auch dieses Mal wieder die »Sedia gestatoria« (Tragsessel) aufgedrängt werden. Doch wer am Ende des festlichen Zuges diesen über 80 Jahre alten Mann zu Fuß langsam die Scala regia herunterkommen und erst dann den von acht Höflingen getragenen Thronsessel besteigen sieht, hat sofort den Eindruck: Diesem demütig-bescheidenen Hirten der Kirche ist das ganze Brimborium zutiefst gleichgültig. Überrascht beobachtet es die Konzilsversammlung: Im Hauptschiff der Basilika angekommen, steigt er herunter von der Sedia. Zu Fuß will er das Spalier seiner Brüder im Bischofsamt durchschreiten – ein Akt des Respektes. Und stimmt dann kniend mit fester Stimme das »Veni Creator Spiritus« – »Komm, Schöpfer Geist« an.

Von protestantischen Beobachtern – das Schaugepränge dieser Inauguration stößt sie zuerst ab – höre ich nachher, wie ihnen das ernste, nach innen gekehrte, vom liturgischen »Betrieb« um ihn herum nie abgelenkte, betende Gesicht des Papstes über manches Unverständliche an dieser Eröffnungszeremonie hinweghalf. Erst als Papa Roncalli mit jedem der sich vor ihm (oft mühselig) niederwerfenden Kardinäle ein paar zwanglose, freundliche Worte wechselt, erscheint das bekannte Lächeln des Bauernsohns aus Bergamo auf seinem Gesicht. Schlichtheit, Liebenswürdigkeit, Wohlwollen. Wenn es für das Vatikanum II überhaupt ein gutes Vorzeichen gibt, dann dass es unter diesem Papst stattfindet, der so viel mehr evangelische Brüderlichkeit ausstrahlt als mancher seiner Vorgänger. Und dann – seine Rede zur Konzilseröffnung: für die kommenden Konzilsverhandlungen von außerordentlicher Tragweite und Dynamik.

Der Sprung nach vorn

Ich bin gespannt auf diese Rede, die für das Konzil vielleicht eine Richtung vorgibt. Papst Johannes XXIII., den die Kurie noch vor Kurzem zu einer »Apostolischen Konstitution« zugunsten des Latein gedrängt hat, bereitet sie auf Italienisch vor! »Non mi parli di questa maledetta costituzione – sprechen Sie mir nicht von dieser verfluchten Konstitution«, hatte der Papst zu einem mir nahestehenden Kardinal zuvor gesagt, »aber jetzt halte ich die Eröffnungsrede zum Konzil, und die mache ich selbst!«

Wer nicht mit römischen Ohren zu hören und Wichtiges von Unwichtigem zu unterscheiden vermag, wird diese an die große konziliare Tradition der Kirche anknüpfende Rede in langen Passagen eher harmlos finden. Kein genaues Programm und keine konkreten Weisungen, wie sie ein Pius XII. zweifellos gegeben hätte. Aber dafür die Forderung einer bestimmten Grundeinstellung und die Empfehlung eines grundsätzlichen Weges: »Ich habe immer wieder«, hat Johannes XXIII. seinem damaligen Sekretär Loris Capovilla anvertraut, »aufmerksam auf meinen Freund zur Rechten (Kardinal Ottaviani) hinübergeblickt.« Das Sanctum Officium liegt, vom päpstlichen Arbeitszimmer aus gesehen, rechts unten.

Genauer besehen ist diese Eröffnungsrede denn auch eine mutige und unmissverständliche Stellungnahme – gegen die von Ottaviani, Tromp und Verbündeten beabsichtigte Verdoktrinalisierung des Konzils. Von den meisten Bischöfen und von der Kurie wird dies sofort verstanden: Der Papst nimmt gegen solche reaktionären Tendenzen Stellung. Er hat diese Rede, wie man von Msgr. Capovilla weiß, Stück um Stück selber erarbeitet, wie er selber sagte: gebacken »mit Mehl aus meinem eigenen Sack«. In den entscheidenden Passagen ist der italienische Text zweifellos der ursprüngliche, der lateinische weist einzelne orthodoxe Glättungen auf.

Was ist nun angesichts der immer größeren Kluft zwischen offizieller Glaubensverkündigung und moderner Welt dem Papst zufolge der »springende Punkt« des Konzils? Vielleicht ein neues Dogma, vielleicht eine neue Glaubenserklärung? Nein. Vielmehr was die Theologische Vorbereitungskommission als eine unverblümte Kritik an ihrer Arbeit ansehen muss: »Der ›springende Punkt‹ dieses Konzils«, sagt Johannes, »ist nicht die Diskussion dieses oder jenes grundlegenden Glaubensartikels in weitschweifiger Wiederholung der Lehre der Kirchenväter, der alten und modernen Theologen; diese darf man als unserem Geist wohlbekannt und vertraut voraussetzen. Dafür braucht es kein Konzil.« Ich höre Ottaviani, Tromp, Parente und Schauf mit den Zähnen knirschen – wahrhaftig, dieser Papst ist auf meiner Linie! Der springende Punkt des Konzils ist Johannes zufolge die zeitgemäße Glaubensverkündigung und damit der Auszug aus dem intellektuellen, terminologischen und religiösen Getto: »Ein Sprung nach vorn (un balzo avanti), hin auf ein vertieftes Glaubensverständnis und eine Gewissensbildung – gewiss in vollkommener Entsprechung und Treue zur authentischen Lehre, doch auch diese studiert und dargelegt in den Formen der Forschung und literarischen Formulierung eines modernen Denkens.«

»Eines modernen Denkens«? P. Sebastian Tromps Einwand als Sekretär der Theologischen Konzilskommission: »Wir reden vom modernen Menschen: Aber den gibt es nicht!« Ist solche Neugestaltung und Erneuerung der Lehre nicht eklatanter »Modernismus«? Des Papstes klare Antwort: »Eines ist der Gehalt (die Substanz) der alten Lehre des Glaubens, etwas anderes ist die Formulierung ihrer Darlegung (Einkleidung). Und gerade darauf ist heute – allenfalls braucht es Geduld – großes Gewicht zu legen, indem man alles prüft im Rahmen und mit den Mitteln eines Lehramtes von vorrangig pastoralem Charakter.« Dagegen nochmals Tromp:»Wir wollen pastoral sein: aber die erste Pflicht der Pastoral ist die Glaubenslehre, die dann die Pfarrer anpassen sollen!« Doch auch Tromp, mein früherer Lehrer in Fundamentaltheologie, kann es nicht verhindern: Immer wieder wird in den kommenden Konzilsdebatten von den Bischöfen gegen die doktrinäre kuriale Partei der seelsorgliche,»pastorale« Charakter des Konzils angemahnt. Und das»Aggiornamento« – auch diesen Begriff für Erneuerung und Modernisierung hat der Papst definitiv in die offizielle Sprache des Konzils eingeführt.

Gibt es aber nicht auch heutzutage Irrtümer, und müssen Irrtümer nicht energisch bekämpft werden? Dies jedenfalls ist die jahrhundertealte Lehre und Praxis der Inquisition, ihres »Heiligen Offiziums«. Doch Papst Johannes zufolge braucht eine Kirche, die unter der bleibenden Wahrheit ihres Herrn steht, bei den sich rasch wandelnden Meinungen der Menschen nicht aufgeregt zu werden. Sie darf den Irrtümern der Zeit mit ruhiger Gelassenheit begegnen:»Zu Beginn des Zweiten Vatikanischen Konzils ist deutlich wie noch nie, dass die Wahrheit des Herrn in Ewigkeit bleibt. Im Laufe der Zeiten sehen wir in der Tat, dass die Meinungen der Menschen aufeinanderfolgen, indem sie sich gegenseitig ausschließen, und die oft gerade eben aufgebrochenen Irrtümer verschwinden wieder wie der Nebel vor der Sonne.«

Doch ist angesichts der Vielzahl der Zeitirrtümer nicht wie eh und je die Methode der strengen Verurteilung unabdingbar? Nein, Papa Roncalli empfiehlt gegen jegliches Anathema (Verdammung) die Methode der helfenden Barmherzigkeit: »Immer hat sich die Kirche diesen Irrtümern entgegengestellt; oft hat sie sie auch mit größter Strenge verurteilt. In der heutigen Zeit jedoch zieht es die Kirche, Braut Christi, vor, das Heilmittel der Barmherzigkeit anstatt der Strenge zu gebrauchen: Sie glaubt, den Erfordernissen der heutigen Zeit mehr als durch Verurteilung dadurch entgegenzukommen, dass sie den Wert ihrer Lehre aufzeigt.« Kann ich mich durch solche Sätze nicht bestätigt fühlen?

Wie soll ich mich nicht bestätigt fühlen, wenn der Papst selbst immer wieder neue dogmatische Verurteilungen und moralisierende Ermahnungen der Kirche für überflüssig erklärt:»Nicht dass etwa heute trügerische Lehren, gefährliche Meinungen und Begriffe, vor denen man sich zu hüten hat und die überwunden werden sollten, fehlten. Aber sie sind so evident im Widerspruch zur wahren Norm der Moralität und haben so verderbliche Früchte gezeigt, dass nunmehr die Menschen heute von sich aus geneigt erscheinen, sie zu verurteilen; dies gilt besonders für die Sitten, die Gott und sein Gebot verachten, und das übertriebene Vertrauen auf die Fortschritte der Technik und den Wohlstand, der ausschließlich auf die Bequemlichkeiten des Lebens gegründet ist …«

Bestätigt fühle ich mich erst recht durch des Papstes Forderung nach ökumenischer Weite:»Bei einem solchen Stand der Dinge will die katholische Kirche, indem sie durch dieses ökumenische Konzil die Fackel der religiösen Wahrheit erhebt, sich als die liebevolle Mutter aller zeigen, wohlwollend, geduldig, voller Barmherzigkeit und Güte gegenüber den von ihr getrennten Söhnen.« Die von einem hoffnungsvollen Ton getragene Rede gipfelt in der Forderung nach der Einheit der Christen, ja, aller Menschen – gegen die Katastrophenangst der (vor allem kurialen) »Unglückspropheten«, die »in der jüngsten Vergangenheit bis zur Gegenwart nur Missstände und Fehlentwicklungen zur Kenntnis« nehmen und »die immer nur Unheil voraussagen, als ob der Untergang der Welt unmittelbar bevorstünde«. Immerhin kann dieses Konzil – anders als frühere Konzilien – ohne »unzulässige Einmischung staatlicher Autoritäten abgehalten« werden, »frei von vielen weltlichen Hindernissen der Vergangenheit«.

Das alles sind wahrhaftig neue Töne. Pius XII. ist keine vier Jahre tot. In einer sich abzeichnenden neuen Weltlage nicht mehr und nicht weniger als ein Paradigmenwechsel, ein Wandel der Gesamtkonstellation, würde ich heute sagen: eine deutliche Absage an einen rein defensiv-polemischen Antiprotestantismus erstens. Aber auch zweitens an einen im Negativen stecken bleibenden, moralisierenden Antimodernismus. Und faktisch auch drittens – das diesbezügliche Schweigen des Papstes erregt weit über Italien hinaus Aufsehen – eine Absage an einen sterilen Antikommunismus. Der Kommunismus wurde bekanntlich in Italien und Frankreich nicht wie im Osten unter Zwang eingeführt, sondern in freien Wahlen gewählt! Solcher Antikommunismus versucht ihn unter Duldung erschreckender sozialer Missstände zu bekämpfen durch große Reden, negative Abwehrmaßnahmen sowie undurchführbare Exkommunikationsdekrete – und dies alles vergeblich. Anstatt ihn durch selbstkritische Ursachenanalyse sowie eine konstruktive Wirtschafts- und Sozialpolitik positiv zu überwinden.

Ich frage mich: Ob das alles nicht neben dem harten Kern der Kurie auch die ganze italienische Rechte in Politik, Wirtschaft und Publizistik gegen diesen liebenswürdig »revolutionären« Papa Giovanni einnehmen wird? Es geht immerhin um mehr als den »Mondo piccolo«, die kleine Welt des streitbaren Priesters Don Camillo, der nach Giovanni Guareschis heiter-satirischem Roman mit dem kommunistischen Bürgermeister Peppone freundlich-pfiffig umgeht.

Auseinandersetzung um die Ökumene

Welch gewaltiger Wandel auch im Blick auf die Ökumene: Bis vor Kurzem wurden nach den Weisungen Pius' XII. die anderen christlichen Gemeinschaften und insbesondere der Weltrat der Kirchen in Genf möglichst ignoriert: ja keine offiziellen Beziehungen! Protestanten waren nun einmal »Häretiker und Schismatiker«. Auch jetzt, unter Johannes XXIII., der von »getrennten Brüdern« spricht, ist der Widerstand im Sanctum Officium, das bisher alleinherrschend für das Ökumenische zuständig war, gegen die Präsenz nichtkatholischer

Beobachter beträchtlich. Ökumenismus fördere den »Minimalismus«, ist nicht nur Tromps Auffassung. Aber da wirkt sich nun die Gründung eines eigenständigen Sekretariats für die Einheit der Christen unter der klugen und effizienten Leitung des deutschen Kardinals Augustin Bea SJ und des Holländers Msgr. Willebrands aus: Sowohl orthodoxe wie evangelische Beobachter, zumeist Delegierte ihrer Kirchen, werden schließlich doch zum Zweiten Vatikanischen Konzil eingeladen. Die bisherige engherzige Praxis katholischer Kirchenmänner in aller Welt, nichtkatholische Kirchenrepräsentanten möglichst zu meiden, ist damit ein für alle Male erledigt.

Noch am Vortag des Konzils aber ist im Sekretariat für die Einheit nicht bekannt, wo in der Basilika die Beobachter-Delegierten platziert sein werden – weniger eine organisatorische als eine symbolische Frage, für die es keinen Präzedenzfall gibt. Doch jetzt bei der Eröffnungsfeier versteckt man sie nicht, wie manche erwarteten, in einem unauffälligen Winkel der riesigen Basilika. Nein, sie erhalten einen Ehrenplatz in nächster Nähe des Papstaltars, weithin für alle sichtbar. Bei den Konzilssitzungen selbst wird es nicht anders sein: Wenn nach der Eucharistiefeier der Generalsekretär Felici das »Exeant omnes – alle (Nichtmitglieder) mögen hinausgehen!« ausruft, dürfen sie sitzen bleiben. Der schönste Platz in der Aula – unmittelbar neben Konzilspräsidium und Konzilssekretären, unmittelbar gegenüber dem Kardinalskollegium – ist diese Tribüne der Beobachter. Von hier aus können sie, wo nötig unterstützt von Übersetzern des Einheitssekretariats, dem ganzen Konzilsgeschehen oft besser folgen als die Bischöfe und können alles sehen und hören: die guten Reden wie die schlechten, die fortschrittlichen wie die konservativen, das ungehaltene Murren und das befreiende Lachen, das gute Latein solcher, die das Kirchenlatein als Amtssprache bekämpfen, und das schlechte Latein solcher, die es verteidigen.

Die Beobachter werden dabei sein, wenn einem Kurienkardinal wegen Überschreitung der Redezeit unter Beifall der

Versammlung das Wort entzogen wird, wenn ein Dekretsentwurf schüchtern gelobt oder heftig angegriffen, wenn er angenommen oder verworfen wird. Und können sich ein eigenes Urteil bilden. Mit den Konzilsvätern und Theologen zusammen erreichen und verlassen sie die Basilika. Mit uns finden sie sich gemeinsam in der berühmten konziliaren Kaffeebar, in einer großen Seitenkapelle der Petersbasilika, die man entsprechend umgestaltet hat und die sofort den Namen »Bar Jona« erhält – in Erinnerung an Petrus, den »Sohn (hebr.: ›bar‹) des Jonas«. Gerade hier wie in den weiträumigen Seitenhallen und dem Querschiff der Basilika findet so mancher Meinungsaustausch und manche wichtige Kontaktnahme statt. Wie die Konzilsväter und die Sachverständigen erhalten auch die Beobachter die zu diskutierenden Schemata und haben Einblick in alle Konzilsdokumente. Und anders als jene dürfen sie sogar ihren eigenen Glaubensbrüdern von den Konzilsverhandlungen berichten. Nur mit abstimmen dürfen sie als Beobachter natürlich nicht.

Selbstverständlich pflege ich zahlreiche Kontakte zu den Beobachtern. Wichtig für mich der Heidelberger Theologe Edmund Schlink, der die Evangelische Kirche in Deutschland (EKD) repräsentiert. Dann mein Schweizer Landsmann Dr. Lukas Vischer, Repräsentant des Ökumenischen Rates der Kirchen (Genf), dessen Berufung nach Tübingen später leider durch eine Intrige in der Evangelisch-Theologischen Fakultät verhindert wird. Weiter Pasteur Herbert Roux (Paris) vom Reformierten Weltbund und die Professoren George Lindbeck (Yale) und Kristen Skydsgaard (Kopenhagen) vom Lutherischen Weltbund; den Dänen werde ich besonders zurate ziehen für eine Konzilsintervention bezüglich der bleibenden Sündhaftigkeit und Reformnotwendigkeit der Kirche. Von Bedeutung natürlich auch der Repräsentant des anglikanischen Erzbischofs von Canterbury, Bischof Dr. John Moorman (Ripon), sowie die beiden Repräsentanten des Moskauer Patriarchats (nachdem das ökumenische Patriarchat von

Konstantinopel wegen der Opposition im eigenen Lager allzu unüberlegt Beobachter abgelehnt hat), Archimandrit Vladimir Kotliarov (Jerusalem) und Erzpriester Vitalij Borovoj (Leningrad), mit dem ich mich auch über die Lage der Kirche in der Sowjetunion unterhalte.

Nicht Vertreter von Kirchen, sondern Gäste des Einheitssekretariats sind: mein um die Ökumene hochverdienter Pariser Lehrer Professor Oscar Cullmann, der reformierte Systematiker G. C. Berkouwer (Amsterdam), Erzpriester Alexander Schmemann (New York), der wohl beste Theologe der östlichen Orthodoxie, und schließlich die beiden Brüder von Taizé, Prior Roger Schutz und Max Thurian. Als diese mich anlässlich eines Abendessens fragen, was sie gerade in dieser historischen Stunde tun müssten, antworte ich: »Ganz schön protestantisch bleiben.« Eine Antwort, die ihnen nicht ganz gefallen will. Bei aller Bewunderung ihrer so wichtigen Arbeit gerade für die Jugend habe ich die begründete Sorge, dass sich die Gründer von Taizé, vom Vatikan gehätschelt, allzu sehr an Rom anpassen und zum Beispiel die Freiheit der Berufung zur Ehelosigkeit unterschlagen zugunsten des römischen Zölibatsgesetzes. Tatsächlich werden sie später Pauls VI. Zölibatsenzyklika ohne Einschränkung bejahen und damit die Reformation in einem zentralen, von der Bibel gedeckten Anliegen verraten. Dass sich Max Thurian wenige Jahre vor seinem Tod noch zum katholischen Priester ordinieren lässt, bestätigt meine von Anfang an gehegte Befürchtung vollends.

Die Beobachter können gewiss nicht mit allem einverstanden sein, was in der Konzilsaula von katholischen Bischöfen aus der ganzen Welt gesagt wird. Aber es dürfte doch keinen unter ihnen geben, der nicht das Vertrauen, das man ihnen schenkt, gelobt hätte. Und dass nun die ganze nichtkatholische Christenheit – immerhin etwa die Hälfte der Christen sind Nichtkatholiken – in der Konzilsaula repräsentiert ist, bedeutet für die Konzilsväter ein dauerndes Mahnzeichen: in all ihrem Tun und Lassen die Einheit der Christen nicht zu vergessen, sondern sie mit allen Mitteln zu fördern. Der Verlauf der Debatten zeigt in wachsendem Maß: Die Gegenwart der Beobachter, die regelmäßig ihre eigene Versammlung abhalten, ist nicht umsonst. Erleichtern sie den Konzilsvätern doch ihre Aufgabe, indem sie den Verhandlungen nicht nur als Außenstehende, sondern mit innerem Verständnis und zugleich Diskretion und oft gar Rat folgen. Sie wissen wohl: Rom wurde nicht an einem Tag erbaut, Rom wird auch nicht an einem Tag erneuert. Sie stellen Mängel und Schwächen fest, übersehen aber nicht das gewaltige ökumenische Erwachen und die raschen Fortschritte, die uns bereits die ersten Wochen des Konzils bringen. Die katholische Kirche ist nun ökumenisch ausgerichtet. Das lässt sich nicht mehr rückgängig machen. Oder vielleicht doch? So frage ich mich im Nachhinein.

Das Testament Johannes' XXIII.: »Pacem in Terris«

Ende November 1962, gegen Ende der ersten Periode, hat es sich im Konzil herumgesprochen: Papst Johannes XXIII. ist unheilbar an Magenkrebs erkrankt. Im Vatikan sprechen Übelwollende von der »Hand Gottes«. Nur noch sechs Monate sind ihm geschenkt. Zur Abschlussfeier am 8. Dezember 1962 kommt der 81-Jährige denn auch nicht mehr persönlich in die Basilika. Er lässt verlauten, von seinem Arbeitszimmer im Palazzo Apostolico aus würde er dem Konzil seinen Segen spenden. Und so verlassen wir denn alle, Bischöfe wie Theologen, schon eine Viertelstunde früher die Peterskirche und sammeln uns zwischen Berninis Kolonnaden beim Obelisken.

Wehmütig ist mir bewusst, dass ich diesen Papst, der mir zur großen Hoffnung und Ermutigung geworden ist, das letzte Mal von Angesicht sehe. Er spricht mit noch immer fester Stimme einige aufmunternde Worte und spendet dann seinen Segen. Aber wie wenn er sich nicht losreißen könne, spricht er nach dem Segen weiter und sagt dann schließlich:»E adesso, ancora una benedizione. – Und jetzt, noch einmal ein Segen!«

Bei einem mehr auf Formalitäten bedachten Pontifex hätte man sich wohl kritisch gefragt, was denn ein zweiter Segen soll, ob der erste vielleicht nicht gültig war oder ob er jetzt verdoppelt werde ... Bei Papst Johannes wirken solche kirchenrechtlichen Fragen mehr als deplatziert. Geht es dem »Papa buono« – so jetzt im Volksmund liebevoll genannt – doch einfach um einen spontanen Ausdruck seines Wohlwollens. Ein Papst, der statt kirchlicher Herrschaft christliche Liebe ausstrahlt.

Zu seinem Testament, wichtiger als alle privaten Äußerungen, wird seine letzte Enzyklika mit dem Titel »Pacem in Terris« vom 11. April 1963: nicht wie üblich in kurialer, sondern in moderner Sprache; nicht wie bisher nur an die Bischöfe, den Klerus und die katholischen Laien gerichtet, sondern ausdrücklich »an alle Menschen guten Willens«. Darin spricht er sich für einen dauerhaften Frieden auf der Grundlage einer gerechten Weltordnung aus. Doch während frühere Päpste die Menschenrechte verdammten, sieht er gerade in ihnen – allerdings stets verbunden mit Menschenpflichten! – die Grundlage der neuen Weltordnung. Und während frühere Päpste immer nur von der »Freiheit der Kirche«, ungehindert zu wirken, sprachen, bekennt er sich deutlich zur »Freiheit des Christen«, ja zur Gewissens- und Religionsfreiheit eines jeden Menschen. Der entscheidende Entwurf zur Enzyklika stammt offensichtlich nicht mehr von Tromp, sondern von Msgr. Pavan (Lateranuniversität).

Frühere Päpste hatten die Katholiken zum Kampf oder mindestens zur Abgrenzung von Andersdenkenden (Protestanten, Juden, Liberale, Sozialisten, Kommunisten ...) aufgefordert. Johannes aber ruft zur Zusammenarbeit im Dienst des Gemeinwohls auf. Die Vereinten Nationen, von der Kurie misstrauisch beobachtet, und die Allgemeine Menschenrechtserklärung 1948, von Pius XII. ignoriert, werden als gottgewollte »Zeichen der Zeit« erkannt. Teilhabe der Frauen am öffentlichen Leben, Rechte der Minderheiten, Autonomie der Entwicklungsländer, Ablehnung von Hochrüstung und Atomwaffen und Eintreten für Verhandlungen und Verträge: dies und anderes sind die Themen, die in Kirche und Welt ein gewaltiges positives Echo auslösen. Und die im Sanctum Officium und bei der italienischen Rechten alarmierend wirken! Als am 28. April 1963 die Kommunisten in Italien trotz klaren Befehls der italienischen Bischofskonferenz und Exkommunikationsdrohungen Ottavianis mehr als eine Million Stimmen (25,3 Prozent) gewinnen, gibt die rechte Presse dem Schweigen Papst Johannes' die Schuld. Als ob der Stimmenanteil der Kommunisten nicht schon unter Pius XII. von 19 Prozent (1946) auf 22,7 (1958) angestiegen wäre. Doch nicht nur der amerikanische CIA-Chef John McCone meint, den Papst vor den Kommunisten in Moskau und Italien warnen zu müssen. Auch Kardinal Ottaviani alarmiert hohe Militärs angesichts der verderblichen Folgen der dem Atheisten Alexej Adschubej – Schwiegersohn des sowjetischen KP-Chefs Nikita Chruschtschow und Chefredakteur der regierungsamtlichen Zeitung »Iswestija« – gewährten Privataudienz und der »gefährlichen« Unterscheidung zwischen Irrtümern und Irrenden. Nur US-Präsident John F. Kennedy, der erste Katholik im Amt des amerikanischen Präsidenten, lässt dem Papst über Kardinal Richard Cushing von Boston eine Ermutigung zukommen.

Der Tod des Konzilspapstes

Johannes XXIII. hat jetzt nur noch wenige Wochen zu leben, und seine Kräfte schwinden. Bei aller unbestreitbaren Führungsschwäche und Fehlentscheidungen des allzu guten Papstes, die ich nicht verschweigen konnte: Während der kurzen fünf Jahre des Pontifikats von Papa Roncalli hat sich die Lage der katholischen Kirche und der Ökumene mehr verbessert als vorher in 50, ja fast mehr als in 500 Jahren. Es hat sich bestätigt: Dieser Papst war kein Übergangspapst, sondern der Papst des großen Übergangs.

Ist es da verwunderlich, dass alle Menschen guten Willens ihm dankbar sind und vor dem Pfingstfest 1963 um sein Leben zittern? Mit Christen gemeinsam hat auch der Oberrabbiner mit einer Gruppe römischer Juden auf dem Petersplatz am Abend für sein Leben gebetet. Alle diese Menschen haben verstanden: Hier ist ein Mann, der sein Amt als Dienst verstand – für die katholische Kirche, die Christenheit, das Judentum, ja, für alle Menschen guten Willens. Bis in die dreitägige Agonie vor seinem Tod, um den er schon seit so langer Zeit wusste, hat er diesen Dienst durchgehalten – ohne alles Pathos und ohne sich wie zwei seiner Nachfolger als »Schmerzensmann« zum zweiten Christus emporzustilisieren. Am Abend des Pfingstmontags, den 3. Juni 1963, höre ich wie alle Welt die Nachricht vom Tod des Konzilspapstes Johannes' XXIII. Sicher nicht nur mir stehen Tränen in den Augen.

Ein Papst, der Christ war

Johannes XXIII. wollte anders als sein Vorgänger kein großer Kirchenmann, Redner, Diplomat, Wissenschaftler und Organisator sein, sondern, wie er es schon in der Krönungsansprache sagte, nur ein guter Hirte. Nach dem Vorbild des biblischen Petrus wollte er seine Brüder und Schwestern trösten, stärken und motivieren. Er erwies sich je länger, desto mehr als groß im Dienen und hatte damit das Wort eines Anderen hinter sich, der seine Größe unangreifbar macht: »Wer unter euch der Größte sein will, sei euer Diener.« Er lehrte nicht, aber lebte ein neues Papsttum. Gerade so leitete er für das Papsttum einen epochalen Paradigmenwechsel ein: statt wie seit Gregor VII. und Innozenz III. im 11./12. Jahrhundert bis zu Pius IX. und Pius XII. im 19./20. Jahrhundert ein absolutistischer römischer Herrschaftsprimat neu ein pastoraler Primat des Dienstes. Ein Papsttum mit menschlichem, christlichem Gesicht.

Kein Wunder, dass mir Karl Barth schon bald einmal sagte: »Jetzt kann ich vom Stuhle Petri – anders als zu Zeiten des herrscherlichen Pius – die ›Stimme des guten Hirten‹ hören.« Jetzt, nach seinem Tod, liebt man indes nicht überall die Kontrastierung zwischen Johannes und Pius: Vor allem weil mein Nekrolog eine »Anspielung auf den Nepotismus (Vetternwirtschaft) Pius' XII. macht«, lehnt die offiziöse »Documentation Catholique« (Paris) eine Publikation ab: »Man kann die Figur Johannes' XXIII. nicht besser beschreiben«, aber, wird mir von der Redaktion mitgeteilt: »Toutes les vérités ne sont pas toujours bonnes à dire« – »Es ist nicht immer angebracht, alle Wahrheiten zu sagen.« Voilà – besser beschönigen, verschleiern, lügen, selbst noch posthum?

Papa Roncalli – ein Heiliger? Kein Zweifel, er erschien den Menschen nicht nur als ein guter Mensch, sondern als wahrhaftiger Christ. Sein »Geistliches Tagebuch« zeigt bei aller Biederkeit immer wieder die Weisheit eines weiten Herzens: Ihm geht es zutiefst um die Nachfolge Christi. Er will in aller Normalität »Abbild des guten Jesus« sein und als Papst »Diener Gottes und Diener der Diener Gottes.« Kein außerordentlicher Mensch, gar schon zu Lebzeiten ein Heiliger. Keine Marien- oder gar Christuserscheinungen, keine Fatima-Geheimnisse und fromme Schauspielereien. »Pius X. war ein Heiliger und wusste es nicht, Pius XI. war kein Heiliger und wusste es, Pius XII. war ein Heiliger und wusste es«, spottete man in der Kurie. Und Johannes XXIII.? Ein Papst, der keiner »Heiligsprechung« bedarf, auch nicht durch Konzilshistoriker, die seine fatalen Fehlentscheidungen verschweigen. Was soll das ständig missbrauchte Wort »Heiliger«, was die politisch instrumentalisierte (und mit gewaltigem finanziellem Gewinn für die Kurie verbundene) römische »Heiligsprechung«? Ein Papst, der ganz authentisch Christ ist – das ist die Sensation!

Statt Wundertaten Werke der Barmherzigkeit: Wahrhaftig, wer von seinen Vorgängern hat je als Papst persönlich Arme besucht, Kranke in Spitälern getröstet, Priester, die in ihrem Leben Schiffbruch erlitten, aufgesucht? Wer den Weg in das römische Staatsgefängnis mit seinen rund 1200 Häftlingen gefunden? Und wer hätte dort – wo auch große Redner leicht versagen – das richtige Wort gefunden? Schlicht erzählt Papa Giovanni diesen Gefangenen und Verbrechern, die nie einen solchen Besuch erträumt hatten, dass auf ihn, seit er ein Knabe war, jedes Gefängnis sehr bedrückend wirke, da damals sein eigener Onkel wegen Wilderei ins Gefängnis gekommen sei. Der »Osservatore Romano«, der oft das Beste in des Papstes Ansprachen unterschlägt, ersetzt prompt den »Onkel« durch einen anscheinend die Würde des Papstes weniger belastenden »Verwandten«.

Aber immer, wenn Papa Giovanni sprach, drangen seine Worte, vom Evangelium inspiriert, zu Herzen. Er lebte sein pastorales Engagement schon immer aus der Bibel, wie er sie alle Tage vor allem aus dem Messbuch und dem Brevier kennengelernt hatte. Gerade so hatte er sich in aller Stille freigemacht von bestimmten traditionellen römischen Stereotypen und Klischees. Noch als Papst las er die Schriften des auf den Index gesetzten italienischen Reformtheologen Antonio Rosmini. Und von seinem Studienkollegen und dreifach exkommunizierten italienischen »Erzmodernisten« Buonaiuti – dieser war am Ostersonntag 1946 als »excommunicatus vitandus« (»zu meidender Exkommunizierter«) gestorben, ein Opfer der Jesuiten und der Faschisten – sprach er immer mit Respekt und mit seinem priesterlichen Namen »Don Ernesto«.

Bei allem nicht zu übersehendem Versagen in der Führung seiner Kurie: Durch die milde Menschlichkeit und einfache Christlichkeit, die er ausstrahlte, schuf Johannes XXIII. ganz spontan ohne jede geistliche Gewalt, Drohungen und Sanktionen jenen neuen großen Konsens in der Kirche (»consensus Ecclesiae«), an dem ihm so viel gelegen war – und dies sogar weit über die römisch-katholische Kirche hinaus.

Kirchenpolitische Wende: Der erste ökumenische Papst

»Giovanni ventitresimo« war auch der erste ökumenische Papst. Ja, er wurde eine Hoffnungsgestalt für die ganze
Menschheit. Gleichsam über Nacht hat er die Kirche aus ihrer
vom Vorgänger geübten Reserve gegenüber den ökumenischen Bestrebungen herausgerissen und sie ökumenisch orientiert. Sicher gab es vorher schon eine ökumenische Bewegung in der katholischen Kirche, aber sie war Angelegenheit
einer kleinen, oft marginalisierten Vorhut von Theologen und
Laien. Papst Johannes macht die Wiedervereinigung der getrennten Christen, aber auch die Offenheit für das Judentum
und die anderen Weltreligionen zum Anliegen der gesamten
Kirche, des Episkopats und, in eingeschränktem Maß, auch
des Zentrums. Zwar hat man vor ihm schon – wie man in
Rom zu sagen pflegt –»die Arme weit geöffnet« gegenüber
den anderen Christen. Aber bei dieser Einladung zur Rückkehr blieb es meist. Erst Johannes XXIII. zeigt, dass das Arme-
öffnen nicht genügt, sondern dass man zuerst selber mutig
und entschlossen die Hände zu rühren hat: um nämlich das
je Eigene zu tun, um die Wiedervereinigung auch von katholischer Seite her vorzubereiten und auf die anderen Kirchen
zuzugehen.

Eine historische Wende bedeutet es schließlich auch, dass
Johannes XXIII. den sterilen Antikommunismus Pius' XII.,
der alle kommunistischen Parteimitglieder exkommuniziert
hat, stillschweigend begräbt. Als erster Papst seit der Staats-
gründung hält er sich ganz aus der italienischen Innenpolitik
und den Wahlen heraus und übt gegenüber allen politischen
Parteien, auch gegenüber der Democrazia Cristiana, Distanz.
Das kuriale Milieu freilich, früher weithin faschistisch, jetzt
konservativ, zeigt sich größtenteils konsterniert – und die konservativen Kreise Italiens mit ihm. Dieser Papst leitet jenen
welt- und kirchenpolitischen Stil-, Methoden- und Mentali-
tätswandel des Vatikans ein, der auf eine vorsichtige Befreiung

der Verquickung mit der italienischen Politik und auf einen Modus vivendi mit den Staaten des Ostblocks hinausläuft und erst viel später Früchte tragen wird, wie schließlich auch die deutschen Bischöfe einsehen müssen. Der für Ostpolitik zuständige Msgr. Agostino Casaroli arbeitet planmäßig und konstruktiv. Nach der Zuspitzung des Ost-West-Konflikts durch den Bau der Berliner Mauer 1961 erlässt Johannes XXIII. in nun bewusst vertretener »aktiver Neutralität« Friedensaufrufe und Warnungen vor dem Atomkrieg. Zu seiner Überraschung erhält er – als »Mann des Friedens« – am 25. November 1961, seinem 80. Geburtstag, Glückwünsche von Parteichef Nikita Chruschtschow. Das erste Anklopfen der Sowjets im Vatikan seit der Oktoberrevolution 1917, allerdings provoziert vom Papst selbst, der zuvor in Moskau über den italienischen Kommunistenführer Palmiro Togliatti (sein moskaukritisches »Testament« wird den »Eurokommunismus« fördern) vertraulich sein Interesse an besseren Beziehungen signalisiert hat. Den Bischöfen aus Osteuropa verspricht Chruschtschow, sie dürften zum Konzil reisen. Nach der erneuten Zuspitzung des Ost-West-Konflikts in der Kubakrise im Oktober 1962, als das Konzil bereits zusammengetreten ist, hilft ein Appell des Papstes, wieder nach beiden Seiten, mit, den jetzt einsetzenden Entspannungsprozess in Gang zu halten.

Aber war das nicht zu viel des Guten?, fragen nicht erst nach seinem Tod Roncallis Gegner in der Kurie. Dass der Papst sogar einen aus der Kirche (wegen deren Unterstützung des Faschismus) ausgetretenen Kommunisten, den ebenfalls aus Bergamo stammenden großen Bildhauer Giacomo Manzù, in den Vatikan kommen lässt, um sein Portrait und das äußerste linke der sieben großen Portale der Peterskirche (»la porta della morte« für die verstorbenen Kardinäle) zu gestalten. Dass er jenen spektakulären Besuch von Alexej Adschubej und seiner Frau Rada im Vatikan mit einer Privataudienz krönte: dies alles erscheint der alten Garde im Vatikan politisch dumm und gefährlich. In seiner Enzyklika »Mater et magistra« (1961) identifiziert Johannes XXIII. die »soziale Frage« nicht mehr mit der europäischen Arbeiterfrage. Ausführlich thematisiert er auch die Probleme von Boden, Landwirtschaft und Bauern. Eindeutig wie kein Papst vor ihm verurteilt er Kolonialismus und Unterentwicklung. Er wird für »Time Magazine« 1962 der »Mann des Jahres«. Für den rechten Flügel im Vatikan auch dies so wenig eine Empfehlung wie der ihm zugesprochene und von ihm auch gegen kurialen Widerstand akzeptierte hoch dotierte Balzan-Friedenspreis.

Doch noch nie seit der Reformation, ja, noch nie seit der ost-westlichen Kirchenspaltung im 11. Jahrhundert fand ein Papst so breite Zustimmung. In diesem Fall drücken all die offiziellen Beileidsbekundungen tatsächlich das aus, was zahllose Menschen fühlen. »Das Wesentliche ist der grundlegende Wandel in den Beziehungen zwischen der römisch-katholischen Kirche und den anderen Kirchen, der den Beginn eines wahren Dialogs gesetzt hat«, erklärt der Generalsekretär des Weltrates der Kirchen, Dr. Visser't Hooft. Und Ähnliches lässt sich auch in Bezug auf das Judentum, alle anderen Religionen und die Menschen der säkularen Welt überhaupt sagen. Selbst die sowjetischen Kriegsschiffe im Hafen von Genua flaggen Halbmast.

Die römische Kurie widersteht dem Paradigmenwechsel

Die reaktionären Kräfte in der Kurie sehen sich mit einem Plebiszit der Weltöffentlichkeit konfrontiert, das sie erstaunt und verärgert. Nur eine Einschränkung muss gemacht werden: Die Vertrauenskundgebungen aller Welt für diesen Papst als Person bedeuten keine Akzeptanz des Papsttums als Institution. Dieses bleibt mit dem unreformiert mittelalterlichen Anspruch auf absolute Herrschaft in der Kirche und Unfehlbarkeit in der Lehre für die anderen Christen und erst recht alle säkularen Menschen wie eh und je inakzeptabel.

Leider: Des Papstes Kurie hat in ihrem Kern den Paradigmenwechsel trotz aller Änderungswilligen nicht mitgemacht. Sie hat den Konzilspapst nicht geliebt und seine mehr vom Evangelium bestimmte Amtsführung auch nicht. Hundert Jahre würde es brauchen, sagt man dort, um seine Fehler zu korrigieren. Ein Symptom: Zweimal – im November 1964 und im Oktober 1965 – werden im Konzil einige Bischöfe den Vorschlag durchzubringen versuchen, Papst Johannes nicht durch ein bürokratisches Verfahren, sondern, wie bisweilen auf Synoden üblich, »per acclamationem« heiligzusprechen. Beide Male vermag die Kurie dies zu verhindern. Sei's drum – doch wer hat ahnen können, dass es derselben Kurie gelingen wird, am 3. September 2000 Johannes XXIII. (unter gewaltigem Beifall der versammelten Volksmenge) und gleichzeitig(!) seinen Antipoden Pius IX. (unter deren fast völligem Schweigen) seligzusprechen, diesen autoritären Feind der Menschenrechte, diesen Antisemiten, Egozentriker und Propagator seiner eigenen Unfehlbarkeit? Es war einem weiteren reformorientierten Papst, Franziskus, vorbehalten, am 27. April 2014 Johannes XXIII. heiligzusprechen, gemeinsam mit dem Restaurationspapst Johannes Paul II.

Weder dem zögerlichen Paul VI. noch dem allzu kurz lebenden Johannes Paul I. oder gar dem autoritär-gespaltenen Johannes Paul II. wird es wie Johannes XXIII. zusammen mit dem von ihm einberufenen Zweiten Vatikanischen Konzil gelingen, in gleicher Weise die tiefsten Sehnsüchte der Menschen in und außerhalb der Christenheit anzusprechen – die Sehnsucht nach Verständigung, Frieden, Gemeinschaft, die Sehnsucht nach einer erneuerten Kirche in einer besseren Welt. Angelo Roncalli wollte die Fenster der Kirche öffnen und hat sie geöffnet. Wahrhaftig, er ist der größte Papst des 20. Jahrhunderts.

Es waren diese kurzen fünf Jahre von 1958 bis 1963 ein »window of opportunity«: Ein höchst hoffnungsvoller Pontifikat ist mit dem Tod Johannes' XXIII. zu Ende gegangen. Alles bisher vom Konzil Geleistete ist nur ein Anfang. Die Aufgabe ist riesengroß, und der Ausgang unsicher. Und dann am 22. November desselben Jahres 1963 das zweite Unglück: Präsident Kennedy wird ermordet. Die Welt ist um eine weitere Hoffnung ärmer. Das Doppelgestirn einer Konstellation der Hoffnung, eines neuen Paradigmas von »Katholizismus« – der 82-jährige Papst als Symbol menschenumgreifender Güte und der 47-jährige Präsident als Symbol von Jugend und »neuer Grenzen« –, es ist versunken. »Immer sind es die Falschen, die früh gehen müssen, während andere bleiben …«: solcher Hader mit Gottes Führung und Fügung ist mir nicht fremd.

Paul VI. Montini (1963–1978)

26. 9. 1897	Geboren in Concesio (bei Brescia). Er studierte Theologie am Seminar von Brescia
1920	Priesterweihe. Studien des zivilen und kanonischen Rechts an der Päpstlichen Diplomatenakademie und an der Päpstlichen Universität Gregoriana
1922 – 54	Im Päpstlichen Staatssekretariat; ab 1937 als Substitut unter Staatssekretär Pacelli
1954	Erzbischof von Mailand
1958	Kardinal
21. 6. 1963	Wahl zum Papst als Paul VI.
1963	Weiterführung des Konzils
1964	Begegnung mit Patriarch Athenagoras in Jerusalem
1965	Ende des Zweiten Vatikanischen Konzils
1968	Enzyklika »Humanae vitae« gegen Empfängnisverhütung
6. 8. 1978	Gestorben in Castel Gandolfo

III. Paul VI. – Giovanni Battista Montini

Mitten in den großen Auseinandersetzungen über die französischen Arbeiterpriester – ich habe darüber in Kap. I ausführlich berichtet – ging ich 1953 in Rom an die Gregoriana zu P. Gustav Gundlach SJ, zu dem ich als Student der Theologie und Präsident des Sozialzirkels im Germanikum ein gutes persönliches Verhältnis habe. Als Sozialexperte Pius' XII. ist er zweifellos über die Aktion gegen die Arbeiterpriester informiert. Mit Nachdruck erkläre ich dem Professor, dass ich seine und des Papstes Ablehnung des stalinistischen Kommunismus teile, aber für die Strafaktion gegen die Arbeiterpriester kein Verständnis aufbringen könne. Der große Sozialwissenschaftler, übrigens ein überzeugter, in Deutschland schon 1934 untragbar gewordener Nazigegner, antwortet auf alle Argumente gereizt. Wir kommen im Gespräch kaum voran. »Man hätte zuwarten können«, meine ich. »Im Gegenteil«, antwortet er mir, »wir haben zu lange gewartet, wir hätten sehr viel früher eingreifen sollen!« Schließlich spiele ich meinen letzten Trumpf aus: »Auch im Vatikan denken doch nicht alle wie Sie, P. Gundlach«, was ihn noch mehr erregt: »Wer denn nicht?« Und ich: »Zum Beispiel Msgr. Giovanni Battista Montini im Staatssekretariat!« Wie von einer Tarantel gestochen dreht sich der schwergewichtige Mann brüsk auf seinem Schreibtischstuhl um, kehrt mir den Rücken zu und ruft mir über die Schulter, wie immer, wenn er hoch erregt ist, mit Kopfstimme zu: »Wenn ich einen im Vatikan eliminieren könnte, so wär's der Montini!«

»Wenn ich einen eliminieren könnte …«

Tatsächlich werden sie ihn schon im folgenden Jahr 1954 eliminieren, die Kardinäle Ottaviani, Pizzardo, Micara, Cicognani und die Ihren, zusammen mit den deutschen Jesuiten um Pius. Montini, der aufgrund von Herkunft und Lektüre Sympathien für den französischen Sozialkatholizismus hegt, der zum linken Flügel der Democrazia Cristiana neigt, dem doktrinären Antikommunismus reserviert gegenübersteht und aufgrund seines täglichen Kontaktes mit dem Papst über erheblichen Einfluss verfügt, stört immer wieder ihre Kreise. Über Kardinal Suhard und die Mission de Paris etwa platziert Montini auf Anregung des Pariser Nuntius Roncalli einen lobenden Artikel im »Osservatore Romano«. So wird er schließlich unter viel Lob als Erzbischof nach Mailand »befördert«, aber in all den Jahren von Pius nicht zum Kardinal gemacht: ein typischer Fall von »wegloben« – »promoveatur ut amoveatur«! Denn eines ist sicher: Keinesfalls darf er Papst werden! Als Erzbischof von Mailand werde ich ihn später persönlich kennenlernen. Erst Johannes XXIII. wird ihm 1958 den Kardinalspurpur verleihen.

Für mich aber bedeutet die römische Unterdrückung der Arbeiterpriester, deren Apostolat ein wichtiger Bestandteil innerhalb des großen Apostolats zur Wiedergewinnung der christlichen Massen war, eine weitere gründliche Entmystifizierung des Papstes. Natürlich wäre es besser gewesen, wie mir unser Spiritual P. Klein schon am Anfang der Auseinandersetzung sagte, Fabrikarbeiter – unter bestimmten Voraussetzungen – zu Priestern zu machen als umgekehrt Priester zu Fabrikarbeitern; Priestertum sei schließlich kein »Stand«. Aber daran dachte Pius XII. natürlich noch weniger.

Einige Jahre später: Von den vielen Dankesschreiben auf die Zusendung meiner Dissertation (veröffentlicht 1957) ist mir eines besonders wichtig. Der »schöne Band über die ›Rechtfertigung‹«, heißt es da auf Italienisch, präsentiere sich »als eine große Neuigkeit für die theologische Diskussion der fundamentalen These der protestantischen Theologie: Wenn mir auch eine Lektüre der deutschen Sprache nicht leichtfällt, so wird es mir doch willkommen sein, Einsicht zu nehmen in diese sehr wichtige und sehr interessante Arbeit«.

Dieser Brief, geschrieben im schweizerischen Engelberg, nicht weit von meiner Heimatstadt Sursee entfernt, stammt von einem regelmäßigen Feriengast, der betreut wird von dem mir von Jugend auf bekannten Benediktinerpater Dr. Anselm Fellmann aus Sursee: Es handelt sich um Giovanni Battista Montini, jetzt Erzbischof von Mailand, der schon fünf Jahre später Papst mit Namen Paul VI. sein wird. Nicht viel später lerne ich ihn auch persönlich kennen, wobei er mir zu meinem Buch erneut aufs Freundlichste gratuliert. Seine persönliche Sympathie zu mir ist offenkundig. Es wird davon noch die Rede sein müssen: Wie leicht wäre es mir doch gewesen – zufällig kam mir dieser Brief Montinis aus meinem Archiv im Jahr 2001 auf den Tisch just am Tag der Kardinalskreierung dreier mir wohlbekannter früherer deutscher Universitätstheologen –, ja, wie leicht wäre es mir gewesen, wie diese Kollegen den Weg in Richtung Hierarchie einzuschlagen. Aber wie froh bin ich, dass ich der Theologie treu geblieben und meinen Weg eigenständig weitergegangen bin.

Kardinal Montini vor dem Konzil

Umso mehr interessieren mich bezüglich des kommenden Konzils die Auffassungen des Erzbischofs von Mailand, Kardinal Giovanni Battista Montini. Ich treffe ihn 1959 während eines Besuchs in Rom in der Domus Mariae an der Via Aurelia. In meinen sieben römischen Jahren habe ich Montini nur sehr selten gesehen, da der Substitut des Staatssekretariats, ein unermüdlicher Arbeiter, zwar zahllose Briefe und Telegramme im Namen des Papstes unterzeichnete, aber sich selbst in der Öffentlichkeit nur selten zeigt. Wenn man ihn schon einmal bei einem feierlichen Einzug des Papstes in der Peterskirche erspäht, fällt er mir auf, weil er nicht wie die Kurienkardinäle das Publikum mustert, um allfälligen Bekannten jovial zuzuwinken, sondern mit streng gefalteten Händen im Gebet, den Kopf im »Frömmigkeitswinkel« gebeugt, versunken mitmarschiert.

Mit raschen Schritten (wie Pius XII. in St. Peter es gerne tat, die Prälaten hinter ihm herhastend) tritt der 63-Jährige ins große Zimmer, den Körper leicht zur Seite geneigt, er, der im Fall des Todes von Angelo Roncalli als Papabile gehandelt wird: schlank, feingliedrig, freundlich, mit wachen Augen und großen Ohren, mich wohlwollend musternd. Ich bin ihm kein Unbekannter. Montini ist im Unterschied zu den meisten Kurialen so etwas wie ein Intellektueller: Er weiß, wie gesagt, sehr wohl um die Bedeutung Karl Barths und meiner Dissertation über die Rechtfertigungslehre. Auf der Sommervilla der oberitalienischen Bischöfe in Gazzada bei Mailand werde ich Montini erneut begegnen, und zwar im Rahmen der 7. Konferenz für ökumenische Fragen, die dort vom 19.–23. September 1960 über »Einheit in Verschiedenheit« und das Konzil tagt.

Jetzt in Rom sitzt der Kardinal vor mir con dignità, eine Hand über die andere gelegt, kein Mann der spontanen herzlichen Unterhaltung, sondern der würdevollen An- und Aussprache, die Stimme ein wenig rauer als erwartet. Ich spreche ihn auf verschiedene umstrittene Reformanliegen an. Er antwortet überlegt und vorsichtig. Er sieht die Probleme und erkennt die Notwendigkeit von Reformen, hat indes mit der gemessenen Sprache und Gestik immer sein »Aber«:

Einführung der Volkssprache in die lateinischen Liturgie? Grundsätzlich ja. Aber: nur im Wortgottesdienst; die »Missa sacrificiale«, den »Opfergottesdienst« mit dem Kanon, besser in Latein belassen.

Und die Notwendigkeit einer Dezentralisierung und Verlagerung von Kompetenzen der Kurie auf die Bischöfe? Grundsätzlich ja. Aber: »I servizi della Curia sono svelti«, die Dienste der Kurie seien heutzutage rasch, sodass man leicht telefonisch in Rom um Erlaubnis oder Dispens bitten könne.

Reform oder Abschaffung des »Index?« Man muss wissen: Montini, Sohn eines Zeitungsverlegers und Politikers, war schon 1925 in Brescia Mitbegründer des fortschrittlichen Verlags Morcelliana, der wegen der Publikation von Karl Adams

»Wesen des Katholizismus« ins Feuer des Sanctum Officium geraten war (Entfernung aller Übersetzungen Karl Adams aus den römischen Buchhandlungen). 1942 hat Montini bei Pius XII. gegen Ottaviani einen Neudruck der 1912 indizierten Schrift der norditalienischen Aristokratin Antonietta Giacomelli erreicht, die für liturgische Erneuerung gekämpft hatte. Von Jugend auf kennt er die Problematik des »Index« (»Darf ich Renan lesen? Das ist die täglich sich stellende Frage«, so beginnt ein Artikel des 23-Jährigen). Und jetzt? Als Kardinal vertritt er die Meinung, Bücherverbote sollen bestehen bleiben, nur die Kirchenstrafen sollten aufgehoben und die Leseerlaubnis leichter erteilt werden.

Ich schaue ihn an: Letztendlich undurchschaubar, behält er sein Geheimnis für sich. Montini ein wirklicher Reformer oder nur ein halber? Ich versuche, in sein Herz zu schauen: Immerhin ist er erheblich offener als die meisten anderen italienischen Kardinäle. Den konservativen Kurienkardinälen gilt er aufgrund seiner politisch-sozialen Einstellung ohnehin als gefährlich »progressiv«, und P. Gundlachs Ausbruch (»eliminieren«!) habe ich noch im Ohr …

Wichtig ist mir eine bald sichtbar werdende innere Übereinstimmung. Sie kommt zum Ausdruck in Montinis Fastenhirtenbrief zum Konzil 1962, der ebenfalls das Konzil ganz auf die Frage der Kirche und des Episkopats konzentriert sieht. Er gehe davon aus, »dass das Zweite Vatikanum auch die Frage des Episkopates zu seinen Gegenständen zählen wird, um dessen evangelischen Ursprung, dessen sakramentale Gnadengaben, dessen Lehr-, Hirten- und Jurisdiktionsgewalt, sei es im Hinblick auf den einzelnen Bischof, sei es im Hinblick auf das Bischofskollegium, darzustellen …« Dabei müsse das »königliche Priestertum der Laien« gestärkt und auch der ökumenische Auftrag des Konzils ernst genommen werden. Sehr konkret bei den Antworten wird er nicht. Aber was wollte ich mehr?

Statt eines Johannes ein Paulus

Eine Papstwahl dann doch ohne Überraschung: Am Freitag, dem 21. Juni 1963 – im sechsten Wahlgang – wird der 67-jährige Giovanni Battista Montini zum Papst gewählt. Papst Johannes selber hatte für Montini klare Zeichen gesetzt. Seinen Freund aus der Lombardei, der bei Pius XII. 1958 in Ungnade gefallen war, erkor er sofort zum Kardinal, ja, den aus dem Vatikan Vertriebenen ließ er für die erste Konzilssession sogar als seinen Sondergast im Vatikan logieren. Die Kurie freilich liebt Montini nicht, den undurchschaubaren Sympathisanten der »Linken«. Sie hätte lieber einen Kurienkardinal wie Antoniutti gewählt gesehen, vorher bei Franco beliebter Nuntius in Spanien. Zur Not sogar Kardinal Lercaro von Bologna, dessen Anhänger aber von Kardinal Suenens zur Unterstützung Montinis überredet wurden. Schließlich kam es für den sechsten Wahlgang zum Kompromiss zwischen der konziliar gesinnten Mehrheit um Bea und Suenens und der kurialen Minderheit um Ottaviani und Cicognani, die leicht die notwendige Zweidrittelmehrheit hätte verhindern können. Montini erreichte 57 Stimmen – nur zwei mehr als die erforderte Zweidrittelmehrheit. Auch am Ende wählten ihn also 22 bis 25 Kardinäle nicht – der Kern einer künftigen konservativen Opposition? Montinis Wahl, von der progressiven Konzilsmehrheit erhofft, wird weithin begrüßt. Dieser Mann ist – »omnibus bene perpensis«, »alles wohldurchdacht« – auch mein Wunschkandidat. Aber wird er im Papstamt meinem Wunschbild, wichtiger noch dem Wunschbild der Konzilsmehrheit entsprechen – oder wird er sich dem Wunschbild der Kurie fügen?

Große Überraschung – es ist dies immer die erste Willenskundgabe eines Papstes – ohne Angabe von Gründen die Wahl des Namens *Paulus*. Seit dem Borghese-Papst Paul V. (1605–21), dessen Name übergroß die Fassade der Peterskirche »ziert«, hatte kein Papst mehr diesen Namen gewählt. Den Papstnamen Johannes konnte er, der Johannes bereits als

Eigennamen trägt, nach neuerer Tradition nicht wählen. Und den Namen Pius hat er, der sich notorisch immer mehr von Pacelli entfremdet hatte, offensichtlich nicht wählen wollen. Also »Paulus«. Aber Paulus sicher nicht im Anschluss an jenen Paul V., der gegen die Republik Venedig noch einmal mit Bann und Interdikt das mittelalterliche Paradigma von Kirche mit päpstlichem Hoheitsanspruch durchsetzen wollte und in dessen Pontifikat der erste Galilei-Prozess fiel. Sondern, wie der Wiener Kardinal Franz König gleich richtig verlauten lässt, im Anschluss an den Apostel Paulus und dessen weltweites Wirken im Dienst des Evangeliums Jesu Christi. Dem entspricht auch des neuen Papstes Wahlspruch »In nomine Domini – Im Namen des Herrn«.

Ich selber, theologisch sehr vom Apostel Paulus geprägt, hatte mir schon als Student einen Papst mit Namen Paulus gewünscht. Doch mein Professor in Kirchengeschichte an der Gregoriana, jener Ludwig von Hertling SJ, Verwandter des konservativen Philosophen und späteren Reichskanzlers (1917/18) Freiherr Georg von Hertling, praktizierte als seine Spezialität ein Zahlenspiel (und Examensfragen) mit Papstnamen. Und eines seiner »Forschungsergebnisse« war: »Omnes Papae cum numero sexto erant papae infelices« – »Alle Päpste mit der Zahl Sechs waren unglückliche Päpste«. Damals durchzuckte mich sofort der Gedanke: Ein neuer Papst mit dem Namen Paulus wäre schon von der Zählung her ein »Papa infelix – ein unglücklicher Papst«.

Aber jetzt, am Vormittag jenes 21. Juli 1963, sage ich mir als vernünftig denkender Mensch: Warum sollte diese rational völlig unbegründete Regel gelten? Warum soll es in einer Sechserreihe nicht auch einmal einen glücklichen Papst geben? P. von Hertling indes hatte auf Wunsch des Vatikans einen Artikel für die Ausgabe des »Osservatore Romano« zur Wahl des kommenden Papstes geschrieben und darin seine These von den unglücklichen Päpsten mit der Nummer Sechs entfaltet. Diese Seiten des »Osservatore« waren bei der Wahl schon gedruckt. Und so enthielten die nach der Wahl auf dem Petersplatz verkauften Exemplare auch diesen Artikel – bis man die Peinlichkeit bemerkte und das Ganze ohne Hertlings Beitrag neu druckte. Zu seinem großen Vergnügen hat Hertling eine Nummer mit seinem Artikel ergattert, konnte aber nie erfahren, ob Paul VI. diesen Artikel je zu sehen bekam. Seinen Namen geändert hätte er ohnehin nicht.

Wie unglücklich dieser Papst tatsächlich werden sollte, hat damals niemand ahnen können. Allerdings konnte man in Bezug auf Herkunft, Werdegang und Mentalität einige Zweifel hegen, wie dieser Mann denn wohl seinen Pontifikat gestalten werde. Bei aller persönlichen Sympathie für Giovanni Battista Montini kann auch ich meine Bedenken nicht allesamt unterdrücken. Für P. Gundlach aber, der Montini am liebsten »eliminiert« hätte, muss dessen Wahl zum Papst ein Schock gewesen sein: Zwei Tage später, am 23. Juni 1963, stirbt er, und bis heute rätselt man in eingeweihten Kreisen, ob »post hoc« oder »propter hoc« … Montini aber wird als (faktisch letzter!) Papst »gekrönt«: mit einer nach eigenen Vorstellungen neu angefertigten modernisierten Tiara, der dreifachen Krone des Weltenherrschers – ihm aufgesetzt von Kardinal Ottaviani, dem Chef des Sanctum Officium. Was solch zwiespältige Geste für den neuen Pontifikat bedeuten mag?

»Unser Hamlet von Mailand«

Mir war immer sympathisch, dass Montini aus einer gutbürgerlichen, nicht monarchistisch, sondern demokratisch eingestellten Familie von Brescia stammt – ohne den Aristokratenfimmel des gutbürgerlichen Pacelli, der seine drei Neffen zu Fürsten und Finanzmagnaten (Giulio z. B. Aufsichtsratsvorsitzender des Banco di Roma) machen ließ. Montinis Vater, ein Rechtsanwalt, war Redakteur der katholischen Zeitung und Parlamentsabgeordneter der katholischen Volkspartei bis zu deren Auflösung durch Mussolini. Seine Mutter Vorsitzende der katholischen Frauenvereinigung von Brescia, einer der beiden Brüder noch in den 60er-Jahren Parlamentsabgeordneter der Democrazia Cristiana. Die Familie Montini stand selbstverständlich treu zu Kirche und Papsttum, beteiligte sich aber nicht an der antimodernistischen Kampagne, sondern hielt auch mit des Modernismus verdächtigten italienischen Autoren Verbindung.

Später erzählen mir Freunde in Brescia, wie der kleine Giovanni Montini, kränkelnd, seine Gymnasialbildung im Jesuitenkolleg abbrechen und privat beenden musste und auch seine theologischen Studien am Priesterseminar als Externer machte, ein »Herrenbüblein«, das nur gerade für die Vorlesungen kam, freundlich nach allen Seiten grüßte und sich gleich nach der Vorlesung wieder verabschiedete. Der neue Papst also ein von Haus aus sehr ernsthafter, aber vielleicht nicht sehr kommunikativer Typ?

An der Gregoriana ist man stolz auf den Exalumnus Montini, der seine Blitzkarriere freilich nicht in Rom, sondern in Mailand begonnen hatte: Schon mit 23 Jahren zum Priester geweiht, wird er dort im gleichen Jahr auch noch zum Doktor des Kanonischen Rechts promoviert. Ohne allen Zweifel eine streng traditionalistische Ausbildung in scholastischer Theologie und Kanonistik. Schon ein Jahr später schließt der zweifellos Hochbegabte diese »Schnellbleiche« ohne moderne Exegese, Kirchen- und Dogmengeschichte ab: erst jetzt an der Gregoriana mit dem theologischen Doktor. Nicht die Theologie hat er im Kopf, sondern die Kurie. Noch im selben Jahr wird er in die Accademia dei Nobili, die päpstliche Diplomatenschule, aufgenommen und tritt nach einem halben Jahr an der Nuntiatur in Warschau schon mit 27 Jahren ins Staatssekretariat ein, wo er von 1924 bis zu seiner Beförderung auf den Erzbischofstuhl von Mailand 1954 bleiben wird. Der neue Papst also ein mustergültiger, absolut integrer Priester, aber bei aller Lektüre moderner theologischer Werke (Karl Adam!) vor allem kirchenpolitisch orientiert, ohne gründliche theologische Ausbildung und ohne Erfahrung eines Gemeindepfarrers vor Ort.

Als der Rektor des Germanikums P. Vorspel damals mit Montini im Staatssekretariat über den Bau des neuen Vatikansenders auf unserem großen Kollegsgut Santa Maria di Galeria verhandelte, äußerte er sich anschließend bewundernd über die scharfe Intelligenz und genaue Aktenkenntnis des unermüdlichen Arbeiters Montini. Dieser war zum zweifellos perfekten Kirchendiplomaten herangereift, der mit hohem juristischem Sachverstand und politischer Gewandtheit schon 1937 – im Zeichen zunehmender Bedrohung durch Faschismus und Nationalsozialismus – zu einem der beiden »Substitute« (»Stellvertreter« für die »ordentlichen« oder innerkirchlichen Angelegenheiten) des Kardinalstaatssekretärs Eugenio Pacelli aufsteigt – zusammen mit seinem Kollegen Tardini, der für die »außerordentlichen«, vorwiegend politischen Angelegenheiten zuständig ist. Beide werden, als Pacelli zum Papst gewählt wird, in ihren Ämtern bestätigt, aber keiner wird zum Staatssekretär gemacht, da Pius am liebsten sein eigener Staatssekretär war und bis zu seinem Tode blieb. Der neue Papst, abgesehen von einem halben Jahr in Warschau nie im Ausland tätig, dafür drei Jahrzehnte ständig im Staatssekretariat und in täglichem Kontakt mit dem lange Zeit bewunderten Pacelli, betrachtet also die Welt trotz einiger Reisen zwangsläufig ganz aus römisch-kurialem Blickwinkel – was zugleich heißt: vor recht eingeschränktem katholischem Horizont.

Montini, der schon als junger Beamter (Minutante) des Staatssekretariats sein pastorales Engagement unter jungen Intellektuellen Roms, dann als Geistlicher Berater der Union katholischer Studenten für Rom und schließlich ganz Italien (FUCI) bewiesen hatte, zeigt auch als Erzbischof von Mailand großen Eifer für Verwaltung, Seelsorge und liturgische Erneuerung dieser Diözese. Er sucht Kontakt mit allen Schichten, predigt in Kirchen, Krankenhäusern, Gefängnissen, auch Fabriken. Der neue Papst also ein zweifellos sozial gesinnter, menschenfreundlicher Bischof – nicht ein absolutistischer Herrscher wie Pacelli, aber auch nicht nur erster Kollege unter all seinen Bischofskollegen wie Roncalli, sondern ein stets auf seine Würde bedachter Hierarch. Er zitiert in seinen Hirtenbriefen, Predigten, Schriften fortschrittliche französische Theologen wie Congar, de Lubac, gar Teilhard, deutsche wie Rahner und sogar mich. Aber es ist nicht ersichtlich, wie weit er das moderne Gedankengut wirklich innerlich in sich aufgenommen hat. Ausbildung und Werdegang lassen ihn jedenfalls die historische Relativität der mittelalterlichen hierarchischen Strukturen (Klerikalismus, Absolutismus, Zölibatismus) kaum durchschauen.

Aufgrund von Herkunft, Karriere und Mentalität ist es leicht verständlich, warum Giovanni Battista Montini schon früh als eine Hamlet-Figur gesehen wird:»il nostro Amleto di Milano«, dieses Wort wird sogar Papa Giovanni, selber eine Vaterfigur, zugeschrieben. So ganz anders als Roncalli mit seinem Humor, seiner allumfassenden Herzlichkeit, seiner in gläubigem Vertrauen wurzelnden Unbeschwertheit zeigt Montini wie Shakespeares Prinz von Dänemark mehr Neigung zum Grübeln und Zögern als zum Entscheiden, eher Melancholie als Frohsinn. Allerdings auch mehr Hang zu Selbstzweifel und Reflexion, eine Gabe, die man erst wieder angesichts seines allzu selbstsicheren Nachfolgers aus Polen richtig zu schätzen wissen wird. Montini – vielleicht der einzige Papst des 20. Jahrhunderts, der im weitesten Sinn ein »Intellektueller« genannt zu werden verdient. Ich bin froh, ihn persönlich zu kennen, und hoffe in Sympathie, dass er sich mit seinen großen Gaben trotz aller Bedenken durchsetzen wird. Und bin gespannt auf seine ersten Entscheidungen, um die er ja nun als Papst nicht herumkommt.

Erfreulich: Paul VI. lässt sofort verlauten, dass er das Konzil weiterführen will. Und Bischöfe wie Theologen hoffen denn auch, dass er es noch entschlossener und zielbewusster tun wird als sein Vorgänger. Seine Antrittsenzyklika über den Dialog zeigt bei aller Romanozentrik, dass er mehr Führungsstärke zeigen und die mit dem Konzil angebahnte große Bewegung zur innerkirchlichen Erneuerung und konstruktiven Auseinandersetzung mit den drängenden Problemen der Welt stärken will.

Mit großer Spannung warte ich deshalb auf die ersten Personalentscheidungen. Mit diesen legt jeder Regierungschef den Kurs fest, und mit ihnen wird auch Montinis Pontifikat in dieser entscheidenden kirchengeschichtlichen Stunde stehen oder fallen. Stimmt es doch nicht, was immer wieder behauptet wird, einschneidende Korrekturen am hochkomplizierten Räderwerk der römischen Kurie seien von Anfang an zum Scheitern verurteilt. Nur das eine stimmt, dass ein Papst – ich habe schon bei Johannes XXIII. auf frühere Beispiele von Reformpäpsten hingewiesen – eine Reform keinesfalls allein durchführen kann, sondern auf kompetente, starke und unbedingt loyale Mitstreiter angewiesen ist.

Und da ist nun Paul VI. eine einzigartige Möglichkeit geboten, wie nicht einmal Papst Johannes sie hatte: Nicht nur sind jetzt mit dem Tod seines Vorgängers alle kurialen Ämter vakant und ist deren Neubesetzung ganz und gar vom neuen Papst abhängig. Das ist bei jedem Pontifikatswechsel so. Aber Montini verfügt über eine Kenntnis der kirchlichen Institution, des kurialen Personals und buchstäblich jedes einzelnen Bischofs, wie sie sonst in der gesamten Kirche keiner besitzt. Und noch wichtiger: Er selbst hat viele Schwächen des kurialen Systems wahrgenommen, hat die Exzesse des päpstlichen Absolutismus unter Pacelli am eigenen Leib erfahren, ja, war mit vornehmer Gewalt nach Mailand abgeschoben worden.

Nun ist er als Sieger in den Vatikan zurückgekommen, und Feinde wie Freunde Montinis rechnen mit entsprechenden Konsequenzen. Darüber hinaus hat Paul VI. jetzt eine geradezu historische Chance für eine Reform der Kurie. Er hat das ökumenische Konzil hinter sich, die überwältigende Mehrheit der Bischöfe, die schon im Herbst 1963 wieder zusammenkommen werden. Schon in der ersten Konzilssession war der Ruf nach Reform der Kurie laut geworden. Und es besteht jetzt nicht der geringste Zweifel, dass ein entschiedener personeller Neuanfang, von vielen in der Kurie gefürchtet, von den Konzilsvätern außerordentlich begrüßt würde. Der Papst bräuchte nur (wie Leo IX. oder Paul III.) – ich bin wahrhaftig nicht der Einzige, der so denkt – einige prominente Vertreter der kirchlichen Erneuerung unter den Kardinälen und Bischöfen auf die wenigen zentralen Posten zu berufen und mit ihnen die vom Konzil gewünschte Reform durchzuführen, vor allem die Internationalisierung und Dezentralisierung voranzutreiben.

In der Tat wäre es für Paul VI. im Grunde einfach, allgemein anerkannte, vertrauenswürdige und (auch mir persönlich) wohlbekannte Führer der konziliaren Mehrheit (ihre Reden habe ich während der zweiten Konzilssession zur Publikation gesammelt) in die Kurie zu berufen und auf sein Programm sowie auf eine kollegiale Zusammenarbeit zu verpflichten. Beispiele? Kardinal Suenens, Primas von Belgien, der »uomo ascendente«, der »kommende Mann«, nach Auffassung vieler ein exzellenter Staatssekretär. Oder Kardinal König, Erzbischof von Wien, ein hochgelehrter Kenner der Religionen mit langjähriger pastoraler Erfahrung, ein ausgezeichneter Chef des radikal umzugestaltenden Sanctum Officium. Oder Kardinal Léger, der menschenfreundliche, souveräne Erzbischof von Montréal, ein verständnisvoller Chef der Bischofskongregation. Oder Kardinal Silva Henriquez, sozial aufgeschlossener Erzbischof von Santiago de Chile, Chef einer Kongregation für die Laien … Und natürlich auch Erzbischöfe, die im Konzil Format gezeigt haben: etwa Léon-Arthur Elchinger von Straßburg für die Studienkongregation, Eugene D'Souza von Bhopal/Indien für die Missionskongregation »Propaganda Fide«, Denis Hurley von Durban/Südafrika für »Justitia et Pax« … Und natürlich als Chef des Einheitssekretariats nicht zu ersetzen: Kardinal Bea.

Was für ein großartiges loyales »Kabinett«, mit dem der Papst hervorragend zusammenarbeiten und die Erneuerung der Kirche effizient steuern könnte! Was aber geschieht? Schon bei der ersten Huldigung bestätigt Paul VI. unauffällig nicht nur Kardinal Bea als Präsident des Einheitssekretariats, sondern auch den 82-jährigen Amleto Cicognani als Staatssekretär, obwohl die Ablösung dieses geschickten, hartnäckigen, ganz kurial denkenden Kirchenrechtlers (trotz seines Vornamens gerade kein »Hamlet«) allgemein erwartet wird. Auch Msgr. Angelo Dell'Acqua, ein gewiss sehr fähiger Kurialer (er hatte mir im Namen von Johannes XXIII. mein Buch verdankt), bleibt als Substitut im Staatssekretariat auf seinem Posten. Damit ist nun die zentrale Schaltstelle im Palazzo Apostolico – der Staatssekretär im dritten Stock des Apostolischen Palastes steht in täglichem Kontakt mit dem Papst im vierten – erneut ganz unter kurialer Kontrolle.

Aber der Papst trifft eine noch viel verhängnisvollere Fehlentscheidung: Wider Erwarten bestätigt er als Chef der noch wichtigeren kurialen Institution, des Sanctum Officium, ebenjenen Kardinal Alfredo Ottaviani, der mit seiner Behörde das Zentrum des Widerstandes gegen die konziliare Erneuerung darstellt, fest entschlossen zu verhindern, was zu verhindern ist. Auch den Präfekten der Studienkongregation, den Ottaviani-Freund Kardinal Giuseppe Pizzardo, belässt er im Amt. Der kuriale Machtblock, das »vatikanische Pentagon« bleibt intakt – von niederen Chargen ganz zu schweigen. Nein, dieser hoffnungsvoll begrüßte sechste Paul wird kaum je ein großer charismatischer Führer der Kirche werden, von dem der Funken des Geistes auf andere überspringt. Also vielleicht doch ein »Papa infelix«?

Die Besetzung der Spitzenpositionen ist meine erste große Enttäuschung, und nicht nur meine. War Montini, wie gemunkelt wird, eine Wahlkapitulation eingegangen gegenüber Cicognani und Ottaviani: Konzil ja, aber mit derselben Führungsspitze? Doch sind Wahlkapitulationen vor Papstwahlen zulässig? Und gilt der päpstliche Jurisdiktionsprimat nicht auch für die Kurialen? Noch mehr als andere bin ich überzeugt, dass Paul VI. durch denselben strategischen Grundfehler wie Johannes XXIII. – mit einem »Kabinett« aus Reformgegnern eine Reform durchführen zu wollen – sich eine radikale Kurien- und Kirchenreform gründlich verbaut, wenn nicht bereits unmöglich gemacht hat. Denn die kurialen Bürokraten werden die ihnen vom Papst gnädig gewährten Machtpositionen benützen, um seine besten reformerischen Intentionen durch skrupellose Methoden zu vereiteln. Dies gilt ganz besonders von dem durch Paul VI. ebenfalls bestätigten Erzbischof Pericle Felici (seinen früheren Gegner) als Generalsekretär des Konzils, der Kennern zufolge nur an zwei Dinge glauben soll: ans nizänische Credo und ans Kardinalat. Dessen Generalsekretariat entwickelt sich rasch zur zentralen Schaltstelle für die Manipulation des Konzils; Felici, Cigognani und Ottaviani arbeiten bestens zusammen.

Dies ist leider das Hamletartige an diesem Papst: Er möchte und möchte doch nicht. Er zögert und blockiert durch seine Personalernennungen gerade jene Kurienreform, die er im Grunde wünscht, aber zugleich fürchtet. Denn Montini, schon immer zur Ängstlichkeit neigend, hat wirklich Angst: vor den vatikanischen Potentaten und Cliquen, seinen früheren Kollegen, denen er viel verdankt und die auch mit einem Papst keineswegs immer gnädig umgehen – nur solange er sie machen lässt. Angst aber auch vor einer eher ungewissen Zukunft, falls er sich auf eine ernsthafte Kurien- und Kirchenreform einließe. Was also wird der Papst in dieser Situation tun? Er wird, auch dies ist für Montini bezeichnend, statt als Reformer sofort Fakten zu schaffen, zunächst, wie wir sehen werden, über Kurienreform eine Rede halten.

Karl Barth beim Papst

Mit dem Datum vom 17. September 1963 erhalte ich aus dem Vatikan mit dem Vermerk »vertraulich« einen Brief von Msgr. Johannes Willebrands, der mit mir schon in Gazzada über einen bestimmten Plan gesprochen hatte, aber unterdessen in Serbien war. Es geht um die Frage, ob man Professor Karl Barth, den berühmten evangelischen Theologen, zum Konzil einladen soll. Willebrands schreibt: »Nachdem ich Seiner Eminenz (Bea) die Möglichkeit, Karl Barth als Gast des Sekretariates zum Konzil einzuladen, dargelegt hatte, war er im Prinzip damit einverstanden. Ich möchte Dich also bitten, dass Du Dich über diese Möglichkeit mit Karl Barth verständigst.« Die Gäste des Einheitssekretariats hätten praktisch die gleichen Rechte wie die Beobachter/Delegierten, welche die Kirchen vertreten. Sie genössen das gleiche Vertrauen und würden auch ihrerseits um ihr Vertrauen gebeten. »Sobald Du mit Karl Barth über die Möglichkeit Deiner Einladung gesprochen hast, berichte mir dann. Es geht natürlich nicht darum, ihn ›zu erobern‹; Du sollst ihm ganz frei die Möglichkeiten darlegen und jedes egoistische Moment unsererseits ausschalten. Mit bestem Dank für Deinen Dienst und in der Hoffnung, Dich bald in Rom wiederzusehen, Dein Johannes.«

Ich rufe von Tübingen aus in Basel an. Es ginge nur um eine vertrauliche Voranfrage, sage ich Karl Barth: Ob er eine Einladung des Sekretariats für die Einheit der Christen annehmen würde, persönlich als »Beobachter« am Zweiten Vatikanischen Konzil teilzunehmen? Eine sofortige Antwort sei nicht nötig. Ich merke an, dass das eine ungewöhnliche Anerkennung seines theologischen Wirkens vonseiten Roms sei. Und dass er auf diese Weise seine Stimme im Konzil unmittel-

bar zur Geltung bringen könnte, wofür es viele Möglichkeiten
gibt.

Karl Barth, mittlerweile stolze 77 Jahre alt, will sich die
Sache überlegen. Doch muss er sich schließlich angesichts
der »ausgiebig frequentierten Spitäler, durch höhere Gewalt
verhindert, zum Verzicht entschließen«. Erst eineinhalb Jahre später, 1966, als es ihm wieder besser geht, reift in ihm
»vielleicht mit angeregt durch die herrliche katholische Kir-
chenmusik Mozarts, mit der man mich und viele andere kurz
vor meinem 80. Geburtstag erquickte, der Plan, die Arbeit an
meiner Selbstbiographie, die mich im Winter zuvor beschäftigt hatte, vorläufig einzustellen, und mich noch einmal der
theologischen Gegenwart zuzuwenden« (»Ad Limina Apostolorum«, S. 9).

Gründlich studiert Barth in Basel die 16 Konzilsdokumente. Zu den wichtigsten formuliert er zehn Fragenschemata mit
Verständnisfragen und kritischen Rückfragen. Im September
1966 ist er nun, begleitet von seiner Frau und seinem katholischen Hausarzt, in Rom und diskutiert in fünf Arbeitstagen
diese Fragen, die man in seinem Rechenschaftsbericht »Ad Limina Apostolorum« (1967) nachlesen kann. Immer begleitet
von einem Mitarbeiter des Einheitssekretariats, führt er Gespräche mit den Jesuiten auf der Dachterrasse der Gregoriana,
aber auch mit anderen Ordensleuten. Mit Kardinal Ottaviani
und Erzbischof Parente im Sanctum Officium und bei Kardinal Bea in seiner Residenz an der Via Aurelia. Schließlich »im
innersten Sanktuarium der römisch-katholischen Kirche« mit
dem Papst.

Auch dem Papst legt Karl Barth einige seiner Fragen vor,
besonders bezüglich des Status der »getrennten Brüder« und
bezüglich der Mariologie. Doch zuerst hält der Papst, anders als sein Vorgänger stets auf päpstliche Würde Gewicht
legend, eine kleine Lobrede auf Barths theologische Arbeit
und schwenkt dann gleich über zu sich selber: Es sei eine sehr
schwere Aufgabe, die ihm vom Herrn anvertrauten Schlüssel

Petri zu verwalten: »Les clés de St. Pierre sont très lourdes.« Karl Barth verschweigt in seinem Rechenschaftsbericht den Gedanken, der ihm bei diesen päpstlichen Aussagen durch den Kopf blitzte und den er mir danach anvertraut: Mit Molière: »Tu l'as voulu, Georges Dandin, tu l'as voulu« – »Du hast es ja gewollt, du hast es ja gewollt, Stellvertreter Christi zu sein. Da darfst du dich nicht wundern, dass diese Aufgabe schwer, vielleicht allzu schwer wird.« Erzählt mit der unausgesprochenen Pointe: Der Papst könnte seine überzogenen Titel und Ansprüche ja etwas zurücknehmen. Wenn er es nicht tut, hat er auch kein Mitleid verdient.

Doch ob eine Rücknahme überhaupt möglich ist? Ich bejahe die Frage. Denn in den ersten Jahrhunderten war es anders. Tatsächlich haben die römischen Bischöfe erst seit dem machtbewussten Leo dem Großen im 5. Jahrhundert eine Art Petrusmystik vertreten, als ob Petrus persönlich durch sie redete und handelte. Und erst seit dem machtbesessenen Gregor VII., dem früheren Mönch Hildebrand, im 11. Jahrhundert haben die Päpste nicht nur ihre äußere Macht und innerkirchliche Autorität, sondern auch ihre Titel ins Übermenschliche gesteigert. Gegenüber dem bisher üblichen »Stellvertreter Petri« bevorzugt und monopolisiert Innozenz III. auf dem Höhepunkt päpstlicher Macht den bis zum 12. Jahrhundert für jeden Bischof oder Priester gebrauchten Titel »Stellvertreter Christi«, ja, sogar »Stellvertreter Gottes«: allein der römische Bischof ist »Vicarius Christi«, gar »Vicarius Dei«.

Bedeutet es da nicht einen kleinen Schritt in die richtige Richtung, wenn Paul VI. sich zumindest in der Einleitung der Konzilsdokumente wie Gregor der Große als »Episcopus, servus servorum Dei«, »Bischof, Diener der Diener Gottes« bezeichnet? Die römische Kurie freilich tut nach wie vor alles, um die absolute Autorität und Macht des Papstes und damit auch ihre eigene ungeschmälert aufrechtzuerhalten. Und Paul VI. tut nichts dagegen. Ja, derselbe Papst, der so arg unter dem Gewicht der Schlüssel Petri seufzt, wird in seiner selbst gewollten Isolation schon früh auch noch eine merkwürdige Leidensmystik kultivieren – als ob gerade er mit seinem Amt persönlich das schwere Kreuz Christi auf sich genommen habe und andere Menschen nicht noch mehr zu leiden hätten. Bald wird er sich als erster Papst statt mit dem bischöflichen Hirtenstab ständig mit einem Gekreuzigten am Stab der Öffentlichkeit präsentieren: der Papst – ein »zweiter Christus«, ein »zweiter Gekreuzigter«? Mir erscheint das an der Grenze zur Blasphemie. Pauls VI. Beichtvater wird, das beruhigt mich ein wenig, P. Paolo Dezza SJ, mein früherer hochgeschätzter nüchterner Metaphysikprofessor und Rektor der Gregoriana, jetzt mit mir Konzils-Peritus. Und Papa Montini überrascht mich schließlich doch auch noch als Reformer.

Päpstlicher Appell zur Kurienreform

Etwas für die Kurialen Unerhörtes geschieht in Rom unmittelbar vor der zweiten Konzilssession, am 21. September 1963: Paul VI. ruft seine gesamte Kurie zu einer Sonderaudienz zusammen, pünktlich um zehn Uhr in der Benediktionsaula über der Vorhalle von St. Peter. Wozu? Er fordert eine Reform der Kurie. Wie haben sich trotz aller Hemmnisse die Zeiten geändert! Erinnern wir uns doch des Schicksals von P. Riccardo Lombardi, der es ebenfalls gewagt hatte, aus kirchengetreuer Gesinnung durchaus sachlich die römische Kurie zu kritisieren, und der dafür sogar unter Johannes XXIII. bitter abgestraft wurde. Nun aber nimmt Paul VI. selber die gutgesinnten Kritiker der römischen Kurie in Schutz, ja, bringt bedeutsame Vorschläge zur Reform vor. Nach der ersten bitteren Enttäuschung in Sachen Personalpolitik für mich und viele andere wieder Anlass zur Hoffnung. Für den Papst angesichts der von ihm leider nicht veränderten kurialen Machtkonstellation ein nicht ungefährliches Unternehmen.

Die Rede wird anschließend veröffentlicht: Mit Lob für seine im Konzil viel kritisierten und gedemütigten Beamten spart der Papst nicht, verfügt bei dieser Gelegenheit auch die von seinem Vorgänger angekündigte Erhöhung aller vatikanischen Gehälter und Löhne und kündigt einen freien Tag an. Eine »Captatio benevolentiae«. In der Tat anerkennen auch Kritiker der römischen Kurie wie ich, welche Arbeit von manchen Leuten im Konkreten geleistet wird und wie viel die katholische Kirche in den letzten Jahrhunderten trotz aller Missstände der ordnenden Kraft der Zentralorgane verdankt.

Aber der Papst verschweigt erfreulicherweise auch nicht die Mängel der Kurie, ja, anerkennt die *Berechtigung der Kritik*: »Diese bildet einen Aufruf zur Wachsamkeit und zum Gehorsam, sie bildet eine Einladung zur Reform, einen Anreiz zur Vervollkommnung. Wir müssen die Kritik, die uns umgibt, in Demut, mit Überlegung und auch mit Anerkennung hinnehmen. Rom hat es nicht nötig, sich zu verteidigen, indem es sich taub stellt gegenüber den Eingebungen, die von aufrichtigen Stimmen kommen, besonders wenn es sich bei diesen Stimmen um Stimmen von Freunden und Brüdern handelt.« Auf unbegründete Anschuldigungen werde man sicher antworten, aber ohne Ausflüchte, Umschweife, Polemiken. Man werde indes feststellen können, »dass heute das Bestreben nach Modernisierung der rechtlichen Strukturen und der Vertiefung geistlichen Bewusstseins nicht nur keinen Widerstand finden wird, soweit dies das Zentrum der Kirche, die Römische Kurie, betrifft, sondern dass die Kurie selbst bei der ständigen Erneuerung, deren die Kirche als menschliche und irdische Institution immerfort bedarf, vorangehen wird«.

»Vorangehen wird«? Im kurialen Stil wird oft der Indikativ (der Tatsache) gebraucht, wo der Optativ (des Wunsches) oder der Imperativ (des Befehls) angebracht wäre. Klar ist jetzt jedenfalls auch für die römische Kurie: Das »Ecclesia semper reformanda« ist nicht unkatholisch! Dass auch in der Kurie selbst Reformen durchgeführt werden müssten, meint der Papst, sei leicht einzusehen. Die letzte Neuordnung dieses alten und vielschichtigen Organismus gehe bekanntlich auf Sixtus V. im Jahre 1588 zurück, sei von Pius X. 1908 ergänzt und in dieser Form in den Codex Iuris Canonici von 1917 übernommen worden: »Viele Jahre sind vergangen. Es ist verständlich, dass eine solche Ordnung unter der Last ihres ehrwürdigen Alters zu leiden hat, dass sie die Unangepasstheit ihrer Organe und ihrer Praxis an die Bedürfnisse und den Zustand der heutigen Zeit und zugleich die Notwendigkeit der Vereinfachung, der Dezentralisierung, der Erweiterung und Befähigung für neue Aufgaben spürt.« Aber: Weiter als bis ins 16. Jahrhundert, in das entscheidende 11., sage ich mir, denkt Paul VI. offensichtlich nicht zurück.

Es seien gar »verschiedene Reformen« notwendig: »Diese Reformen werden sicher ausgewogen sein und den ehrwürdigen und berechtigten Traditionen auf der einen und den Bedürfnissen der Zeit auf der anderen Seite Rechnung tragen. Sie werden sicher förderlich und wohltuend ausfallen, weil sie kein anderes Ziel haben werden, als das fallen zu lassen, was an den Formen und Normen hinfällig und überflüssig ist, die die Römische Kurie leiten, und das zu verwirklichen, was ihre Handlungsfähigkeit verbessert, verlebendigt und wirksamer gestaltet. Sie werden von der Kurie selbst formuliert und promulgiert werden!«

»Von der Kurie selbst formuliert und promulgiert«? Sollte die Kurie im gegenwärtigen Zustand in der Lage sein, sich selbst zu reformieren? Gleicht das nicht dem Unternehmen des Barons von Münchhausen, der sich am eigenen Haarschopf aus dem Sumpf ziehen wollte? Und das Konzil? Immerhin fordert der Papst jetzt entschiedene *Internationalisierung und ökumenische Ausbildung der Kurie*: Diese werde »keine Angst davor haben, nach weiteren übernationalen Kriterien zusammengesetzt und durch eine bessere ökumenische Ausbildung geformt zu werden«. Werde »deshalb nicht eifersüchtig auf irdische Privilegien anderer Zeiten pochen noch auf äußere Formen, die nicht mehr dazu geeignet sind, wahre und hohe religiöse Werte einzuprägen und zu veranschaulichen«.

Werde »nicht um ihre Vollmachten rechten, die heute, ohne die allgemeine kirchliche Ordnung zu verletzen, der Episkopat von sich aus und an Ort und Stelle besser ausüben kann«.

Papst Paul verdient volles Lob: Durch diese mutigen Worte hat er sich an die Spitze derer gestellt, die eine »Reformatio« nicht nur »in membris, an den Gliedern«, sondern auch »in capite, am Haupt« fordern, wie man auf früheren Reformkonzilien formulierte. Er macht sich damit zum Sprecher der Bischöfe und Theologen, ja, ungezählter in Klerus und Volk, denen wenige Dinge so am Herzen liegen wie die Reform des Papsttums und der römischen Zentralverwaltung (»Vatikan«). Davon hängt nun einmal rebus sic stantibus Erfolg und Nachhaltigkeit der Erneuerungsbewegung ab.

Notwendig dafür: eine wirkliche Übereinstimmung der kurialen Organe mit dem Papst, und diese war ja nun gerade zur Zeit Johannes' XXIII. keineswegs gegeben. Deswegen wohl das unverhohlene Insistieren Pauls VI. auf dem Gehorsam der Kurie: »Wir sind Uns dessen gewiss, dass von der römischen Kurie niemals irgendein Zögern in Bezug auf den obersten Willen des Papstes ausgehen und dass sie niemals in Verdacht kommen wird, dass ihr Urteil und ihre Gesinnung mit dem Urteil und der Gesinnung des Papstes nicht übereinstimmen.« Wieder der Indikativ statt des Optativs, gar Imperativs!

Offensichtlich ist sich Papa Montini der Gefolgschaft seiner Kurie keineswegs ganz »gewiss«. Denn am Schluss appelliert er nicht von ungefähr an sie, sich zu ihrer Reform »fest und offen zu bekennen«: »Wenn jemals die Zustimmung zu dem, was der Papst anordnet oder wünscht, vonseiten der Kurie streng eindeutig sein muss (rigorosamente univoca), ja, wenn diese Zustimmung ihr Gesetz und ihre Ehre ist, so ist gerade jetzt der Augenblick, sich fest und offen dazu zu bekennen ...« Gilt dieses Einverständnis zwischen dem Papst und seiner Kurie »nur in großen geschichtlichen Augenblicken«? Nein: »Dieses Einverständnis hat für immer und für jede päpstliche Entscheidung Geltung; denn so geziemt es einem Organ, das ihm unmittelbar untersteht und ihm absoluten Gehorsam schuldet, einem Organ, dessen der Papst sich bedient, um seine allgemeine Sendung auszudrücken.« Hier wird Klartext geredet: Nicht die Kurie hat für sich den Papst in Anspruch zu nehmen, sondern der Papst für sich die Kurie, sein Organ, das ihm »absoluten Gehorsam« schuldet.

Und was ist die *Reaktion der Kurie* auf diese so kühne, eindringliche päpstliche Mahnrede? Wo bleibt das »feste und offene Bekenntnis« zur Kurienreform vonseiten der hohen und höchsten Zuhörer? Davon hört man erstaunlich wenig, und beunruhigt denke ich an die passive Resistenz der Kurienkardinäle auf die Konzilsankündigung Johannes' XXIII. zurück.

Zu Beginn der zweiten Konzilssession 1963 frage ich einen der Kurialen, die bei Pauls Reformrede anwesend waren: »Was habt ihr auf des Papstes Rede hin getan?« Seine Antwort: »Wir haben *geschwiegen*, und schweigend haben wir allesamt den Saal verlassen.« Ich frage zurück: »Und warum geschwiegen?« Er lächelt: »Wer pro Reform geredet hätte, hätte sich bei vielen Kollegen unbeliebt gemacht. Und wer contra geredet hätte, hätte mit einer Denunziation beim Papst rechnen müssen.« Deshalb also schwiegen sie und – warten ab: Pazienza – mal sehen, ob dieser Paolo Sesto seinen kühnen Worten auch kühne Taten folgen lässt ...

Was hat der Papst vor? Von Anfang an kümmert er sich um die stärkere Präsenz des Vatikans in den internationalen Organisationen (UNO, UNESCO), um die Fortführung der »Ostpolitik« und um eine Sammlung moderner Kunst im Vatikan ... Und sonst? Die so dringliche Reform der Kirche selbst und der Kurie? Worum geht denn überhaupt der Streit?

Kirche als Pyramide oder als Gemeinschaft?

Es geht im Grunde um nichts weniger als um die Ablösung des seit dem Hochmittelalter herrschenden Kirchenmodells (Paradigma). Und das ist natürlich eine Machtfrage erster Güte. Die katholische Kirche hat bis zum Konzil auf viele einen absolutistischen, für manche gar totalitären Eindruck gemacht. Nur Resultat ihrer straffen und für viele beunruhigend effektiven äußeren Organisation? Nein, ebenso Resultat eines durch Reformation und Moderne hindurch geretteten hierarchisierten pyramidalen Kirchensystems, wie ich es mit ungezählten anderen Katholiken seit meiner Jugend kenne! Von der breiten Ebene des Volkes aufsteigend, die »eigentliche« Kirche: Priester und Ordensleute, dann die Bischöfe und Erzbischöfe und Kardinäle, ganz oben der Papst. Was aber allzu wenige wissen: Dieses hierarchische Kirchenmodell ist gerade nicht das traditionell katholische! Es ist – natürlich in Rom schon im ersten Jahrtausend vorbereitet – im 11. Jahrhundert von jenem Papst Gregor VII. (Hildebrand) und den Männern der »gregorianischen Reform« mit allen Mitteln der Exkommunikation, des Interdikts und der Inquisition (vor allem gegen deutsche Kaiser und Theologen, gegen Episkopat und Klerus) durchgesetzt worden. Und dies unter Inanspruchnahme massiver Fälschungen (eines Pseudo-Isidor vor allem), welche die römischen Neuerungen des zweiten Jahrtausends als katholische Überlieferungen der ersten christlichen Jahrhunderte präsentierten. Nein, hier geschah nach allem, was Generationen seriöser Kirchenhistoriker erarbeitet haben, nicht nur, wie in Rom vorgegeben, eine Traditionsbewahrung, sondern auch eine Traditionserfindung. Genauer: eine Verdrängung, Verengung und zum Teil sogar Verfälschung des Katholischen durch das Römische. Ein neues »römisch-katholisches« Modell – erkämpft also im 11. Jahrhundert durch eine Revolution von oben – unter Inkaufnahme der Spaltung zuerst mit den Ostkirchen und später der lutherischen Reformation. Verschärft und zementiert durch die spätere antireformatorische und antimoderne Polemik, Apologetik und Politik.

Wie aber präsentiert sich nun der überarbeitete Entwurf über die Kirche, wie er am Anfang der zweiten Konzilsperiode 1963 von der »gemischten Kommission« (aus der Theologischen Kommission Ottavianis und dem Einheitssekretariat Beas) dem Konzil vorgelegt wird? Für mich nach dem Studium des umgearbeiteten Schemas keine Frage: Hier hat sich aufs Ganze gesehen eindeutig die Kurie durchgesetzt! Statt der biblischen Dienststruktur wird erneut die mittelalterliche Herrschaftsstruktur zementiert: Über dem Gottesvolk (Kapitel II) wird wieder die alles beherrschende hierarchische Pyramide (Kapitel III) aufgerichtet! Kein Versuch, die ganze Ämterordnung auf eine seriöse biblische und historische Basis zu stellen – statt zur Herrschaft zum Dienst bestellt. Keine kritische Überprüfung der römischen Primats- und Unfehlbarkeitsideologie, wie sie im Lauf der Jahrhunderte in tendenziöser Benutzung der positiven neutestamentlichen Petrus-Texte und unter Vernachlässigung der negativen auf- und ausgebaut wurde. Die Folge: Die traditionelle Hierarchiekonzeption von Kapitel III degradiert das vorausgegangene Kapitel II über das Gottesvolk faktisch zum harmlosen Vorspiel. Denn in Kapitel III wird entschieden, wer im Volk Gottes allein das Sagen hat: die Hierarchie und letztlich allüberall allein der Papst.

Politische Krise in Italien und in der italienischen Kurie

Mit dem Konzil hätte vielleicht doch alles gut weitergehen können – aber mit *Italien*? Seit 1960 ist in diesem Land, gerade um den Kommunisten Stimmen abzujagen, eine »Apertura a sinistra« im Gespräch: eine Öffnung der Democrazia Cristiana gegenüber den Sozialisten. Die »Mitte-Links-Koalition« unter Ministerpräsident Fanfani mit parlamentarischer Duldung durch die Sozialisten war noch vor der Eröffnung des Konzils, am 21. Februar 1962, zustande gekommen. Aber durch die kommunistischen Wahlgewinne (trotz der Exkommunikationsdrohungen Ottavianis!) gerät sie schon im April 1963 in die Krise. Das Übergangskabinett Leone muss nach quälenden Monaten bereits am 5. November 1963, also mitten in der zweiten Konzilssession, demissionieren.

Regierungskrise – wie soll es weitergehen? Die Kommunisten ante portas? Italien, und vielleicht auch bald Frankreich, sozialistisch, gar kommunistisch? Italiens konservative Kreise in Politik, Wirtschaft und Publizistik sind aufs Höchste alarmiert. Und die Konservativen des Vatikans, für die ebenfalls erhebliche finanzielle und wirtschaftliche Interessen auf dem Spiele stehen, nicht weniger. Hat der »*Giovannismo*« des verstorbenen Papstes – so spricht man jetzt in der Kurie von Johannes' XXIII. Reden von christlicher Liebe, Verständigung und Zusammenarbeit – nicht offensichtlich verheerende Folgen? Zwischen der christlichen Religion und dem materialistischen Atheismus gebe es laut Johannes XXIII. zwar kein Einvernehmen, aber zwischen Katholiken und kommunistischen Regierungen könne und müsse sich eine praktische Kooperation auf sozialem und politischem Gebiet erreichen lassen: Für Ottaviani und die Seinen ist dieser »Sinistrismo ecclesiastico« (»kirchliche Linksorientierung«), der den »Sinistrismo politico« unterstützt, eine selbstzerstörerische Politik.

Und jetzt zu all dem, lamentieren sie, noch dieses *Konzil*: wo man mit den linken Tendenzen sympathisiert; wo man am 30. Oktober 1963 in einer Probeabstimmung die vier antikurialen Fragen der Moderatoren, besonders bezüglich der höchsten Vollmacht des Bischofskollegiums für die Gesamtkirche, mit überwältigenden Mehrheiten bejaht hat; wo man zum Großangriff auf die oberste Kongregation, das Heilige Offizium, ansetzt (über 500 Konzilsväter fordern in einer Petition seine Reform!); wo man mit Hilfe der verderblichen »Kollegialität« den Primat des Papstes untergräbt (über 100 Konzilsväter fordern einen Bischofsrat!); wo man sogar mit den Juden, den alten Feinden der Kirche, Frieden schließen, ja, eine von den Päpsten vielfach verdammte allgemeine Religions- und Gewissensfreiheit proklamieren will. Ist das nicht alles unkatholisch, gar politisch selbstmörderisch? So die Argumente der Rechten in Staat und Kirche.

Keine Frage, Paul VI. ist seit der Abstimmung des 30. Oktober – für die Kurie der Höhepunkt des inakzeptablen »Konziliarismus« – unter massiven Druck geraten, von dem man freilich im Konzil zunächst wenig merkt. Von der italienischen Politik und Wirtschaft wie von den kurialen Potentaten mit Ausnahme von Kardinal Bea wird der Papst gedrängt, zwar nicht das Konzil abzubrechen, aber den »Giovannismo« der umfassenden Liebe gegenüber »allen Menschen guten Willens« aufzugeben. Also das modernisierende »Aggiornamento« stoppen, den verhängnisvollen »aperturismo« gegenüber Protestanten, Nichtchristen (jetzt auch noch ein Sekretariat für nichtchristliche Religionen!), Juden, Sozialisten, Kommunisten, den Sowjets beenden. Um der Kirche willen, ja, um Italiens, Roms, des Papsttums willen, die auf keinen Fall weiter geschwächt werden dürfen! Statt »Konziliarismus« die »katholische Tradition«: Trient, Vatikanum I, die »Romanità«. In den römischen Kongregationen hetzt man schon des Längeren gegen »questo maledetto concilio che manda in rovina la chiesa – dieses verdammte Konzil, das die Kirche in den Ruin führt«.

Mit der italienischen Regierungskrise scheint den Konservativen im Vatikan der Zeitpunkt für die schon lange vorbereitete offene *Gegenoffensive* gekommen. Kardinal Siri von Genua und die italienische Bischofskonferenz attackieren mit größter Schärfe die drohende erste Regierung aus Christdemokraten und Sozialisten. Kurienkardinäle drängen den Papst jetzt mit theologischen und politischen Argumenten zur Rückbesinnung auf die bewährte römische Linie, die man vorher schon durch einen Kongress über Trient und die tridentinische Reform vorbereitet hatte. Am 4. November 1963 lässt denn auch Paul VI. den von den Konservativen verfassten Brief zur 400-Jahr-Feier des Konzils von Trient und zur Seminarerziehung verlesen, der die Konzilsväter in seiner Rückschrittlichkeit und Weltfremdheit erstaunt. In Konzil und Stadt kreisen anonyme Hetzschriften »Das Konzil und die Drohung des mitteleuropäischen Blocks« und »Die Juden und das Konzil im Lichte der Heiligen Schrift und der Überlieferung«. Kardinal Ottaviani erklärt öffentlich, dass eine obligatorische beratende Körperschaft von Bischöfen zur Unterstützung des Papstes dessen primatiale Macht beschränken würde. Am 5. November empfängt Paul VI. Staatspräsident Segni, der einen Ministerpräsidenten für ein neues Kabinett sucht. Im Konzil aber hört man am 7. November mit Beifall die Forderungen Kardinal Königs nach Kollegialität und einem Bischofssenat und am 8. November die Rede des Kölner Kardinals Frings gegen das Sanctum Officium. Darauf jene heftige Antwort Ottavianis, der nach wie vor der Überzeugung ist, dass in Sachen des Glaubens und der Sitten seine Theologische Kommission als verlängerter Arm des Heiligen Offiziums – dieses ist für ihn nach wie vor die »oberste« Kongregation! – auch dem Konzil übergeordnet sei. Am selben Tag sollen die Kardinäle Ottaviani, Antoniutti und Siri, so das Gerücht, den Papst zur Revision seines Standpunkts bewegt haben.

Es fällt denn auch auf: Am 10. November besucht Paul VI. die Laterankirche und betont dort aufs Allerstärkste seine Würde als Nachfolger Petri, Stellvertreter Christi und Oberhirte der universalen Kirche (»erkennt in Unserer Person die Größe Unserer erhabenen und pontifikalen Aufgabe an«) und hält wie ein mittelalterlicher Papst eine schwülstige Lobrede auf den Ruhm, die Glorie und unfehlbare Vorrangstellung Roms (»Wir grüßen Dich, Rom, du Sitz Unserer Ehre, mit dankbarem und liebevollem Herzen …«). Am selben Tag erhält der Papst die Nachricht, der Christdemokrat Aldo Moro werde mit den Sozialisten eine Mitte-Links-Regierung bilden.

Der Papst auf antikonziliaren Kurs gedrängt

Erst in dieser zweiten Sitzungsperiode kommt das Sekretariat für die Einheit endlich mit seinem Schema über den Ökumenismus zum Zuge. Doch schon Mitte November 1963 scheint

Paul VI. unter dem Druck der konservativen Kreise entschieden zu haben, dass von diesem Ökumenismus-Entwurf gerade die brisanten Kapitel IV über das Judentum und V über die Religionsfreiheit für eine prinzipielle Abstimmung nicht infrage kommen (das Letztere wird übrigens erneut verspätet erst am 19. November in die Hände der Konzilsväter kommen). Kardinal Bea aber, vom Papst zur Zurückhaltung aufgefordert und als Jesuit Gehorsam gewöhnt, mobilisiert nicht seine Freunde, sondern schweigt und verordnet dieselbe Zurückhaltung seinem Sekretariat. So gewinnen die Konservativen in der Kurie die Oberhand, und die Kurie bevormundet mit der Zeit immer stärker das Konzil.

Vieles, was ich in der zweiten Konzilssession 1963 noch nicht durchschaue, wird mir in der dritten 1964 klar: Es gibt Zusammenhänge zwischen der fieberhaften Tätigkeit in Konzil und Kurie von Ende Oktober bis Mitte November 1963 und der italienischen Innenpolitik, was aber von unseren Konzilsgeschichtsschreibern unter Alberigo am Ende des Jahrhunderts weithin im Schatten gelassen wird. Dabei waren sie genau analysiert worden von einem kenntnisreichen und scharfsinnigen Autor unter dem Pseudonym Michael Serafian (»The Pilgrim«, »Der Pilger«, New York/Hamburg 1964), der mir von ein, zwei Begegnungen her persönlich bekannt ist. Der Konzilsgeschichtler Alberto Melloni aber, Freund Alberigos, weist nur in zwei Fußnoten auf dieses höchst unbequeme Buch hin. Statt den dramatischen und unheilschwangeren kirchlich-politischen Verwicklungen nachzugehen und Serafian eventuell zu korrigieren, diskreditiert er das von Fakten und erwägenswerten Beobachtungen strotzende Buch, das sich in die Lage Papa Montinis zu versetzen weiß, kurzerhand als »antipäpstliche Anschwärzung«, als »denigrazione antimontiniana« (»Storia del Concilio Vaticano II«, Band III, S. 102). Das heißt: Statt die Verantwortung Pauls VI. selbst für die wachsende Entfremdung zwischen Papst und Konzil herauszuarbeiten, versucht Melloni, Papa Montini möglichst zu entlasten.

Gewiss kennen auch Melloni und Alberigo den wahren Autor von »The Pilgrim« dem Namen nach und wissen auch, dass sich hinter »Serafian« mehr verbirgt als, wie sie kryptisch schreiben, »ein Ire, in diesem Moment Jesuit in Rom«. Es ist nämlich kein Geringerer als P. Malachi Martin SJ, persönlicher Mitarbeiter Kardinal Beas, Professor am päpstlichen Bibelinstitut und Freund von Beas Sekretär Stephan Schmidt SJ, ein Mann, der über einzigartige Insiderkenntnisse über das Konzil wie über die Kurie verfügt. Dieser brillante Jesuit von freilich zwiespältigem Charakter und manchmal zweifelhafter Glaubwürdigkeit gibt nach der Veröffentlichung seines Buches schon 1964 seinen Posten bei Kardinal Bea auf, leider auch seine Ordenszugehörigkeit und sein Priestertum. Man darf spekulieren: als Konsequenz seines Buches, aus Verzweiflung über die gesamte kirchenpolitische Entwicklung oder wegen der Affäre mit der Frau des »Time«-Korrespondenten Robert B. Kaiser? Eine wahrhaft tragische »true story«, von Bob Kaiser, der mir damals darüber kein Wort sagte, erst 2002 (drei Jahre nach Martins Tod in New York) in seinem Buch unter dem Titel »Clerical Error« (nämlich Martins und der Kleriker, die ihn decken) in allen Details beschrieben. Kaiser gibt deshalb nach der zweiten Session seine Konzilsberichterstattung auf, erinnert sich aber noch nach fast vier Jahrzehnten, wie »entsetzt« er während der zweiten Session war, »als die verschanzten alten Mächte (wiewohl sie nur eine winzige Minderheit waren) den Trend umzukehren verstanden«: »Die Siege der ersten Session und die Niederlagen der zweiten bedeuteten für mich mehr, als sie für einen objektiven Reporter bedeutet hätten.« Der renommierte britische Journalist und Autor Peter Hebblethwaite nennt in seiner Biografie Pauls VI. (1993) die Schrift »Der Pilger« Martins »weitaus bestes Buch«, zitiert es verschiedentlich, geht aber auf die unbequemen hochpolitischen Aspekte ebenfalls nicht ein.

Was da im Oktober/November 1963 hinter dem Bronzetor des Vatikans vor sich ging? Ohne Archivkenntnisse ist das schwierig nachzuprüfen, aber auch nachkonziliare Historiker hätten (wie ich schon damals) ein paar Jahrzehnte später aufgrund der berichteten Fakten feststellen können: Während Paul VI. mit seinen Ansprachen zur Kurienreform und zur Konzilseröffnung sich anfangs deutlich hinter die konziliare Erneuerung stellte, die Kollegialität favorisierte, vier fortschrittliche Kardinäle als Moderatoren einsetzte und dem Konzil zunächst alle Freiheit ließ, verfolgt er jetzt, wiewohl im Prinzip über den Parteien, faktisch eine im Grunde *antikonziliare Politik*. Was ich wie die allermeisten im Konzil erst gegen Ende der dritten Konzilsperiode in der »schwarzen Woche« des November 1964 in der ganzen Tragweite erfassen werde, ist offensichtlich bereits in der zweiten Hälfte der zweiten Periode 1963 vorbereitet worden: Paul VI. hat eine deutliche *Parteinahme zugunsten der Kurie* vollzogen und macht deren Spiel jetzt weithin mit. Ob es sich hier um eine echte »Kehrtwendung« handelt, wie Malachi Martin meint, oder um ein montinianisches Hin und Her zwischen den Fronten, das es allen recht machen will und schließlich dem stärkeren Druck (und der kam jetzt zweifellos von »rechts« in Kurie und Staat) nachgibt, muss ich offenlassen – bis zur Öffnung der Archive.

Faktum ist: Papa Montini lässt in der zweiten Konzilssession 1963 zum Ärger des Konzils, insbesondere der Amerikaner, nur über die ersten drei Kapitel des Ökumenismusdekrets diskutieren. Über die Kapitel IV (Judentum!) und Kapitel V (Religionsfreiheit!) wird den Bischöfen in einer beschämenden Verzögerungstaktik immer wieder eine Abstimmung versprochen – bis es zu spät ist. Am 2. Dezember erhält Kardinal Bea frühmorgens den päpstlichen Befehl durch Kardinalstaatssekretär Cicognani: Er, Bea, habe in seiner für denselben Vormittag angekündigten Rede dem Konzil – wahrheitswidrig – zu erklären, allein aus unüberwindlichen Zeitgründen sei eine Abstimmung leider nicht mehr möglich. Vor Ende der Rede – Bea wollte noch auf Papst Johannes zu sprechen kommen – schaltet ihm der Moderator, der armenische Kurienkardinal

Agagianian, das Mikrofon ab. Für das Konzil und natürlich auch für mich selbst ist die eklatante Verhinderung einer Stellungnahme zum Judentum und zur Religionsfreiheit eine Riesenenttäuschung, wird aber ohne jeglichen Protest hingenommen. Immerhin, sagt man, darf jetzt über die ersten drei Kapitel des Ökumenismusdekrets abgestimmt werden. Mit überwältigender Mehrheit werden sie angenommen. Besser den Spatz in der Hand als die Taube auf dem Dach, gewiss, aber mir ist das zu wenig.

Ökumenische Öffnung umstritten

Paul VI. hat mit seiner Eröffnungsansprache dem Konzil zunächst auch wichtige ökumenische Impulse gegeben: Außerhalb der Kirche gibt es für ihn nicht nur einzelne Christen, sondern *»ehrwürdige christliche Gemeinschaften«*. Mit der römisch-katholischen Kirche teilen sie nicht nur ein gemeinsames religiöses Erbe, sondern haben dieses Erbe auch positiv weiterentwickelt. Das Bemühen der ökumenisch gesinnten Theologen auf beiden Seiten, die die Wahrheit auch auf der je anderen Seite zu sehen versuchen, wird ausdrücklich gelobt.

Aber das *Schuldbekenntnis*, das Paul VI. als erster Papst nach Hadrian VI. zur Zeit Luthers abgelegt hat, ist mit einem doppelten montinianischen »Wenn« verbunden – bezüglich der eigenen Schuld, nicht aber bezüglich des »der Kirche zugefügten Unrechts«: »Wenn uns eine Schuld an dieser Trennung zuzuschreiben ist, so bitten wir demütig Gott um Verzeihung und bitten auch die Brüder um Vergebung, wenn sie sich von uns verletzt fühlen. Was uns betrifft, sind wir bereit, der Kirche zugefügtes Unrecht zu verzeihen und den großen Schmerz ob der langen Zwietracht und Trennung zu vergessen.«

Das tönt recht paternalistisch. Doch allein die Tatsache, dass die Wiedervereinigung der getrennten Christen auf dem Zweiten Vatikanischen Konzil diskutiert wird, ist schon ein kirchengeschichtliches Ereignis. Es dürfte die konservativen

Kreise der Kurie erschreckt haben, wie nicht nur aus dem zentraleuropäischen Raum, sondern auch aus Italien, Spanien, Nord- und Südamerika, aus Afrika und Asien höchst eindrucksvolle Stimmen für den »Ökumenismus« – nicht so sehr als Theorie und Doktrin, sondern als pastorale Aktion und Bewegung – laut werden. Die Diskussion dauert vom 18. November 1963 bis gegen Ende der zweiten Session.

Das vom Einheitssekretariat damals vorgelegte revidierte Ökumenismus-Schema (das von der Ostkirchen-Kommission vorbereitete war in der ersten Session verworfen worden) will keine umfassende Abhandlung bieten über die Vorbereitung der Wiedervereinigung der getrennten Christen. Nur *einige pastorale Prinzipien und Weisungen*, die erforderlich sind, um deren ernste Vorbereitung einzuleiten; sie sind in erster Linie für die Katholiken bestimmt. Der Vergleich des neuen Schemas mit dem früheren zeigt mir, dass, wie von Msgr. Jan Willebrands mitgeteilt, unter anderem die Lektüre von »Konzil und Wiedervereinigung« im Einheitssekretariat Wirkungen gezeigt hat: Die *Reform der katholischen Kirche* – die liturgische, biblische, pastorale Erneuerung – wird als *Voraussetzung der Wiedervereinigung* stark betont. Ebenso die Notwendigkeit der inneren Umkehr und des echt evangelischen Lebens auch der Katholiken. Es folgen dann praktische Richtlinien: für das gemeinsame Gebet von katholischen und anderen Christen; für gegenseitiges besseres Sichkennenlernen und den ökumenischen Dialog; für die ökumenische Bildung der Amtsträger und Laien, Theologiestudenten und Missionare; für eine ökumenische Darlegung des katholischen Glaubens; für die praktische Zusammenarbeit mit den anderen Christen. Dies alles bedeutet für die katholische Kirche einen zur Zeit Pius' XII. unvorstellbaren Fortschritt hin zur Ökumene.

Doch vielen Beobachtern der anderen christlichen Kirchen kommt das Schema in der vorgelegten Form noch sehr unbefriedigend vor, zu juristisch und statisch. Wie soll die katholische Kirche begründen können, dass alle anderen Kirchen nur

Teile der Wahrheit präsentieren, sie allein aber die *Totalität der Wahrheit* besitze? Die katholische Kirche hat doch gewichtige Wahrheiten des Evangeliums wie die Rechtfertigung des Sünders oder die Freiheit eines Christenmenschen lange Zeit vergessen, übersehen, vernachlässigt.

Und nur die orthodoxen Kirchen, nicht aber die evangelischen Kirchen »*Kirchen*« nennen? Das würde viele evangelische Christen vor den Kopf stoßen. Das Kriterium der bischöflichen Sukzession und Kirchenverfassung (und der damit verbundenen Abendmahlfeier) erscheint willkürlich. Es ist weder dem biblischen (paulinischen!) Befund noch der Problematik der protestantischen Reformation angemessen. Doch auch im Einheitssekretariat fehlen kundige Exegeten und Dogmenhistoriker; guter Wille allein kann aber solides Wissen nicht ersetzen.

In der Konzilsdebatte über das Schema wird nun in aller Form gefordert, dass auch die protestantischen Kirchen Kirchen genannt werden. Notwendig dazu ein unzweideutiges Bekenntnis zur katholischen Mitschuld an der Kirchenspaltung und die kritische Konfrontation mit der Wahrheit, der in der katholischen Kirche nicht immer genug Raum und Freiheit gewährt wurde. Wichtig schließlich der positive heilsgeschichtliche Sinn der Kirchenspaltung: Auch in menschlichen Spaltungen sei Gottes gnädige Vorsehung zu erkennen. Die »Konversion«, zu Christus nämlich, sei von allen, auch von den Katholiken, gefordert. Intellektuelle Demut also gegenüber anderen christlichen Gemeinschaften und freie Arbeit der Theologen – Voraussetzung für die ökumenische Verständigung ... Keine »Rückkehr« zur katholischen Kirche, sondern – so wird der Titel des Dekrets schließlich heißen – die »Wiederherstellung der Einheit«: »Unitatis redintegratio«.

Schon am 21. November 1963 wird eine Abstimmung gehalten: aber nur darüber, ob die ersten drei Kapitel des ökumenischen Schemas (Leitlinien der ökumenischen Bewegung, Praxis der ökumenischen Bewegung, Einstellung zu den von der katholischen Kirche getrennten Christen) als Grundlage der Diskussion angenommen werden können. Mit der erstaunlichen Mehrheit von über 95 Prozent wird dies bejaht. Die Abstimmung beweist, welch langer und großer Weg in den letzten fünf Jahren zurückgelegt wurde. Keine Rede in diesem Dekret allerdings von dem, was noch in Pauls VI. Antrittsenzyklika »Ecclesiam Suam« zu lesen war: Das Papsttum mit seinem Anspruch auf einen Primat der Jurisdiktion und eine Unfehlbarkeit der Lehre sei ein »Hindernis« für die christliche Einheit.

Immerhin wird ein zweites gewichtiges Hindernis erfreulicherweise erst gar nicht aufgerichtet: trotz aller emotionalen Agitation von Marianisten kein neues Mariendogma und auch kein separates Mariendokument! Mit freilich nur 40 Stimmen Mehrheit votiert das Konzil am 29. Oktober 1963 für ein in die Kirchenkonstitution integriertes Kapitel über Maria, das auch vor Übertreibungen der Marienverehrung warnen soll.

Päpstliche Missachtung der Theologie

»In Moskau weiß man nichts, aber man versteht alles. In Rom weiß man alles, aber man versteht nichts«, höre ich von dem Schriftsteller Luigi Barzini, früher Moskau-Korrespondent des »Corriere della Sera«, der den kritischen Bestseller über die »Manners and Morals« der Italiener (»The Italians« 1964, wohlweislich zuerst englisch) geschrieben und der mich in seine schöne Villa an der Via Cassia eingeladen hat. »Man versteht nichts«, sage ich, »weil man nichts verstehen will. Die römische Kurie hält nach wie vor nichts von einer kritischen wissenschaftlichen Theologie. Wie man früher die Philosophie als Magd (ancilla) der Theologie behandelte, so jetzt die *Theologie als Magd des ›Lehramts‹.«* Dass es traditionellerweise neben der pastoralen Autorität der Bischöfe das wissenschaftliche Magisterium der Theologen gibt, wie von Congar gegen Montinis Hoftheologen Carlo Colombo ins Feld geführt, versucht man einfach zu ignorieren. Mehr als einmal waren wir Konzilstheologen von Kardinaldekan Tisserant geschulmeistert worden, brav zu sein und in der Konzilsaula ja keine Papiere zu verteilen. Im Grunde hat man Angst vor der Theologie, ja, vor einem »Konzil der Theologen«.

Ein Musterbeispiel für diese autoritäre Einstellung erhalten wir Konzilstheologen, die wir für den allergrößten Teil der bischöflichen Interventionen die faktischen Autoren sind, in der uns von Paul VI. gnädig gewährten Audienz für die Periti, die theologischen Fachberater – gegen Ende der zweiten Session, am Samstag, dem 30. November 1963, im Palazzo Apostolico. Gewiss lobt uns der Papst und dankt uns, aber nur als den braven Gehilfen der Bischöfe. Und was er von uns erwartet, ist kein Quentchen eigenständigen Denkens, ehrlicher Kritik oder konstruktiver Vorschläge. Was er erwartet, ist einzig und allein gehorsamer Knechtsdienst gegenüber der Hierarchie: Servilität. Gleich zu Beginn der päpstlichen Ansprache merke ich, woher der Wind weht, und gestatte mir ein Gedankenspiel: Wie würde sich das alles anhören, wenn der Papst wortwörtlich dieselbe Ansprache nicht an Konzilstheologen, vielfach in ihren Ländern angesehene Professoren, sondern an die bischöflichen *Chauffeure* halten würde? Wahrhaftig, jeder Satz hätte auch den Chauffeuren gesagt werden können!

Nein, für eine solche Ansprache hätte man uns nicht zu einer Papstaudienz einzuladen brauchen. So hätte auch Ottaviani reden können.»C'est une honte«,»Es ist eine Schande«, sagt mir Yves Congar halblaut beim Verlassen des Audienzsaales. Drei Tage später, am 3. Dezember 1963 nachmittags, gewährt der Papst tatsächlich auch den bischöflichen Chauffeuren eine Audienz. Es scheint mir nicht der Mühe wert, das Gedankenspiel umzukehren und herauszufinden, ob die Chauffeur-Ansprache auch für Konzilstheologen hätte gehalten werden können … Sicher war es derselbe Inhalt und dasselbe Niveau: gehorsamer Knechtsdienst.

Diese wenig erfreuliche Erfahrung hindert uns selbstverständlich nicht daran, unseren theologischen Pflichten nachzukommen. Daniel O'Hanlon, Jesuit aus Kalifornien, und ich arbeiten gerade in den letzten Tagen der zweiten Konzilssession intensiv daran, unseren Band bischöflicher »Konzilsreden« so rasch wie möglich gleichzeitig in englischer, deutscher, französischer, spanischer und holländischer Ausgabe zur Publikation vorzubereiten. Wir gewinnen Yves Congar als dritten Herausgeber. Am selben 3. Dezember 1963 können wir unsere Arbeit im Wesentlichen abschließen. Die Übersetzungen werden folgen.

Zurück zur Konzilsaula: Statt einer Abstimmung über die Kapitel IV (Judentum) und V (Religionsfreiheit) des Ökumenismusdekrets, für die angeblich die Zeit fehlt, findet am Vormittag des 3. Dezember 1963 in Anwesenheit des Papstes eine – nach Auffassung der meisten Bischöfe völlig überflüssige – Gedenkfeier für das gegenreformatorische Konzil von Trient statt. Eine unmissverständliche Antwort von Papst und Kurie auf die faktische Abkehr des Konzils von der Trienter Mentalität. Bei dieser Gelegenheit dürfen zwei Männer als erste Laien im Konzil reden: die Montini-Freunde Jean Guitton und Vittorino Veronese. Unverblümt werden diese Reden von der Kurie als »Ehrerbietungsbezeugungen« bezeichnet. Und in etwa bieten sie auch nicht mehr.

Es ärgert und bedrückt mich: Die Konzilsväter des Vatikanum II lassen teilnahmslos, aber auch ohne Widerspruch gehorsam über sich ergehen, was Papst und Kurie ihnen oktroyieren. Wieder hört man den Konzilswitz über Kardinal Ottaviani auf dem Weg nach Trient, findet ihn aber nicht mehr so lustig wie zu Anfang des Konzils: Die Kardinäle Ottaviani und Ruffini wollen sich von einem Taxi »Zum Konzil!« fahren lassen. Dieses fährt nach Norden. »Falsch!«, rufen sie. »Ach«, sagt der Chauffeur, »ich dachte, die Herren wollen nach Trient!« Ottaviani, ein gebranntes Kind, ist dieses Mal klug genug und hält die Gedenkrede auf Trient nicht selbst. Aber der dafür bestimmte Kardinal Urbani lässt natürlich jegliche geschichtliche Relativierung der Trienter Dekrete vermissen: kein Wort von der Aufforderung Johannes' XXIII., die »Substanz« der alten Lehre in eine moderne Zeit und Sprache hinein zu übersetzen. Die ganze Zeremonie ist eine Farce ohne Informationswert zugunsten des mittelalterlich-gegenreformatorischen Systems. Und eine Mahnung an Bischöfe und Theologen: Eine andere als traditionalistische Einstellung zu diesem Konzil der Gegenreformation kann ernste Folgen haben, wie ich selber schon am nächsten Tag erfahre.

Nervosität vor der dritten Konzilsperiode

Nachdem sich Paul VI. in der zweiten Hälfte der zweiten Konzilsperiode im Gegensatz zu seinem Vorgänger mehr als Bremser denn als Inspirator des Konzils erwies, ist die hoffnungsvolle Aufbruchsstimmung einer nervösen Ungewissheit gewichen. Immer mehr spricht sich herum, dass sich die Atmosphäre im Vatikan verändert hat. Am 24. Juli 1964 schreibt mir der frühere Betreuer Msgr. Montinis im Kloster Engelberg, P. Dr. Anselm Fellmann aus Sursee, er habe den Papst in Rom besucht, und dieser sei auch auf mich zu sprechen gekommen: »Darf ich Ihnen sagen – er bat mich darum –, dass er mit Ihnen resp. Ihren letzten schriftlichen Arbeiten nicht ganz zufrieden ist, ja darüber betrübt ist. Er möchte Sie bitten, sich etwas zu mäßigen. Er liest auch Ihre Bücher. Das erste durfte ich ihm in Ihrem Auftrag vermitteln. – Ich hätte Ihnen das lieber *gesagt* als *geschrieben*; ich hatte aber dann keine Gelegenheit. – Ich bitte um Diskretion. Mit freundlichen Grüßen.«

Der Papst ist also über mich betrübt. An der Basis aber sind viele über den Papst betrübt, wie ich zur Genüge weiß. Mein Freund aus Oxfords Zeiten etwa, Peter Nelson, jetzt in einer kleinen Pfarrei Schottlands, schreibt mir am 4. April 1964: »Persönlich bin ich in diesem Moment sehr deprimiert. Bisher habe ich in diesem Pontifikat noch keinen Schimmer von Hoffnung entdecken können: Es hat den Anschein, als ob alles wieder sei wie unter Pius XII. Liege ich falsch? Ich hoffe es, aber ich fürchte das Schlimmste.«

Selbst im Sekretariat für die Einheit der Christen macht sich eine bestimmte Engstirnigkeit bemerkbar.»Ich bin wieder einmal in Rom, um an der Sitzung des Sekretariates teilzunehmen«, schreibt mir der kanadische Theologe Gregory Baum aus Rom am 23. Februar 1964,»und möchte Dir bei der Gelegenheit meine besten Grüße schicken. Es ist schade, dass Du nicht zu uns gehörst. Ich habe dem Sekretariat von Kanada aus geschrieben, man möchte Dich doch einladen, aber scheinbar hat man gemeint, wir seien schon genug.« Dass dies wohl nicht der Grund ist, hat mir Professor Josef Feiner verraten, das mir durchaus wohlgesinnte schweizerische Mitglied des Sekretariats:»Sie sind ja fähig, jede Kommission zu sprengen.« Wohl wahr – wenn diese Kommission der Verschleierung der Wahrheit und der kirchlichen Selbstgerechtigkeit Vorschub leistet.

Natürlich will das im Sekretariat für die Einheit der Christen – ich kenne die meisten persönlich – im Grunde niemand. Aber das Resultat der Diskussion ist eben doch auch hier ein Kompromiss, wie Gregory Baum mir gleich anschließend schreibt:»Das Schema (über den Ökumenismus) hat sich etwas verbessert, doch ist die Theologie dieselbe geblieben: in der Mitte die Kirche Roms mit der Fülle aller Weisheit und Gnadenmittel, umringt von anderen Kirchen und Gemeinschaften, die in verschiedenem Maße von der Weisheit und den Gnadenmitteln der katholischen Kirche etwas mitgekriegt haben.« Das wäre in der Tat eine Konzeption gewesen, die ich »gesprengt« hätte. Und dies nicht aus Übermut, sondern eben aus dem Grund, auf den mein Freund Gregory verweist:»Es ist uns nicht gelungen, obwohl Ansätze da sind – zu sagen, dass Ziel und Maß der anderen Kirchen *nicht* die katholische Kirche ist, sondern dass Ziel und Maß *aller* Kirchen Christus und seine Heilstat sind. Vielleicht kommt das im Dritten Vatikanum. Ein paar offene Türen gibt es in unserem verbesserten Schema schon.« Man bedenke, was hier ein hochangesehener katholischer Theologe aus Resignation zur Sprache bringt: Das Zweite Vatikanische Konzil ist noch nicht zu Ende, da fordert er schon ein Drittes.

Kein Zufall also, dass sich Baum auch über den Brief des Kardinalstaatssekretärs Amleto Cicognani an die Konzilsperiti beklagt, den ich bezeichnenderweise nicht bekommen habe: »Es wird uns dort verboten, unseren Mund aufzutun. Die Reaktion in Rom geht dahin, dass man das Schreiben gar nicht beachten soll. Merkwürdigerweise ist der Brief gar nicht in die Presse gekommen.« Immerhin aber haben ihn auch meine amerikanischen Freunde bekommen. Mark Hurley, Kanzler der Diözese Stockton (Kalifornien) und späterer Bischof von Santa Rosa, schreibt mir: »Wie wir hier drüben sagen, they sent out a muzzle, sie haben uns einen Maulkorb geschickt.« Während der nächsten Konzilsperiode wird sich – mit Generalsekretär Felici – besonders »le barbu« (»der Bärtige«, so sein kurialer Spitzname), nämlich der französische Dekan des Kardinalskollegiums Eugène Tisserant, hervortun, um öffentliche Mahnungen an die theologischen Sachverständigen zu richten, in der Aula keine »nichtautorisierten« Papiere zu verteilen und sich überhaupt zurückzuhalten. Erstaunlich, nein, im Grunde nicht erstaunlich, wie sich die verschiedenen Organe der Kurie immer wieder in die Hände arbeiten. Theologische Ignoranz verbunden mit kurialer Arroganz. Generalsekretär Felici wird sogar gegen Bischöfe handgreiflich: Dem Mainzer Weihbischof Josef Maria Reuss entreißt er in St. Peter brutal sein Bündel Papiere über Geburtenregelung und Pille … Die Verhütungsaktion eines zölibatären Kurialen.

Rückschlag: Die »schwarze Woche« des Konzils

Die von der ersten Session an feststellbare *Spannung zwischen der fortschrittlichen Konzilsmehrheit und der reaktionären Kurie* hatte sich in der zweiten aufgeladen und jetzt in der dritten *entladen* – zugunsten der Kurie! Leider. Hätten nur diejenigen

Bischöfe im Konzil Sitze, die – als Residenzialbischöfe oder als Weihbischöfe – ein Kirchenvolk (Diözese) hinter sich haben, dann wären alle kurialen »Ehrenbischöfe« oder »Hofbischöfe«, die nur eine (allerdings sehr mächtige) kirchliche Bürokratie vertreten, vom Konzil, seiner Leitung und seinen Kommissionen ausgeschlossen geblieben: Die reaktionäre »Minorität« würde nach bisherigen Erfahrungen und Abstimmungsergebnissen auf einige wenige einflusslose Außenseiter zusammenschmelzen. Weil es sich aber faktisch umgekehrt verhält, weil die Kurie den konziliaren Apparat und Verhandlungsweg weitgehend beherrscht, kommt es zu den peinlichen Vorfällen, die in der letzten dramatischen Woche der dritten Session Bischöfe und Theologen tief aufwühlen und in der Welt allgemein als Rückschlag für das Konzil und seine konstruktive Zielsetzung empfunden werden.

Als schwerwiegend wird indes nicht in erster Linie die schon lange bekannte Obstruktion der Kurie angesehen. Vielmehr, dass der Großteil der Bischöfe, Theologen und Beobachter der anderen christlichen Kirchen den fatalen Eindruck erhält: Paul VI. selber – aus Angst, Schwäche oder Resignation, aus theologischer Unsicherheit, Rücksichtnahme auf seine Umgebung und die italienische Innenpolitik oder warum auch immer – stellt sich jetzt selber weithin hinter die *Obstruktionsmanöver der Kurie* und gibt so Michael Serafian / Malachi Martin recht. Jetzt lässt sich nicht mehr übersehen: Paul VI. will zwar eine Modernisierung der katholischen Kirche, aber ohne ihr Verhaftetsein im römischen Mittelalter aufzugeben. Er will die Kollegialität der Bischöfe, aber ohne den Papalismus des 11. Jahrhunderts rückgängig zu machen. Er will eine Reform der Kurie, aber ohne das Sanctum Officium abzuschaffen und dessen »Chefideologen« Ottaviani fallen zu lassen. Er verfügt über einen Jurisdiktionsprimat, setzt aber seine Vollmacht gerade im engsten Machtzirkel um ihn herum nicht ein und durch.

Immer mehr ein *zwiespältiger Papst*, der zugleich Johannes XXIII. und Pius XII. seligsprechen möchte, der, wiewohl ökumenisch und weltoffen gesinnt, auch in dieser dritten Konzilssession die Machenschaften gegen die Judenerklärung und eine ständige weitere Verzögerung zulässt. Der sich persönlich für ein Missionsschema engagiert, das, ganz unter dem Blickwinkel der römischen Missionskongregation ausgearbeitet, vom Konzil mit großer Mehrheit als vollkommen ungenügend abgelehnt wird. Der die umstrittenen Fragen der Sexualmoral, besonders die der Empfängnisverhütung, vom Konzil an eine kurial dominierte Kommission verweist. Der es an jener Unterstützung mangeln lässt, die er dem Konzil noch bis ungefähr zur Mitte der zweiten Konzilsperiode angedeihen ließ, und jetzt Reden hält, die von einer ganz anderen Tonart getragen sind, verglichen mit seinen vielversprechenden Reden zur Kurienreform und zur Eröffnung der zweiten Session. Ich brauche hier die Entwicklung der Krise am Ende der dritten Session nicht im Einzelnen nachzuerzählen. Es genügt, summarisch aufzulisten, *was Paul VI. in der »schwarzen Woche« höchstpersönlich zu verantworten hat*:

Er verfügt für das bereits vielfach vom Konzil approbierte Schema über den *Ökumenismus* in letzter Minute vor der Schlussabstimmung eine ganze Reihe kleinkarierter Änderungen, die, für die nichtkatholischen Christen wenig freundlich, dem Konzil einfach oktroyiert werden (zum Beispiel: Es wird nicht mehr gesagt, die evangelischen Christen »finden« Gott in der Heiligen Schrift, sondern nur noch, dass sie ihn »suchen«.).

Er bejaht eine mit formalen Vorwänden durchgesetzte weitere Verschiebung der Erklärung über die *Religionsfreiheit*, die nun schon seit drei Konzilssessionen von der Kurie verhindert und vom Konzil und der ganzen Welt mit Ungeduld erwartet wird, eine Verschiebung, die zu einem massiven Protest von weit über 1000 Bischöfen führt.

Er promulgiert ohne irgendeine Notwendigkeit gegen den ausdrücklichen Willen der Konzilsmehrheit den missverständlichen Titel *»Maria, Mutter der Kirche«* (»mater ecclesiae«), was in der nichtkatholischen Christenheit Unwillen und Zweifel am echten ökumenischen Verständigungswillen des Papstes weckt.

Ja, er nötigt dem Konzil durch Generalsekretär Felici »durch höhere Autorität« eine vier Paragrafen umfassende »Nota praevia explicativa« zugunsten seines Primats auf, die als solche nie zur Abstimmung unterbreitet wird, welche die Kollegialität total verwässert und einen Rückfall auf die uneingeschränkte Primatsdefinition des Vatikanum I bedeutet. Eine glatte Erpressung, so empfinden es viele Bischöfe: Entweder sie akzeptieren diese päpstliche »Interpretation« der Kollegialität, oder es gibt überhaupt keine Konstitution über die Kirche. So wird dem fatal-zweideutigen Kompromiss des Konzils zwischen Kapitel I–II (Kirche als Volk Gottes) und Kapitel III (Kirche als Hierarchie) die eindeutig kuriale Interpretation des Papstes vorgeschaltet. Wieder die mittelalterlichen Strukturen der Kirche!

Was nützt es da, wenn Paul VI., Freund großer Gesten und kleiner Konsequenzen, am 13. November 1964 nach einem byzantinischen Gottesdienst die seit dem Mittelalter übliche, mit drei Kronen geschmückte und nach eigenen Vorstellungen ein Jahr zuvor extra neu angefertigte teure »Tiara« definitiv ablegt und sie »den Armen« schenkt. Welchen Armen? Die ganze Zwiespältigkeit auch dieses Gestus wird sofort sichtbar: Es ist Kardinal Francis Spellmann, der die Tiara erhält und sie in New York, einer der reichsten Diözesen der Welt, auf einem Bankett präsentiert, worauf sie dann in seiner St.-Patricks-Kathedrale ausgestellt wird. Almosen willkommen.

Ominöse Weichenstellungen vor der letzten Konzilsperiode

Die vierte Periode wird zeigen, ob das Konzil, das so manche Schlachten gewonnen hat, schließlich doch den Krieg verlieren wird. Noch bleiben viele wichtige Themen auf der Traktandenordnung.

Die *Begegnung Pauls VI. mit dem Patriarchen Athenagoras I. von Konstantinopel in Jerusalem* wird beim Abschluss des
Konzils am 7. Dezember 1965 die gegenseitige Aufhebung der
Excommunicatio bringen, aber paradoxerweise keine Wiederherstellung der Communio, der eucharistischen Gemeinschaft.
Warum nicht? Da hätte der Bischof des Ersten Rom den seit
dem 11. Jahrhundert beanspruchten Jurisdiktionsprimat über
alle Kirchen und Gläubigen wie auch die erst im 19. Jahrhundert definierte Unfehlbarkeit im Geist des gemeinsamen ersten
Jahrtausends korrigieren müssen – was vom Patriarchen des
Zweiten Rom (Konstantinopel) und von allen östlichen Kirchen selbstverständlich erwartet wird.

Doch Paul VI. hat wieder einmal nur symbolisch und
politisch-taktisch gehandelt, dies erfahre ich indirekt durch
Yves Congar. Er war nach dem Jerusalem-Ereignis beim Papst
gewesen und hatte diesen gefragt:»Hinter Ihrer Begegnung
steckt doch eine Theologie?«»Nein«, hat ihm Paul VI. geant-
wortet,»dahinter steckt keine Theologie.«Für ihn war die Begegnung mit dem ökumenischen Patriarchen in erster Linie
eine kirchenpolitische und publizitätsträchtige Aktion, aus der
für die katholische Kirche selber nichts Entscheidendes folgen
muss. Jedenfalls keine kritische Selbstbesinnung über die an-
gemaßten mittelalterlichen Machtansprüche Roms gegenüber
dem Osten, keine Anerkennung der altkirchlichen Autonomie
dieser apostolischen Kirchen. Für Congar wie für mich eine
erneute Bestätigung: Paul VI. besitzt nur eine römische und
keine ökumenische Zukunftsvision der Christenheit. Eklatant
deutlich wird dies durch drei einsame päpstliche Vorentschei-
dungen, welche die letzte Konzilssession, ja, die gesamte nachkonziliare Zeit in gefährlicher Weise präjudizieren. Die Misere
der Kirche im 21. Jahrhundert lässt sich weithin von diesen
drei ominösen Weichenstellungen her erklären.

Ein *erstes böses Omen* ist – nach Pauls VI. Antrittsenzyklika
»Ecclesiam Suam« (1963), deren unökumenischer Romanis-
mus und mangelnde biblische Begründung jetzt mehr in den

Vordergrund rücken – seine Enzyklika »*Mysterium fidei*« über die Eucharistie, die er zum Ärger vieler Bischöfe mit dem Blick auf holländische Theologen (Schillebeeckx, Schoonenberg) am 12. September 1965, also unmittelbar vor dem Zusammentritt des Konzils zur vierten Session, veröffentlicht. Darin zeigt sich der Papst einer römischen Schultheologie verpflichtet, auf die weder die Exegese noch die historische Forschung noch die theologischen Reflexionen der letzten Jahrzehnte irgendwelchen Eindruck gemacht haben. Der Satz Johannes' XXIII. vom wechselnden Kleid der Glaubensformulierungen bei gleich bleibender Glaubenssubstanz wird nicht nur verschwiegen, sondern faktisch verleugnet. Man fragt sich: Soll es wie eh und je weitergehen mit der *mittelalterlichen Theologie* – als ob die römische Neuscholastik im Konzil keinen Schiffbruch erlitten hätte?

Ein *zweites böses Omen* gleich zu Beginn der vierten Konzilssession, am 15. September 1965: Da setzt der Papst aus eigener Machtvollkommenheit – Motu proprio »Apostolica sollicitudo« (aus »apostolischer Sorge«?) – einen *Bischofsrat nach seinem eigenen Gusto* ein und überspielt so einmal mehr Konzil und Episkopat. Denn die vorgesehene Versammlung von Vertretern der Bischofskonferenzen der einzelnen Länder und Ordensgemeinschaften soll »Bischofssynode« heißen – schon ihr Name unterstreicht den nichtpermanenten Charakter – und, anders als das Konzil es wollte, nicht die geringste Entscheidungsbefugnis besitzen. Sie ist also ganz nach dem Wunsch der Kurie *kein echter Bischofsrat!* Der Papst allein beruft und leitet sie, bestimmt den Gegenstand der Beratungen und bestätigt die zu wählenden Synodalen. Diese dürfen zwar den Papst informieren und beraten. Doch der Papst selbst lässt durch seine Bürokraten nachträglich zusammenfassen, was die Wünsche der Bischöfe angeblich sind. Und welche, wenn überhaupt, realisiert werden sollen. Man fragt sich: Soll es also wie eh und je weitergehen mit der *mittelalterlichen Kirchenregierung*: die Bischofssynode als kollegiales Feigenblatt für den nackten päpstlichen Absolutismus?

Mehr noch: Papst und Kurie sind mit der Proklamation dieser beiden dem Konzil oktroyierten Dokumente noch immer nicht zufrieden. Wie in autoritären Systemen üblich, erwarten sie vom Konzil einen Unterwerfungsgestus und erhalten ihn auch: Die Versammlung stimmt am 20. September »mit Beifall« (also ohne Diskussion) einem einfach verlesenen (in der Kurie entworfenen) Brief zu, in welchem dem Papst vom Konzil für die Errichtung der Bischofssynode und für die Eucharistieenzyklika auch noch überschwänglich gedankt wird – was wiederum vom Staatssekretär in einem Brief vom 29. September höflichst verdankt wird. Welch beschämender Byzantinismus!

Ein *drittes böses Omen*: Mitten in der Debatte um die Erneuerung des Ordenslebens am 11. Oktober 1965 wird im Konzil ein Brief des Papstes verlesen, es entspreche nicht seinem Willen, das Problem des *Priesterzölibats* in der Konzilsaula zu behandeln; eventuelle Vorschläge darüber könnten direkt an ihn gerichtet werden – natürlich mit null Effekt. Auch in diesem Fall drückt schon am nächsten Tag ein Brief Kardinal Tisserants – als wäre man auf einem totalitären Parteikongress – die angebliche Zustimmung der Konzilsväter zum Papstbrief aus.

Man fragt sich: Soll es also wie eh und je weitergehen mit der *mittelalterlichen Klerusdisziplin* – als ob das Zölibatsgesetz des 11. Jahrhunderts nicht im Widerspruch zum Evangelium und zum Menschenrecht auf Ehe stünde und die katholischen Gemeinden zunehmend des Priesternachwuchses und der Seelsorge beraubte? Wo bleibt angesichts solcher Manipulationen die *Freiheit* des Konzils?

Mit Bitterkeit denke ich heute, 50 Jahre später, an diese Ereignisse zurück, nach all den Skandalen von sexuellem Kindesmissbrauch durch Priester und dem Versagen der Bischöfe in dieser meiner Kirche von Kalifornien bis Irland, sodass schließlich zumindest einige wenige tapfere Bischöfe eine Revision des Zwangszölibats zur Diskussion stellen.

Kampf um die Judenerklärung

Nach den peinlichen kurialen Verzögerungsaktionen der zweiten Session steht die Judenerklärung für die dritte Session 1964 erneut auf der Tagesordnung. Am 23. September präsentiert Kardinal Augustin Bea ruhig und gemessen – schon am Anfang und erst recht am Ende seiner Rede mit demonstrativem Applaus bedacht – den Rapport zur »Erklärung über die Juden und die Nichtchristen«. Vorher hatten nun erfreulicherweise die deutschen Bischöfe doch eine Erklärung abgegeben, die das vorgesehene Konzilsdokument unterstützt und zugleich an die Verbrechen erinnert, die im Namen des deutschen Volkes an den Juden verübt wurden. Es ist dies ja das erste ökumenische Konzil nach Auschwitz. Und die Welt horcht auf, als sie vernimmt, dass die katholische Kirche nach langen Jahrhunderten eines offenen oder verdeckten Antijudaismus innerhalb der Kirche tief eingewurzelte religiöse Vorurteile gegenüber dem alten Gottesvolk Israel korrigieren will: Die Juden seien *nicht Gottesmörder und nicht von Gott verflucht.* Zu politischen Fragen – im Klartext: zum Staat Israel – will man freilich nicht Stellung nehmen.

Aber auch nach dem Abschluss der sehr positiv verlaufenden Konzilsdiskussion – neben Kardinal Ruffini von Palermo melden sich nur wenige negative Stimmen – hält die kuriale Obstruktion an. Am Freitag, dem 9. Oktober 1964 gegen Abend, hatte unsere Gruppe französischer und amerikanischer Bischöfe und Theologen in der Residenz »Villanova« aus dem Einheitssekretariat Kardinal Beas die Nachricht erhalten, Papa Montini habe außen- und kirchenpolitischem Druck nachgegeben und sich entschieden, die Erklärungen über die Juden und über die Religionsfreiheit im Konzil zu blockieren und sie kurial dominierten Gremien zur erneuten Prüfung zu übergeben. Eile tut not.

Sofort organisieren wir den Widerstand. Am Samstagmorgen mobilisiert Bischof Elchinger (Straßburg) die französischen Kardinäle Liénart (Lille) und Joseph Lefèbvre (Bourges), die Amerikaner aber die Kardinäle Meyer (Chicago) und Ritter (St. Louis). Ich selber rufe Joseph Ratzinger in der »Anima« an, damit er sofort Kardinal Frings orientiere, ebenso Karl Rahner, damit er mit den Kardinälen König und Döpfner Kontakt aufnehme. Am Sonntag schon treffen sich auf Einladung von Kardinal Frings die genannten Kardinäle in der »Anima«, dazu noch Alfrink (Utrecht), Silva Henriquez (Santiago de Chile) und Léger (Montreal); Suenens hält sich wegen der Wahlen in Belgien auf. Sie verfassen ein Protestschreiben an den Papst mit den Eingangsworten »Magno cum dolore« – »Mit großem Schmerz«, das schließlich mit 13 Unterschriften dieser gewichtigen Kardinäle an den Papst geht.

Zugleich aber übernehme ich ganz persönlich dafür die Verantwortung, die gebotene Geheimhaltung zu durchbrechen und die Öffentlichkeit zu orientieren. Noch am Samstag rufe ich mir bekannte, noch völlig ahnungslose Korrespondenten des römischen »Messaggero«, der »Frankfurter Allgemeinen Zeitung« (Schmitz van Vorst) und von »Le Monde« (Henri Fesquet) an und orientiere sie über die skandalösen Machenschaften gegen die beiden Erklärungen, hinter denen vor allem Generalsekretär Felici steckt (wie man nachträglich feststellen wird). Das Resultat sind am Montagfrüh groß aufgemachte Berichte auf der Titelseite dieser Zeitungen und ein unbeschreiblicher Sturm in der internationalen Presse. Der Direktor des lateinamerikanischen Informationszentrums, Antonio Cruzat, aber, für die Weitergabe des Schreibens der 13 Kardinäle an die Presse verantwortlich, verliert unglücklicherweise seinen Posten. Persönliche Interventionen der Kardinäle Bea und Frings beim Papst folgen. Ergebnis: Beide Entwürfe bleiben auf der Tagesordnung des Konzils. Und in der schließlich und endlich zugelassenen Grundabstimmung am 20. November 1964 stimmen 1770 Bischöfe für und nur 185 gegen den Entwurf des Judendekrets. Entschlossener organisierter Widerstand kann also bei diesem Papst durchaus etwas erreichen. Und was ist nach all diesen Vorfällen meine persönliche Einstellung zu Paul VI.?

Privataudienz: »In den Dienst der Kirche treten«?

Schon nach Veröffentlichung meiner (hier kurz zusammengefassten) kritischen Analyse der »settimana nera« in der dritten Konzilsperiode hatte ich am 17. Februar 1965 an den persönlichen Theologen des Papstes, jetzt als Bischof Sua Eccellenza Carlo Colombo, Folgendes geschrieben: »Was ich über den Papst und seine Haltung geschrieben habe, tat ich, um gerade den Papst in seinen ursprünglichen Intentionen zu stützen. Niemand bezweifelt seine guten Absichten und sein ehrliches Wollen zum Heil von Kirche, Christenheit und Menschheit. Viele fürchten nur und immer mehr, dass manche Leute um ihn sich den entschiedenen Aktionen, welche man entsprechend diesen Intentionen in der ganzen Welt erwartet, entgegenstellen. Dem Misstrauen, welchem der Papst heute in sehr weiten und sehr wichtigen Kreisen von Kirche und Welt begegnet, muss mit allen Mitteln entgegengearbeitet werden. – So hoffe ich, dass mein Beitrag als zwar kritische, aber in seiner ganzen Zielsetzung konstruktive Hilfe erkannt wird. Nichts würde mich mehr freuen, als wenn ich für den Papst im Dienst an der Kirche noch mehr tun könnte. Ich möchte es Ihnen überlassen, diesen Artikel – falls Ihnen dies richtig erscheint – Seiner Heiligkeit weiterzugeben. Es wäre mir außerordentlich daran gelegen, nicht nur dass mir eine bona fides zugebilligt wird, sondern auch, dass die in diesem Artikel ausgedrückten Anliegen so vieler Menschen in ihrer positiven Ausrichtung verstanden werden. Ich kann gar nicht sagen, wie viel die Kirche, die Christenheit, die Welt gerade von Papst Paul VI. erwarten.«

Aber ich kann nicht leugnen, dass ich es in meinem – ohnehin schon überlangen – publizierten Artikel versäumt habe, die guten Intentionen Pauls VI. hervorzuheben. Und so nehme ich mir vor, diese in Zukunft stets zu erwähnen. Jedenfalls ist dies mit ein Grund, weswegen ich nun dem Papst selber Ende November 1965 einen erklärenden Brief schreibe. Ich möchte, wenn möglich, noch einmal mit ihm persönlich Kontakt haben und über die noch immer nicht entschiedene Frage der Geburtenregelung reden, bevor das Konzil am 8. Dezember zu Ende geht und ich nach Tübingen zurückkehre. Eine Audienz zu erreichen dürfte freilich außerordentlich schwer sein. Denn in diesen letzten Tagen des Konzils ist er, da er unter anderem alle Bischofskonferenzen einzeln verabschiedet, überbeschäftigt. Ich lasse meinen Brief über seinen Privatsekretär Don Pasquale Macchi an den Papst gehen, und zu meinem Erstaunen erhalte ich innerhalb dreier Tage die Antwort. Sie ist positiv. Papst Paul VI. – ganz anders als später sein polnischer Nachfolger – ist sofort bereit, mich zu empfangen, und dies nicht wie so oft in einer kleinen Gruppe (Spezialaudienz), sondern unter vier Augen (Privataudienz).

Auch Yves Congar berichtet in seinen Memoiren von einer Privataudienz bei Paul VI. Die römische Kurie brauche dringend fähige jüngere Kräfte, habe der Papst ihm gesagt, und er habe dabei besonders an Küng und Ratzinger gedacht, aber – Küng schiene doch nicht genügend »Liebe zur Kirche« zu haben. Wie Joseph Ratzinger dem Papst seine »Liebe zur Kirche« kundtat, weiß ich nicht. Aber was ich selber dem Papst sagte, ist mir genau in Erinnerung geblieben.

Unmittelbar vor dem Konzilsende also, am Donnerstag, dem 2. Dezember 1965 gegen 12.15 Uhr, bin ich auf dem Weg zur Privataudienz bei Paul VI. Mit meinem Peritus-Ausweis im Auto hinauf zum Damasushof und von dort begleitet im kleinen Lift hinauf in den vierten Stock. Freundlich salutieren die Schweizergardisten, einen ihrer Landsleute erkennend. Empfang durch die Monsignori des Protokolls (»Anticamera«). Gang durch etwa ein Dutzend unter Paul VI. geschmackvoll modernisierte, nicht mehr rot-gold, sondern beige und grau gehaltene und mit kostbaren Kunstwerken ausgestattete große Säle, für Spezialaudienzen verwendet. Dabei bimmelt es geheimnisvoll. Es sind, so entdecke ich schließlich, die Orden am Band des Cameriere della Spada in spanischer Hoftracht, der mich begleitet. Von dem im Vorzimmer diensttuenden Monsignore wird mir nach kurzem Warten im letzten Saal die Tür zur ebenfalls renovierten, großartigen päpstlichen Privatbibliothek geöffnet. Aber statt wie Pius XII. am anderen Ende des weiträumigen Saales erwartet mich Paul VI. direkt rechts neben der Tür, an seinem Schreibtisch sitzend. Um so dem Besucher die Hemmungen zu nehmen und die früher üblichen drei Kniebeugungen zu ersparen? Jedenfalls, ob beabsichtigt oder nicht, ein gelungener kleiner Überraschungscoup.

Papa Montini – das weiß ich von früheren Begegnungen – wirkt unter vier Augen viel sympathischer und menschlicher als bei seinen oft steifen öffentlichen Auftritten. Stirnglatze, scharf geschnittene Nase, seine Augen sind unter den buschigen Augenbrauen freundlich und forschend zugleich auf mich gerichtet. Als ich Platz nehme, hält er mir eine kleine Ansprache. Seine Stimme ist rauer, als seine zarte Gestalt erwarten lässt. Offensichtlich hat er sich die Führung des Gesprächs genau überlegt. Zuerst lobt er mit einem korrekten, aber letztlich undurchdringlichen Lächeln über Gebühr meine ungewöhnlichen »doni«, »Gaben«. Es erinnere ihn an meinen Tübinger Vorgänger Karl Adam, dessen »Wesen des Katholizismus« ein Freund von ihm in den 20er-Jahren ins Italienische übersetzt und das er noch nach dem Einschreiten des Sanctum Officium unter der Hand weitergegeben hatte (Letzteres verrät er mir nicht). Wie Adam vermöge ich über die »mura della Chiesa«, »die Mauern der Kirche«, hinaus in die Öffentlichkeit für die christliche Wahrheit einzutreten; das sei heute wichtiger denn je.

Natürlich freue ich mich über diese Anerkennung; vor mir sitzt immerhin der Summus Pontifex. Doch plötzlich macht Paul VI. eine überraschend unsanfte Volte und lächelt nicht mehr: Wenn er indessen all das überschaue, was ich geschrieben hätte, möchte er doch eigentlich lieber, ich hätte »nichts geschrieben«. »Niente« – das ist nicht gerade ein ermutigendes Kompliment für einen jungen katholischen Theologen aus dem Munde des obersten Chefs persönlich. Sicher hofft er, der in seiner Karriere gelernt hat, die Wirkungen seiner Worte genau zu berechnen, dass dieser Peitschenhieb nach dem Zuckerbrot sitzt.

Ich würde ja nun viel über die »libertà«, die *Freiheit* in der Kirche schreiben, fährt Papst Paul fort, jetzt mit leicht ironischem Lächeln (so müssen die Cäsaren arme Poeten angelächelt haben), um dann auf sein eigentliches Anliegen zuzusteuern. »Wie viel Gutes könnten Sie doch tun«, so Paul jetzt mit Nachdruck, »wenn Sie Ihre großen Gaben in den *Dienst der Kirche* stellen würden«: »nel servizio della Chiesa«! In den Dienst der Kirche? Ich antworte leise, nun meinerseits lächelnd: »Santità, io sono già nel servizio della Chiesa«, »Ich bin doch schon im Dienst der Kirche«.

Doch Paulus Papa Sextus meint natürlich gut römisch mit »Kirche« nicht die Kirchengemeinschaft, sondern das hierarchische römische System mit ihm an der Spitze. Er fährt fort: »Deve avere fiducia in me. Sie müssen Vertrauen zu mir haben.« Meine Antwort: »Ich habe Vertrauen zu Ihnen, Santità, ma non in tutti quelli che sono intorno a Lei, aber nicht zu all denen, die um Sie herum sind.« Solche im kurialen Milieu unübliche Direktheit lässt den sonst stets gemessenen Kirchendiplomaten mit hochgehobenen Armen ein emotionales »Ma – aber« ausstoßen. Aber – wenn er nach »Tubinga« käme und da durch die Straßen ginge, würden ihm zunächst auch viele unbekannte, verschlossene, finstere Gesichter begegnen, aber die würden sich aufhellen, wenn er sie näher kennenlernte. So auch in der Curia Romana ...

Schon wieder ganz beherrscht, fährt Papa Montini fort: Ich bräuchte ja keineswegs mit allem, was hier geschehe, von vornherein einverstanden zu sein. Nur müsste ich mich halt – und des Papstes schlanke Hände machen die Geste des Aufdie-Linie-Bringens – ein wenig einpassen. Das also ist die Bedingung: mich einpassen, anpassen – darum geht es. Was dies bedeutet, ist mir, dem in Rom Herangebildeten, völlig klar. Klarer möglicherweise als dem Nicht-Römer Ratzinger, der offensichtlich den auch ihm in irgendeiner Form vom Papst direkt oder indirekt offerierten Weg in der Folge eingeschlagen hat. Er wird 1977 zum Erzbischof von München-Freising und Kardinal ernannt.

Oft habe ich mich gefragt: Hätte ich mich damals vielleicht doch im Sinn des Papstes entscheiden sollen, nachdem ich ganz offensichtlich das Wohlwollen dieses Papstes hatte? Die große Chance meines Lebens – habe ich sie verpasst? Antwort: Dass ich im römischen System einiges Gute bewirken könnte, will ich nicht bestreiten; das ist ein Erstes. Und dass ich jederzeit auf den römischen Weg einschwenken könnte, das ist ein Zweites; bald wird ein weiterer Austausch erfolgen. Aber dass ich dies aus guten Gründen nicht tun kann, kein Anpasser werden darf, werden will, das ist ein Drittes.

In der Folge bringe ich das Gespräch auf die umstrittene Frage der *Empfängnisverhütung*, überreiche ihm ein aus einem Dutzend Punkten bestehendes kleines Memorandum, das er an die Kommission weitergeben wird, und ende schließlich aufgrund der päpstlichen Bedenken gegen die Pille unerwarteterweise bei der Frage der *Unfehlbarkeit*. Jedenfalls wird mir nachher vom Ärger des konservativen amerikanischen Moraltheologen John Ford SJ berichtet, dass der Papst, den er vorher von seiner konservativen Auffassung überzeugt hatte, nach dem Gespräch mit mir wieder schwankend geworden sei.

Für das Gespräch waren 10 bis 15 Minuten vorgesehen. Schon zweimal hatte der diensttuende Monsignore leise die Tür geöffnet, um die Zeit anzumahnen. Doch wird er mit einer sanften Bewegung der linken Hand zurückgeschickt. Schließlich hat sich das Gespräch auf fast drei viertel Stunden ausgedehnt. Mit größter Freundlichkeit verabschiedet mich Paul VI. Für meine Mutter gibt er mir einen Rosenkranz aus weißen

Perlen mit. Mir selber aber ein Neues Testament in griechischer und lateinischer Sprache (Ausgabe von Merk-Lyonnet vom Päpstlichen Bibelinstitut!). Langsam signiert er es: »Paulus P. P. VI – 2. XII. 1965.« Und gibt mir seinen Segen. Natürlich nimmt mich wunder, wer denn da draußen im Empfangssaal so lange warten muss. Als ich in schwarzem, normalem Anzug aus der Privatbibliothek trete, sehe ich da in seiner ganzen hierarchischen Pracht, in seinen violetten Mantel gehüllt, den in jeder Hinsicht gewichtigen Generalsekretär des Konzils sitzen, Erzbischof Pericle Felici, der sich sicher doppelt geärgert hat über die zeitliche Verzögerung, als er hörte, welch hochgefährlichem Theologen der Papst so viel Zeit geschenkt hat. Aber natürlich weiß ich, was sich gehört: »Eccellenza!« – verneige ich mich im Vorbeigehen lächelnd mit großer Gentilezza, und Exzellenz, gut römisch, grüßt mit einem Lächeln zurück (so muss es sein, wenn einer in eine Zitrone beißt und dabei zu lachen versucht).

Aber mit jener Papstaudienz des Jahres 1965 sehe ich mich plötzlich drastisch mit der Frage konfrontiert: Für wen treibst du eigentlich Theologie, wenn du schon weiter Theologie treiben willst? Meine Theologie ist offensichtlich nicht für den Papst (und die Seinen), der meine Theologie, wie sie nun einmal ist, offensichtlich nicht mag und nicht will. Dann eben bewusst für die Menschen, die meine Theologie brauchen können. Und ich erinnere mich dabei zum Trost an den, der nicht gesagt hat »Mich erbarmt des Hohenpriesters« (wiewohl dieser vielleicht auch Erbarmen verdient hätte), sondern »Mich erbarmt des Volkes«. Deshalb ab da noch entschiedener: *Theologie für die Menschen*. Ja, das ist in aller Freiheit mein Weg. Und schon bald erhalte ich eine Bestätigung, dass ich auf dem richtigen Weg bin. Es wird jetzt deutlicher, wie Papa Montini den »servizio della Chiesa – della Curia« versteht. Ganz wie er es in seiner Ansprache zur Kurienreform vor den Konzilstheologen am 30. November 1963 formuliert hatte.

Kirchenreform oder nur Kurienmodernisierung?

Worum geht es Paul VI. in seiner Kurienreform? Um eine Zentralisierung und Restrukturierung der Kurie; ihre Effizienz soll gesteigert und die eigene päpstliche Handlungsfreiheit zurückgewonnen werden. Also: im Grunde keine grundlegende Reform, vielmehr eine Modernisierung der Kurie – im Geist des alten Absolutismus! Nicht von ungefähr hat ja der Papst von der Kurie »absoluten Gehorsam« gefordert.

Doch so in Gehorsam mit verschränkten Armen vor dem Papst knien wie der neue Jesuitengeneral Pedro Arrupe auf einem in diesen Tagen vom Vatikan gezielt verbreiteten Foto, wo Paul VI. die rechte Hand hoch zum Segnen (oder zum Drohen) erhebt? Nein, eine solche Demutsgeste widerspricht meinem Verständnis von der Freiheit eines Christenmenschen. *Mit den großen Zielen des Konzils hat solche Kurienmodernisierung wenig zu tun.* Denn war dieses Konzil nicht von der ersten Session an gekennzeichnet durch eine Aktivierung des Bischofskollegiums und der Ortskirche? Und das entsprechende Zurücktreten der Zentraladministration, von Johannes XXIII. unterstützt durch einen zurückhaltenden Gebrauch der Primatialgewalt? Und erwarben sich Papst, Konzil und Kirche nicht gerade so nach außen eine ganz neue Glaubwürdigkeit? Paul VI. aber, jetzt wieder vor allem Papst der Kurie, hat dem Konzil nicht zufällig seine berüchtigte »Nota praevia« über seinen Herrschaftsprimat oktroyiert. Im inneren Widerspruch zu den klaren Aussagen des Vatikanum II über die Kollegialität des Bischofskollegiums und zum Willen des Episkopats soll weiterhin eine ungeschmälerte, uneingeschränkte Primatsausübung im Sinn des Vatikanum I von 1870 ermöglicht und neu legitimiert werden. Macht abgeben im Geist der Bergpredigt? Daran denkt dieser erneut im kurialen Denken befangene Papst keinen Moment. Seine Macht mit Bischöfen und Ortskirchen im Sinn der alten katholischen Tradition teilen? Gerade das will dieser Papst nicht.

Das Janusköpfige dieser Kurienreform bedrückt mich. Von einem neuen, konziliaren Geist jedenfalls kann im Ernst keine Rede sein. Gemessen an den großen Intentionen des Zweiten Vatikanischen Konzils eine riesige Enttäuschung. Denn worunter wird die nachkonziliare Kirche bis ins dritte Jahrtausend hinein vor allem leiden? Dass ihr die Führung im Geiste des Konzils fehlt. Das Konzil hatte unbestreitbar eine Internationalisierung, Kollegialisierung und Dezentralisierung der römischen Zentralverwaltung gefordert. Was aber hat es von diesem Papst erhalten? In drei Sätzen gesagt:

Eine *nur äußerliche Internationalisierung*: im Vatikan größere Repräsentation der verschiedenen Nationalitäten, nicht aber der verschiedenen Mentalitäten. Ein Afrikaner in Rom geschult mit einem römischen Titel ist noch kein Gewinn an Internationalisierung.

Eine *nur scheinbare Kollegialisierung*: Der zur gelegentlichen Bischofssynode herabgestufte Bischofsrat wird endlos debattieren und »konsultieren«, aber nichts entscheiden dürfen.

Eine *nur kosmetische Dezentralisierung*: Unbedeutende Vollmachten werden jetzt am Ende des Konzils den Bischöfen zurückgegeben, als gnädig gewährtes Privileg des römischen Pontifex, nicht als Wiederherstellung der ursprünglichen katholischen Ordnung.

Gewiss blickt Paul VI. *nach vorne*: Er möchte Kurie wie Kirche »modernisieren«, dafür Leute wie Ratzinger und mich gewinnen, und sich in der »Außenpolitik« aufrichtig für Frieden und soziale Reformen in der Welt einsetzen. Diesem Zweck dient ja auch seine Reise nach New York und die Rede vor der UNO am 4. Oktober 1964. Auch seine unvergessene fortschrittliche Sozialenzyklika »Populorum progressio« vom 21. März 1967.

Zugleich jedoch mit wertvollen Vorstößen für Dritte Welt und Entwicklungspolitik orientiert sich dieser Papst innerkirchlich nach rückwärts an der Vergangenheit. Aber nicht etwa am Neuen Testament und an der Kirche des ersten Jahrtausends. Vielmehr an den Prinzipien der Gregorianischen Reform des 11. Jahrhunderts, die auch dieser Papst – exegetisch und historisch-kritisch ungebildet – nicht durchschaut. Nur unter dieser Voraussetzung, wenn überhaupt, ist seine Fixierung auf das Papsttum und auf Rom zu entschuldigen. Er durchschaut nicht, dass das für ihn »ewige« faktisch das mittelalterliche »Rom« ist, das Rom des römischen Systems. Das soll intakt bleiben, weshalb ernsthafte innenpolitische Reformen des Machtgefüges nicht infrage kommen. Deshalb hält er unmittelbar nach seiner Rückkehr aus New York in der Konzilsaula eine traditionelle lateinische(!) Rede und kündigt etwas später die Seligsprechung nicht nur von Johannes XXIII., sondern auch von Pius XII. an. Nur nach außen zeigt er sich modern, sozial, liberal. Nein, Papst Montini erscheint nicht mehr als ein liberaler oder auch nur ein kollegialer, vielmehr, leider muss es gesagt sein, als ein immer mehr kurialer Papst.

Vom Konzil erfüllte und nicht erfüllte Forderungen

Am 8. Dezember 1965 wird das Zweite Vatikanische Konzil beendet in einer festlichen Schlussfeier auf dem Petersplatz genau um 13.20 Uhr mit dem »Ite in pace« Pauls VI. Was also hat das Konzil erreicht? Ich kann nur meine eigene Einschätzung wiedergeben. Leider weiß ich nur zu gut, was es nicht erreicht hat.

Trotz allem: Jetzt scheint es mir darauf anzukommen, dass man die vor allem von der Kurie zu verantwortenden unbestreitbaren Dunkelheiten, Kompromisse, Auslassungen, Einseitigkeiten, Rückschritte und Fehlentscheidungen nicht nur in rückwärtsgerichteter Manöverkritik als Mängel der Vergangenheit beklagt. Dass man sie vielmehr in vorwärtsblickender Hoffnung als Aufgaben der Zukunft ins Auge fasst und zu überwinden versucht, im Sinn des Konzils, das zumindest keine Türen schließen wollte. Was dies konkret bedeutet, zeigt meine Analyse jener 16 Dekrete, die das Konzil in vierjähriger

Arbeit verabschiedet hat. Sie sollen die Stützpfeiler der nachkonziliaren Kirche werden.

In diesem Sinne veröffentliche ich in der deutsch-italienischen Zeitschrift »Epoca« eine reich illustrierte Titelgeschichte, die einen dokumentarischen Abschlussbericht zum Konzil gibt unter dem Titel: *»Die 16 neuen Pfeiler von Sankt Peter.«* Deutlich sage ich, dass diese Pfeiler unterschiedliche Tragkraft haben. Ist es ja ohnehin ein Wagnis, die wichtigsten Resultate dieser 16 Dekrete in Kürze ohne Präzisierung wiederzugeben. Manches an ihnen ist unvollkommen und wird sich als vorläufig erweisen, manches ist Blendwerk und Stukkatur aus der langen Geschichte der katholischen Kirche. Sie stellen jedenfalls allesamt *Dokumente eines kirchengeschichtlichen Überganges* dar, in denen trotz allem doch das Neue, Bessere deutlich zum Leuchten kommt. Die nachkonziliare Kirche, niemand kann das bestreiten, wird eine andere sein als die vorkonziliare!

Die *Hauptanliegen meines Buches »Konzil und Wiedervereinigung«* wurden weithin erfüllt:

– Ernstnehmen der Reformation als eines religiösen Ereignisses.

– Hochschätzung der Bibel in Gottesdienst, Theologie und ganzem Leben der Kirche.

– Verwirklichung eines echten Volksgottesdienstes in Verkündigung und Abendmahl/Eucharistiefeier.

– Aufwertung der Laienschaft in Gottesdienst und Gemeindeleben.

– Anpassung der Kirche an die verschiedenen Kulturen und der Dialog mit ihnen.

– Reform der Volksfrömmigkeit.

– »Reform« der römischen Kurie.

Aber dann formuliere ich in ebenso großer Deutlichkeit die Fragen, die auf dem Konzil nicht diskutiert wurden oder überhaupt nicht diskutiert werden durften. Was also sind *»die vom Konzil nicht gelösten Fragen«*?

– Geburtenkontrolle in persönlicher Verantwortung der Eltern.

- Regelung der Mischehenfrage (Gültigkeit der Ehe, Kinder-
  erziehung).
- Priesterzölibat in der lateinischen Kirche.
- Struktur- und Personalreform der römischen Kurie.
- Reform der Bußpraxis: Beichte, Ablässe, Fasten (Freitag).
- Reform der Prälatenkleidung und -titel.
- Einschaltung betroffener Kirchengebiete bei Bischofsernen-
  nungen.
- Papstwahl durch eine für die Kirche repräsentativere Bi-
  schofssynode.

Ich denke bei der Auflistung dieser Desiderata nicht zuletzt
an Papst Paul VI. selber, dem ich denn auch meine Bilanz in
der »Epoca« zuschicke.

Päpstliches Ostergeschenk

In der Osterwoche 1966 erreicht mich ein kleines Paket
aus dem Vatikan. Tatsächlich: ein Ostergeschenk von Papst
Paul VI. an mich. Schön verpackt in eine Schachtel mit gelb-
weißen Bändern und einem kleinen Palmzweig finde ich in
Leder gebunden auf Samt geheftet zum Aufstellen eine ver-
goldete Plakette des auferstandenen Christus! Beigefügt ist ein
vertrauliches Schreiben des Substituten des Staatssekretariats
Msgr. Dell'Acqua mit dem Datum vom 16. April 1966 und der
Protokollnummer 68844 (erfreulicherweise verschieden von
der, die ich im Sanctum Officium besitze). Inhalt des Schreibens wörtlich:
»Der Heilige Vater hat mich beauftragt, Ihnen Seinen Os-
tergruß zu übermitteln. Schon seit einiger Zeit wünscht Er, Sie
wissen zu lassen, welch gute Erinnerung Er an Ihren Besuch
bewahrt, den Sie Ihm bei Abschluss des Konzils gemacht haben, und dass Er, wenn auch nicht ganz ohne gewisse Vorbe-
halte, von Ihren Zeitungsartikeln in »Vaterland« und »Epoca«
Kenntnis genommen hat. Der Heilige Vater möchte selbstverständlich nicht im Einzelnen auf Ihre Darlegungen eingehen.

Ist aber nicht die Frage berechtigt, ob man der Kirche wirklich einen echten Dienst erweist durch vorbehaltloses Behandeln von Fragen, die den äußern und innern Bestand und die Zukunft der Kirche berühren, und dies in einer Art, die hier und da die notwendige verantwortungsbewusste Überlegung vermissen lässt? Könnte ein Theologe, der der Wahrheit und der Kirche dienen will, nicht vielleicht in mehr positiver Form einen Beitrag zum Konzil und zur immer tieferen Erkenntnis der katholischen Glaubenswahrheiten bringen?

Das ist es, verehrter Herr Professor, was der Heilige Vater von Ihnen erwartet bei der Hochschätzung, die Er Ihrer Begabung und Ihrer kulturellen Bildung entgegenbringt. In dieser Zuversicht erfleht der Heilige Vater Ihnen für Ihre wissenschaftliche und seelsorgerliche Tätigkeit den Beistand des Heiligen Geistes. Zugleich richtet Er an Sie die inständige und väterliche Bitte, die heilige Kirche zu lieben und bei ihrem Bau tatkräftig mitzuhelfen, und segnet Sie dazu von Herzen. Indem ich Ihnen dies mitteile, darf ich Ihnen beiliegendes Geschenk des Heiligen Vaters überreichen und bin mit persönlichen guten Wünschen, Ihr sehr ergebener + A. Dell'Acqua.«

Also wieder Lob und Tadel, Liebe zur Kirche und Bitte um Mitwirkung an ihrem Bau … In meinem Antwortschreiben vom 6. Juni 1966 an Erzbischof Dell'Acqua drücke ich meine Freude aus über »das wertvolle, feine Ostergeschenk des Heiligen Vaters«: »Ich bin sehr überrascht von dieser ganz unverdienten Liebenswürdigkeit, und ich erlaube mir, Sie zu bitten, dem Heiligen Vater meinen tief empfundenen Dank zu übermitteln.« Und dann meine eigentliche Antwort:

»Es freut mich sehr zu hören, dass der Heilige Vater sich bei seinen sehr viel wichtigeren Beanspruchungen die Mühe gemacht hat, meine beiden Artikel zu lesen, und dass er sie wohlwollend aufgenommen hat. Ich habe mich bemüht, die positiven Resultate des Konzils für die heutigen Menschen glaubhaft darzustellen.

Gerne folge ich der Anregung des Heiligen Vaters, in positiver Form einen Beitrag zur tieferen Erkenntnis der Glaubenswahrheit und der Kirche zu leisten. Ich werde weiterhin bemüht sein, meiner Liebe zur Kirche in meinen theologischen Werken aufrichtig Ausdruck zu geben. Für diese wohlwollende persönliche Sorge des Heiligen Vaters um meine theologische Arbeit bin ich ganz besonders dankbar.«

Ton und Inhalt dieses Briefes unterscheiden sich auch für Nicht-Insider sehr deutlich von all dem, was einer sagen würde, der in den Dienst der Kurie und in die Hierarchie einsteigen möchte. Daran denke ich nach wie vor in keiner Weise. Nochmals: nicht aus Hochmut, wohl aber aus dem Gedanken heraus, dass gerade ich nicht darum herumkäme, mich in das unreformierte römische System einzufügen. Hätte mich der Papst aufgefordert, an irgendeinem ernsthaften *Reformvorhaben* mitzuarbeiten, hätte ich genauso selbstverständlich mitgemacht wie später in der Internationalen Theologischen Zeitschrift »Concilium«, bei Reform-Memoranden oder später im Rahmen des Weltwirtschaftsforums, bei Projekten der UNESCO oder der UNO. Aber mich in sozusagen »absolutem Gehorsam« auf eine Linie festzulegen, die auf Stabilisierung des modernisierten mittelalterlichen Systems ausgerichtet ist, nein, das kann und will ich nicht versprechen. Worauf hätte ich mich da alles einlassen müssen?

Zu allem Ja und Amen sagen?

Für mich stellte sich schon unmittelbar nach dem Konzil die nüchterne Frage: Soll, kann, darf ich mich mit all den päpstlichen Lehrdokumenten abfinden, die Paul VI. in alter römischer Selbstherrlichkeit – völlig unbekümmert um die vom Konzil feierlich beschlossene Kollegialität des Papstes mit dem Episkopat – »erlässt« und die ja nun auch zahllose Bischöfe und Theologen ärgern, erzürnen, bedrücken? Soll ich mich wie viele von ihnen mit privaten Unmutskundgebungen zufriedengeben und mich öffentlich einverstanden erklären? Soll ich eventuell mit Murren und Knurren und am Ende mit Hängen und Würgen zu allem Ja und »Amen« (hebräisch: »so geschehe es«) sagen, was Paul VI. in der nachkonziliaren Phase seiner Kirche und der Welt zumutet:

– Ja und Amen zur Enzyklika »*Sacerdotalis coelibatus*« (1967) über den Pflichtzölibat? Diese bemüht in empörender Weise höchste Wahrheiten des Evangeliums, um gerade das nicht beweisen zu können, was zu beweisen wäre: dass eine nach dem Evangelium sinnvolle freie Berufung (Charisma) zur Ehelosigkeit von der Kirchenleitung zu einem verpflichtenden Gesetz gemacht werden dürfe, das die Freiheit aufhebt.

– Ja und Amen zum »*Credo*« des Papstes (1968)? Dieses wird von Paul VI. mit typisch römischem Identifikationsgebaren, ohne die Kirche oder auch nur den Episkopat zu fragen, zum »Credo des Gottesvolkes« erklärt; dabei wird die vom Vatikanum II festgestellte »Hierarchie der Wahrheiten« völlig vernachlässigt und werden problematische theologische Konstrukte römischer Tradition auf eine Stufe mit den zentralen Aussagen der biblischen Botschaft gestellt.

– Ja und Amen auch zum *Mischehendekret* (1970)? Dieses offenbart hinter allen ökumenischen Beteuerungen die noch immer zutiefst unökumenische Einstellung der römischen Zentralverwaltung, deren Mentalität und Stil immer wieder von Kurzsichtigkeit, Sturheit und Anmaßung, manchmal geradezu von einem Überheblichkeitswahn, zeugen.

– Ja und Amen zur schon 1968 erschienenen Enzyklika »*Humanae vitae*« über die Geburtenregelung? Sie macht auch für die erstaunte Weltöffentlichkeit die Schwäche und Rückständigkeit der römischen Moraltheologie und die Gefährlichkeit der Unfehlbarkeitsideologie offenbar und löst innerhalb der katholischen Kirche einen unerhörten Widerspruch und Exodus von Kirchenmitgliedern und abweichende Erklärungen von Theologen, Bischöfen und ganzen Bischofskonferenzen aus. Davon muss jetzt noch genauer die Rede sein.

Die »Pillenenzyklika« – eine schwere Hypothek

Viele Menschen verbinden mit dem Namen Pauls VI. nur die genannte Enzyklika »Humanae vitae« gegen die Empfängnisverhütung. Seit 1930 schmorte ja diese Frage im Zentrum der katholischen Kirche. Damals hatte die Lambeth Conference, die Bischofskonferenz der weltweiten anglikanischen Gemeinschaft, sich für die sittliche Erlaubtheit der Empfängnisverhütung ausgesprochen. Der Vatikan, wie immer vom alleinigen Besitz der Wahrheit überzeugt, ahnte nicht einen zweiten Fall Galilei. Pius XI. veröffentlicht die Enzyklika »Casti connubii« (1930), in der jede Form der Empfängnisverhütung (ob durch mechanische Mittel oder Unterbrechung des Geschlechtsverkehrs) als Todsünde verurteilt wird. Mit schwerwiegenden Folgen: Zahllose Ehepaare und besonders Frauen leiden, wenn sie sich nicht deswegen von der katholischen Kirche überhaupt verabschiedet haben, schwer unter diesem rigoristischen Moraldiktat, das ihnen nur die totale Abstinenz oder die komplizierte Nutzung empfängnisfreier Perioden nach der Methode der Gynäkologen Knaus und Ogino gestattet; ich weiß es nicht zuletzt aus meiner damals noch vorkonziliaren Beichtstuhlpraxis in Luzern.

Vom Vatikanum II erhofften Millionen Katholiken eine Hilfe. Und tatsächlich sprechen sich während der dritten Session (1964) an ein und demselben Vormittag in Sankt Peter drei mir gut bekannte prominente Konzilsväter für eine Öffnung in dieser Frage aus: Patriarch Maximos, Kardinal Léger (Montreal) und Kardinal Suenens, mit dem zusammen ich die Basilika verlasse. Dabei verrät mir dieser, Paul VI. wolle die Frage einer päpstlichen Kommission überlassen, und da könne man gewiss mit einer positiven Lösung rechnen.

Doch in der Konzilsversammlung kursiert damals ein allgemein mit Schmunzeln weitergegebener Zettel mit dem lateinischen Sinnspruch: »Senatus non errat, et si errat, non corrigit, ne videatur errasse« – »Der Senat irrt nicht, und wenn er irrt, korrigiert er nicht, damit es nicht scheint, er habe geirrt«. Der Papst unterbindet die weitere Diskussion der Frage im Konzilsplenum und setzt eine päpstliche Kommission ein. Aber schon in der Theologischen Kommission des Konzils kommt es zu einem heftigen Schlagabtausch: Die kleine konservative Gruppe um Kardinal Ottaviani kämpft mit allen Mitteln gegen eine Theologie verantworteter Elternschaft. Und sie erreicht trotz einer Abstimmung mit 2000 Ja- gegen 91 Neinstimmen mit Hilfe einer päpstlichen Intervention einen der faulsten Kompromisse des Konzils: Im Konzilsdokument »Über die Kirche in der Welt von heute« (»Gaudium et Spes«) wird in Artikel 50 eine verantwortete Elternschaft bejaht, aber in Artikel 51 bestritten mit dem Hinweis auf die unglückliche Enzyklika »Casti connubii« von 1930. Zugleich wird in einer Fußnote auf die noch ausstehende letzte Entscheidung des Papstes verwiesen. Diese sollte denn auch erfolgen durch eine Enzyklika, die weit über das katholische Kirchenvolk hinaus eine beispiellose Provokation darstellt.

Ich selber hatte, wie ich berichtet habe, in jener langen Privataudienz am Ende des Konzils am 2. Dezember 1965 die Möglichkeit, Paul VI. auch in der Frage der Empfängnisverhütung direkt anzusprechen. Ich überreiche ihm ein aus einem Dutzend Punkten bestehendes kleines Memorandum, das er an die Theologische Kommission weiterzugeben verspricht. Im Gespräch versuche ich, ihm vor allem deutlich zu machen, dass ungezählte Ehepartner in aller Welt von ihm eine verständnisvolle Stellungnahme zu dieser existenziellen Frage erwarten.

Der Papst hört meine Argumentation ruhig an, sagt dann aber, die päpstliche Kommission würde ja jetzt über die Frage der Empfängnisverhütung beraten, und dann – er legt die linke Hand auf den Aktenberg vor ihm – kämen die Ergebnisse auf seinen Schreibtisch. Dann müsse er allein entscheiden, und entscheiden sei freilich schwieriger als studieren. Als ich einwende:»Finalmente, Santitá, non si tratta di una dottrina infallibile« –»Schließlich handelt es sich ja nicht um eine unfehlbare Lehre«, da hebt Paul VI. spontan beide Arme hoch, schaut zuerst nach oben und dann auf mich und macht mir durch sein zweifelndes Gesicht deutlich, dass es für ihn keineswegs sicher sei, dass es sich hier nicht doch um eine unfehlbare Lehre handle. Im Moment bin ich so baff wie etwa ein Gelehrter, der einem naturwissenschaftlich völlig Ungebildeten beweisen soll, dass die Erde trotz ihrer scheinbar grenzenlosen Flachheit rund ist. Ich sage nur – und zu mehr blieb auch gar keine Zeit –, alle führenden Theologen teilten meine Auffassung, was der Papst noch einmal mit einem hilflosen Armeheben quittiert.

Ich muss im Nachhinein zugeben, dass mir in dieser Papstaudienz der springende Punkt der Problematik noch nicht bekannt war. Dafür hätte ich das Gutachten der Ottaviani-Gruppe kennen müssen, das erst einige Zeit nach dem Konzil durch Indiskretion bekannt wird. Da ist mir sofort klar, warum der Papst von der progressiven Kommissionsmehrheit aus Klerikern und Laien, mit dem für eine Änderung der Lehre aufgeschlossenen Vizepräsidenten Kardinal Döpfner (München) an der Spitze, dennoch nicht überzeugt werden konnte.

Erst als mir etwa zwei Jahre nach dem Konzil dieses vom Vatikan geheim gehaltene Gutachten der konservativen Konzilsminderheit in der päpstlichen»Pillenkommission« bekannt wird, fällt es mir wie Schuppen von den Augen: Dem Papst geht es in der Frage der Geburtenregelung gar nicht um »die Pille«, nicht um die Geburtenregelung als solche, sondern um das Prestige des kirchlichen Lehramtes: nicht um die Sexualität der Menschen, sondern um die Infallibilität des Papsttums, um Kontinuität, Autorität, Unfehlbarkeit, also um die nach römischer Lehre vom Heiligen Geist für bestimmte Fälle garantierte Irrtumslosigkeit des päpstlichen Lehramtes!

Dieses Gutachten kommt mir noch gerade rechtzeitig unter die Augen, um es 1968 in meinem Buch»Wahrhaftigkeit. Zur Zukunft der Kirche« unter dem Titel»Kurswechsel in der Lehre?«zu analysieren. Aber es kommt zu spät, um irgendeinen

Einfluss auf die im selben Jahr 1968 erscheinende Enzyklika mit den Anfangsworten »Humanae vitae« ausüben zu können. Doch das Problem war jetzt völlig klar gestellt.

Unfehlbar? Eine unausweichliche und unbeantwortete Anfrage

Dass die Enzyklika mit dem Datum des 25. Juli 1968 gerade zur Sommerferienzeit Anfang August – dazu noch mitten im Freiheitskampf des tschechoslowakischen Volkes! – erscheint, wird allgemein als römische Taktik interpretiert, um weniger Widerstand zu finden. Aber vielleicht war dies einfach Folge der erst jetzt fertigen Ausarbeitung dieses delikaten Dokuments, das auch so in der Weltöffentlichkeit einschlägt wie eine Bombe. Offensichtlich hatte der Papst den Widerstand gegen seine Lehre weit unterschätzt. Der im Vatikan Isolierte hatte nicht damit gerechnet, dass die Weltöffentlichkeit derart negativ reagieren würde.

Aber die Enzyklika »Humanae vitae«, die nicht nur Pille und mechanische Mittel, sondern auch die Unterbrechung des Geschlechtsverkehrs zur Empfängnisverhütung als schwere Sünde verbietet, wird allenthalben als ungeheure Provokation empfunden. Mit ihr stemmt sich der Papst sozusagen der ganzen zivilisierten Welt entgegen mit Berufung auf sein beziehungsweise des Episkopats unfehlbares Lehramt. Das alarmiert mich als katholischen Theologen. Sicher, formale Proteste und materiale Einwände sind wichtig, aber muss dieser ganze Anspruch auf Unfehlbarkeit päpstlicher Lehre nicht einmal grundsätzlich untersucht werden? Theologie ist hier gefragt. Kritische theologische Grundlagenforschung.

Ein diffiziles und riskantes wissenschaftliches Wagnis: Wer soll es auf sich nehmen? Mir ist klar: Nur wenige Theologen können ein solches Buch schreiben; man muss sich in der Sachfrage schon gründlich auskennen, möglichst mit Tiberwasser gewaschen sein. Und noch weniger wollen es schreiben. Man muss schon eine gewisse Unabhängigkeit (etwa als deutscher Universitätsprofessor) und zugleich eine (auch unter Professoren eher rare) Standfestigkeit besitzen. Und man sollte über eine angemessene wissenschaftliche Methode wie über einen präzisen und verständlichen Stil verfügen. Und vor allem, man muss es schreiben wollen ... Selbst ein Karl Rahner, durch das sogenannte »vierte Gelübde« der Jesuiten zu besonderem Gehorsam gegenüber dem Papst verpflichtet, wird ein solches Buch nie schreiben. Und wer will schon den hier drohenden schweren Konflikt mit den römischen Instanzen auf sich nehmen?

Im Zusammenhang des Inquisitionsverfahrens gegen mein Buch »Die Kirche« hatte mir Karl Rahners Assistent Dr. Karl Lehmann am 30. Oktober 1969 aus München geschrieben: »Ich hoffe, dass die Kämpfe, die Du mit Rom auszufechten hast, Dich nicht zu sehr mitnehmen. Da Du aber als Schweizer Demokrat von Kindheit an den richtigen Mumm in den Knochen hast, der uns abgeht, bist Du der Einzige, der so etwas in vieler Hinsicht richtig durchfechten kann. Landgraf, bleibe hart!, heißt es auch hier.«

So entschließe ich mich denn zu diesem Buch, für das ich in »Die Kirche« (1967) mit seinen langen Kapiteln über kirchliche Ämter und Petrusdienst schon wesentliche Vorarbeit geleistet habe. Kein anderes Buch habe ich in einem solch rasanten Tempo schreiben können. Für mich alles bekannte Materie. Sofort nach dem Abschluss von »Menschwerdung Gottes«, das zum 200. Geburtstag Hegels im Jahr 1970 erscheinen sollte, beginne ich mit der Niederschrift von »Unfehlbar?«. Die Orchestrierung meiner Themen ist nicht schwierig. Am 16. Mai 1970, unmittelbar vor Pfingsten, ist das Manuskript fertig. Pünktlich zum 100. Jahrestag der Unfehlbarkeitsdefinition des Ersten Vatikanischen Konzils am 18. Juli 1970 wird es vom katholischen Benziger Verlag auf den Markt gebracht und entwickelt sich sofort zum Bestseller.

Buchstäblich einschlägig mein Titel: »Unfehlbar?« Wichtig aber auch der Untertitel, oft nicht mitbedacht: »Eine Anfrage.«

Dieser Terminus der Parlamentssprache (»Interpellation«) besagt ein Auskunftsersuchen an die Regierung. Das meine ich ehrlich: Ich will nicht eine feststehende, indiskutable dogmatische These präsentieren. Wohl aber will ich in Kirche und Gesellschaft eine ernsthafte Diskussion anstoßen und die Kirchenleitung offen zu einer theologisch überzeugenden Antwort herausfordern. Auffällig gestaltet der Umschlag, eine Idee meines Schweizer Verlegers Dr. Oscar Bettschart, Chef des Benziger Verlags, eines tapferen, konziliar denkenden Katholiken: auf schwarz glänzendem Grund oben groß in Weiß das Wort »Unfehlbar?« und unten klein mein Name, dazwischen mehr als viermal so groß wie »Unfehlbar?« ein riesiges poppiges Fragezeichen in Pink; der Grafiker hatte ein noch größeres zur Auswahl präsentiert. Dass dieses Fragezeichen schon überdeutlich sagt, worum es geht, liegt nicht an mir, sondern an der Problematik, die in der Luft liegt. Da kann und will ich die Menschen nicht mit den oberflächlichen traditionellen Antworten abspeisen, da muss ich vielmehr deren Grund untersuchen. »Eine Anfrage« wird in der englischen Ausgabe lauten: »An inquiry«, was auch heißt »eine Erkundigung«, »eine Untersuchung«. In der Tat stellt sich bei der Unfehlbarkeitslehre heute neu die Frage nach ihrer Begründung. Mit welchem Recht beanspruchen feierliche päpstliche Lehrentscheide (»ex cathedra«) Unfehlbarkeit, also göttlich garantierte Irrtumslosigkeit?

Sind die Grundlagen dieser Lehre sicher?

Aber das Problem hatte sich mit dem Vatikanum II noch verschärft. Manche katholische Theologen möchten, um der unbequemen Frage auszuweichen, ignorieren, was sich schlechterdings nicht leugnen lässt: Papst Paul VI. hatte sich für seine Verurteilung der Empfängnisverhütung sogar auf das Vatikanum II berufen können. Das hatte nun einmal in Artikel 25 seiner Kirchenkonstitution die Aussage des Vatikanum I über die außerordentliche Unfehlbarkeit des Papstes nicht nur neu eingeschärft, es hatte darüber hinaus erstaunlicherweise auch *neu die Unfehlbarkeit des alltäglichen Lehramts (»Magisterium ordinarium«) der Bischöfe (in Einheit mit dem Papst)* formuliert: »Die einzelnen Bischöfe besitzen zwar nicht den Vorzug der Unfehlbarkeit; wenn sie aber, in der Welt räumlich getrennt, jedoch in Wahrung des Gemeinschaftsbandes untereinander und mit dem Nachfolger Petri, authentisch in Glaubens- und Sittensachen lehren und eine bestimmte Lehre übereinstimmend als endgültig verpflichtend vortragen, so verkündigen sie auf unfehlbare Weise die Lehre Christi.« Und haben die Bischöfe etwa nicht mit dem Papst ein halbes Jahrhundert lang im Konsens die Unsittlichkeit jeglicher Empfängnisverhütung gelehrt? Kardinal Alfredo Ottaviani hatte am Ende ein leichtes Spiel, mit einer langen Liste von offiziellen Äußerungen von Bischöfen und ganzen Bischofskonferenzen Paul VI. von diesem Konsens zu überzeugen. Folglich handelt es sich um eine unfehlbare Lehre, die nicht korrigiert werden darf.

In der Folge wird mir von katholischen Theologen immer wieder vorgeworfen, ich hätte die römische Lehre nicht exakt, sondern übertrieben, ja, »verzerrt« wiedergegeben. Doch ist dies bestenfalls eine schwache Schutzbehauptung (oft gegen besseres Wissen) besonders deutscher Theologen, die sich auf die präzisen römischen Texte partout nicht einlassen wollen, weil sie sonst unweigerlich Farbe bekennen müssten und ihnen dafür der »Mumm« fehlt. Nie aber hat mir eine römische Instanz oder ein römischer Theologe vorgeworfen, ich, der ich den siebenjährigen philosophisch-theologischen Studiengang an der Päpstlichen Universitas Gregoriana hinter mir habe, hätte die römische Lehre nicht exakt wiedergegeben – wie leicht wäre da ein Dementi gewesen! Im Gegenteil: Es lassen sich für die Unfehlbarkeit der vom ordentlichen Lehramt getragenen Verurteilung der Empfängnisverhütung zahlreiche römische Bestätigungen finden, die ich auch in meinem Buch angeführt habe.

Genau dies ist der Punkt: Gerade weil ich die römische Lehre so präzis wiedergegeben habe, stellt sich nun ebenso scharf die Frage nach ihrer Begründung. Denn selbstverständlich werfen die entsprechenden Aussagen des Vatikanum II und I Rückfragen auf. Im Grunde sollte sie jeder katholische Theologe stellen, wenngleich sie notorisch schwierig zu beantworten sind und bisher in der katholischen Theologie von niemandem klar und unzweideutig beantwortet wurden.

Um nicht missverstanden zu werden: Selbstverständlich habe ich in Wort und Schrift die Grundabsicht des Zweiten Vatikanischen Konzils von Anfang an unterstützt, einen Ausgleich zum (unabgeschlossenen) Vatikanum I mit seiner Betonung der päpstlichen Prärogativen (bestätigt in Artikel 18 der Kirchenkonstitution des Vatikanum II) zu schaffen: durch eine deutliche Herausarbeitung der Bedeutung und Funktion des Episkopats (Art. 19–27).

Aber leider fanden es nun in diesem Kontext die meisten Bischöfe, theologisch uninformiert, völlig unproblematisch, ja, sogar erfreulich, dass nun im Artikel 25 neben der Unfehlbarkeit des Papstes auch ihre eigene Unfehlbarkeit, eben die Unfehlbarkeit des über die Erde zerstreuten Episkopats, in Glaubens- und Sittenfragen formuliert wurde! Und es gab kaum Theologen, die auf die Gefährlichkeit dieser Lehre aufmerksam gemacht hätten. Dass gerade diese Unfehlbarkeit des Episkopats von den römischen Primatsideologen instrumentalisiert werden könnte zur Unterstützung päpstlicher Ambitionen, kam niemand in den Sinn. Aber kümmerte sich wirklich niemand um die mangelnde Begründung einer solch folgenreichen neuen Konzilsaussage über die Unfehlbarkeit des Episkopats?

Nein, es ist erstaunlich: Im diesbezüglichen Artikel 25 der Kirchenkonstitution des Vatikanum II findet sich nur ein Verweis auf die Aussage des Vatikanum I über das Magisterium ordinarium (Denzinger 1712), doch dort steht kein Wort über Unfehlbarkeit. Dazu ein Hinweis auf ein Schema des Vatikanum I, doch dieses, weil weder diskutiert noch verabschiedet, besitzt nicht die geringste dogmatische Autorität. Woher stammt dann aber die Auffassung von der Unfehlbarkeit des Episkopats? So viel weiß man heute: aus der Küche der gegenreformatorischen Theologie des Jesuitenkardinals Robert Bellarmin und der ihr folgenden römischen Schultheologie – es wird darauf in Kap. 7 dieses Buches nochmals einzugehen sein. Verständlich, dass ich genau diese »These« auch an der Gregoriana studieren und für das Lizentiat in Theologie penibel vorbereiten musste. Doch ist mir jetzt klar: Dies ist keine »katholische« = allgemeine Lehre, sondern eine neue römische Sonderdoktrin, die sich weder in der Theologie des Mittelalters geschweige denn der Kirchenväter findet. Und darüber sollte man im Zweiten Vatikanischen Konzil nicht reden dürfen, ja, reden müssen?

Es ist kaum zu glauben, aber trotzdem Tatsache: Auf dem Vatikanum II wurde die neue Lehre von der Unfehlbarkeit des Episkopats weder diskutiert noch überprüft, sondern, wie von der Kurie vorbereitet, von der gegenreformatorischen römischen Schultheologie blind übernommen. In meinen Memoiren berichte ich, wie mir »die verdrängte Frage der kirchlichen Unfehlbarkeit« schwere Sorgen bereitete. Zwar war es mir gelungen, eine Rede gegen die fundamentalistisch verstandene Unfehlbarkeit (»Inerranz«) der Bibel anzuregen und auszuarbeiten; sie wird vom Wiener Kardinal Franz König vorgetragen, in der Theologischen Kommission freilich entwertet. Aber es scheint mir unmöglich, eine auf zehn Minuten beschränkte, auf Latein vorzutragende, allgemein verständliche Rede über die Unfehlbarkeit von Papst und Episkopat auszuarbeiten und dann auch noch einen Bischof zu finden, der eine derart explosive Rede vorzutragen wagt.

Es ist keine Frage, dass die »Pillenenzyklika« im Jahr 1968 mehr als alles andere zur kritischen Zuspitzung der Lage in der katholischen Kirche beigetragen hat. Paul VI. wird zur tragischen Gestalt und ab jetzt immer häufiger als »Pillen-Paul« karikiert. Durchsetzen kann sich das ausnahmslose Verbot

»künstlicher« Verhütungsmittel nicht. Die kirchliche Autorität in Moralfragen zerstört sich selbst und schafft unbeabsichtigt einen neuen Raum für die Gewissensfreiheit in der Kirche. Gewichtige Teile des Kirchenvolks organisieren sich selbst, wie sich bald zeigen wird: die kritische Zeitschrift »Publik«, die Reformbewegungen »Kirche von unten« und »Wir sind Kirche«, sogar eine inoffizielle katholische Schwangerschaftskonfliktberatung. Ja, es entwickelt sich eine echte kirchliche Protestbewegung, die sich von der studentischen 68er-Bewegung gestärkt sieht.

Jahrelanger Abwehrkampf gegen die Inquisition

Ich erinnere mich: Seit dem Jahr 1957, dem Jahr meiner Promotion zum Doktor der Theologie und der Veröffentlichung meiner Dissertation »Rechtfertigung. Die Lehre Karl Barths und eine katholische Besinnung«, habe ich die Inquisition als ständige Begleiterin. Meine dortige Protokollnummer ist bis heute: 399/57i (Index-Abteilung der verbotenen Bücher). Im Jahr 1963 wird gegen mein Buch »Strukturen der Kirche« (1962) ein förmliches Verfahren eröffnet, das aber schließlich nach einer Sitzung in Rom unter dem Vorsitz von Kardinal Bea mit den Bischöfen von Basel und Rottenburg eingestellt wird. Im Jahr 1965 werde ich wegen meiner kritischen Bilanz der dritten Konzilssession am Beginn der vierten vom gefürchteten Chef des Sanctum Officium, Kardinal Alfredo Ottaviani, in den Palazzo del Sant' Uffizio einbestellt. Doch überstehe ich die Unterredung, wie in meinen Memoiren berichtet, unversehrt. Unmittelbar vor Konzilsschluss, am 6. Dezember 1965, veröffentlich Papst Paul VI. sein Motu Proprio »Integrae Servandae« zur Reform des Sanctum Officium, das nun in Zukunft Kongregation für die Glaubenslehre (»Congregatio pro Doctrina Fidei«) genannt werden soll. Diese soll in Zukunft nicht mehr nur für die »Sicherung« des Glaubens, sondern vor allem für die »Förderung« des Glaubens zuständig sein.

Aber in der Praxis der Kongregation ändert sich wenig. Im April 1967 erscheint meine große Synthese »Die Kirche« in deutscher und wenig später auch in niederländischer Sprache und erweist sich trotz ihrer 800 Seiten als Bestseller. Schon am 29. November 1967 findet in Rom im Palast des Heiligen Offiziums eine geheime Sitzung der Kardinalskongregation statt, in der die obersten Spitzen der Kurie einen Sitz haben. Es wird ein Dekret beschlossen: Der Autor möge das Buch nicht weiter verbreiten und in keine andere Sprache übersetzen lassen, »bevor er ein Kolloquium geführt hat mit Männern, die diese Heilige Kongregation auswählt, zu welchem er nämlich bald eingeladen wird«. Dies soll also der »neue Stil« der Inquisitionsbehörde sein? In den Weihnachtstagen erhalte ich in meiner Schweizer Heimat diese nicht gerade weihnachtliche Botschaft. Sofort bitte ich telefonisch meine französischen, englischen, amerikanischen und spanischen Verleger, die Herausgabe des Buches zu beschleunigen, was denn auch geschieht.

Am 4. Mai 1968, mitten im Tübinger Sommersemester, werde ich brieflich in kategorischem Ton zu einem Kolloquium in den Palazzo des Sanctum Officium zitiert, und zwar auf den 9. Mai um 9.30 Uhr. Ich antworte am 8. Mai telegrafisch: »Leider verhindert. Brief folgt.« Nach einer 30-Tage-Frist antworte ich in einem ausführlichen Schreiben, in dem ich mich zu einem Kolloquium grundsätzlich bereit erkläre, aber auch die Bedingungen nenne für ein faires Verfahren, an erster Stelle die Akteneinsicht.

Doch in der »Glaubenskongregation« denkt man nicht daran, diese Bedingungen zu erfüllen. Vielmehr bereitet man hochgeheim und generalstabsmäßig eine konzertierte Aktion der römischen Organe, der deutschen Bischöfe und der Medien vor, um die offizielle Lehre unüberprüft durchzusetzen: eine Erklärung mit dem Titel »Mysterium fidei« (»Geheimnis des Glaubens«) wird am 4. Juli 1973 veröffentlicht gegen einen einzelnen Theologen, den man aber namentlich nicht nennt:

die ersten beiden Abschnitte beziehen sich klar auf »Die Kirche«, die fünf weiteren auf »Unfehlbar?«.

In den folgenden fünf Jahren geht die Diskussion lebhaft weiter. Ich spreche nicht nur mit vielen Freunden und Kollegen, sondern anlässlich eines Rom-Besuchs auch mit Kardinal Šeper, dem Präfekten, und Erzbischof Hamer, dem Sekretär der Glaubenskongregation. Da die Glaubenskongregation mir keine Akteneinsicht geben will und auch sonst auf meine Bedingungen nicht eingeht, schlage ich schließlich die Einstellung des Verfahrens vor. Auch das wird abgelehnt. Wie weit der Papst selber, der jede Woche vom Assessor des Heiligen Offiziums informiert wird und alle Dekrete der Kongregation absegnen muss, über die Entwicklung meines Falles orientiert ist, weiß ich nicht.

Die Einsicht in die Akten, konkret in die Gutachten und Gegengutachten, Denunziationen und Zensorenberichte, Tagesordnungen und Protokolle – ist nicht nur für meine Person von großer Bedeutung, sondern erst recht für die Sachproblematik: ob nämlich das in der ganzen Debatte *vermisste überzeugende Argument für eine Unfehlbarkeit des Papstes und der Bischöfe* eventuell doch in den Geheimverhandlungen zur Sprache kam. Oder sollte es doch nur eine Konstruktion von Theologen sein und kein echtes überzeugendes Argument dafür geben, das in Schrift und großer katholischer Tradition begründet ist?

Mit der Gesundheit Pauls VI. steht es gegen Ende der 1970er-Jahre nicht zum Besten. Schon als ich ihn das letzte Mal während des Konzils durch St. Peter gehen sah, machte er ganz kleine Schritte (Parkinson?, frage ich mich heute). Mitten in der Ferienzeit des Hochsommers, am 6. August 1978, stirbt Papst Paul VI. in seiner Sommerresidenz Castel Gandolfo. Die Bilanz seines 15-jährigen Pontifikats ist ambivalent: hoffnungsvoll der Beginn, eher traurig das Ende.

Persönlich empfinde ich trotz aller negativen Erfahrungen Dankbarkeit gegenüber diesem Papst. Das bezeuge ich auch öffentlich, jetzt zu seinem Tod von überallher um Kommentare gefragt: »Persönlich bin ich Papst Paul dankbar, dass er in all den Jahren schützend seine Hand über mich gehalten hat. Ich habe ihn schon als Kardinal persönlich kennengelernt und auch dann später wieder gesprochen. Es hätte ihn kein Mensch hindern können, wenn er in der heftigen Unfehlbarkeitsdebatte zu härteren Strafen gegriffen hätte, die ja bis zur Exkommunikation hätten gehen können. Mir war bekannt, dass seine Richtlinie auch in meinem Fall die war, con carità vorzugehen, das heißt nicht mit juridischen, disziplinarischen Mitteln – sondern zu versuchen, doch eine Lösung zu finden, jedenfalls offenen Bruch zu vermeiden. Es waren und sind Leute in der Kirche, die diese Einstellung nicht verstanden haben und die ein scharfes Vorgehen gewünscht haben und wohl auch noch wünschen, und ich bin mir sehr wohl bewusst, dass es nur einen Wink des Papstes gebraucht hätte, dass diese Kräfte zum Zuge gekommen wären.«

Ich kann nicht ahnen, dass wir bald einen Papst haben würden, der gerade diesen Wink geben wird. Wer wird es sein? Das Jahr 1978 wird zu einem Drei-Päpste-Jahr.

Johannes Paul I. Luciani (1978)

17. 10. 1912	Geboren im norditalienischen Forno di Canale (Prov. Belluno). Studierte Theologie am Priesterseminar in Belluno
1935	Priesterweihe
1937	Vizerektor und Professor am Priesterseminar
1958	Bischof von Vittorio Veneto
1969	Patriarch von Venedig
1973	Kardinal
26. 8. 1978	Wahl zum Papst als Johannes Paul I.
28. 9. 1978	Gestorben in Rom

IV. Johannes Paul I. – Albino Luciani

Natürlich hatte ich mir schon längst Gedanken über den Nachfolger von Papst Paul VI. gemacht: weniger auf eine bestimmte Person konzentriert als auf die *Kriterien*, die für die nächste Papstwahl gelten sollten. Diesbezüglich stehe ich schon des Längeren in freundschaftlichem Kontakt mit dem gleichgesinnten amerikanischen Theologen, Soziologen und bekannten Kolumnisten Andrew Greeley (University of Chicago). In einem Artikel des »New York Times Magazine« hatte er die Frage der Papstwahl ganz in meinem Sinn aufgegriffen, und mit ihm stimme ich mich jetzt ab. Am 20. Mai 1976 schicke ich ihm einen mit meinem Team eingehend diskutierten, klar gegliederten Entwurf. Von Greeley korrigiert und approbiert, lege ich ihn dann, in der Pfingstwoche, am 9. Juni 1976, in Paris dem Stiftungsrat der Stiftung »Concilium« vor. Schon vorher hatte ich für den Text den Präsidenten der Stiftung Antoine van den Boogaard, einen holländischen Geschäftsmann, und vor allem den von mir hochgeschätzten Theologen Edward Schillebeeckx gewonnen. Die beiden anderen neu gewählten Mitglieder Claude Geffré (für Yves Congar) und Johann Baptist Metz (für Karl Rahner) stimmen zu. Die nachher überarbeitete und von ihnen allen approbierte Erklärung soll sofort nach dem Tod des Papstes in der Weltpresse erscheinen unter dem Titel »*Der Papst, den wir brauchen*«.

Welchen Papst brauchen wir?

Der Text also ist bereit, aber wer soll ihn unterzeichnen? Ich bin für die Aktion federführend, weil ich über die notwendigen Beziehungen zu den Medien und bestimmten Persönlichkeiten verfüge. Mein ursprünglicher Plan ist: Diese Erklärung sollten dieses Mal nicht in erster Linie Theologen unterschreiben, sondern möglichst bedeutende Laien der katholischen Kirche.

Nun ist allerdings der Ferienmonat August 1978 die denkbar schlechteste Zeit, um Personen von Bedeutung innerhalb weniger Stunden von meinem Schweizer Feriendomizil aus für die Zustimmung zu einer so wichtigen Erklärung zu gewinnen. Es gibt noch kein Fax und keine E-Mail, und die Zeit drängt. So muss ich schleunigst die Strategie ändern und mich erneut an führende Theologen wenden.

Die einzige große Enttäuschung bei dieser Aktion, die ich ohne Sekretariat allein von Sursee aus führen muss, ist Johann Baptist Metz. Mit seiner Unterschrift hatte ich selbstverständlich gerechnet, da er den Text bei »*Concilium*« schon früher approbiert hatte. Ich bitte ihn, er möge doch versuchen, auch Karl Rahner, der mir wegen der Unfehlbarkeitsdebatte immer noch gram ist, zur Unterschrift zu bewegen. Das hätte ich besser nicht getan; denn statt Rahners Unterschrift zu gewinnen, zieht Metz am 8. August sogar die seine zurück. Und dies nach langen und zähen Telefonaten mit allen möglichen Ausreden, die in dem grotesken Satz kulminieren, es »brauche Mut, dieses Dokument nicht zu unterschreiben«.

Aber auch ohne Metz habe ich nun genügend gewichtige Unterschriften beisammen: Yves Congar, M.-D. Chenu, Claude Geffré, Giuseppe Alberigo, Jan Grootaers, Andrew Greeley, Edward Schillebeeckx, Gustavo Gutiérrez, Norbert Greinacher. Den Text kann ich zur Publikation an die »Süddeutsche Zeitung« und für den englischsprachigen Raum an »Time Magazine« geben. Darauf reise ich ab, denn schon vor Monaten hatte ich dem österreichischen Fernsehen ORF versprochen, nach Island zu kommen, um dort vom 11. bis 14. August 1978 zusammen mit Naturwissenschaftlern in der isländischen Urlandschaft einige Statements zu Gott und Schöpfung abzugeben; ich darf den sehr engagierten Initiator und Redakteur Dr. Jos Rosenthal nicht enttäuschen.

Aber kaum habe ich meinen Fuß in Reykjavík auf den Boden gesetzt, werde ich noch am Flughafen ans Telefon gerufen: Ein Redakteur von »Time Magazine« aus New York erklärt mir, man könne meine Bedingung nicht akzeptieren, dass mein Name und mein Foto im Artikel nicht eigens hervorgehoben werden dürften. Ohne mein Foto als Blickfang würde »Time« unsere gemeinsame Erklärung nicht publizieren. Was bleibt mir anderes übrig – einige Missverständnisse muss man ohnehin immer wieder in Kauf nehmen – als zuzustimmen, wollte ich die Publikation nicht gefährden. So erscheint denn das Dokument mit dem Foto dessen, der ja in der Tat für das Ganze die Hauptverantwortung trägt. Die Zahl meiner Neider hat dies kaum verringert.

Die Erklärung »Der Papst, den wir brauchen« setzt ein mit dem weltpolitischen Horizont und sagt dann: »Dem Papst kommt in der katholischen Kirche eine entscheidende Rolle zu. Es ist nicht gleichgültig für die katholische Kirche, die Christenheit und auch die Welt, wer in dieser Zeit ein solches Amt innehat. Aus Sorge also um die Kirche und ihren Dienst an den Menschen möchten wir uns als Katholiken zum Sprecher der Vielen in und außerhalb der katholischen Kirche machen, die dieser Kirche einen guten Papst wünschen: einen Papst vor allem, der die auch innerhalb der nachkonziliaren Kirche selbst aufgebrochenen Gegensätze und Konflikte zu überwinden hilft, *einen Papst der Versöhnung*! Dafür ist nur der beste gut genug. Der Papst in dieser Zeit muss sein:« Und nun folgt die eigentliche Erklärung in sechs Punkten, die alle sehr präzis erläutert werden, was aber den Rahmen dieses Kapitels sprengen würde:

1. Ein weltoffener Mensch.
2. Ein geistiger Führer.
3. Ein echter Seelsorger.
4. Ein kollegialer Mitbischof.
5. Ein ökumenischer Vermittler.
6. Ein wirklicher Christ.

Wegen der späteren Auswirkungen dieses Dokuments, das nicht wenige Kollegen korrigiert und ergänzt hatten, ist für den Leser wichtig, eine konkrete Vorstellung zu haben von seinem konstruktiven Duktus und zurückhaltenden Ton. Deshalb der letzte, besonders delikate Abschnitt über »Ein wirklicher Christ« wörtlich: »Der Papst muss kein Heiliger sein und kein Genie, er darf Grenzen, Fehler und Mängel haben, er sollte aber im wahren Sinn des Wortes Christ sein: orientiert im Denken, Reden, Tun am Evangelium Jesu Christi als entscheidender Norm.

Er sollte ein überzeugender Verkünder der frohen Botschaft sein, gegründet in starkem, geprüftem Glauben und in unerschütterlicher Hoffnung.

Er sollte in Gelassenheit, Geduld und Zuversicht dieser Kirche vorstehen, die ja kein bürokratischer Apparat, kein geschäftliches Unternehmen, keine politische Partei, sondern die große Gemeinschaft der Glaubenden ist.

Er sollte als moralische Autorität mit Sachlichkeit, Leidenschaft und Augenmaß sich einsetzen nicht nur für die Interessen der kirchlichen Institution, sondern für die Verwirklichung der christlichen Botschaft unter den Menschen; dabei sollte er das Engagement für die Unterdrückten und Benachteiligten in aller Welt als seine besondere Verpflichtung betrachten.«

Man erkennt: Gewünscht ist ein »sozialer« Papst, der sich für die Armen einsetzt, aber eben auch für die armen Marginalisierten und Stigmatisierten in der katholischen Kirche: die Geschiedenen und Wiederverheirateten; die Ehepartner, welche Empfängnisverhütung üben; die Priester, die geheiratet haben; die konfessionsverschiedenen Ehepaare, die gemeinsam die Kommunion empfangen möchten, usw. Ein sozialer und reformerischer Papst also.

Unser Text endet mit dem Appell an die Kardinäle, sie mögen die genannten Kriterien *vor* der Nennung von Kandidaten gemeinsam diskutieren und sie zum Maßstab ihrer Entscheidung machen, um so den bestmöglichen Kandidaten zu wählen – aus welcher Nation auch immer! Doch jetzt die große Frage: Wer wird schließlich gewählt werden?

Nach dem Tod Pauls VI., der trotz seiner ständigen Kompromisse von den »Falken« in Kurie und Kardinalskollegium nie richtig akzeptiert war, ist das Konklave zutiefst gespalten. Da sind die »Montiniani« auf der Linie Pauls VI.; deren Kandidat ist Giovanni Benelli, erst seit wenigen Monaten Erzbischof von Florenz und Kardinal, zuvor jedoch zehn Jahre des Papstes Stabschef (»Substitut«) im Staatssekretariat. Dieser eher vermittelnden Partei stehen die »Falken« gegenüber; deren Kandidat ist der schon im Konzil unbeliebte, erzkonservative Kardinal Giuseppe Siri von Genua. Beide Gruppen blockieren sich in den ersten Wahlgängen gegenseitig.

Schließlich wird ein italienischer Kompromisskandidat gefunden, der beiden Parteien genehm ist: der Patriarch von Venedig, Kardinal Albino Luciani, ein liebenswürdiger, bescheidener, aus einfachen Verhältnissen stammender Mann. Am 26. August 1978 wird er nach einem nur eintägigen Konklave im vierten Wahlgang gewählt. Über seine Wahl, die er sicher nicht angestrebt hat, freue ich mich aufrichtig. Denn er will explizit ein Papst der Versöhnung sein und nimmt deshalb – ein Novum! – die Namen seiner beiden so grundverschiedenen Vorgänger an: Johannes Paul. Als erster Papst verzichtet er auf eine prunkvolle Krönung mit der Tiara und gebraucht offiziell das »Ich« und nicht das »Wir« (Pluralis majestatis).

Schon am Tag nach der Wahl gebe ich dem Schweizer Fernsehen ein positiv gefärbtes Interview. Denn nicht lange zuvor war unser Universitätsmusikdirektor Alexander Šumski mit dem Tübinger Collegium Musicum in Venedig gewesen und hatte im Markusdom in Anwesenheit des Patriarchen ein großes Konzert gegeben. Ich erfahre: Der Patriarch hatte auf seinem Schreibtisch mein »Christ sein« liegen, hatte sich nach mir erkundigt und mir freundliche Grüße ausrichten lassen. Ich antworte kurz darauf mit einem Brief und mit der Zusendung des Buches »Christ sein« auf Italienisch: »Essere cris-

tiani« mit persönlicher Widmung. Er dankt mir freundlich;
Bischof Gargitter von Brixen (ein Germaniker) habe ihm das
Buch gegeben, kurz nachdem es auf Deutsch herausgekommen sei. Wörtlich schreibt mir Albino Luciani: »Ich habe es
in Teilen gelesen (ich kenne die deutsche Sprache nur unvollkommen) und habe sehr schöne Stücke gefunden. Sie haben
die Gabe des Schreibens: Sie könnten viel Gutes tun. Ich be-
kenne, dass ich über einige Punkte im Zweifel geblieben bin
(ich bin kein Spezialist), über andere schließlich bin ich verschiedener Meinung.« Der Brief beeindruckt mich. Er drückt Bescheidenheit, Dif-
ferenziertheit und Serenität aus. Er endet mit dem Satz: »Ich
weiß mich nicht anders zu revanchieren, als dass ich Ihnen
meine anspruchslose Veröffentlichung ›Illustrissimi‹ zusende,
mit dem Ausdruck der Hochschätzung, Albino Kardinal Luciani, Patriarch.« Dem Brief legt er so seine »Briefe an hoch-
verehrte Persönlichkeiten« bei, zu denen neben Heiligen und
Kirchenlehrern auch Aufklärer wie Voltaire zählen. Diese
Briefe zeigen mir jedenfalls einen menschenfreundlichen, vermittelnden Mann mit offenem geistigem Horizont, der mich
offensichtlich nicht auch noch mit dogmatischen Formeln
traktieren will.

Ich antworte dem Patriarchen auf Italienisch: »Mich überrascht dieses Ihr Werk: Ein Theologe und Patriarch, der nicht
nur Hirtenbriefe und fromme Predigten zu schreiben weiß,
sondern Briefe (quasi Enzykliken) an die Großen der Vergangenheit und dies in einem eleganten und sehr humanen Stil.
Ich habe mit Wohlgefallen und Vergnügen diese Sammlung
von Briefen des Patriarchen gelesen, die Sie mir nach Tübingen
kommen ließen. Ich habe gehört, dass auch Sie ein Alumnus
der Gregoriana waren und zum Doktor promoviert wurden
mit einer These über den ›häretischen‹ Kirchenreformer Rosmini, und dies unter der Leitung desselben P. Flick, der auch
meine Lizenziatsthese angenommen hat, die einem nicht-
häretischen Protestanten (Karl Barth) gewidmet ist.« Herz-

lich dankt der Patriarch dem »caro professore« am 15. 4. 1977 handschriftlich für die Ostergrüße und bemerkt zu meinem Kompliment: »›Quasi encichliche‹? Ohimè! Ach, es handelt sich nur um scherzhafte Kleckse (*scarabocchi scherzosi*), wenn auch mit pastoralen Absichten.«

Man wird nach dieser kleinen Vorgeschichte verstehen, dass mich die Wahl Lucianis zum Papst eher optimistisch stimmt. Dass er nicht den Namen Pius, sondern die Namen der beiden Konzilspäpste wählt, ist ein gutes Zeichen. Sofort nach der Wahl schicke ich ihm mein Buch »Existiert Gott?« mit der Widmung »Caro Papa Giovanni Paolo I, ich habe mich sehr gefreut über Ihre Wahl und hoffe, dass Ihr Pontifikat zu antworten weiß und vermag auf die dringenden Erwartungen von Millionen Menschen, die Durst nach Gott haben.«

Nun geht aber kurz darauf die Meldung durch die Presse, Johannes Paul I. habe bei einer Angelus-Ansprache die »ungeheuerliche« Aussage gemacht, dass Gott nicht nur Vater sei, sondern »noch mehr Mutter«: »È papà; più ancora è madre«. »*Dio Madre*«: Man muss mit der römischen Kurie nicht besonders vertraut sein, um zu ahnen, dass dies vielen Monsignori, zum Teil eingefleischte Zölibatäre, als eine geradezu blasphemische Äußerung erscheinen muss. Wer sich aber in der römischen Kurie besser auskennt, weiß auch, dass mächtige Kurienkardinäle wenig Hemmungen haben, dem Papst, ihrem früheren Kollegen, sehr deutlich zu sagen, dass dieses oder jenes gegen »die Tradition« oder »die katholische Lehre« (oder ihre persönliche Auffassung davon) verstoße und er sich vor solchen Aussagen oder Taten in Zukunft unbedingt zu hüten habe.

Rätselhafter Tod des lächelnden Papstes

Johannes Paul I. wird bald nach der Wahl als »Papa del sorriso«, der »*lächelnde Papst*«, bezeichnet. Doch ich bin beunruhigt. Schon am 3. September 1978 bei seiner feierlichen

Amtseinsetzung wirkt er erstaunlich ernst, ganz ohne sein gewohntes Lächeln. Auch ist seine Ansprache recht konventionell, offensichtlich durchgesehen, wenn nicht gar verfasst von jenem Sanctum Officium, wo man ja noch immer der arroganten Meinung ist, über »die Wahrheit« des Glaubens auch der Päpste und der Konzilien wachen zu müssen. Der neue Papst sollte ja nicht noch weitere »Häresien« erzählen, wie man sie schon seinem Vorgänger Angelo Roncalli, Johannes XXIII., nachsagte, der von manchen Kurialen des »Modernismus« verdächtigt wurde. Meinerseits hege ich erste Zweifel: Ob sich Papa Luciani in dieser Kurie durchsetzen kann? Noch ist es für ein Urteil zu früh, denn erst 30 Tage ist er im Amt.

Für die Zeit vom 23. September bis 7. Oktober 1978 war schon des Längeren eine Studienreise meiner Fakultät in Tübingen ins »Heilige Land« organisiert, wo endlich ein wichtiger Schritt zur Befriedung vollzogen worden war. Im Jahr zuvor hatte nämlich der ägyptische Präsident Anwar as-Sadat eine mutige Reise nach Jerusalem unternommen und durch seine Rede vor der Knesset zu einer ersten Auflockerung des politischen Klimas geführt (19./20. 11. 1977). Durch geschickte und unermüdliche Verhandlungsführung des überzeugten Christen und US-Präsidenten Jimmy Carter auf dem Landsitz der amerikanischen Präsidenten, Camp David, wurde schließlich am 17. September 1978 zwischen Sadat und Menachem Begin, dem früheren Terroristen, jetzigen Führer der Likud-Partei und israelischen Ministerpräsidenten, das Camp-David-Abkommen geschlossen. Es führte durch erneuten persönlichen Einsatz Jimmy Carters zum ägyptisch-israelischen Friedensvertrag (26. 3. 1979), der, weil fair, bis auf den heutigen Tag gehalten hat. Ich lernte Präsident Jimmy Carter später im Rahmen des InterActionCouncils früherer Staats- und Regierungschefs persönlich kennen und konnte mich eingehend mit ihm über den Israel-Palästina-Konflikt unterhalten.

Unsere Israel-Reise 1978 verläuft harmonisch. Doch plötzlich nimmt sie eine dramatische Wendung: Nur gut 30 Tage nach der Papstwahl, am 29. September, erreicht uns in Jerusalem die alle erschütternde unfassbare Nachricht: *Papst Johannes Paul I. tot!* Nur 65 Lebensjahre hat er erreicht, nur 33 Tage war er im Amt! Nach meiner Rückkehr erhalte ich eine Nachricht von seinem Sekretär Don Diego Lorenzi, der mir für die Zusendung von »Existiert Gott?« dankt: Mein Buch sei leider erst nach dem Tod des Papstes angekommen. Nicht wenige Fragen drängen sich auf:

Merkwürdige Todesfälle und Skandale in Rom

Der überraschend eingetretene Tod des relativ jungen 33-Tage-Papstes – die Vorsteherin des päpstlichen Haushalts, Schwester Vincenza, hat ihn gegen fünf Uhr morgens tot im Bett aufgefunden – wird weder durch medizinische Obduktion noch durch polizeiliche Überprüfung untersucht. Nicht verwunderlich, dass sich darum bis heute die tollsten Gerüchte ranken. Ich erhalte so viele Anfragen aus aller Welt, was ich von diesem jähen Tod halte, dass ich schließlich einen Text verfasse, den ich durch die Welt schicke und der in der Aussage kulminiert: Ich traue den Kurialen, mir zum Teil persönlich bekannt, zwar einiges zu, aber doch nicht den Mord an einem Papst.

Andere sind da anderer Meinung, wie etwa David A. Yallop, der Verfasser des Bestsellers »Im Namen Gottes?« (1984). Er führt auch mich ein halbes Dutzend mal als Zeugen an, leider nicht immer korrekt. Aber recht hat er natürlich bezüglich der breit dargelegten Verstrickungen des Vatikans mit der Finanzwelt und sogar mit der Mafia. Über solche verfügt zweifellos der mehrfache Minister und siebenfache Ministerpräsident Giulio Andreotti, ebenso einflussreich wie skandalumwittert, aber mit besten Beziehungen zum Vatikan. Ihm wird auch die Mitwisserschaft oder sogar der Auftrag zur Ermordung des Investigativjournalisten Mino Peccorelli am 20. März 1979 in Rom zugeschrieben; er kann sich aber, da alle Kronzeugenaussagen der Mafiabosse von seinen Anwälten schlicht als unglaubwürdig eingestuft werden, immer wieder aus allen gerichtlichen Verfahren herauswinden. Ende 2002 wird er dann doch in zweiter Instanz wegen Auftragsmordes an diesem Journalisten zu 24 Jahren Haft verurteilt. Aber das Urteil wird im Oktober 2003 vom Obersten Gerichtshof Italiens aufgehoben – wegen mangelnder Beweise.

Der Vatikan, der gerne aller Welt Recht und Gerechtigkeit predigt, hat nichts zur Aufklärung offensichtlicher Verbrechen beigetragen, obwohl sich in seinem Umkreis nach dem unerwarteten Tod von Johannes Paul I. noch weitere erstaunliche, bis heute nicht aufgeklärte Todesfälle ereignen. So die Vergiftung (oder der Selbstmord?) des früheren Großbankiers und Finanzexperten Pauls VI., Michele Sindona, möglicherweise dem Papst von dessen Gönner Andreotti empfohlen. Der Sizilianer, schon vorher in Amerika wegen Bankbetrug verurteilt, starb in einem römischen Gefängnis. Er war offenkundig auch Bankier der Mafia.

Dann der grausame Tod des »Bankiers Gottes« Roberto Calvi, Chef des Banco Ambrosiano, Italiens größter Privatbank, die mit dem Verschwinden von 1,3 Milliarden Dollar bankrottging. Mit dem Namen von Mailands bedeutendstem Bischof und Kirchenlehrer Ambrosius (4. Jh.), in dessen Nachfolge auch Erzbischof Montini, der spätere Paul VI., stand, genoss diese Bank das besondere Vertrauen der Kirche, der Hierarchie wie der Gläubigen. Calvi, wie Sindona Mitglied der finsteren, auf Umsturz sinnenden Geheimloge Propaganda Due (P 2), war im Juni 1982 unter der Blackfriars Bridge in London erhängt aufgefunden worden, die Taschen mit Ziegelsteinen gefüllt. Suizid oder, wovon nicht nur Calvis Familie in Mailand überzeugt ist, ein Mafia-Mord? Und: Was hat der Vatikan zur Aufklärung beigetragen?

Verweigerte Aufklärung

Aktiver Partner von Calvis abenteuerlichen Finanzoperationen mit Dutzenden von »Geisterbanken« ist die Vatikanbank Istituto per le Opere di Religione (IOR), die denn auch 1982, ohne eine Schuld zuzugeben, die Summe von 240 Millionen Dollar aufbringt, um den Vatikan als Hauptaktionär des Banco Ambrosiano, der das Geld ungezählter katholischer Gläubiger verwaltet und vertan hatte, vor Gericht freizukaufen. Der moralische Schaden für den Vatikan ist enorm.

Der direkte vatikanische Geschäftspartner Calvis war ein hünenhafter amerikanischer Geistlicher, tätig zunächst im Staatssekretariat: Msgr. Paul Marcinkus aus Chicago, von litauischer Herkunft. Als sprachgewandter Reisemarschall und Leibwächter (»Gorilla«) beschützte er später Papst Paul VI. vor einem Messerstecher in Manila. 1968 war er zum Titularbischof ernannt und schließlich ohne jegliche Bankerfahrung zum Sekretär und 1971 zum Chef der Vatikanbank und zum mächtigsten Amerikaner in der Kurie aufgestiegen.

Bei der Primiz meines Freundes von der Gregoriana, Robert F. Trisco, ebenfalls aus der Erzdiözese Chicago, in meinem letzten römischen Studienjahr dient Marcinkus in der Kirche St. Agnese als Diakon, ich als Subdiakon. Während des Konzils sehe ich ihn wieder. Er kommt an einem Abend in unsere Residenz zu einem Drink mit den amerikanischen Bischöfen und Periti. Ausgerechnet dieser Marcinkus, ein begeisterter Golfer und Tennisspieler, muss nach Aussagen seiner Freunde für Paul VI., der unvorsichtigerweise große Summen in der Bank seiner früheren Erzdiözese Mailand investiert hatte, den Kopf hinhalten; immerhin hatte er selber Empfehlungsbriefe (letters of comfort) für den Banco Ambrosiano ausgestellt, als der Bankrott schon absehbar war.

Deshalb erlässt die Mailänder Staatsanwaltschaft einen Haftbefehl gegen Marcinkus. Dieser lebt in einem römischen Klerikerhaus, entzieht sich aber der Verhaftung durch Flucht in den Vatikan, um dort völlig zurückgezogen zu leben. Der Vatikan verweigert die Auslieferung! Nach langem Tauziehen mit der italienischen Justiz wird schließlich durch einen höchst umstrittenen Entscheid des italienischen Kassationsgerichtshofs mit Berufung auf die Lateranverträge die Immunität des Vatikanbeamten festgestellt – selbst für auf italienischem Territorium begangene Vergehen! Wer kommt in Italien schon gegen die Macht der Kirche an? Offensichtlich nicht einmal die Gerichte. Anfang der 1990er-Jahre kann Marcinkus unbemerkt nach Amerika zurückkehren. Wie mir in Phoenix/Arizona im November 2005 anlässlich eines Vortrags versichert wurde, lebte er dort in der bekannten Pensionärssiedlung Sun City beim Golfplatz. Nach jahrelangen Ermittlungen hatte die römische Staatsanwaltschaft 2003 einen Bericht erstellt, und spätestens 2005 sollte der Mordprozess Calvi beginnen. Aber der mögliche Zeuge Marcinkus, jetzt 84 Jahre alt, wird am Abend des 20. Februar 2006 in seinem Haus in Phoenix tot aufgefunden. Obwohl Staatsanwälte verschiedener Länder es gefordert hatten, ist Marcinkus nie verhört worden, weder wegen Geldwäsche, der Gründung von Scheinfirmen und des Zusammenbruchs des Banco Ambrosiano noch wegen des Todes von Calvi.

Ob es je zu einer Aufhellung des mysteriösen Dunkels kommen wird, das die *Beziehungen zwischen Vatikan, Opus Dei und Mafia* umgibt? Fazit meiner Ausführungen zu diesen Vatikan-Skandalen: Der Tod Calvis und manch andere Vorfälle (etwa die ebenfalls unaufgeklärte Ermordung des Kommandanten der Schweizergarde und seiner Frau durch einen Gardisten, der gleichzeitig Suizid begeht) lassen auch mich zweifeln, ob beim Tod Johannes Pauls I. alles mit rechten Dingen zugegangen ist.

Gleich nach seinem Tod wird im Vatikan jedenfalls eine fromme Lüge verbreitet: Der Papst sei gestorben mit dem spätmittelalterlichen Andachtsbuch des Thomas von Kempen »De Imitatione Christi« – »Von der Nachfolge Christi« auf seiner

Bettdecke. Direkt aus der Umgebung des damaligen Erzbischofs von Mailand, Kardinal Giovanni Colombo, des besten Freundes Lucianis im Kardinalskollegium, höre ich: Noch am Abend vor seinem Tod habe Johannes Paul I. Colombo angerufen und ihm gesagt: »Mi prendono in giro« – »Sie führen mich an der Nase herum«. Tatsächlich sei der Papst gestorben mit einer Liste auf der Bettdecke, die hochrangige Namen für Bischofsernennungen enthielt, mit denen er möglicherweise nicht einverstanden war. Vielleicht sind die ihm zugemuteten Personalentscheidungen (angeblich dachte er auch an die Absetzung von Marcinkus) die Last gewesen, die den offenkundig sehr sensiblen und herzkranken Papst bedrückt hat – wer weiß?

Für mich war Johannes Paul I. Hoffnungsträger für eine menschenfreundliche Kirche im Geist des Zweiten Vatikanischen Konzils. Und ich bleibe bei der Überzeugung, dass unter diesem Papst Reformen in Gang gekommen wären und mir kaum Böses geschehen wäre. Aber – nun muss ein neuer Papst gewählt werden. Und alle Welt fragt sich: Wer wird in dieser kritischen Situation das hochbedeutende päpstliche Amt übernehmen und glaubwürdig vertreten können?

Johannes Paul II. Wojtyła (1978–2005)

18. 5. 1920	Geboren in Wadowice (bei Krakau). Studierte an der Jagiellonen-Universität von Krakau Philosophie und Polnische Literatur
1942	Eintritt ins geheime Priesterseminar der Erzdiözese Krakau
1946	Priesterweihe. Anschließend Theologische Studien am Angelicum in Rom
1953	Professor für Moraltheologie in Krakau
1954	Lehrauftrag für Philosophie und Sozialethik in Lublin
1958	Weihbischof von Krakau
1964	Erzbischof von Krakau
1967	Kardinal
16. 10. 1978	Wahl zum Papst als Johannes Paul II.
18. 12. 1979	Entzug der Lehrbefugnis von Prof. Hans Küng
2. 4. 2005	Gestorben in Rom

V. Johannes Paul II. – Karol Wojtyła

Das zweite Konklave in kürzester Zeit steht vor einer völlig neuen Situation. Warum? Die italienischen Kardinäle, erneut gespalten, können sich dieses Mal auf keinen italienischen Kompromisskandidaten mehr einigen. Damit tut sich die historische Chance auf, einen Nichtitaliener ins Spiel zu bringen! Es ist vor allem Kardinal Franz König von Wien, Experte für Osteuropa, der schon beim vorausgegangenen Konklave zu Recht einen Nichtitaliener gewünscht hatte, der jetzt zusammen mit deutschen Kardinälen den Namen des Erzbischofs von Krakau, Kardinal Karol Wojtyła, in die Diskussion bringt. Dieser wird schließlich am 17. Oktober 1978 im achten Wahlgang gewählt und nimmt den Namen Johannes Paul II. an.

Chancen eines Papstes aus Polen

Ich selber war, wie schon lange geplant, am 13. Oktober 1978 nach New York geflogen. Von Montag bis Donnerstag (16. bis 19. Oktober 1978) halte ich in der von Rockefeller gestifteten prächtigen neugotischen Riverside Church in Manhattan für 1500 angemeldete Zuhörer im Rahmen der Fosdick Ecumenical Convocation »Predigen in Amerika« vier Vorträge über die Frage »Wie können wir heute über Gott sprechen?«. Ich rede von jener Kanzel aus, auf der ich zehn Jahre zuvor die Ermordung Martin Luther Kings bekannt geben musste.

Am 17. Oktober erfahre ich auf den Stufen zur Riverside Church unmittelbar vor meinem Vortrag von Karol Wojtyłas Wahl zum Papst. Ich verkündige sofort auf der Kanzel, dass wir nun einen Papst polnischer Abstammung haben. Dies stimmt mich keineswegs pessimistisch, im Gegenteil: Das seit vier Jahrhunderten bestehende italienische Monopol auf das Papsttum muss beendet werden, wenn es endlich zu einer echten Reform kommen soll. Und als Schweizer bin ich von Haus aus polenfreundlich, da dieses Land im Zweiten Weltkrieg Opfer einer ruchlosen Machtpolitik von Hitler und Stalin geworden war. Polnischer Herkunft war auch einer meiner besten Doktoranden, der Amerikaner Ronald Modras (promoviert 1972 mit einer Dissertation über Paul Tillichs Ekklesiologie), schon bald Professor an der University of St.Louis. Verschiedentlich hatte ich in meinem Haus polnische Besucher empfangen und freundliche Briefe aus Polen erhalten, manche Bücher nach Polen geschickt und stehe in Verbindung mit der von Intellektuellen und Geistlichen hochgeschätzten Zeitschrift »Ancora« oder Reformgruppen wie »Der gemeinsame Weg«. Vom 18. bis 20. Mai 1979 hält unsere Katholisch-Theologische Fakultät sogar »Warschauer Tage« ab (mit Vorträgen der polnischen Kollegen Juros, Sobanski, Zuberbier und Charitanski).

Allerdings erscheinen in der polnischen Tagespresse und in Zeitschriften öfters kritische Artikel über mich, meistens von äußerst konservativen Katholiken geschrieben. Auch vernehme ich viel Bedenkliches über die noch »vorkonziliare« Situation, in der sich die Kirche des neuen Papstes befindet. Doch trotz aller Bedenken: Damals in New York begrüße ich die Wahl Wojtyłas aufrichtig: Eine gute Idee, finde ich, einmal einen Mann aus dem Osten zu wählen angesichts der 1978 noch bestehenden Teilung der Welt in Ost und West. Noch gibt es ja den »Eisernen Vorhang«! Auch wird mir verschiedentlich versichert, Wojtyła sei aufgeschlossener als der Erzbischof von Warschau und Primas von Polen, Stefan Wyszynski, der die Publikation meines ersten Amerikavortrags über Kirche und Freiheit in der Krakauer Wochenzeitschrift »Tygodnik Powszechny« scharf gerügt hatte. In Karol Wojtyła sollte sich allerdings auch Kardinal König täuschen, der sich für dessen Wahl so stark eingesetzt hatte.

Eine schon lange vorgesehene Reise des Stiftungsvorstandes von »Concilium« nach Krakau – unsere zunächst auch auf Polnisch erschienene Zeitschrift sollte wieder zum Leben erweckt werden – war aus Termingründen immer wieder hinausgeschoben worden. Doch möglicherweise hätte sich Erzbischof Wojtyła auch uns gegenüber verleugnet, ähnlich wie gegenüber dem deutschen Bundeskanzler Helmut Schmidt zu dessen Ärger, anlässlich eines Besuchs im Krakauer Dom: Er sei abwesend, in »Exerzitien«, lautet die fadenscheinige Ausrede. Und der Kanzler wird zu seinem doppelten Ärger vom Dompropst mit einem Buchgeschenk abgespeist. Später in seiner ersten Privataudienz im Vatikan versucht der deutsche Kanzler, den polnischen Papst mit großem Ernst von der dringenden Notwendigkeit des Kampfes gegen die Bevölkerungsexplosion und für Geburtenbeschränkung zu überzeugen – ohne jeden Erfolg. Trotzdem gesteht Helmut Schmidt mir bei einem unserer Gespräche: »Wenn ich beichten wollte, würde ich bei diesem Papst beichten.« Darauf ich lachend: »Als Protestant haben Sie gut reden. Sie denken ja nicht im Traum daran zu beichten.« Mir aber sind Fotos vom neuen Papst, die ich erst nach meiner Rückkehr aus Nord- und Südamerika sehe, eine frühe Warnung.

Ein Papst des Opus Dei und der Medien

Erste Fotos, die der »Osservatore Romano« in der Wochenausgabe in deutscher Sprache (20. 10. 1978) unmittelbar nach der Wahl publiziert, zeigen Kardinal Karol Wojtyła in Kardinalstracht mit Kardinal Joseph Höffner und dem Essener Bischof Franz Hengsbach. Sie sind aufgenommen bei Vortrags- und Diskussionsveranstaltungen 1972/74 im Zentrum für Priestertreffen (CRIS) des ominösen *Opus Dei* in Rom, dem schon früh Wojtyłas ganze Sympathie gehört – auf Kosten der bisher dominanten Jesuiten. Karol Wojtyła war, wovon noch die Rede sein wird, von der Jesuitenuniversität Gregoriana, kurz bevor ich dort studierte, wegen seiner Schmalspur-Theologie als Doktorand abgelehnt worden. Man weiß, dass er ein Buch in der Reihe des Opus Dei publiziert hat und dass er, so erzählt man sich in der römischen Kurie, auf Kosten des Opus Dei durch Lateinamerika gereist sei.

Als Papst wird er dieses »Werk Gottes« mit allen Mitteln fördern, diese im Franco-Spanien groß gewordene faschistoid-katholische Geheimorganisation mit sektenähnlichen Zügen, die im letzten Franco-Kabinett die Großzahl der Minister stellte. Sie besteht aus (zum Teil zur Ehelosigkeit verpflichteten) Laien und Priestern und macht sich besonders unter den Mächtigen der Politik, der Bank- und Geschäftswelt, der Publizistik und Universitäten zunächst in Spanien und Lateinamerika, aber auch in der römischen Kurie breit. Sie möchte das Zweite Vatikanische Konzil vergessen machen und setzt sich auf der ganzen Linie für eine römisch-katholische Restauration ein. Ihre oft mit zweifelhaften Methoden rekrutierten Mitglieder werden zu Sexualverachtung, Selbstkasteiung und Geringschätzung der Frauen angehalten.

Dieses straff organisierte Opus, das in der Kirche nach Macht strebt und mit der Zeit über mehrere Hunderttausend Freunde, Unterstützer, Sympathisanten verfügt, erhebt Wojtyła als Papst zur »Praelatura nullius« (sozusagen zu einer unabhängigen päpstlichen Weltdiözese) und entzieht es so gegen viel Widerstand auch in der Kurie überall der Kontrolle der Bischöfe. Manche in der Hierarchie, die dem Opus zunächst ablehnend gegenüberstehen, äußern sich schließlich wohlwollend. Den herrschsüchtigen Gründer Josémaria Escriva de Balaguer (1902–1975), der die nach dem Konzil angeblich verschmutzte Kirche reinigen und zur »Tradition« zurückführen will, spricht Papst Wojtyła unter Missachtung aller kritischen Zeugnisse und unter Verletzung kirchlicher Vorschriften in Rekordzeit »selig« und sogar »heilig« – für viele Katholiken, die blinden Gehorsam und Sektiererei ablehnen, ein Hohn. Den dubiosen Vatikanbankier Marcinkus – er soll auch der polnischen Solidarność-Bewegung Millionensummen zugeleitet haben – ernennt er zum Titularerzbischof. Zur Aufklärung der Todesfälle und Skandale aber unternimmt er, der in der ganzen Welt Gerechtigkeit einfordert, nichts. Schon früh also kündet sich ein Papst des Opus Dei an, stark verwurzelt in den konservativen charismatischen »Movimenti« und schwach ausgebildet in der zeitgenössischen Theologie. Joseph Ratzinger, der ursprünglich dem Opus reserviert gegenüberstand, lässt sich von der spanischen Opus-Dei-Universität ein Ehrendoktorat geben und nützt machtpolitisch dessen Dienste, immerhin nicht wie der Dekan des Kardinalkollegiums dessen finanzielle Ressourcen.

Ein zweites Foto gibt mir noch mehr zu denken: ganzseitig in Farbe auf der Titelseite der vor allem durch Nacktfotos bekannten Illustrierten »Quick«, des Papstes Gesicht und Hände tief ins Gebet versunken, wie in der Folgezeit ständig in den Medien zu sehen. Doch der Fotograf selber erzählt ausführlich, wie das Foto zustande kam. Nach verschiedenen Aufnahmen habe er schließlich Papst Wojtyła gedrängt, vor der Kamera zu beten. Das könne er nicht, meint dieser. Doch »um des Volkes willen« kniet er schließlich nieder und mimt den Betenden. Geknipst und vorbei! Das schöne Bild macht die Reise um die Welt und vermehrt sich in zahllosen Postkarten. Es wird bald deutlich: Wir haben jetzt einen *Medienpapst par excellence*, der keine Gelegenheit zur frommen Selbstdarstellung ausschlägt.

So wird Wojtyła Pius XII., den der Tübinger Kirchenhistoriker Karl August Fink den größten Staatsschauspieler aller Zeiten zu nennen pflegte, noch weit übertreffen durch ein weniger abgehoben-hierokratisches als vielmehr pastoral-volkstümliches Auftreten und die nun nicht mehr national begrenzte, sondern weltweit ausstrahlende Macht der Massenmedien. Wie für Präsident Reagan, so werden auch für Papst Wojtyła öffentliche Auftritte perfekt wie für Hollywood in den Medien bis in alle Details vorbereitet. Die Reden schreiben meist andere. Im Vatikan ist für alles der gewiefte Pressechef Dr. Joaquín Navarro-Valls zuständig, ein Mann des Opus Dei (von Journalisten »spin doctor« des Vatikan genannt), der seinen Chef bestens zu »verkaufen« weiß.

Was bis heute vielen Fernsehzuschauern wohl nicht bewusst ist: Alle Zeremonien aus dem Vatikan von der Papstwahl bis zum Begräbnis werden gekonnt gefilmt von der Televisione Italiana (RAI), die sie preisgünstig allen Fernsehgesellschaften der Welt verkauft, zugleich aber nur das bringt, was mit dem Vatikan vorher bis ins Detail abgesprochen ist. Im Klartext: meist reine Hofberichterstattung.

Ein Papst des Dialogs?

Nach meiner Rückkehr von jener mehrwöchigen Nord- und Südamerikareise schicke ich dem neuen Papst Johannes Paul II. zu Weihnachten 1978 ein Buch – nein, nicht »Unfehlbar? Eine Anfrage« (1970), sondern »Existiert Gott? Antwort auf die Gottesfrage der Neuzeit« (1978)! Ich hoffe, dass der Papst aus dem kommunistischen Polen gerade in diesem Buch leicht die grundlegenden Gemeinsamkeiten zwischen ihm und meiner Theologie erkennen kann, nicht zuletzt im langen, kritisch differenzierenden Kapitel über Karl Marx und die Folgen. In meiner Widmung gebe ich meiner »Hoffnung« Ausdruck, dass es dem Papst gelingen möge, »GOTT den Menschen von heute wieder näherzubringen«. Der Empfang des Buches wird vom (bald übermächtigen) polnischen Privatsekretär des Papstes, Stanislaw Dziwisz, mit einem Weihnachtsbildchen bestätigt, aber vom Papst selber kein einziges Wort. Und so wird es trotz aller Dialogbemühungen meinerseits bleiben – 27 Jahre bis zu seinem Tod. Eine lange Zeit …

Dagegen wird schon zu Beginn des Jahres 1979 bekannt, der Papst wolle zum Gründonnerstag in einem längeren Dokument das *Zölibatsgesetz* für den katholischen Klerus des lateinischen Ritus bestätigen. Angesichts des sinkenden Priesternachwuchses eine schwerwiegende Festlegung des neuen Pontifikats. Nach gründlicher Überlegung und Diskussion schicke ich deshalb am 30. März 1979 ein dringendes persönliches Schreiben an Johannes Paul II., in dem ich ihn bitte, die gesamte Problematik durch eine für die ganze katholische Kirche repräsentative Kommission zuvor sachlich und fair abklären zu lassen. Darum bitte ich auch in der Frage der Unfehlbarkeit und lege deshalb meine soeben erschienene kleine Theologische Meditation »Kirche – gehalten in der Wahrheit« bei. Zugleich erkläre ich mich bereit, jederzeit nach Rom zu kommen, um dem Papst die dringenden Anliegen auch persönlich vorzutragen. Nein, an Gesprächsbereitschaft meinerseits hat es nie gefehlt und wird es nie fehlen.

Mein Brief beginnt mit einer ehrlichen *Captatio benevolentiae*: »Ich bin beeindruckt von der sympathischen Menschlichkeit, der entschlossenen Tatkraft und dem pastoralen Engagement, mit dem Sie Ihren so unendlich wichtigen Dienst in der Kirche und der heutigen Welt aufgenommen haben. Ich bin dankbar dafür, wie Sie von Anfang an und jetzt auch in Ihrer ersten Enzyklika den Christus Jesus in die Mitte gestellt haben, um gerade von diesem Zentrum des Christentums her eine neue Zuwendung zum Menschen, seinen Hoffnungen und Nöten, zu fordern. Ich bin erfreut darüber, dass Sie sich deutlich für den Fortgang der ökumenischen Verständigung unter den Kirchen ausgesprochen haben, und vor allem dass Sie sich so kraftvoll für die Menschenrechte in West und Ost, Nord und Süd einsetzen. Ein neuer christlicher Humanismus fürwahr!« Diese Anerkennung werde ich nie zurücknehmen.

Aber dann komme ich nach einer Überleitung in aller Offenheit zu kritischen Fragen, die bis heute wahrhaftig nicht nur die meinen sind. Denn »es fragen sich viele:

Können wir der heutigen Gesellschaft, der kapitalistisch-westlichen wie der sozialistisch-östlichen, glaubwürdig ihre Fehler vorhalten, wenn wir nicht gleichzeitig ehrlich und konkret die doch unbestreitbaren Fehler der Kirche eingestehen und praktisch korrigieren?

Können wir in Lateinamerika und in der Dritten Welt glaubwürdig gegen Armut, Analphabetentum, Arbeitslosigkeit, Unterernährung und Krankheit eintreten, die doch mit den hohen Geburtenraten in Wechselwirkung stehen, wenn wir uns nicht gleichzeitig entschieden für eine menschlich zumutbare Familienplanung einsetzen, die notgedrungen eine von den Ehepartnern im Gewissen verantwortete Empfängnisverhütung einschließt?

Können wir in der heutigen Gesellschaft glaubwürdig für die Rechte der Frau eintreten, wenn wir noch immer die Frau in der Kirche als Subjekt minderen Rechtes behandeln und ihr mit theologisch nicht überzeugenden Argumenten alle höheren Weihen verweigern?

Können wir glaubwürdig für einen aktiven Ökumenismus eintreten, wenn wir beinahe ein halbes Jahrtausend nach der Reformation noch immer die Gültigkeit der anglikanischen und protestantischen Ämter und Abendmahlsfeiern bestreiten?

Können wir glaubwürdig nach einer besseren christlichen Verkündigung und praktischen Pastoral rufen, wenn wir aufgrund unserer eigenen menschlichen Gesetzgebung immer mehr Gemeinden in aller Welt ihrer Seelsorger und – was nicht weniger schwer wiegt – der regelmäßigen Eucharistiefeier berauben?«

Dieser letzte Punkt erfülle mich mit ganz besonderer Sorge, da die Zölibatsenzyklika seines Vorgängers Pauls VI. (1967), die in ihrem ersten Teil die Schwierigkeiten gegen ein Zölibatsgesetz erstaunlich offen zur Sprache gebracht hat, die Diskussion nicht beendet, vielmehr verschärft habe. Ein verheerender Priestermangel habe um sich gegriffen. Ich sei überzeugt, dass auch künftige Ermahnungen zu Gehorsam, Treue und Gebet dieses schwerwiegende Problem nicht lösen würden. Und dann führe ich knapp die Beweise aus Bibel und kirchlicher Tradition an, die zwar eine persönliche Berufung des Einzelnen zur Ehelosigkeit im Dienst an den Menschen bejahen, aber keineswegs ein allgemeines Gesetz für Priester und Bischöfe rechtfertigen.

Wie mit den Eingangsworten meines Briefes versuche ich auch mit den Schlusssätzen, das Herz des Papstes zu gewinnen. Umsonst. Dieser Mann – das wird rasch deutlich werden – erträgt keine Kritik, will keinen Dialog mit einer kritischen Theologie. Von Anfang an umgibt er sich mit – im engsten Kreis polnischer –»Yesmen«,»Jasagern«! So wenig wie auf die Zusendung meines Buches»Existiert Gott?« erhalte ich auf diesen Brief vom Papst eine Antwort. Von einer Bereitschaft zu dem erbetenen Gespräch ganz zu schweigen! Aber hat er den Brief überhaupt bekommen und hat er ihn gelesen? Ja, beides steht zweifelsfrei fest. Nur will dieser Papst, anders als sein Vorgänger, nicht mit mir, sondern nur über mich reden. Das tut er zunächst mit dem Bischof von Rottenburg, Georg Moser. Mit ihm spricht er in einer Audienz von meinem Brief und apostrophiert mich dabei als»Weltpropheten«, der ihm offenkundig wenig willkommen ist, sondern ihn eher stört. Der Bischof kann sich diesen Ausdruck nicht erklären, ich den Sinn nur erahnen. Propheten waren schon in Israel bei den Herrschenden meist nicht beliebt.

»Ein Jahr Johannes Paul II.«

Am Sonntag, dem 7. Oktober 1979, höre ich in Tübingen über die Medien von der Abschlussrede von *Johannes Paul II. in Washington* am Ende seiner USA-Reise, die viel polemischer ist als seine früheren Reden, im Juni in Polen oder im September in Irland. Eine ganze Reihe von Verdikten, pathetisch vorgetragen:»We shall stand up« gegen Ehepaare, die die Pille benützen; wir stehen auf gegen Geschiedene, die meinen, an den Sakramenten teilnehmen zu können, wir stehen auf gegen Homosexuelle, die nach Gleichbehandlung verlangen ...

Am Tag darauf, dem 8. Oktober, komme ich um 9.00 Uhr in unser Institut, rufe mein Team zusammen und lasse meinen Vorschlag diskutieren: Es genüge nicht mehr, meine ich, auf die reaktionäre Politik des neuen Papstes, wie sie nicht nur in der unterdessen erschienenen Zölibatsenzyklika, sondern auch in seinen zahlreichen öffentlichen Äußerungen und jetzt besonders deutlich in der Washingtoner Rede zum Ausdruck kommt, nur wie bisher mit Nadelstichen einer punktuellen Kritik zu reagieren. Ein Jahr dieses Pontifikats reiche aus, um recht klar zu sehen, in welche Richtung das Schiff der Kirche gesteuert werden soll: offensichtlich nicht zur Aufnahme der Impulse des Konzils, sondern nach rückwärts. Soweit das möglich ist, muss wieder ein vorkonziliarer Status erreicht werden, eine *Restauration des Status quo ante Concilium* ...

Angesichts dieser Entwicklung, die vom Vatikan offenkundig rasant vorangetrieben wird, argumentiere ich, sollte doch jemand öffentlich Stellung nehmen! Dass einer der Kardinäle oder Bischöfe sich derart exponieren würde, ist nicht zu erwarten: Die Erneuerer sind kaltgestellt, viele Konzilsteilnehmer bereits tot oder altersschwach, und leider gibt es, so wie die Dinge nun einmal liegen, kaum jemanden in der Kirche, dessen Mahnung weltweit gehört würde. Soll also auch ich schweigen, der ich doch die theologische Kompetenz besitze und mehr Möglichkeiten habe als andere, in den Medien die Stimme der konziliaren Erneuerung zu erheben?

Ausführliche Diskussion aller Pro und Contra. Schließlich sind wir uns einig, ich möge diesen Artikel als Zwischenbilanz schreiben. Ich bin darauf gut vorbereitet. Schon am 9. Oktober kann ich die verschiedenen Zeitungen zumeist direkt telefonisch kontaktieren. Und tatsächlich erscheint der Artikel »*Ein Jahr Johannes Paul II.*« bereits am Samstag, dem 13. Oktober 1979, präzis zum Jahrestag der Papstwahl in der »Frankfurter Allgemeinen Zeitung« und fast gleichzeitig in der »New York Times«, »Le Monde« (Paris), »Panorama« (Milano), »Elsevier's Weekblad« (Amsterdam), »El País« (Madrid), »Veja« (São Paulo), »The Age« (Melbourne), in vielen Schweizer und anderen Zeitungen.

Wie ist es möglich, in so kurzer Zeit eine relativ umfassende und differenzierte Zwischenbilanz zu erstellen? Nun, ich benütze als Raster jene von mir ausgearbeitete Erklärung, die unsere hochkarätige internationale Theologengruppe nach dem Tod Pauls VI. vor einem Jahr für die kommende Papstwahl unter dem Titel »Der Papst, den wir brauchen« ebenfalls schon in zahlreichen großen Zeitungen veröffentlicht hatte. Auf diesem Hintergrund wage ich eine *Zwischen*-Bilanz mit dem Titel »Ein Jahr Johannes Paul II.«: »Ob es besonders dem katholischen Theologen gestattet ist, statt in den euphorischen Applaus so vieler einzustimmen, kritische Fragen zu stellen? Für viele traditionelle Katholiken ist ja eine Kritik am Papst, selbst wenn sie aus loyalem Engagement für diese katholische Kirche kommt, unverzeihlicher als eine Blasphemie. Wir aber meinen, dass der Papst ein Recht hat auf ein solidarisch-kritisches Echo aus seiner eigenen Kirche.«

Ich stelle – ganz im Anschluss an die vor der Papstwahl ohne Blick auf eine bestimmte Person formulierten sechs Kriterien – sechs Fragen jetzt in Bezug auf Papst Wojtyła: 1. Ein weltoffener Mensch? 2. Ein geistiger Führer? 3. Ein echter Seelsorger? 4. Ein kollegialer Mit-Bischof? 5. Ein ökumenischer Vermittler? 6. Ein wirklicher Christ? Die Bilanz fällt bei jeder Frage gespalten aus. Doch an Anerkennung habe ich es bei keinem Punkt fehlen lassen; was positiv zu verzeichnen ist, sage ich überall zuerst sehr deutlich. Und was wahrhaftig nicht nur wenige, sondern viele kritisieren, kleide ich in Frageform. Um ein Beispiel für den ganzen Artikel zu geben, hier nur die Wiedergabe des 6. Punktes »Ein wirklicher Christ?«.

Zuerst das *Positive*: »Nach der damaligen Erklärung wird man es nicht bestreiten können:

Dieser Papst, der erfreulicherweise kein Heiliger und kein Genie zu sein beansprucht, will bei allen Grenzen, Fehlern und Mängeln wahrhaft Christ sein: orientiert im Denken, Reden, Tun am Evangelium Jesu Christi als der entscheidenden Norm.

Er versucht, ein überzeugender Verkünder der frohen Botschaft zu sein, gegründet in starkem geprüftem Glauben und in unerschütterlicher Hoffnung.

Er will in Gelassenheit, Geduld und Zuversicht dieser Kirche vorstehen, die ja kein bürokratischer Apparat, kein geschäftliches Unternehmen, keine politische Partei, sondern die große Gemeinschaft der Glaubenden ist. Er will als moralische Autorität mit Sachlichkeit, Leidenschaft und Augenmaß sich einsetzen nicht nur für die Interessen der kirchlichen Institution, sondern für die Verwirklichung der christlichen Botschaft unter den Menschen. Und gerade das Engagement für die Unterdrückten und Benachteiligten in aller Welt betrachtet er als seine besondere Verpflichtung.«

Kann man mehr loben? Freilich, dann muss ebenso aufrichtig auch das *Negative* ausgesprochen werden:»Trotzdem – so muss jetzt hinzugefügt werden – fragen sich viele Menschen in und außerhalb der katholischen Kirche:

Entspricht diesem Engagement nach außen in der Welt auch das Engagement nach innen, in der Kirche, in der kirchlichen Institution selbst? Ist eine Predigt an die Welt zur Umkehr glaubwürdig, wenn Papst und Kirche bei solcher Umkehr nicht selber praktisch vorangehen – auch und gerade dort, wo sie selber betroffen sind?

Können Papst und Kirche den Menschen von heute überzeugend ins Gewissen reden, wenn nicht gleichzeitig innerhalb der Kirche und ihrer Leitung eine selbstkritische Gewissenserforschung mit für sie selber unbequemen Konsequenzen stattfindet?

Ist die Rede von der grundlegenden Erneuerung der menschlichen Gesellschaft glaubwürdig, wenn nicht auch die Reform der Kirche an Haupt und Gliedern in Lehre und Leben entschieden weitergeht und auch unangenehme Anfragen (wie etwa die nach Bevölkerungsexplosion, Empfängnisverhütung und kirchlicher Unfehlbarkeit) endlich ernst genommen und ehrlich beantwortet werden?

Ist das Eintreten der Kirche für die Menschenrechte in der Welt ehrlich, wenn in der Kirche selbst gleichzeitig Menschenrechte nicht voll gewahrt werden: Recht auf Ehe für Amtsträger, wie sie im Evangelium selber und in der alten katholischen

Tradition gewährleistet ist; Recht auch auf Ausscheiden aus dem priesterlichen Amt mit kirchlicher Dispens nach eingehender Gewissensprüfung (statt des vom jetzigen Papst eingeführten unmenschlichen, bürokratischen Dispensverbots für Priester); Recht der Theologen auf freie Forschung und Meinungsäußerung; Recht der Ordensfrauen auf Wahl ihrer eigenen Kleidung; Ordination der Frau, wie sie durchaus vom Evangelium her für die heutige veränderte Situation vertreten werden kann; Selbstverantwortung der Ehepartner für Empfängnis und Kinderzahl? Muss sich also der Vatikan nicht fragen lassen, warum er selbst die Helsinki-Schlussakte unterzeichnete, der Menschenrechtserklärung des Europarates aber bis heute nicht beigetreten ist?«

Meine *Schlussfolgerung* als Wunsch an den neuen Papst: »Manche Menschen haben Zweifel, ob dieser Papst, der so kraftvoll seine Auffassung öffentlich zu vertreten weiß und auf viele komplizierte Fragen einfache Antworten zu geben vermag, sich noch ändern, noch dazulernen kann. Das möchten wir wünschen. Ein Jahr seines Pontifikats ist vorbei, aber eben nur ein Jahr. Noch sind manche Türen offen, und manche vorzeitig geschlossenen könnten wieder geöffnet werden.«

So versöhnlich der Schluss, so deutlich doch die Kritik an der bisherigen Amtsführung Johannes Pauls II., von der mir jedoch – so würde ich im Rückblick überzeugter denn je sagen – jedes Wort zuzutreffen scheint. Ja, sie erscheint mir im Nachhinein sogar als relativ gemäßigt. Viele haben später noch sehr viel kritischere, ja polemische Worte gefunden. Aber weil 1979, ein Jahr nach Amtsantritt, diese Kritik noch niemand so direkt, so analytisch und so grundsätzlich formuliert hatte, erzielt der Artikel eines bekannten Theologen die beabsichtigte Schockwirkung: ein *Weck- und Mahnwort* für die katholische Kirche und ihren Episkopat, über dessen Ernst auch die breitere Öffentlichkeit sich sofort im Klaren ist.

Wahrhaftig, das Risiko dieses Artikels ist mir bewusst. Weshalb ich ihn denn auch mit dem Wort eines großen Vorgängers Johannes Pauls II. schließe:»Wenn aber an der Wahrheit Ärgernis genommen wird, dann wird es besser zugelassen, dass ein Ärgernis entsteht, als dass die Wahrheit verlassen wird.« So Papst Gregor der Große. Aber hat der gegenwärtige Papst die Größe eines Gregor?

Karol Wojtyłas theologische Bildung

Tatsache ist: Johannes Paul II. fühlt sich durch meinen Artikel ganz persönlich angegriffen. Dies lässt ein deutscher Teilnehmer am späteren Bischofsgespräch mit dem Papst im Vatikan verlauten, während die offizielle Stellungnahme der Deutschen Bischofskonferenz später erklärt, die Disziplinarmaßnahme gegen mich habe nichts mit jenem Artikel zu tun. Eine verräterische Anmerkung, die, entspräche sie der Wahrheit, überflüssig gewesen wäre.

Freilich hatte der Papst schon auf der ersten Polenreise nach seiner Wahl auf einer Geheimkonferenz mit etwa zwei Dutzend polnischen Theologen erklärt, er betrachte den Tübinger Theologen Küng als ein Haupthindernis für seinen geplanten Restaurationskurs. Im Nachhinein denke ich: Vermutlich noch mehr als meine Beurteilung seiner Kirchenführung hat Karol Wojtyła die Infragestellung seiner theologischen Fachkompetenz getroffen. Doch gerade solche Infragestellung war nicht zu vermeiden bei einem Papst, der sich bereits durch seinen autoritären Kurs und strenge Disziplinarmaßnahmen gegen Theologen wie den renommierten französischen Moraltheologen Jacques Pohier und andere von seinem toleranteren Vorgänger unterscheidet.

Deshalb in meiner Zwischenbilanz die gezielt kritische Frage:»Ist es nicht über den Kreis der Fachleute hinaus deutlich, dass dieser Papst aus Polen – wie seine bisherigen theologischen Veröffentlichungen und überaus zahlreichen offiziellen Äußerungen zeigen – über die neueren Entwicklungen in der Theologie (kritische Exegese und Dogmengeschichte, neuere

Entwicklungen der Moraltheologie in Nordamerika oder der Befreiungstheologie in Lateinamerika, von protestantischer Theologie ganz zu schweigen) kaum genügend unterrichtet ist?« Gewiss, auch Papst Johannes XXIII. Roncalli hatte seine theologischen Grenzen; aber er war sich ihrer bewusst und war einem lehramtlichen Eingreifen gegen Theologen, wie in der Antimodernisten-Hetze gegen seinen Studienfreund Ernesto Buonaiuti, zutiefst abgeneigt. Johannes Paul II. Wojtyła aber kennt seine Grenzen nicht und nimmt wieder die inquisitorische Politik Pius' XII. Pacelli auf, dessen theologische Bildung ebenfalls äußerst schmal war. Doch Papst Wojtyła wollte wohl seine Grenzen gar nicht überwinden. Er habe kein einziges Buch von Hans Küng gelesen, meinte auf dem Höhepunkt der Auseinandersetzung mit mir ein persönlicher polnischer Freund Wojtyłas im Schweizer Fernsehen zur Entschuldigung des Papstes.

Nicht bewusst ist mir freilich, dass ich mit meiner kritischen Nachfrage nach Wojtyłas theologischen Grenzen in eine Wunde seiner Biografie gestoßen habe, über die er – anders als Joseph Ratzinger über »das Drama« seiner Habilitation – nie spricht. Vielmehr versteht er, der sich als junger Mann nicht der Theologie, sondern der professionellen Schauspielerei, verbunden mit Schriftstellerei, widmete, trefflich zu verschleiern, dass er zum Teil kriegsbedingt nur eine Schmalspurtheologie studiert hat. Nach Studien von Philosophie und Polnischer Literatur an der Jagiellonen-Universität von Krakau tritt er 1942 ins geheime Priesterseminar der Erzdiözese Krakau ein, wo er 1946 die Priesterweihe empfängt. Anschließend sollte er in Rom ein Doktorat in Theologie anstreben. An der päpstlichen Universität Gregoriana, Roms erster Adresse, wird er aber wegen mangelnder theologischer Voraussetzungen als Doktorand abgelehnt, sodass er an die zweitrangige Dominikaner-Universität Angelicum, ein Bollwerk traditionalistischer Neuscholastik, gehen muss. Dort hört er vor allem die Vorlesungen des führenden Dogmatikers Réginald Garrigou-

Lagrange. Sie bestehen in nichts als Auslegungen der Summa theologiae des Thomas von Aquin. Mein Schweizer Studienfreund Josef Fischer und ich, als neugierige Gelegenheitshörer im roten Talar, hatten davon bereits nach zwei Stunden genug. Derselbe Garrigou, streng thomistischer Traditionalist, war bereits Anführer der heftigen Kampagne gegen die »Nouvelle théologie« gewesen, die 1950 zur Enzyklika »Humani generis« gegen Zeitirrtümer und zur Absetzung prominenter französischer Theologen vor allem aus dem Jesuitenorden geführt hatte. Dieses traumatische Erlebnis des jungen Wojtyła dürfte die negative Einstellung des späteren Papstes zu den Jesuiten mitgeprägt haben.

Unter Garrigous Leitung arbeitet Wojtyła schließlich an einer Dissertation über die Lehre vom Glauben beim spanischen Mystiker Johannes vom Kreuz. Zwar macht ihm dieser polnische Doktorand zu viele Konzessionen an die Mystik, doch Garrigou lässt die Arbeit passieren. Weil eine Dissertation aber fix und fertig gedruckt vorliegen muss, reicht Wojtyła seine Dissertation schließlich an der Jagiellonen-Universität von Krakau ein. Dort habilitiert er sich dann auch mit einer Arbeit über den deutschen Philosophen Max Scheler, den er freilich ganz nach seinen neuscholastischen Kategorien interpretiert und korrigiert. So wird er anschließend in Krakau Studentenpfarrer und bald auch Dozent für Moralphilosophie. Mit einer Gruppe Studenten liest auch er damals die lateinische Summa theologiae des Thomas von Aquin, hat manche Kontakte mit Dichtern, Wissenschaftlern und Philosophen und schreibt dabei Gedichte und Theaterstücke. Doch die Schauspielerei sollte bald ein Ende haben. Schon 1958 wird er Weihbischof und nimmt als solcher am Zweiten Vatikanischen Konzil teil. Noch während des Konzils wird er 1964 Erzbischof, bald nach dem Konzil 1967 Kardinal.

So wächst Karol Wojtyła im Kontext einer zutiefst konservativen Kirche und Theologie heran, in der, wie man mehr als 40 Jahre nach Abschluss des Konzils feststellt, noch immer keine vollständige und allgemein zugängliche polnische Ausgabe der Konzilsdokumente – in einer neuen Übersetzung mit theologischem und geschichtlichem Kommentar – zu finden ist. Noch 2005 findet in Polen eine stürmische Diskussion unter katholischen Theologen und Publizisten – Geistlichen und Laien – zur Frage statt, ob Karl Rahner den Namen »katholischer Theologe« verdient habe. Die Bischöfe stellen sich nämlich die Frage, warum in der Kirche überhaupt etwas verändert werden soll. Aus polnischer Kirchenperspektive hätten sich doch die bisherigen Formen voll bewährt. In der polnischen innerkirchlichen Diskussion stellt das Konzil somit keinen wesentlichen Orientierungspunkt dar; kaum jemand weiß zum Beispiel, dass das Konzil eine epochemachende Erklärung »Nostra aetate« über die Weltreligionen promulgiert hat.

Schon 1977 erhalte ich aus Polen von einem der geistlichen Inspiratoren der Erneuerungsbewegung einen dramatischen Brief: »Die Erneuerung der Kirche, inspiriert von Johannes XXIII. und dem Zweiten Vatikanischen Konzil, ist zusammengebrochen« – lese ich – »und es ist klar für alle: Der glühende Enthusiasmus der gottbegeisterten verjüngten Kirche ist zugrunde gerichtet worden. Die Gegenoffensive der konservativsten Kräfte dauert an und will das ganze Ergebnis des letzten Konzils zunichte machen.« Erzbischof Karol Wojtyła von Krakau ist hier offensichtlich nicht die neue Hoffnungsgestalt. Und viele Probleme gerade der Kirche Polens (hohe Abtreibungszahlen, viele Zölibatsprobleme) sind schon damals bekannt, andere (Zusammenarbeit mancher Bischöfe und Priester mit dem kommunistischen Geheimdienst) werden erst später ruchbar und verdunkeln das Bild einer angeblich rein gebliebenen polnischen Kirche, die für die ganze Welt Vorbild zu sein beansprucht.

Und jetzt ein Pole als Papst? Karol Wojtyła, der in seiner polnischen Heimat zwei totalitäre Systeme, aber kein funktionierendes demokratisches kennengelernt hat, ist von Anfang an darauf aus, ein imperiales Papsttum zu realisieren (um nicht von einem in mancher Hinsicht totalitären zu reden). Paul VI., der vom Konzilspapst zum Papst der Kurie mutierte, hatte ihm vorgearbeitet (vgl. Kap. IV). Was Paul VI. dann nach dem Konzil durch seine ohne Befragung des Episkopats autoritär dekretierten Zölibats- und Pillenenzykliken praktiziert hatte, waren Vorboten für den von Johannes Paul II. wieder völlig hemmungslos praktizierten römischen Absolutismus und Personenkult. Im heraufkommenden Medienzeitalter wird dieser durch medienwirksame imperiale Massenkundgebungen, bei denen die Bischöfe reine Statisten sind, aller Welt zunehmend glanzvoll vordemonstriert. Man versteht jetzt vielleicht besser, dass ich hier im Lichte des Zweiten Vatikanischen Konzils, ja, der neutestamentlichen Kirchenverfassung, Opposition anmelden musste. Mein Artikel »Ein Jahr Johannes Paul II.« war Ausdruck von tiefer Enttäuschung und von Hoffnung zugleich. Doch schon wenige Wochen nach diesem Artikel sollte die Hoffnung vollends auf der Strecke bleiben.

Geplante Nacht-und-Nebel-Aktion zur Ausschaltung der Opposition

Weder in Deutschland noch in Rom konnte ein Lehrverfahren gegen meine Bücher »Die Kirche« (1967), »Unfehlbar?« (1970) oder »Christ sein« (1974) ordnungsgemäß abgeschlossen werden. Aus meinem genau dokumentierten Bericht in meinem zweiten Memoirenband »Umstrittene Wahrheit« (Kap. XI über »Die große Konfrontation«) geht klar hervor, dass es nie an Gesprächsbereitschaft von meiner Seite fehlte, wohl aber an der Gewährung fairer Gesprächsbedingungen vonseiten der römischen Glaubensbehörde. Persönliche Gespräche habe ich zahlreiche geführt, auch mit Bischöfen und mit dem Präfekten und dem Sekretär der Glaubenskongregation. Aber ablehnen musste ich ein sogenanntes Kolloquium, das faktisch ein Inquisitionsverhör war, in welchem es für den Angeklagten keine

Akteneinsicht, keinen Rechtsbeistand, keine Möglichkeit der Appellation gibt.

Jede persönliche Kommunikation verweigert mir Papst Wojtyła, der die entscheidende Verantwortung trägt für die jetzt in Gang gesetzte generalstabsmäßig geplante Aktion gegen mich, einen einzelnen Theologen seiner Kirche. Ich kann ja nicht wissen, dass schon am 10. Dezember 1979 der Sekretär der Deutschen Bischofskonferenz, Prälat Josef Homeyer, dem Bischof von Rottenburg-Stuttgart, Dr. Georg Moser, die von der Glaubenskongregation erarbeitete »Declaratio de quibusdam capitibus doctrinae theologicae Professoris Ioannis Küng« überbracht hat: »Diese vom Heiligen Vater bereits approbierte und zur Veröffentlichung bestimmte Erklärung soll am 18. Dezember 1979 der Öffentlichkeit bekannt gegeben werden.« Inhalt: »Entzug der kirchlichen Lehrbefugnis.«

Am 12. Dezember 1979 schreibt Bischof Moser als »unmittelbar betroffener ›Ordinarius loci‹« einen Brief an den Präfekten der Glaubenskongregation, Kardinal Franjo Šeper, der drei Punkte umfasst, beginnend mit den Worten: »Die Bekanntgabe dieser Erklärung wird mit Sicherheit stürmische Auswirkungen in der Öffentlichkeit auslösen.« Dieser Brief ehrt Bischof Moser. Er zeigt, dass er sich über den Ernst der Lage klar ist und alles tun will, um das Schlimmste abzuwenden oder mindestens hinauszuschieben. Und Roms Antwort? Als ob der Vatikan von einem Terroranschlag bedroht wäre, wird der Bischof von Rottenburg-Stuttgart schon am Tag darauf kurzfristig nach Brüssel beordert – zu einem Geheimtreffen höchster römischer und deutscher Kirchenmänner: der Vorsitzende und der Sekretär der deutschen Bischofskonferenz, der Sekretär der römischen Glaubenskongregation und der Apostolische Nuntius in Bonn. Um Geheimhaltung zu garantieren, soll es im Ausland stattfinden. Inquisition scheut das Licht. Der Zweck des Treffens? Koordinierung der verschiedenen Aktionen für einen unmittelbar bevorstehenden Entzug der Missio canonica, der kirchlichen Lehrbefugnis, des Theologen Hans Küng.

Nach allem, was ich in Erfahrung bringen konnte, hat Bischof Moser sich bemüht, den Entzug der Missio zu verhindern oder zumindest zu verzögern. Für ihn geht es um seine Existenz und Glaubwürdigkeit als Bischof, doch für mich um meine Existenz und Glaubwürdigkeit als Theologe, als akademischer Lehrer. In dieser entscheidenden Situation, als wirklich der Ernstfall eintritt, trägt dieser Bischof nun aber nicht die eigene Haut zu Markte, sondern gibt die meine der Inquisition preis. Dem Druck der römischen Kurie sich beugend, versagt er in der entscheidenden Stunde. Er hätte nach dem Konkordatsrecht als die für den Missio-Entzug zuständige Autorität Gründe gehabt, Nein zu sagen, hätte allerdings auch eine päpstliche Sanktion in Kauf nehmen müssen. Er knickt ein und ist nicht bereit, zur Not auch auf eigene Kosten Widerstand zu leisten und um der christlichen Sache willen unter Umständen wie Paulus dem Petrus »ins Angesicht zu widerstehen« (vgl. Gal 2,11–14)!

Das schwierige Jahr 1979 geht für mich dem Ende entgegen. Ich habe den Eindruck, ich hätte meiner Kirche gerade in den vergangenen Monaten nicht unerhebliche Dienste geleistet: der Vortrag in der Akademie der Sozialwissenschaften in Peking zugunsten der Religion, anschließend die Rede auf dem Europäischen Radiologenkongress in Hamburg für eine Medizin der Menschlichkeit; schließlich der Festvortrag über Kunst und Sinnfrage vor dem Deutschen Künstlerbund in Stuttgart. Jetzt bin ich müde, sehne mich nach ein wenig Ruhe und Erholung und ziehe mich etwas früher als sonst nach Lech am Arlberg in die Winterferien zurück.

Am Dienstag, dem 18. Dezember, bin ich wie gewohnt schon früh auf der Skipiste: Oben auf fast 2000 Metern Höhe, etwa um 10.30 Uhr, zeige ich bei einem Skilift, wie damals noch üblich, meinen Skipass vor: »Professor Küng? Sie werden auf allen Stationen ausgerufen. Sie müssen sofort ins Tal fahren!« Ausgerufen wird jemand normalerweise nur bei Todesfällen oder ähnlichen Unglücken. Was ist los? Ist meiner

Schwester Rita und ihrem Mann Bruno, die in einer anderen Gruppe sind, vielleicht etwas zugestoßen? Oder meiner Mutter, meinem Vater? Oder ...? So rasch wie möglich flitze ich hinunter nach Lech. Auf den Skiern fährt man Strecken in Minuten, für die man zu Fuß eine Stunde braucht.

Im Hotel erwartet man mich:»Sofort nach Tübingen telefonieren, es gehe um eine Frage von Leben und Tod!« Da weiß ich sofort: Das kann nur Rom sein! Und so ist es auch: Mit gedämpfter, stockender Stimme sagt mir mein wissenschaftlicher Mitarbeiter, Akademischer Rat Dr. Hermann Häring, es tue ihm furchtbar leid, mir sagen zu müssen:»Man hat Ihnen die kirchliche Lehrbefugnis entzogen!« Und dies unmittelbar vor Weihnachten, wer konnte das ahnen, eine derart heimtückische Überrumpelung; und dies von der eigenen Kirchenleitung! Ein Schock, wahrhaftig. Aber – er wirft mich nicht um. Ich bin sofort zum Kampf entschlossen.

Die folgenden vier Monate werden zu den schlimmsten meines Lebens: Kampf auf juristischer, politischer und theologischer Ebene. Eine Auseinandersetzung, in der Fakultät und Universität, Kultusministerium und Ministerpräsident, Bischof, Nuntius und schließlich der Papst selber engagiert sind. Warum, wird man sich fragen, hat man aufseiten der offiziellen Kirche alle Mittel eingesetzt, um mich an der Universität zu marginalisieren und mich als Theologe auch in der Öffentlichkeit unwirksam zu machen? Weil sich nach dem Konzil der ganze Episkopat gleichschalten ließ und die kritischen Stimmen sowohl unter den Bischöfen wie unter den Theologen zum Schweigen gebracht wurden. So blieb ich noch als fast einzige theologisch kompetente und international vernehmbare Stimme übrig, was auch, wie wir hörten, dem Papst persönlich als bedrohlich vorkommt.

Der zweite Band meiner »Erinnerungen« beschreibt genau die wenig erfreulichen Vorgänge auch nach dem Missio-Entzug. Aber nach vier Monaten Auseinandersetzungen steht fest, dass ich meine Position an der Universität Tübingen halten kann: Ich bleibe Professor mit allen Rechten und Direktor des Instituts für Ökumenische Forschung, das jedoch auf meinen Antrag hin aus der Katholisch-Theologischen Fakultät ausgegliedert und direkt dem Präsidenten und dem Senat der Universität unterstellt wird. Es ist somit der kirchlichen Hierarchie nicht gelungen, mich kaltzustellen. Im Gegenteil: Diese meine neue Unabhängigkeit an der Universität hat mir ungeahnte Wirkmöglichkeiten beschert, die ich zu nutzen gedenke. Doch, frage ich mich, wie wird es unter diesem Papst in Kirche und Gesellschaft weitergehen?

Ein Pontifikat der Restauration

Mit Johannes Paul II. Wojtyła war die »montinianische« Periode (nach Paul VI. Montini) des Zögerns, der Zurückhaltung, des vorsichtigen Taktierens zu Ende. Aufgrund seiner ersten Enzyklika »Redemptor hominis« (1979) hatte ich noch Hoffnung, der neue Pontifikat dieser in vielem außergewöhnlichen Persönlichkeit stünde unter dem Zeichen eines neu aufgegriffenen christlichen Humanismus, einer neuen Öffnung zur Welt, eines neuen Dialogs mit den christlichen Schwesterkirchen. Und wie sehr hätte ich mich gefreut, wenn päpstlichen Worten, wie zu Zeiten von Johannes XXIII., Taten gefolgt wären!

Aber auch manche, die meine erste Zwischenbilanz »Ein Jahr Johannes Paul II.« 1979 allzu kritisch fanden, sehen sich im Nachhinein voll bestätigt. Selbstverständlich leugne ich nicht den persönlichen Charme, die Faszination und Publikumswirksamkeit dieses Papstes, die an Pius IX., Pius X. und Pius XII. erinnern. Sie werden jetzt aber durch die schauspielerischen Fähigkeiten des Mannes und das professionell eingesetzte Medium Fernsehen zu einem unevangelischen Personenkult unerhörten Ausmaßes gesteigert. Sympathisch sind mir seine gewisse Weltoffenheit und Sportlichkeit, nicht zu tadeln seine Betriebsamkeit und Reisefreudigkeit, voll zu bejahen selbstverständlich alle sozialen und humanitären Appelle an die Erste, Zweite und Dritte Welt für Frieden, Freiheit, Gerechtigkeit, Menschenwürde und Menschenrechte ...

Aber immer weniger zu übersehen ist die fatale *Diskrepanz zwischen* einer im Sozialen fortschrittlichen *Außenpolitik,* die auch die damals noch herrschenden kommunistischen Regime in Osteuropa zu erschüttern hilft, und einer – theologisch wie praktisch – rückschrittlichen *Innenpolitik.* In seiner polnischen Heimat hat Karol Wojtyła weder unter dem Naziregime noch unter dem Kommunismus eine echte Demokratie kennengelernt, und bewusst-unbewusst überträgt er bestimmte antiwestliche Überzeugungen und ein polnisches Modell von Einheitskirche auf die katholische Weltkirche.

Schon am Anfang der 1980er-Jahre besteht kein Zweifel mehr: Unter diesem Pontifex hat innerkirchlich eine *Epoche der Restauration* begonnen, die innerkirchlich wie ökumenisch verheerende Auswirkungen haben dürfte. Ein deutliches Signal dafür ist die Berufung Joseph Ratzingers zum Präfekten der Glaubenskongregation im Jahr 1981. Vehement wird jetzt wieder eine eng-katholische Identität gefordert und gefördert, wird auf lehrmäßige Rechtgläubigkeit gepocht und werden Primat und Unfehlbarkeit betont. In dem nach dem Konzil revidierten »neuen« (alten) Codex Iuris Canonici, 1983 von Johannes Paul II. promulgiert, wird dem Papst wieder ganz undifferenziert »die höchste, volle, unmittelbare und universale ordentliche Gewalt, die er immer frei ausüben kann« (Kanon 331) zugeschrieben. Ähnlich wie in totalitären Systemen vertritt dieser Papst wieder totalitäre Wahrheits- und institutionelle Alleinvertretungsansprüche.

Und wo bleiben die Forderungen des Zweiten Vatikanischen Konzils nach Kollegialität und Pluralität, nach Dialog und Hierarchie der Wahrheiten? Sie werden unbekümmert ignoriert, bestenfalls theoretisch respektiert, praktisch aber überspielt. Menschenrechte, in der Welt gepredigt, werden in der Kirche unterdrückt, die der Frauen und der Priester ganz besonders. Ja, in der römischen Kurie gilt das Vatikanum II nicht mehr als Beginn eines neuen Aufbruchs, den man mit allen Mitteln unterstützen und weiterführen muss, vielmehr als äußerste Möglichkeit einer innerkirchlichen Öffnung, deren angeblich fatale Wirkungsgeschichte so rasch wie möglich zu beenden ist. Aber wie? Durch römische Personal- und Lehramtspolitik: indem man weltweit über den Willen der Ortskirchen hinweg nur noch streng römisch gesinnte Bischöfe ernennt und sie mit einem unbedingten Gehorsamseid auf den Papst auf die Parteilinie einschwört. Und indem man gleichzeitig die Konzilstexte selektiv zu seinen eigenen Gunsten zitiert, wo nötig uminterpretiert und Gegenläufiges einfach übergeht. Indem man so gegen die großen pastoralen und ökumenischen Intentionen des Konzils sofort einen Prozess der Reklerikalisierung und Reromanisierung einleitet: ein Zurückbinden der Laien und besonders der Frauen, aber auch der Bischöfe.

So können der im Konzil oft getadelte römische Zentralismus, Klerikalismus, Triumphalismus und Marianismus in alten und neuen Formen fröhliche Urständ feiern – jetzt auch noch mit Unterstützung von Printmedien und Fernsehen. Natürlich hat das Folgen für diejenigen, die mit diesem unzeitgemäßen Restaurationskurs nicht einverstanden sind und sich gegen diese vorgestrige römisch-zentralistische Wahrheitsidee und institutionelle Alleinvertretungspose stellen. Nochmals: Wie wird das alles weitergehen?

Repression auf der ganzen Linie

Wie schon im längst überwunden geglaubten Antimodernismus des 20. Jahrhunderts (1967 war der von Pius X. eingeführte Antimodernisteneid für alle Geistlichen von Paul VI. erfreulicherweise abgeschafft worden) werden erneut integralistische Parolen ausgegeben: »die integrale, unverkürzte Wahrheit des katholischen Glaubens«, »vollkommene Übereinstimmung mit der katholischen Hierarchie«, »Rückkehr zur alten Lehre und Disziplin« … Solche Parolen finden auch bei konservativen Politikern und Publizisten selbst außerhalb der katholischen Kirche Zuspruch, wenngleich diese sich solch strenger Dogmatik, Moral und Disziplin persönlich zumeist nicht einmal im Traum zu unterwerfen gedenken. Dieser römische »Integralismus« mit all seinen Verdächtigungen und Verleumdungen, seinen Lügen und Zwangsmaßnahmen hat freilich wenig zu tun mit »Integrität«, die sich vom lateinischen »integer = unberührt« herleitet und unbescholten, unbestechlich, moralisch einwandfrei meint. Über vatikanische Finanzskandale und klerikale Sexskandale werden bald zahlreiche Publikationen erscheinen.

Karol Wojtyła galt schon als Erzbischof von Krakau als schlechter Administrator; er studiert ungern Akten und zieht – neben Schriftstellerei – öffentliches Auftreten und spektakuläre Reisen vor. Auch als Papst vernachlässigt er – nicht zuletzt oft zum geheimen Ärger des fleißigen neuen Präfekten der Glaubenskongregation, Joseph Ratzinger – das Aktenstudium. Doch während der Papst reist, regiert in Rom die Kurie. Und vor allem die Glaubenskongregation, das alte Sanctum Officium, in welchem die Spitzen der Kurie unter höchster Geheimhaltungsstufe allwöchentlich tagen. Ein restauratives Dokument ums andere – zur Regulierung von Doktrin, Liturgie, Moral und Disziplin – verlässt im Namen des Papstes den Vatikan. Dabei werden einige Kategorien von Katholiken besonders anvisiert:

Die »*aufrührerischen*« Frauen insbesondere. Die Forderungen nach Frauenordination oder Diakoninnenweihe, Ordensschwestern ohne Ordenstracht, Mädchen als Ministrantinnen haben das Missfallen und die Ängste der zölibatären Eminenzen, Exzellenzen und ihrer Konsultoren (alles ausschließlich Männer) erregt und alte römische Vorurteile gegen Frauen (Eva seit je die Verführerin des Mannes!) bestätigt. Besonders gut gebildete und selbstbewusst auftretende (z. B. amerikanische) Ordensfrauen gehen dem Papst auf die Nerven.

Dann die »rebellischen« *Theologen*. Viele werden offen, und noch mehr im Geheimen, gemaßregelt. Nicht verwunderlich, dass sich wieder Angst und Schweigen ausbreiten und nur noch Mutige protestieren. Priester, Ordensleute, Seminaristen, die zeitaufgeschlossenen Jesuiten besonders, werden zur Ordnung gerufen. Schon zu Beginn des Wojtyła-Pontifikats wird Pauls VI. liberale Dispenspraxis vom Zölibatsgesetz beendet; Wojtyła möchte vor allem den sich nach Frankreich und England absetzenden und dort heiratenden polnischen Priestern den Ausweg versperren. Ein allgemeiner Laisierungsstopp wird deshalb verhängt gegen Priester, die heiraten wollen. Wenn sie trotzdem heiraten, sind sie automatisch exkommuniziert. Schlimmer als nichtlaisierten Klerikern ergeht es aber jenen Frauen und Kindern von Priestern, die im Amt bleiben dürfen, wenn sie sich nicht zu Frau und Kind bekennen. Der angebliche Wesensunterschied zwischen geweihten und nichtgeweihten Christen, zwischen Klerus und Laien wird neu betont.

Auch die »*politisierten*« *Basisgemeinden*. Zahlreich sind sie vor allem in Lateinamerika, aber auch in manchen europäischen Ländern. Mit Freuden habe ich eine Einladung angenommen, vor dem 8. Nationalkongress der italienischen Basisgemeinden in Florenz zu sprechen. In dem von Michelangelos David »bewachten« Palazzo Vecchio in Florenz finden sich zu meinem Vortrag am 1. Mai 1987 rund 2000 Personen aus 300 Basisgemeinden ein. Das Kongressthema ist die »Laizität in Gesellschaft, Staat und Kirche«. Ich spreche über »Die Lage der katholischen Kirche in der Welt von heute: Analysen und Prospektiven«. Danach nehme ich in dem überfüllten Saal an einer Podiumsdiskussion teil mit so prominenten Persönlichkeiten des italienischen öffentlichen Lebens wie der bedeutende Reformkommunist und langjährige Parlamentsabgeordnete Pietro Ingrao und der bekannte Theologe und Friedensaktivist Ernesto Balducci. Man hat sich in diesen Tagen besonders aufgeregt über die lächelnde Begegnung von Papst Wojtyła mit dem chilenischen Diktator und Menschenrechtsverächter Augusto Pinochet. Und es ist mir ein Anliegen, die vielfach von der päpstlichen Politik bedrängten Basisgemeinden zu ermutigen und zu inspirieren.

Schließlich die im Konzil für den Vatikan allzu »*selbstbewusst*« *gewordenen Bischöfe*: Sie müssen wieder ganz auf römische Linie gebracht werden: »acies ordinata« – »eine geordnete Schlachtordnung«. Romhörige Bischöfe sind zu fördern und befördern, romkritische Bischöfe zu domestizieren. Schon 1972 ist dies selbst im Fall des führenden Reformers Kardinal Suenens (Belgien) gelungen. Nichtkonforme Kandidaten für das Bischofsamt sind nach klaren kurialen Richtlinien (»pro Zölibat«, »contra Empfängnisverhütung und Frauenordination« …) in den Nuntiaturen von vornherein von den Kandidatenlisten zu streichen. Und für die ganze katholische Welt wurde ebenfalls schon Anfang der 1970er-Jahre ein Exempel statuiert: Der fortschrittliche holländische Episkopat wird zunächst durch oktroyierte Ernennungen reaktionärer Bischöfe gespalten, der Kardinalprimas nach Rom zitiert und schließlich der gesamte Episkopat in einer mehrwöchigen Geheim- und Scheinsynode im Vatikan – nicht in den Niederlanden! – total auf römischen Kurs getrimmt. Eine blühende Kirche welkt – Zeichen für die mehr und mehr winterliche römisch-katholische Kirche.

Allen Protesten aus Kirchenvolk und Klerus zum Trotz bewegt sich die römische Kurie auf der Linie der Repression und wird bei ihren kirchlichen Sanktionen und ihrer gesellschaftlichen Bewusstseinsmanipulation unterstützt von ihren Nuntien und willfährigen Bischöfen und Prälaten in aller Welt, von den deutschen, wie es sich in meinem Fall zeigte, ganz besonders. So gilt manchen Katholiken selbst noch so konstruktive Kritik am Papst jetzt wieder als Majestätsbeleidigung, ja, Lästerung des »Stellvertreters Christi«, gar »Gottes«.

Meinerseits frage ich mich, wie lange wohl diese römisch-katholische Restauration andauern wird. Jene politische Restauration in Europa nach der Französischen Revolution dauerte drei, vier Jahrzehnte: vom Wiener Kongress 1814/15 bis zu den Revolutionen von 1830 und 1848. Aber im heutigen römisch-katholischen System mit einer »Revolution« zu rechnen wäre illusorisch. Da lässt man lieber den Dingen in Rom und anderswo ihren Lauf. Und tritt aus der Kirche aus, real oder mental.

Ratzingers Inquisitionsbehörde und der Widerstand

Im Jahr 1981 also wird Kardinal Joseph Ratzinger von München nach Rom berufen: als Präfekt des Sanctum Officium der Inquisition, jetzt Kongregation für die Glaubenslehre genannt. Ein historisch bemerkenswerter Vorgang. Die deutsche katholische Universitätstheologie zeigte ja im Allgemeinen wenig Sympathie für den römischen Doktrinalismus. Und gerade zur Münchner Fakultät hatte ein Jahrhundert zuvor der scharfsinnigste Gegner einer Definition von päpstlicher Unfehlbarkeit und Primat, Ignaz von Döllinger (1799–1890), gehört, der wohl gelehrteste Theologe und Kirchenhistoriker im Deutschland des 19. Jahrhunderts und Begründer der Altkatholischen Kirche. Man hat die Parallelen und die Unterschiede zwischen seiner und meiner Position analysiert. Ich habe immer den Standpunkt vertreten, dass das »altkatholische Schisma« beendet werden könnte, wenn eine konstruktive Lösung der Primats- und Unfehlbarkeitsfrage für Rom akzeptabel wäre – unter einem neuen Papst. Aber unter dem polnischen Papst stehen die Zeichen schlecht, und der Einzug des deutschen Kardinals Ratzinger in den Palazzo del Sant' Uffizio wird von reformorientierten Katholiken als ein schlechtes Vorzeichen angesehen.

Über diese fast ein Vierteljahrhundert dauernde Lebensperiode bis zu seiner Papstwahl 2005 sagt Joseph Ratzinger in seiner Autobiografie in auffallender Weise kein einziges Wort: Warum dieses Verschweigen? In der Tat unterstützt er in jeder erdenklichen Weise den konservativ-restaurativen Kurs

Johannes Pauls II. und wird damit mein mächtigster Gegenspieler, dem der ganze riesige Apparat des größten religiösen Multis der Welt zur Verfügung steht. Dass die »Servizi« der Kurie mit den modernen Kommunikationsmitteln »svelti«, sehr »rasch«, geworden seien, hatte mir, wie berichtet, schon Kardinal Montini vor seiner Papstwahl erklärt. Und wie dem Kardinalstaatssekretär, so steht auch dem Chef der Glaubensbehörde der gesamte kuriale Apparat zur Verfügung. Bei ihm treffen ja täglich Denunziationen aus aller Welt ein. Und ihm ist es ein Leichtes, direkt an jede der päpstlichen Nuntiaturen in aller Welt zu gelangen, um den Repräsentanten des Papstes zu einer Intervention bei einer Bischofskonferenz, bei einer Regierung oder eben auch gegen einen Einzelnen zu veranlassen. Er kann auch jeden der fast 5000 Bischöfe in aller Welt direkt anschreiben oder anrufen, um gegen ihn oder gegen einen seiner Theologen, Seelsorger oder Ordensleute vorzugehen – alles geräuschlos und von der Öffentlichkeit völlig unbeobachtet, oft ausdrücklich »sub secreto«, unter der hohen Geheimhaltungsstufe des Sanctum Officium.

Dort aber ist inzwischen die Administration modernisiert worden. Mit Hilfe digitaler Technik lassen sich all die Denunziationen und Pressemeldungen leichter und effizienter verarbeiten. Noch immer gibt es das zweigeteilte System der Archivierung nach Sachgebieten oder nach Personen. Wehe, wenn einer schon eine Protokollnummer in diesem Archiv erhalten hat – meine ist Nr. 399/57i aus dem Jahr meiner Doktordissertation 1957, »i« für Indexabteilung –, dann wird alles dort abgelegt, was aus welchem Erdteil auch immer gegen ihn (selten für ihn) gemeldet wird, und dann rasch weltweit eingesetzt werden kann. So zum Beispiel im Jahr 1981 bei der Verhinderung meiner Einreise in die Philippinen unter dem Marcos-Regime auf Intervention des päpstlichen Nuntius.

Angesichts des von Kardinal Ratzinger unterstützten konservativ-restaurativen Kurses von Papst Wojtyła, der trotz aufwendiger und umjubelter Auslandsreisen die zunehmende

Entfremdung vieler Katholiken von ihrer Kirche nicht verhindern, aber doch nicht alle ernsthaften ökumenischen Bestrebungen an der Basis unterdrücken kann, gilt es jetzt für mich persönlich erst recht, die ökumenische Theologie zu vertiefen, ja auszuweiten.

Geniale Kommunikatoren: Wojtyła und Reagan

Natürlich will ich bestimmte Erfolge dieses Pontifikats Johannes Pauls II. nicht in Abrede stellen. Und eines kann man nicht bestreiten: Karol Wojtyła versteht es, Menschen für sich einzunehmen. Manche kritische Fragen an meine Adresse hingen auch damit zusammen, dass sich das politische Klima in den USA Ende 1980/Anfang 1981 merklich veränderte. Am 4. November 1980 war der rechtsorientierte frühere Filmschauspieler und Gouverneur von Kalifornien Ronald Reagan zum Präsidenten der Vereinigten Staaten gewählt worden. Ich war am selben Tag von Stuttgart für Vorträge nach San Francisco geflogen und verfolgte am Abend die Wahl am Radio – zutiefst enttäuscht über die Abwahl Jimmy Carters, dem – trotz schlechter Wirtschaftslage und dem Debakel mit der Geiselnahme von 52 Diplomaten und Botschaftsangestellten in Teheran im November 1979 – eine glücklichere zweite Amtszeit prognostiziert war.

Nun regiert also im Weißen Haus wie im Vatikan ein Konservativer. Schon bald nach der Wahl Karol Wojtyłas, früher ebenfalls Schauspieler, hatte ich ein Gespräch mit dem bedeutenden deutsch-amerikanischen Historiker Fritz Stern (Columbia University) in Tübingen. Meine Frage damals: »What does the United States need? – Was brauchen die Vereinigten Staaten?« Meine ironische und zugleich ernste Antwort: »An actor – einen Schauspieler!« Einen Präsidenten, der wie der neu gewählte Papst Karol Wojtyła eine reaktionäre Lehre und Politik mit dem Charisma des großen Kommunikators seinem Publikum verkaufen kann. »Du wärest ein großer Darsteller geworden, wenn Du beim Theater geblieben wärest«, davon berichtet Johannes Paul II. stolz selber in seinen »Erinnerungen und Gedanken« (Augsburg 2004, S. 101). Er verfügt jetzt nicht mehr nur über die »Bretter, die die Welt bedeuten« (Schiller), sondern umgekehrt über die Welt als Theaterbühne für seine Darstellung.

Der Anregung Fritz Sterns zu folgen, einen Artikel »What does the US need?« für die angesehene Zeitschrift »Foreign Affairs« zu schreiben, schien mir damals nicht opportun, aber meine »Prophezeiung« ging mit der Wahl Ronald Reagans in Erfüllung. Wie die katholische Kirche verfügen jetzt auch die USA über einen professionellen Kommunikator, dessen öffentliche Auftritte in den Medien peinlich genau wie ein Bühnenstück oder eine Filmsequenz vorbereitet werden, dessen Reden meist andere verfassen und dessen Macht durch die Massenmedien weltweit ausstrahlt. Wenngleich das große Publikum mit manchen Auffassungen des einen wie des anderen nicht einverstanden ist, so schätzt man doch das gewinnende Auftreten der beiden charismatischen Persönlichkeiten, die beide für relativ schlichte konservative Lehren einstehen: sei es ein starkes Amerika oder eine starke römisch-katholische Kirche. Der eine begründet seine Hochrüstungspolitik mit dem »evil empire« Sowjetunion, der andere – ebenso dualistisch – polemisiert ständig gegen die »Kultur des Todes«. Er meint, die »Kultur des Lebens« zu vertreten: durch das Verbot von Pille und Kondomen sowie durch rigorose Ablehnung jeglicher künstlichen Befruchtung, Abtreibung und Sterbehilfe.

Schaut man nun aus der Perspektive der zweiten Dekade des 3. Jahrtausends zurück auf die Amtsführung der beiden genialen Kommunikatoren, so fällt die Bilanz bei allen positiven Impulsen doch sehr enttäuschend aus: Sowohl Präsident Ronald Reagan wie Papst Johannes Paul II. waren *trotz ihrer medialen Ausstrahlung nur bedingt erfolgreich*:

1. Nicht erreichte Ziele: Reagan hat zentrale Ziele seiner Präsidentschaft – Ausgabenreduktion, Steuererleichterungen, Verschlankung der Regierung – nicht erreicht, weil alles verbunden war mit massiver kostspieliger Hochrüstung. Dies bezeichnete George Bush sen., damals Mitbewerber für die Präsidentschaftskandidatur, als »voodoo economics«. – Wojtyła hat seinen Kampf gegen Pille und Empfängnisverhütung, gegen zivile Ehescheidung und Abtreibung selbst in seiner polnischen Heimat verloren. Sein Verbot einer Diskussion über Zölibat und Frauenordination wurde schlicht nicht beachtet.

2. *Fatale Entwicklungen*: Was der renommierte Historiker von Reagans Präsidentschaft, Michael Schaller (University of Arizona), in seiner sehr fairen Analyse »Ronald Reagan« (Oxford/New York 2011) als negative Bilanz festhält, gilt analog auch für Wojtyła: Reagan initiierte in manchen Feldern der Gesellschaft einen Wandlungsprozess, der das Verhältnis zwischen den amerikanischen Bürgern und ihren herrschenden Institutionen nach wie vor bestimmt: zwar keine »Reagan-Revolution«, aber eine anhaltende »Reagan-Evolution«. – Es gab auch keine »Wojtyła-Revolution«, aber eine anhaltende »Wojtyła-Restauration«. Und wie die »Reagan-Evolution« am Ursprung der unter George W. Bush deutlich werdenden finanziellen, wirtschaftlichen, politischen und ideologischen Krise des angestrebten »American Empire« steht, so die Wojtyła-Restauration am Ursprung der Glaubwürdigkeits- und Führungskrise des päpstlichen Imperium Romanum im zu rechristianisierenden Europa.

3. *Konservative Grundhaltung*: Karol Wojtyła und Ronald Reagan, so verschieden sie in Herkunft und Charakter waren, verband vieles: neben dem medienwirksamen Auftreten vor allem die konservative Grundhaltung, dem katholischen Polen von Haus aus mitgegeben, dem ursprünglichen New-Deal-Demokraten und Vertreter der Schauspielergewerkschaft Reagan zugewachsen durch seine Konversion zu den vermögenden Republikanern Kaliforniens. Beide vertraten – der Papst grundsätzlich-dogmatisch, der Präsident pragmatisch-

taktisch – eine rigorose Sexualmoral. Wojtyła hatte schon als Kardinal in Rom für die Position der »Pillen«-Enzyklika »Humanae vitae« intrigiert und sie als Papst, statt sie zu revidieren, vielfach bestätigt. Reagan bekannte sich als Kandidat und Präsident zu den »traditional family values«. Wie der Papst ignorierte der Präsident die sich rasch ausbreitende Aids-Epidemie und propagierte für Jugendliche allein sexuelle Abstinenz zur Verhütung.

4. *Diskrepanz zwischen Worten und Taten*: Reagan unternahm zum Ärger vieler Evangelikaler aber keine großen Anstrengungen, um die Forderungen der rigorosen Sexualmoral durch die Gesetzgebung des Kongresses zu bringen oder eine Verfassungsänderung zu erreichen; sein eigenes Familienleben war alles andere als vorbildlich. – Wojtyła hat die Menschenrechte in der Welt gepriesen, sie aber in der Kirche verweigert: Die Freiheit der theologischen Forschung wurde unterdrückt, der Eintritt von Frauen in höhere kirchliche Ämter verhindert. In seinen Verlautbarungen setzte sich der Papst für die Armen ein, versuchte aber durch kirchliche Dokumente und Bischofsernennungen, die sich für die Armen praktisch einsetzende Befreiungstheologie und Iglesia popular zu vernichten. Seine vier aufwendigen Triumphreisen durch Mexiko ließ er sich bezahlen von Msg. Maciel, dem lasterhaften Gründer der »Legionäre Christi«, beziehungsweise von dessen beiden reichen Geliebten. Bis zu seinem Tod hielt er die schützende Hand über diesen »zölibatären« Bigamisten und Schänder der eigenen Seminaristen. Auch gab er sich als Freund Afrikas, wurde aber wegen seiner Ablehnung von Pille und Kondom sowie seiner Parole in Kenia »Wachset und mehret euch« als ein Hauptverantwortlicher für die Bevölkerungsexplosion und Ausbreitung von Aids in Afrika scharf kritisiert.

5. *Arrangement mit Diktatoren und Tyrannen*: Reagan unterstützte Diktaturen wie die von Marcos auf den Philippinen und von Duvalier auf Haiti und bekämpfte mit illegalen und unmoralischen Methoden (Iran-Contragate) die Revolution

in Nicaragua gegen das diktatorische Regime des grausamen Somoza-Clans. – Wojtyła streckte in Chile dem Diktator General Augusto Pinochet, an dessen Händen das Blut von ungezählten Menschen klebte, sehr freundlich die Hand entgegen und unterstützte auch in Argentinien das grausame Militärregime, das seine Opfer sogar lebend aus Flugzeugen ins Meer werfen ließ. Dagegen drohte er dem vor ihm knienden Befreiungstheologen Ernesto Cardenal in Nicaragua in aller Öffentlichkeit mit beiden erhobenen Zeigefingern – ein vielsagendes Bild, das um die Welt ging. Reagan, der den Papst im Vatikan und auf einem geheimnisvollen Treffen in Alaska traf, verfolgte als glühender Antikommunist dieselbe Politik gegen die Befreiungstheologie in Lateinamerika; als ausgezeichneter Verbindungsmann zwischen ihm und dem Vatikan fungierte der CIA-Chef und konservative Katholik William Casey.

6. *Überschätzter Beitrag zur Überwindung des Ost-West-Konflikts*: Die Wahl eines polnischen Bischofs zum Papst 1978 veränderte die Situation im Ostblock, aber politisch wirksam wurde dies erst zehn Jahre später durch den Amtsantritt von Michail Gorbatschow 1985, der zur Verbesserung der Beziehungen zwischen Washington und Moskau und 1988 zur Aufhebung des Kriegsrechts in Polen führte. Beigetragen hatte dazu auch Papst Wojtyłas jahrelange Unterstützung der regimekritischen Gewerkschaft Solidarność, von 1980 bis 1990 unter Führung von Lech Wałesa. Doch nicht zu vergessen ist dabei die Rolle der Dissidenten vor allem in Polen, der ČSSR und der DDR. – Nicht Reagans Hochrüstung und Ankündigung des (von Moskaus Experten von vornherein als ineffizient eingestuften) Raketenabwehrsystems im All (SDI) hat eine Änderung der sowjetischen Politik erzwungen, sondern die innenpolitischen Probleme der Sowjetunion, das marode Wirtschaftssystem im Ostblock, die Ressourcenverschleuderung durch die militärische Hochrüstung und schließlich die Implosion des ganzen diktatorialen Sowjetimperiums.

7. Unglückliche Endphase: Reagan, von seinen bisherigen engsten Mitarbeitern verlassen, zeigte Schwächen, politisches Stolpern und möglicherweise frühe Symptome von Alzheimer. Mehr Geldgier als präsidiale Würde legte er zum Missfallen vieler Amerikaner an den Tag, als er sogleich nach seinem Rücktritt gegen ein Millionen-Dollar-Honorar die Einladung in eine japanische Firma annahm, ihr aber dafür nur einige Minuten schenkte. – Wojtyła überließ die Kirchenleitung in seinen letzten Jahren zunehmend Kurialen – vor allem seinem Privatsekretär Stanislaw Dziwisz –, die Kriminelle wie Msg. Maciel oder den Kinderschänder-Kardinal Groër (Wien) und ungeeignete Bischöfe protegierten. Statt in Anlehnung an die vom Konzil beschlossene Altersgrenze für Bischöfe (75 Jahre) selber freiwillig rechtzeitig zurückzutreten, wollte Wojtyła an Amt und Macht unbedingt festhalten und musste auch noch sein Sterben für die mediale Öffentlichkeit zelebrieren. Was manche Papstbewunderer als heroisch ansahen, empfanden andere Menschen als peinlich. Hätte es sich um einen Staatschef gehandelt, hätte man schon längst seinen Rücktritt verlangt und durchgesetzt. Es ist seinem Nachfolger Benedikt XVI. hoch anzurechnen, dass er beim Nachlassen seiner Kräfte das Verantwortungsgefühl und den Mut aufbrachte, am 28. Februar 2013 von seinem Amt zurückzutreten.

Verhängnisvolles Erbe des polnischen Papstes und des US-Präsidenten

Schon aufgrund ihres Antikommunismus hatten sich Präsident Reagan und Johannes Paul II. bestens verstanden. Gemeinsam ist Präsident wie Papst ein Erbe, das bei allen positiven Erfolgen bedenkliche negative Aspekte zeigt, wie es sich mir vor allem in meinen beiden Gastsemestern an der Rice University in Houston/Texas 1987 und 1989 manifestierte:

Wojtyła ist zusammen mit seinem deutschen Chefideologen Kardinal Ratzinger verantwortlich für den in unseren Tagen sichtbaren Niedergang der katholischen Kirche. Er konnte die Mehrheit der Katholiken in den entwickelten Ländern von seinen rigoristischen Moralpositionen nicht überzeugen. Wohl aber vermochte er durch eine autoritäre Personalpolitik und die Ernennung vatikankonformer, oft unfähiger, ja moralisch zweifelhafter Bischöfe, einen servilen Episkopat und zunehmend totalitäre Kirchenstrukturen zu schaffen, die keinen Dissens und keine Opposition zulassen wollen. Wojtyła ist durch seine Abschaffung der von Paul VI. eingeführten einfachen Dispenspraxis vom Zölibat und durch die weltweite systematische Vertuschung der massiven sexuellen Übergriffe im Klerus verantwortlich für den katastrophalen Vertrauenszerfall der katholischen Kirche und, besonders in den fortgeschrittenen Demokratien des Westens, für den Auszug Hunderttausender aus der katholischen Kirche und der inneren Emigration von Millionen.

Der US-Präsident vereint in sich zwar nicht alle legislative, exekutive und judikative Gewalt wie der absolutistisch regierende Papst, aber er besitzt neben der höchsten exekutiven Gewalt auch ein Vetorecht gegenüber der Legislative und entscheidenden Einfluss auf die Judikative. Durch die Ernennung von 400 zumeist konservativen Bundesrichtern (»Federal Judges«), alle auf Lebenszeit, und besonders durch vier Ernennungen in den Obersten Gerichtshof (»Supreme Court«) und eines neuen Obersten Richters (»Chief Justice«) kam es in den USA seit Reagan allgemein zu einer konservativen Ausrichtung der Justiz im Straf- wie im Zivilrecht, besonders was Rassen-, Alters- und Geschlechterdiskriminierung und die Rolle von Religion im öffentlichen Leben betrifft. Auch aufgrund seiner übertriebenen Deregulierung des Finanzwesens (mit ihren verheerenden Auswirkungen auf die Weltwirtschaft!) steht Reagan am Anfang eines nationalen und weltpolitischen Niedergangs der Vereinigten Staaten, der mit den mutwilligen Kriegen unter Präsident Bush jun. seinen Tiefpunkt erreicht.

Angemerkt sei zum Schluss dieses Vergleichs, dass Papst Wojtyła noch viel direkter als Reagan die Wahl seines Nachfolgers beeinflusste, indem er Kardinal Ratzinger, den schon mächtigen Chef der Glaubensinquisition, auch noch zum Dekan des Kardinalskollegiums machte. Als solcher leitete dieser 2005 die Totenfeier für Johannes Paul II. (in der ersten Reihe die Familie des Kriegspräsidenten George W. Bush), aber auch die neu eingeführten streng geheimen Versammlungen der Kardinäle zur Lage der Kirche und zur Vorbereitung der Wahl. Zu all dem hielt er noch, was viele als Wahlrede verstanden haben, zur Eröffnung des Konklave am 18. April 2005 eine berühmt-berüchtigte Predigt gegen die »Diktatur des Relativismus«. Auch in diesem Fall war die Öffentlichkeit überrascht, dass er zum Papst gewählt wurde.

Der todkranke Papst – Symbol einer altersschwachen Kirche

Johannes Paul II. ist in seinen letzten Jahren ein höchst gebrechlicher, teils gelähmter, trotz aller Medikamente kaum noch sprechfähiger Papst. Er leidet an der langsam wirkenden, zerstörerischen Parkinsonkrankheit. Manche bewundern seine Durchhaltekraft, die sie bei einem kranken US-Präsidenten oder deutschen Bundeskanzler nie bewundern würden. Andere fühlen sich abgestoßen von einem eigensinnigen Amtsträger, der, statt sich christlich in seine Endlichkeit zu fügen und das Amt für einen Nachfolger frei zu machen, sich in einem notorisch undemokratischen System mit allen Mitteln an die Macht klammert und einen Großteil der Arbeit seinem polnischen Sekretär Stanisław Dziwisz überlässt.

Denn um die Macht geht es, natürlich hinter dem sakralen Szenario – für den Papst persönlich wie für die realen Machthaber um ihn herum. Das sollte man bei allem Mitleid nicht fromm bemänteln. Tagtäglich gehen ja aus der römischen Zentrale im Namen des Papstes Personalernennungen, Dekrete, Weisungen, Verurteilungen, Rechnungen in alle Welt, die

das autoritäre System absichern und die gegenwärtige Machtkonstellation auch für die Zukunft garantieren wollen.

Nüchtern betrachtet: Auch für viele Katholiken ist dieser
ans Ende seiner Kräfte gekommene Papst das Symbol einer
»Potemkinschen« Kirche, die hinter glänzender Fassade ver-
knöchert und altersschwach geworden ist. Zwar funktioniert
in Rom und auf Reisen mit Hilfe römisch gesinnter »Movimenti« (neuerer konservativer Laienbewegungen) und Medien
ein finanzstark organisierter und medial geschickt inszenier-
ter triumphalistischer Personenkult. Dahinter aber lebt in den
meisten Ländern eine Kirche in Dauerkrise mit ausgedünn-
ten, überalterten Kadern und drastischem Mitgliederschwund.
Von der Hochstimmung zur Zeit des Zweiten Vatikanischen
Konzils (1962–65) ist wenig übrig geblieben.

Der Horizont der konziliaren Erneuerung, ökumenischen
Verständigung und Öffnung zur Welt erscheint verhangen und
die Zukunft düster. Gerade in Europa und Nordamerika haben
viele resigniert, sich gar verzweifelt abgewandt von dieser um
sich selbst kreisenden Hierarchie. Überall aber kämpfen noch
immer tapfer sich abmühende Seelsorger – Priester wie Laien-
theologen (darunter besonders viele Frauen!) – gegen den
katastrophalen Priestermangel und die kosmetischen Pläne
der Bischöfe für immer größere »Seelsorgeeinheiten« an, die
Kirchenpersonal wie Gemeindemitglieder überfordern. Selbst
ein Mann der Kurie wie Kardinal Walter Kasper (Präsident des
Einheitssekretariats) stellt in den späten Wojtyła-Jahren eine
»Hoffnungskrise« der Kirche fest.

In der Tat, wenig Hoffnung haben unter diesem autoritären
Regime besonders:

die *Frauen*, die von rigoristischer Sexualmoral diskriminiert
und von allen höheren Weihen und damit kirchenleitenden
Positionen für alle Ewigkeit ausgeschlossen sein sollen;

die *Männer*, die sich als Priester zum besonderen Dienst an
den Gemeinden bereit erklärt haben und denen deshalb die
Ehe evangeliumswidrig für immer verboten sein soll;

die wiederverheirateten *Geschiedenen*, die von der Teilnahme an der Mahlgemeinschaft auf Dauer unbarmherzig ferngehalten werden sollen;

die *Angehörigen anderer Konfessionen*, denen die eucharistische Gastfreundschaft verweigert wird.

Neue Hoffnung wird erst dann wieder aufleuchten, wenn man sich in Rom und im Episkopat neu nach dem Kompass des Evangeliums richtet: Der radikalen *Reform* bedarf vor allem die autoritäre Kommandostruktur. Nicht mehr erträglich ist heutzutage ein *Papst*, der zwar behauptet, Diener aller zu sein, sich aber faktisch als hierarchischer Alleinherrscher aufführt. Selbst angesichts gröbster Missstände denkt er nicht daran, auf Stimmen von außen zu hören. Er nimmt Realitäten nicht wahr und ist zu keiner Kurskorrektur bereit. Was man US-Präsident George W. Bush jun. und seinem Team vorwarf, das die USA in den ausweglosen Irakkrieg geführt hat, lässt sich analog auch von Karol Wojtyła und seinem Team sagen: selbstgerechte Amtsarroganz, Verachtung der kritischen Öffentlichkeit, Ignorieren von Expertenrat, sture Weigerung, von eigenen Fehlern zu lernen oder auch nur sie zuzugeben ...

Erfreulich nur, dass der Papst eindeutig gegen den Irakkrieg und überhaupt den Krieg Stellung genommen hat! Die Rolle des polnischen Papstes beim Zusammenbruch des Sowjetimperiums wird ebenfalls zu Recht hervorgehoben. Sie wird aber von Papst-Propagandisten erheblich übertrieben. Denn das Sowjetregime ging, wie gesagt, nicht am Papst zugrunde (vor Gorbatschows Amtsantritt hatte er nichts erreicht): Es implodierte wegen der wirtschaftlich-sozialen Widersprüche des Sowjetsystems selbst.

Selbstverständlich haben besonders die *Bischöfe* eine große Verantwortung für die gegenwärtige Krise. Nicht »Sakristane des Papstes« sollten sie nach dem Vatikanum II sein, sondern auch vom Kirchenvolk anerkannte Leiter ihrer Ortskirchen. Größere Eigenständigkeit und Mut zum Handeln wären von ihnen zu erwarten. Statt konformistisch, opportunistisch und servil auf den selbstherrlichen Pontifex fixiert zu sein, müssten sie bei aller Loyalität dafür sorgen, dass der Kurs nach dem Evangelium eingehalten wird und die Seelsorge nicht zusammenbricht. Ungeeignet für das Bischofsamt ist, wer selbst dann, wenn die Kirche in Not ist und immer weniger ordinierte Seelsorger immer weniger Eucharistiefeiern halten können, trotz besseren Wissens dem Papst nicht ins Angesicht zu widersprechen wagt, sondern schweigt, verschleiert, abwiegelt und vertröstet. Nicht dem »Stellvertreter« Christi (ein Titel aus dem Mittelalter) sind Bischöfe und Seelsorger dieser Kirche letztlich verantwortlich, sondern Christus, dem Herrn selber, der sich nie für die absolute Vor- und Vollmacht eines einzelnen Hierarchen ausgesprochen hat, sondern dem das Wohlergehen aller – »ihr alle seid Brüder« – am Herzen lag.

Doch trotz aller Mitverantwortung der Bischöfe für die Hoffnungskrise der Kirche: die *Hauptverantwortung* trägt selbstverständlich der *Papst selbst*, dem das Erste Vatikanische Konzil 1870 bibel- und traditionswidrig einen absolutistischen Jurisdiktionsprimat und Unfehlbarkeit zugesprochen hat; meine ausführlich begründete »Anfrage: Unfehlbar?« (1970) ist nie beantwortet worden. Sie bleibt auf der Tagesordnung von Theologie und Kirche.

27 Jahre Pontifikat haben meine Kritik leider voll bestätigt. Diese versteht sich nicht etwa als Psychogramm, als umfassende psychologische Beschreibung der Persönlichkeit Karol Wojtyłas. Sie bietet vielmehr eine auf Fakten beruhende nüchterne Analyse seines Pontifikats, der päpstlichen Amtsausübung, der Aktivitäten und Unterlassungen von Johannes Paul II., die sich bis heute auf die Lage der katholischen Kirche auswirken. Hierbei manifestiert sich Karol Wojtyła leider als der widersprüchlichste Papst des 20. Jahrhunderts. Es ist tragisch: Ein Papst so vieler großer Gaben – und so vieler falscher Entscheidungen! Vereinfacht auf einen Nenner gebracht: Wojtyłas »Außenpolitik« verlangt von aller Welt Bekehrung, Reform, Dialog. Im krassen Widerspruch dazu aber

seine »Innenpolitik«, die auf Restauration des Status quo ante Concilium, auf Reformverhinderung, Verweigerung des innerkirchlichen Dialogs und absolute römische Herrschaft in der Christenheit abzielt. Auf mehreren Problemfeldern zeigt sich diese Widersprüchlichkeit. Dabei anerkenne ich ausdrücklich die positiven Seiten dieses charismatischen Pontifex, die indes von offizieller und offiziöser Seite ständig einseitig hervorgehoben werden, und konzentriere mich auf die fragwürdigen Aspekte. Je mehr sich jemand in dieser Kirche engagiert, umso stärker leidet er oder sie unter diesen Widersprüchen.

Im Widerspruch zur modernen Welt

Johannes Paul II. vertritt die Menschenrechte nach außen, aber verweigert sie nach innen Bischöfen, Theologen, engagierten Gläubigen, den Frauen vor allem.

Der Vatikan – früher entschiedener Feind der Menschenrechte, heutzutage aber gerne bereit, in Europas Politik mitzumischen – darf die Menschenrechtskonvention des Europarates nach wie vor nicht unterzeichnen; allzu viele Kanones des mittelalterlich-absolutistischen römischen Kirchenrechtes müssten zuvor geändert werden. Gewaltenteilung – Grundlage jeder modernen Rechtspraxis – ist in der römisch-katholischen Kirche unbekannt. Keine Spur von fairen Verfahren: In Streitfällen fungiert ein und dieselbe vatikanische Inquisitionsbehörde als Gesetzgeberin, Anklägerin und Richterin.

Folgen: ein serviler Episkopat und unhaltbare Rechtszustände. Wer als Pfarrer, Theologe oder Laie mit der höheren kirchlichen Instanz in einen Rechtsstreit gerät, hat kaum eine Chance, Recht zu bekommen – außer vielleicht vor einem staatlichen Gericht.

Dieser Papst predigt eindrücklich gegen Massenarmut und Elend in der Welt, aber gleichzeitig macht er sich mit seiner Einstellung zur Geburtenregelung und Bevölkerungsexplosion an diesem Elend mitschuldig.

Auf seinen vielen Reisen und auch gegenüber der UN-Bevölkerungskonferenz in Kairo 1994 nahm dieser Papst gegen Pille und Kondome Stellung und dürfte deshalb mehr als jeder Staatsmann mitverantwortlich sein für ein unkontrolliertes Bevölkerungswachstum in manchen Ländern und die Aids-Ausbreitung besonders in Afrika.

Folgen: Selbst in traditionell katholischen Ländern wie Spanien, Irland und Polen lehnt man offen oder schweigend die rigoristische päpstliche Sexualmoral ab und wehrt sich gegen römisch-katholischen Moralrigorismus. Gerade junge Polen wenden sich zunehmend von der Kirche ab. Der Einfluss der Kirche in Polen schwindet seit dem Tod des polnischen Papstes im April 2005 beständig – und der Gottesdienstbesuch nahm erheblich ab. Dass Abgeordnete, die für eine staatliche Subventionierung der In-vitro-Befruchtung stimmten, mit der Exkommunikation bedroht wurden, stieß auf viel öffentliche Kritik.

Gerne präsentiert sich der Papst als Lobredner der Ökumene, aber zugleich belastet er stark die Beziehungen zu den orthodoxen wie den reformatorischen Kirchen und verhindert die Anerkennung ihrer Ämter und die Abendmahlsgemeinschaft.

Der Papst hätte endlich – wie mehrfach von ökumenischen Studienkommissionen empfohlen und von vielen Pfarrern vor Ort praktiziert – die Ämter und Abendmahlsfeiern der nichtkatholischen Kirchen anerkennen und eucharistische Gastfreundschaft erlauben können. Auch hätte er den übersteigerten mittelalterlichen Machtanspruch in Lehre und Kirchenleitung gegenüber Ostkirchen und reformatorischen Kirchen zurückschrauben und auf Einsetzung römisch-katholischer Bischöfe in Gebieten der russisch-orthodoxen Kirche (bis ins ferne Sibirien) verzichten können. Er könnte es tun, aber er will es nicht. Vielmehr will er das römische Machtsystem erhalten und ausbauen. Deshalb fromme Doppelzüngigkeit: Die römische Macht- und Prestigepolitik wird verschleiert durch ökumenische Fensterreden, leere Gesten und bewusste Jovialität des Papstes und seiner Kardinäle, die jedoch vielfach unter Ökumene noch immer anachronistisch die »Unterwerfung« der östlichen Kirchen unter den römischen Primat verstehen und die »Rückkehr« der Protestanten – denen im Jahr 2000 in der vatikanischen Erklärung »Dominus Iesus« (welch ein Missbrauch seines Namens!) sogar das Kirche-Sein abgesprochen wird – ins römisch-katholische Vaterhaus im Auge haben.

Folgen: Die ökumenische Verständigung wird nach dem Vatikanum II blockiert, und die Beziehungen zu den orthodoxen und protestantischen Kirchen werden trotz äußerer Freundlichkeiten unsäglich belastet. Das absolutistische Papsttum erweist sich wie schon im 11. und im 16. so auch im 21. Jahrhundert als das größte Hindernis für eine Einheit der christlichen Kirchen in Freiheit und Vielfalt.

Dieser Papst sucht zwar das Gespräch mit den Weltreligionen, aber zugleich disqualifiziert er die nichtchristlichen Religionen als defizitäre Formen von Glauben.

Der Papst versammelt bei Reisen oder »Friedensgebeten« gerne Würdenträger anderer Religionen (und Kirchen) um sich und gibt sich volkstümlich. Aber von einem vertieften Eingehen auf deren berechtigte theologische und praktische Anliegen ist wenig zu spüren. Vielmehr versteht er sich auch im Zeichen des Dialogs im Grunde noch als »Missionar« alten Stils.

Folgen: Das rückwärtsgewandte zentralistische Kirchenbild der Restaurationspäpste erweist sich als dialog- und reformfeindlich. Das Misstrauen gegenüber dem römischen Imperialismus erhält reichlich Nahrung und ist nach wie vor weitverbreitet. Und dies nicht nur unter den anderen christlichen Kirchen, sondern auch in Judentum und Islam und erst recht in Indien und besonders in China.

Widersprüche in der Frömmigkeit

Der große Marienverehrer predigt hehre Frauenideale, aber zugleich verbietet er den Frauen die Pille und verweigert ihnen die Ordination.

Attraktiv für viele traditionell katholische Frauen (besonders manche Ordensfrauen), stößt dieser Papst moderne Frauen ab, weil er sie »unfehlbar« mit Berufung auf den Willen Gottes für alle Ewigkeit von höheren Weihen ausschließt und Empfängnisverhütung zur »Kultur des Todes« rechnet. Aber selbst viele der Frauen, die an päpstlichen Massenveranstaltungen teilnehmen, lehnen die päpstliche Lehre gegen die Empfängnisverhütung ab.

Folgen: Zwiespalt zwischen äußerem Konformismus und innerer Gewissensautonomie, der wie etwa in der Auseinandersetzung um die von fortschrittlichen katholischen Einrichtungen geleistete Schwangerschaftskonfliktberatung in Deutschland auch römisch gesinnte Bischöfe von den Frauen entfremdet und so zu wachsendem Exodus bisher noch kirchentreuer Frauen führt.

Der Papst aus Polen betreibt eine inflationäre Zahl von Heiligsprechungen, aber zugleich lässt er die Inquisition gegen missliebige Theologen, Priester, Ordensleute vorgehen.
Johannes Paul II. hat in den 27 Jahren seines Pontifikats 1338 Menschen selig- und 482 heiliggesprochen, das sind mehr als doppelt so viele wie alle seine Vorgänger in den letzten 400 Jahren zusammen. Diese Prozesse sind mit hohen, streng geheim gehaltenen Kosten verbunden. Manche Ordensgemeinschaft hat deshalb beschlossen, die Hunderttausende lieber für pastorale oder soziale Unternehmungen einzusetzen. Heiligsprechungen von Päpsten durch Päpste erscheinen ohnehin vielen als Ausdruck eines unbiblischen Personenkults. Die mit großem Profit für die Kurie verbundenen »Prozesse« erscheinen vielfach als politisch instrumentalisiert und kom-

merzialisiert. Selig- und heiliggesprochen werden vor allem fromme Nonnen und Kleriker (Ordensgründer/-innen) oder Päpste wie der antidemokratische, antisemitische, autoritäre Unfehlbarkeitspapst Pius IX. (ausbalanciert mit Johannes XXIII.). Seliggesprochen werden auch der Habsburger Kriegskaiser Karl I. und der historisch wenig heiligmäßige Opus-Dei-Gründer Msg. Josemaría Escrivá de Balaguer. Im Gegensatz dazu werden vor allem Männer und Frauen (besonders Ordensfrauen!) inquisitorisch verfolgt, die sich durch kritisches Denken und energischen Reformwillen auszeichnen. Wie Pius XII. die bedeutendsten Theologen seiner Zeit (Chenu, Congar, de Lubac, Rahner, Teilhard de Chardin) verfolgen ließ und oft zum Schweigen verurteilte oder ihnen ein Publikationsverbot auferlegte, so verfuhren Johannes Paul II. und sein Großinquisitor Ratzinger mit Schillebeeckx, Balasuriya, Boff, Bulányi, Curran, Fox, Drewermann sowie Bischof Gaillot (Évreux) und Erzbischof Hunthausen (Seattle).

Folge: In vielen Ländern fehlen heute katholische Intellektuelle und Theologen vom Format der Konzilsgeneration – Resultat eines Klimas des Verdachts, das kritische Denker und Denkerinnen unter diesem Pontifikat umgibt. Eine Überwachungskirche, in der sich Denunziantentum, Angst und Unfreiheit breitmachen. Manche Bischöfe verstehen sich als römische Statthalter statt als Diener des Kirchenvolkes, und zu viele Theologen schreiben Konformes oder – schweigen. Katholische Theologie ist wieder über weite Strecken langweilig geworden und hat an den Universitäten an Ansehen gefährlich eingebüßt. Eine Studie der Deutschen Bischofskonferenz von 2012 prophezeit der Kirche einen »massiven Substanzverlust«; ihr drohe, »als zeitgenössischer Ansprechpartner nicht mehr ernst genommen zu werden«. Ein Kommentar bemerkt dazu: »Im 20. Jahrhundert gehörten die katholischen Theologen aus Deutschland zu den besten weltweit, Joseph Ratzinger, der heutige Papst, Kirchenkritiker Hans Küng, der römische Kardinal Walter Kasper und der Mainzer Kardinal Karl Lehmann gaben entscheidende Impulse zur Erneuerung der Theologie. Doch die geistige Elite stirbt aus.« (»Der Tagesspiegel«, Berlin 4. 10. 2012)

Der Papst aus Polen wirkt als glaubensstarker Repräsentant eines christlichen Europa, aber seine triumphalistischen Auftritte und reaktionäre Politik fördern wider Willen die Kirchenfeindlichkeit, ja, Aversion gegen das Christentum.

Durch politische Interventionen – so etwa in Deutschland gegen Parlament und Episkopat im Fall der Schwangerschaftskonfliktberatung – lässt die römische Kurie erkennen, dass man die rechtliche Trennung von Staat und Kirche wenig respektiert. Ähnlich versucht der Vatikan (über die Fraktion der Europäischen Volkspartei), auch auf das Europäische Parlament Druck auszuüben, indem er die Bestellung besonders romtreuer Gutachter etwa für Fragen der Abtreibungsgesetzgebung fördert. Statt überall für vernünftige Lösungen in der Mitte einzutreten, stärkt die römische Kurie durch Proklamationen und geheime Agitation (über Nuntiaturen, Bischofskonferenzen, »Freunde«) weltweit die Polarisierung zwischen Abtreibungsgegnern und Abtreibungsbefürwortern, zwischen Moralisten und Libertinisten.

Folgen: Die klerikalistische römische Politik verstärkt ungewollt die Front dogmatischer Antiklerikaler und fundamentalistischer Atheisten. Sie weckt aber darüber hinaus auch bei Gemäßigten Misstrauen gegenüber dem Missbrauch der Religion zu politischen Zwecken. Deshalb wächst im Europäischen Parlament die Opposition gegen die Nennung Gottes in der europäischen Verfassung und sogar gegen die Erwähnung der doch unbestreitbaren christlichen Wurzeln Europas. Im Vatikan fühlt man sich wegen der wachsenden Publizität verbreiteter Missstände im Klerus und vor allem wegen des deutlichen Mangels an wirklicher Kommunikation des Papstes mit der Basis zunehmend in der Defensive und beklagt sich nun groteskerweise seinerseits über »Inquisition«.

Als charismatischer Kommunikator und Medienstar wirkt dieser Papst bis ins hohe Alter besonders auf die Jugend, aber er stützt sich dabei vor allem auf die »neuen Bewegungen« italienischer Herkunft, auf das in Spanien beheimatete »Opus Dei« und ein kritikloses papsttreues Publikum – alles symptomatisch für den Umgang des Papstes mit der Laienschaft und seine Gesprächsunfähigkeit gegenüber kritischem Publikum und einzelnen Theologen.

Auf Kosten der Ortsgemeinden werden die unter Aufsicht Roms stehenden neuen Laienbewegungen bevorzugt: Focolare, Comunione e Liberazione, St. Egidio, Legionäre Christi, Regnum Christi ... Die von ihnen getragenen großen regionalen und internationalen Weltjugendtreffen ziehen Hunderttausende junger Leute an, viele gutwillig, zu viele kritiklos. In Zeiten der Sinnsuche und des Mangels an überzeugenden Leitfiguren suchen sie vor allem den gemeinsamen religiösen »Event« und »Johannes Paul Superstar«. Die persönliche Ausstrahlung des Papstes ist ihnen meist wichtiger als die von ihm verkündete Dogmatik und Moral. Die Auswirkungen auf das Gemeindeleben aber sind gering.

Fragen von Jugendlichen an den Papst, die ihn auf seiner ersten Deutschlandreise in arge Verlegenheit gebracht hatten, werden später nirgendwo mehr zugelassen. Für den Weltjugendtag in Köln 2005 werden schon in der Vorbereitung inhaltliche Auseinandersetzungen durch »ungefährliche« Symbolhandlungen (monatelanges Tragen des »Jugendtagskreuzes« durch die Lande) ersetzt. Mit Mitteln massenpsychologischer Beeinflussung und instrumentalisierten Claqueuren werden die Treffen zu den erwünschten Jubelereignissen. Getreu seinem Wunschbild einer uniformen Gehorsamskirche sieht der Papst die Zukunft der Kirche fast ausschließlich in jenen gut kontrollierbaren konservativen Laienbewegungen. Dazu passt der offensichtliche Vertrauensentzug gegenüber dem konziliar orientierten Jesuitenorden: von den früheren Päpsten bevorzugt, doch in der Ära Wojtyła aufgrund seiner

intellektuellen Qualität, kritischen Theologie und befreiungs-
theologischen Optionen als Sand im Getriebe der päpstlichen
Restaurationspolitik empfunden. Stattdessen schenkt Karol
Wojtyła schon als Krakauer Erzbischof sein volles Vertrauen
dem finanz- und einflussmächtigen, aber undemokratischen
und in der Vergangenheit mit faschistischen Regimen kompromittierten Geheimbund »Opus Dei«, der vor allem in Finanzwelt, Politik und Publizistik aktiv ist. Durch einen besonderen Rechtsstatus entzieht er ihn der Aufsicht der Bischöfe.

Folgen: Die kritischeren Jugendlichen aus Verbänden und
Gemeinden (außer Ministranten) bleiben den großen Treffen
meist fern, die nichtorganisierten »Durchschnittskatholiken«
ohnehin. Katholische Jugendverbände, die nicht auf römischer
Linie liegen, werden auf römisches Geheiß durch Finanz-
entzug vonseiten der Ortsbischöfe diszipliniert und finanziell
ausgehungert. Frühere engagierte Jugendarbeit ist vielfach ab-
gestorben, da Unterstützung in erster Linie den »Bewegungen«
zukommt, und die Zahl der früher zahlreichen Jugendkapläne
ist wegen des Zölibatsgesetzes und autoritärer Kirchenstrukturen auf ein Minimum zusammengeschrumpft. Inhaltliche,
auch politische Auseinandersetzung ist auf dieser Ebene einer
substanzarmen »Eventkultur« gewichen. Durch die wachsende
Rolle des erzkonservativen und undurchsichtigen Opus Dei in
vielen Einrichtungen ist ein Klima der Unsicherheit und der
Verdächtigungen entstanden. Ursprünglich kritische Bischöfe
und Kardinäle schmiegen sich dem Opus Dei an, während früher engagierte Laien sich resigniert zurückziehen.

Kirchenreform im Widerspruch

Hier ist nicht der Ort, Gestalt und Amtsführung des Wojtyła-
Papstes erschöpfend zu analysieren. Auf den folgenden Seiten
versuche ich, die inneren Widersprüche dieses Papstes systematisch zusammenzufassen. Dabei lassen sich einzelne Wie-
derholungen nicht vermeiden.

Johannes Paul II. ringt *sich im Jahre 2000 zu einem öffentlichen Sündenbekenntnis für Verfehlungen der Kirche in der Vergangenheit durch, doch hat er daraus kaum praktische reformerische Konsequenzen gezogen.* Das barock-bombastisch in St. Peter mit Kardinälen liturgisch inszenierte Schuldbekenntnis für die kirchlichen Verfehlungen bleibt vage, unspezifisch und doppelbödig. Nur für die Verfehlungen der »Söhne und Töchter der Kirche« bittet der Papst um Vergebung, nicht für die der »heiligen Väter«, der »Kirche selbst« und der anwesenden Hierarchen. Der Papst bezieht nie Stellung zur Verwicklung von Kurienstellen in mafiöse Geschäfte und trägt mehr zur Verschleierung als zur Aufdeckung von Skandalen und Verbrechen bei (Vatikanbank, Banco Ambrosiano, »Selbstmord« Calvis, Behinderung der Justiz im Fall des Vatikanbankiers Marcinkus, Morde in der Schweizer Garde, vgl. Kap. IV). Auch im Aufdecken der Pädophilie-Skandale von Klerikern ist der Vatikan außerordentlich zögerlich. Trotz mancher Bitten empfängt Johannes Paul II. keine Opfer. Vielmehr überhäuft er einen prominenten Täter (angeklagt von prominenten Opfern) in einer großen Zeremonie im Vatikan mit Lob: jenen Mexikaner P. Marcial Maciel Degollado, lasterhafter Gründer der Legionäre Christi (500 Priester und 2000 Seminaristen) und der Laienbewegung Regnum Christi, mittlerweile die noch konservativere Konkurrentin des Opus Dei. Maciels zwei mexikanische Geliebte finanzieren zu einem Gutteil die auffallend häufigen »Pilgerreisen« des Papstes nach Mexiko.

Folgen: Das halbherzige päpstliche Schuldbekenntnis hat keine Folgen: keine Umkehr, keine Taten, nur Worte. Dass das Schuldbekenntnis des Großinquisitors Ratzinger (von diesem nur widerwillig vollzogen) nicht zur Abschaffung der Inquisition führt, fällt schon gar niemandem auf. Es bleibt dabei: Statt nach dem Kompass des Evangeliums, der angesichts der gegenwärtigen Fehlentwicklungen in Richtung Freiheit, Barmherzigkeit und Menschenfreundlichkeit weist, richtet man sich im Vatikan noch immer nach dem mittelalterlichen Recht, das statt einer Frohbotschaft eine anachronistische Drohbotschaft mit Dekreten, Katechismen und Sanktionen bietet. In allen umstrittenen Lehrfragen bleibt das Lehramt unbelehrbar, gegenüber dringenden Reformforderungen taub, stumm und lahm.

Als Weihbischof, dann Erzbischof von Krakau nimmt Karol Wojtyła am Zweiten Vatikanischen Konzil teil. Aber als Papst missachtet er sträflich die dort beschlossene Kollegialität des Papstes mit den Bischöfen und zelebriert erneut den Triumphalismus des Papsttums auf Kosten der Bischöfe.

Bei ständiger verbaler Beteuerung der Treue zum (»richtig« = »römisch« verstandenen) Konzil hat dieser Papst in seiner »Innenpolitik« das Konzil vielfach verraten. Statt der konziliaren Programmworte »Aggiornamento – Dialog – Kollegialität – ökumenische Öffnung« gelten wieder in Doktrin und Praxis »Restauration – Lehramt – Gehorsam – Reromanisierung«. Kriterium für Bischofsernennungen sind nicht der Geist des Evangeliums und pastorale Aufgeschlossenheit, sondern unbedingte römische Linientreue – vor der Ernennung anhand eines kurialen Fragenkatalogs gründlich auf Konformität getestet und in der Bischofsweihe sakral besiegelt durch einen uneingeschränkten Gehorsamseid auf den Papst persönlich, dem Eid deutscher Generäle auf den »Führer« vergleichbar. Die Papstfreunde unter den Bischöfen im deutschen Sprachraum wie Meisner, Dyba, Haas, Groër, Krenn und viele vatikanische Hofbischöfe sind nur gerade die spektakulärsten Fehlgriffe dieser pastoral verheerenden Personalpolitik, die das moralische, intellektuelle und pastorale Niveau des Episkopats gefährlich absinken lässt.

Folgen: Ein weithin stockkonservativer, mediokrer und serviler Episkopat ist die vielleicht schwerste Hypothek dieses überlangen Pontifikats. Die Massen von Jubelkatholiken bei bestens inszenierten Papstmanifestationen können nicht darüber hinwegtäuschen: Die Animosität der breiten Öffentlichkeit und der Medien gegenüber der hierarchischen Selbstherrlichkeit (»Antiklerikalismus«) hat bedrohlich zugenommen.

Karol Wojtyła propagiert ein traditionelles zölibatäres männliches Priesterbild und trägt damit die Mitverantwortung für den katastrophalen Priestermangel und den Zusammenbruch der Seelsorge in vielen Ländern; zugleich verschließt dieser Papst die Augen vor den nicht mehr vertuschbaren Pädophilie-Skandalen im Klerus.

Männern, die sich zum priesterlichen Dienst an den Gemeinden bereit erklärt haben, wird noch immer die Ehe verboten. Dies ist nur ein Beispiel dafür, wie auch dieser Papst sich über die Lehre der Bibel und die große katholische Tradition des ersten Jahrtausends, die kein Zölibatsgesetz für Amtsträger kennen, hinwegsetzt zugunsten des mittelalterlichen Kirchenrechts aus dem 11. Jahrhundert, das Heuchelei fördert. Wenn man von Amts wegen zu einem Leben ohne Frau und Kinder gezwungen wird, ist das Risiko groß, dass eine gesunde Integration der Sexualität misslingt, was – wie wir heute wissen – auch zu pädophilen Akten führen kann. Die Diskussion über sexuellen Missbrauch hat die polnische Kirche erst spät erreicht. Die Bischöfe mauern, statt die Probleme offen zu kommunizieren.

Folgen: Die Kader haben sich ausgedünnt, der Nachwuchs bleibt in vielen Ländern aus. Natürlich spielen dabei auch andere Faktoren eine Rolle: Imageverlust der Kirchen, vermindertes Sozialprestige der kirchlichen Ämter, Schrumpfung der Kirchentreuen, Wohlstandsgesellschaft, andere Bildungs- und Berufschancen. Dies alles macht die Abschaffung der Zölibatsverpflichtung umso dringlicher. Bald werden nicht nur im deutschen Sprachraum fast zwei Drittel der Pfarreien ohne ordinierte Seelsorger und regelmäßige Eucharistiefeiern sein. Dies können auch der (bald versiegende) Priester-Import – allein in Deutschland 1400 aus Polen, Indien und Afrika –

und die von den meisten Gläubigen abgelehnte Zusammen-
legung von Pfarreien zu großen »Seelsorgeeinheiten« nicht
mehr verschleiern. Die Zahl der neuordinierten Weltpriester
in Deutschland ist von 295 im Jahr 1990 auf 81 im Jahr 2010
abgesunken, ein Rückgang um 73 Prozent in 20 Jahren! 2012
liegt das Durchschnittsalter der Aktiven über 60! Der zölibatäre Klerus ist zunehmend am Aussterben. Die Pädophilie-
Skandale von USA bis Österreich und Irland haben überdies
der Glaubwürdigkeit Wojtyłas schwer geschadet und große
Diözesen der USA an den Rand des Bankrotts gebracht.

»Santo subito«?

Am 2. April 2005 stirbt Johannes Paul II. Er gilt für viele –
auch außerhalb Polens – als Heiliger, für Polen aber ist er der
verständlicherweise über alle Kritik erhabene Nationalheilige,
der Polen von der kommunistischen Herrschaft befreien half.
Eine gut inszenierte Kampagne fordert auf dem Petersplatz
schon vor der Trauerfeier mit riesigen Transparenten »Santo
Subito!« die sofortige Heiligsprechung von Karol Wojtyła, Johannes Pauls' II. Ihn sah Joseph Ratzinger – so in seiner Ansprache bei der Trauerfeier – schon vom Himmelsfenster aus
auf die Massen des Petersplatzes herabschauen; er nahm so
die Heiligsprechung persönlich voraus und setzte auch prompt
alle vorgeschriebenen Fristen außer Kraft, um eine möglichst
rasche Heiligsprechung zu erreichen.

Es ist mir nicht bekannt, wie weit die verschiedenen Wider-
sprüchlichkeiten dieses Papstes im Prozess der Seligsprechung
und der Heiligsprechung zur Sprache kamen. Der frühere
Mailänder Erzbischof Kardinal Carlo Maria Martini äußerte
jedenfalls Bedenken gegen eine Heiligsprechung; er fand sie
unnötig. Es wäre Aufgabe des »Advocatus Diaboli« (»Anwalts
des Teufels«) gewesen, gerade die Schattenseiten des Kandidaten deutlich herauszuarbeiten und nicht vorwiegend Kardinäle
und Bischöfe, sondern auch kompetente kritische Theologen

dieses Pontifikats zu befragen. Erst dadurch hätte sich herausgestellt, ob der Seligsprechungs- und Heiligsprechungsprozess Karol Wojtyłas gut begründet war oder nicht.

Aber brauchte es für den Heiligsprechungsprozess bis anhin nicht unbedingt ein Wunder, und zwar ein neues nach der Seligsprechung, möglichst nicht aus Polen, und möglichst nicht bei einer Nonne? Das erwünschte Wunder zeigte sich in Costa Ricas Hauptstadt San José in der Person einer 50-jährigen Hausfrau, Floribeth Mora Díaz. Sie wurde von einer Gefäßerweiterung im Gehirn überraschend geheilt, nachdem sie Johannes Paul II. um Hilfe angerufen hatte. Liest man den ausführlichen Bericht von Alexander Smoltczyk (»Der Spiegel« 10/2014), ist man doch etwas überrascht: »Floribeth Mora hatte in dieser Nacht nicht schlafen können und ferngesehen. Auf dem Fernseher lag die Sonderausgabe der ›Nación‹, mit einem Foto des segnenden Papstes in Schwarz-Weiß. ›Am Morgen schaute ich auf sein Bild in der Zeitung. Ich hörte eine Stimme. Ja, eine männliche Stimme. Ja, auf Spanisch. Sie sagte: ›Steh auf und habe keine Angst.‹ Seine beiden Hände kamen aus dem Foto heraus … ›Si, Señor.‹ Ich konnte in die Küche gehen. Es ging mir etwas besser. Ich spürte eine innere Wärme. Ich war sicher, gesund zu sein, auch wenn mein Körper das Gegenteil sagte. Mein Juan Pablo‹.« Ihr Arzt war dann erstaunt, keinerlei Spuren eines Aneurysmas mehr zu sehen.

In Rom wäre diese wundersame Begebenheit wohl nie bekannt geworden, wenn nicht ein gewisser Pater Dariusz Rás aus Krakau seinen Studienfreund von der römischen Gregoriana, einen Pfarrer in Costa Rica, besucht hätte. Als Gastgeschenk bringt er ihm einen Tropfen Papstblut, mit einem Zertifikat in Latein: »Ex Sanguine Beati Ioannis Pauli Papae.« Der Tropfen war eingetrocknet in einem Stück Stoff und entstammte der letzten Blutentnahme des sterbenden Johannes Paul. Dessen Privatsekretär Stanislaw Dziwisz, unterdessen Erzbischof von Krakau geworden, hat, wie bereits erwähnt, das Vertriebsmonopol auf die vielen Tausend Reliquien (Blutstropfen, Stoffreste …), die er durch seine Emissäre weltweit verteilt.

Der aus Polen nach Costa Rica gebrachte Blutstropfen wurde nun in jener Pfarrkirche in San José zur Schau gestellt. Unter den zahlreichen Pilgern war auch Floribeth Mora, die von ihrer wundersamen Heilung erzählte. Über Pater Dariusz gelangte die Nachricht in den Vatikan. Floribeth Mora erhielt schließlich 1200 Dollar, um sich in Rom mehrere Tage untersuchen zu lassen, und zwar in der Gemelli-Klinik auf demselben Stockwerk, auf dem damals der Papst nach dem Attentat gelegen hatte. Nach verschiedenen Untersuchungen wurde ihre Heilung offiziell als Wunder bestätigt. In der Schlussphase erkundigte sich Erzbischof Stanislaw Dziwisz aus Krakau fast täglich in der Gemelli-Klinik, wie weit man denn mit dem Wunder sei. Ob es nicht einfach eine Spontanheilung war?

Weniger interessiert am Wunder zeigte sich Papst Franziskus, der zur nicht mehr zu verhindernden Heiligsprechung von Johannes Paul II. in eigener Autorität die Heiligsprechung des Konzilspapstes Johannes XXIII. hinzufügte. Er wollte so offensichtlich neben dem konservativen auch den reformerischen Flügel in der katholischen Kirche berücksichtigen. Von Johannes XXIII. konnte nicht in aller Eile ein neues Wunder nachgewiesen werden. So dispensierte Papst Franziskus dann das Ritual von einem Wunder und zeigte, dass ein Wunder anscheinend für eine Heiligsprechung doch nicht wesentlich ist. Diese ereignete sich denn auch am 27. April 2014 auf dem Petersplatz vor einer riesigen Menschenmenge, vor allem aus Polen.

Benedikt XVI. Ratzinger (2005–2013)

16. 4. 1927	Geboren in Marktl, Oberbayern
1951	Priesterweihe. Philosophisch-theologische Studien an der Hochschule Freising und an der Universität München
1958	Professor für Dogmatik und Fundamentaltheologie in Freising
1959	Professor für Fundamentaltheologie an der Universität Bonn
1963	Professor für Dogmatik an der Universität Münster
1966	Auf Vorschlag von Dekan Hans Küng Professor für Dogmatik und Dogmengeschichte an der Universität Tübingen
1969	Professor für Dogmatik und Dogmengeschichte an der Universität Regensburg
1977	Erzbischof von München und Freising und Kardinal
1981	Ernennung zum Präfekten der Kongregation für die Glaubenslehre
18. 4. 2005	Wahl zum Papst als Benedikt XVI.
Seit 28. 2. 2013	»Emeritierter Papst«

VI. Benedikt XVI. – Joseph Ratzinger

Die Zeit der Sedisvakanz – vom Tod des Papstes bis zur Wahl des Nachfolgers – ist die Zeit der Medien: Sie recherchieren, kritisieren, suggerieren, spekulieren ... Ich werde selber in einem Höchstmaß beansprucht. Von allen Seiten kommen Anfragen in allen möglichen Sprachen: durch Rundfunk, Printmedien, Fernsehen. Ich versuche, alle Wünsche nach Interviews und Stellungnahmen zu erfüllen, bin ich mir doch bewusst, dass ich – wenn überhaupt – bestenfalls über die öffentliche Meinung die Papstwahl beeinflussen kann. Doch auf der anderen Seite läuft der kuriale Apparat auf Hochtouren, dirigiert vom Chef des Kardinalskollegiums, Joseph Ratzinger. Er wird später so tun, als habe ihn seine eigene Wahl zum Papst überrascht. Wieweit das stimmt, kann ich nicht beurteilen. Sicher ist nur eines: Joseph Ratzinger hat alles getan, um die Papstwahl im Sinn der römischen Kurie und auch in seinem eigenen zu beeinflussen.

Das domestizierte Konklave (2005)

Der Tag X war ja schon lange erwartet worden. Und Joseph Ratzinger hatte mit Hilfe des Papstes durch eine genaue Planung und Neuordnung alles bestens vorbereitet: Schon 1996 war eine neue Wahlordnung durch das Apostolische Sendschreiben »Universalis Dominici Gregis« dekretiert worden. Die Leitung der Totenfeier, die straffe Durchführung der Vorbereitung des Konklaves durch geheime Sitzungen des Kardinalskollegiums – alles findet unter seiner Leitung statt. Als Präfekt der Glaubenskongregation wäre er nicht zuständig gewesen. Aber er hat sich rechtzeitig zum Dekan des »Heiligen Kollegiums« ernennen lassen, und als solcher ist er nach der neuen Ordnung für alles und jedes zuständig. Die übrigen Chargen mit ihren schönen Titeln scheinen verblasst, die an-

deren Kardinäle fungieren als Statisten außer bei der Stimm-
abgabe im Konklave.

So steht denn Joseph Ratzinger allein der grandios inszе-
nierten Totenfeier auf dem Petersplatz vor. Die anwesenden
Staatschefs und Regierungsvertreter samt der ganzen Klerisei
können sich ihn schon recht gut als Nachfolger vorstellen. In
der Folge aber wird das Kardinalskollegium abgeschottet und
den Kardinälen ein Maulkorb verpasst: Anders als in früheren
Konklaves dürfen sie schon vorher nicht mit Vertretern der
Medien sprechen. Weder sollen sie von diesen Informationen
empfangen, noch sollen sie überhaupt von der öffentlichen
Meinung beeinflusst werden. Zugleich werden sie in den folgenden Tagen voll beschäftigt mit neuartigen Vorbereitungs-
sitzungen, die mit liturgischen Übungen verbunden sind. Es
werden dabei systematisch die anstehenden Probleme der Kirche besprochen – natürlich alles unter der Leitung des Kar-
dinaldekans Ratzinger, der schon in seiner Tübinger Zeit als
Fakultätsdekan Diskussionen entsprechend zu strukturieren,
kanalisieren und dirigieren verstand. Natürlich gibt es jetzt
genügend Vertreter der kurialen Sicht, welche die Kardinäle
auf die römische Linie zu bringen versuchen.

Schließlich findet auch erstmalig ein großer Eröffnungs-
gottesdienst für das Konklave statt, nicht in der Abgeschlos-
senheit der Sixtinischen Kapelle, sondern in St. Peter. Im Vordergrund steht dort die programmatische Rede zur Papstwahl,
die nicht ein päpstlicher Prediger, sondern wieder der Kardinaldekan Ratzinger hält. Es ist jene Rede »Gegen die Diktatur
des Relativismus«, unter welchem Etikett er alle ihm nicht ge-
nehmen modernen Strömungen subsumieren und diskreditieren kann. So präsentiert sich ein erzkonservativer Kardinal
tagtäglich seinen konservativen Kollegen als höchst kundiger
und gewandter »Papabile« – wer könnte das perfekter als er?
Ist dieser Joseph Ratzinger nicht ein Fels in der Brandung der
Zeiten? Soll jemand gegen solche massive Indoktrinierung der
Wahlmänner ankommen? Trotzdem bleibe ich überzeugt, dass

es für Ratzinger im Konklave kaum eine Zweidrittelmehrheit geben würde. Schließlich ist der Präfekt der Glaubensinquisition immer mehr gefürchtet als beliebt unter seinen Kollegen, und ich kann mir nicht vorstellen, wie man gerade ihn dem Volk als guten Hirten präsentieren will.

Ich habe mich meinerseits auf das Konklave vorbereitet und einen Brief an die Kardinäle entworfen, der ihnen für die Wahl des Papstes Kriterien vorlegt, die sich am Neuen Testament, an der großen katholischen Tradition und den Erfordernissen der Gegenwart orientieren. Es sind die gleichen, weiterhin hochaktuellen Kriterien, die schon nach dem Tod Pauls VI. 1978 von zehn angesehenen Theologen veröffentlicht wurden. Was damals auf keine bestimmte Person zielte, will ich nun konkret zur Beurteilung des Wojtyła-Pontifikats und als Leitlinien für den neuen Papst anwenden.

Selbstverständlich habe ich mir eingehend selbstkritisch überlegt, inwiefern ich als einzelner Theologe einen Brief an das gesamte Kardinalskollegium richten dürfte. Aber nun hatte ich mich immerhin seit den 1960er-Jahren durch ein umfangreiches theologisches Œuvre ausgewiesen, sodass ich besonders für die Fragen der Kirche ein gut ausgewiesener Fachmann bin. Darüber hinaus bin ich neben Joseph Ratzinger noch einer der beiden letzten voll aktiv tätigen Konzilstheologen und kann mich von daher mit vollem Recht für die Realisierung der Desiderate des Zweiten Vatikanischen Konzils einsetzen. Und so lautete denn mein Brief in der Originalfassung:

Kriterien für die Papstwahl: Offener Brief an die Kardinäle

April 2005
In Hoffnung auf eine Erneuerung der Kirche

»Sehr verehrte Herren Kardinäle,
nach einem überaus langen Pontifikat versammeln Sie sich zur Papstwahl: eine Schicksalsstunde für die katholische Kir-

che des 21. Jh. – zu vergleichen mit der Versammlung zum Zweiten Vatikanischen Konzil im 20. Jh. Mit meinem früheren Tübinger Kollegen und jetzigen Präfekt der Glaubenskongregation Joseph Ratzinger bin ich wohl der letzte noch voll aktive Konzilstheologe.

Vor 45 Jahren hatte ich das Buch ›Konzil und Wiedervereinigung‹ (1960) geschrieben, das vielen Konzilsteilnehmern als Orientierungshilfe diente. Gestatten Sie deshalb, liebe Mitbrüder, mir altgedientem Theologen, der bei aller Kritik an der Politik des verstorbenen Papstes immer treu zu seiner Kirche gestanden hat, Ihnen einige Überlegungen zu unterbreiten, die, wie ich meine, wichtige Gesichtspunkte für die kommende Wahl bieten können.

Im Vatikanum II hatten wir unterschieden zwischen den Problemen der Kirche ad extra und denen ad intra. Und ein Großteil der Katholiken dürfte mit mir der Meinung sein: Ad extra, nach außen, kann die Linie Johannes Pauls II. weithin fortgesetzt werden: Auch der nächste Papst sollte ja ein Verteidiger der Menschenrechte sein, ein Förderer des Weltfriedens und ein Brückenbauer zu den anderen Religionen. Aber wie steht es mit der Kirche ad intra?

Offene Gespräche mit Seelsorgern und Gläubigen in Ihren Heimatdiözesen werden Ihnen bewusst gemacht haben: Der innere Zustand unserer Kirche ist schlechter als vor 30 Jahren. Immer wieder war ein Widerspruch festzustellen zwischen des Papstes Engagement nach außen, in der Welt, und einem fehlenden Engagement für Menschenrechte, Frieden und Dialog innerhalb der Kirchengemeinschaft. Natürlich ist der Einsatz nach außen einfacher, da man anderen ins Gewissen reden kann, als der nach innen, wo eine selbstkritische Gewissenserforschung gefordert ist, die möglicherweise unbequeme Konsequenzen hat. Ein kommender Papst kann jedenfalls die Menschen nur dann überzeugen, wenn er die Reform bei sich und den Seinen anfängt. ›Reformatio in capite et membris‹ – eine Forderung schon im Spätmittelalter: ›Reform an Haupt und Gliedern‹.

Doch was für einen Papst braucht unsere Kirche in dieser Stunde? Darum kreist gewiss auch Ihr Denken. Ich fasse alles in fünf Kriterien zusammen. Sie sind nicht beliebig. Sie sind am Neuen Testament, an der großen katholischen Tradition und am Zweiten Vatikanischen Konzil ausgerichtet.

(1) Ein evangelisch gesinnter Papst: Wir leben in einer ernsten Zeit – nicht nur weil in den meisten Ländern der Priesternachwuchs, sondern auch die Identifizierung der jungen Generation und der Frauen mit der Kirche und überhaupt der Einfluss der Kirche in der Öffentlichkeit rapide zurückgehen. In dieser Stunde braucht es einen Papst, der sich grundlegend an den Erfordernissen des Evangeliums Jesu Christi orientiert und der gerade so einen Blick für die Bedürfnisse der heutigen Menschen hat.

Niemand will zurück in die Zeiten einer mittelalterlichen Papstkirche, wo ein theokratisch regierender päpstlicher Monarch meinte, über die apostolischen Kirchen des Ostens und die Kirchen des Westens, ja, über die Gewissen der Menschen absolutistisch herrschen und gar weltlichen Regierungen die Moral diktieren zu können.

Selbst Papst Wojtyła ist es trotz aller Reden und Reisen nicht gelungen, seine rigorosen Auffassungen insbesondere in Sexual- und Ehemoral gegen die überwältigende Mehrheit auch nur der Katholiken und die nationalen Parlamente (etwa in Polen) durchzusetzen. Alle vatikanischen Verlautbarungen, disziplinarischen Sanktionen und alle offenen und versteckten Einflussnahmen haben kaum etwas erreicht. Im Gegenteil, die ›Evangelisierungs‹-Kampagne hat die Ängste vor dem geistlichen Imperialismus Roms geschürt und zur Ablehnung des Namens Gottes und sogar des Christentums als Kulturfaktor in der Präambel der Europäischen Verfassung unausgesprochen beigetragen.

Vielerfahrene wie Sie wissen: Die gut organisierten päpstlichen Massenveranstaltungen können nicht verbergen, dass es nicht gut steht um unsere Kirche. Die Kader sind ausgedünnt, der Nachwuchs fehlt, in Bälde werden nicht nur im deutschen Sprachraum fast zwei Drittel der Pfarreien ohne ordinierte Seelsorger und ohne regelmäßige Eucharistiefeiern sein. Der zölibatäre Klerus ist im Aussterben und durch die Pädophilie-Skandale von USA bis Österreich in seiner Glaubwürdigkeit schwer erschüttert …

Meine *erste große Bitte* an Sie ist, vorgetragen im Namen vieler: Wählen Sie einen Papst, der sich nicht ans mittelalterliche Kirchenrecht klammert, sondern der sich nach dem Kompass des Evangeliums richtet, das für alle anstehenden Probleme in Richtung Freiheit, Barmherzigkeit und Menschenfreundlichkeit weist. Der nächste Papst braucht, wenn er das Vertrauen der Menschen gewinnen will, nicht nur eine formale, juridische, institutionelle, sondern eine persönliche, sachliche, charismatische Autorität.

Mit einem Wort: Wählen Sie, liebe Mitbrüder, einen *evangelisch gesinnten Papst*, der schlicht so handelt, wie der Herr selber handelte, von dem es heißt: ›Ich bin der Weg, die Wahrheit und das Leben‹ (Jo 14,6).

(2) Ein kollegialer Mit-Bischof: Längst hinter uns liegt das 19. Jh., da man in Rom zur Abwehr des modernen Liberalismus und Sozialismus meinte, mit Zentralisierung und Bürokratisierung reagieren zu müssen. Damals versuchte man das mittelalterlich-gegenreformatorische Paradigma von Kirche gegen die Moderne neu durchzusetzen. Ich erinnere mich genau an die vielen Gespräche mit Theologen und Bischöfen während des Zweiten Vatikanischen Konzils. Einig war man sich darin, dass Zentralismus, Iuridismus und Triumphalismus Irrwege sind. Das alles sollte durch das Konzil überwunden werden.

Vielerfahrene wie Sie wissen, dass in den vergangenen Jahrzehnten vielfach gegen den Geist der Kollegialität verstoßen wurde. Bischöfe wurden auf die vatikanische Linie festgelegt, was auf Kosten ihrer Glaubwürdigkeit vor ihrem Klerus und Kirchenvolk ging.

Deshalb meine *zweite große Bitte* an Sie: Wählen Sie einen Papst,

– der die in der Kirche seit den ersten Jahrhunderten gegebene und vom Vatikanum II feierlich bestätigte Kollegialität des römischen Bischofs mit den anderen Bischöfen wieder herstellt;

– der die Kirche nicht einseitig als Machtapparat versteht, was Dialog und echte Demokratie ausschließt, sondern als Glaubensgemeinschaft, als Volk Gottes, in dessen Dienst Papst und Bischöfe stehen;

– der die kirchlichen Ämter also nicht als ›heilige Herrschaft‹ (= Hierarchie) ansieht, sondern als Dienst (= Diakonia) an den Menschen;

– der sich nicht als Alleinherrscher präsentiert, sondern als leitender Bischof, eingebunden in das Bischofskollegium, im Dienst der ganzen Ökumene;

– der von den Bischöfen keinen blinden Gehorsam und Linientreue erwartet, sondern, in Verbindung mit dem Papst, Eigenverantwortung von ›guten Hirten‹, die sich im Geist Jesu Christi primär mit den Menschen ihrer Diözese und ihres Landes identifizieren.

In einem Wort, wählen Sie, liebe Mitbrüder, einen *kollegialen Mit-Bischof.* Denn: ›Einer sei euer Meister, ihr alle seid Brüder‹ (Mt 23,8).

(3) Ein frauenfreundlicher Seelsorger: Ihnen, sehr verehrte Kardinäle, ist seit dem Zweiten Vatikanischen Konzil bewusst, dass eine effiziente Kirchenleitung die andere Hälfte der Menschheit, die weibliche, nicht als Kirchenmitglieder zweiter Klasse behandeln darf, die sich den Männern in stiller Unterordnung einfach zu fügen hätten.

Vorbei sind erfreulicherweise die Zeiten des Patriarchats, in denen die Frauen schweigend hinnahmen, dass männliche kirchliche Amtsträger ›ihr‹ Wesen und ›ihre‹ Rolle in Kirche und Gesellschaft zu definieren hätten. Sie bestimmen heutzutage als mündige Christinnen selber, worin sie ihre Aufgabe auch in der Kirche sehen. Selbst im Namen des Vatergottes und des Mannes Jesus lässt sich heute keine Männerherrschaft und Frauenunterdrückung in der Kirche mehr legitimieren.

Auch der große Marienverehrer Karol Wojtyła, der von manchen traditionellen katholischen Frauen bewundert wurde, stieß bei Millionen moderner Frauen auf energische Ablehnung, wenn er sie wegen Empfängnisverhütung zur ›Kultur des Todes‹ rechnete, wenn er andererseits Frauen wegen ihres Geschlechts als für höhere Weihen untauglich erklärte und wenn er dies gar als Gottes Willen und unfehlbare Lehre verkünden ließ. Unter seinem Pontifikat wurde es von immer weniger Frauen hingenommen, dass männliche Machthaber sie zu Befehlsempfängerinnen oder gar zu Objekten degradieren.

Deshalb meine *dritte große Bitte* an Sie, vorgetragen stellvertretend für ungezählte Frauen und Männer in unserer Kirche: Wählen Sie einen Papst,

– der Sexismus und Patriarchalismus in der Kirche und die Einteilung der Kirchenmitglieder in solche erster und zweiter Klasse ablehnt;

– der das Recht der Theologinnen und Theologen auf freie Meinungsäußerung gewährleistet;

– der bei komplexen Problemen wie Empfängnisverhütung, Abtreibung und Homosexualität auf moralisierende Verdikte verzichtet;

– der das Recht auf Ehe für Amtsträger, klar im Neuen Testament und in der Kirche des ersten Jahrtausends gewährleistet, respektiert und das erst aus dem 11. Jh. stammende diskriminierende Heiratsverbot für Priester überdenkt;

– der wiederverheiratete Geschiedene nicht auf Dauer unbarmherzig von der Teilnahme an der Mahlgemeinschaft fernhält;

- der das Recht der Ordensfrauen auf eigene Lebensgestaltung und Kleidung anerkennt;
- der die Ordination der Frau, wie sie sich vom Neuen Testament her für die heute veränderte Situation aufdrängt, gestattet;
- der die unselige Enzyklika ›Humanae vitae‹ Pauls VI. über die Pille, die zahllose Katholikinnen ihrer Kirche entfremdet hat, korrigiert und die Selbstverantwortung der Partner für Geburtenkontrolle und Kinderzahl ausdrücklich anerkennt;
- der also die unterschiedlichen Fähigkeiten, Berufungen, Charismen in der Kirche ernstnimmt, die für den Aufbau einer partnerschaftlichen Gemeinschaft von Frauen und Männern wichtig sind.

Mit einem Wort: Wählen Sie, liebe Mitbrüder, einen *frauenfreundlichen Papst*. Denn: ›In Christus gibt es weder Mann noch Frau‹ (Gal 3,28).

(4) Ein ökumenischer Vermittler: Auch diejenigen unter Ihnen, verehrte Kardinäle, die aus mehrheitlich katholischen Ländern kommen, verstehen seit dem Zweiten Vatikanischen Konzil, dass sich auch die römisch-katholische Kirche nicht als ›alleinseligmachende‹, als die einzig wahre Kirche Jesu Christi über andere erheben darf. Und gewiss kennen auch Sie Katholikinnen und Katholiken, die nicht länger hinnehmen wollen, dass die Kirchen sich wegen bestimmter Lehrgegensätze ausgrenzen und Christen wegen anderer Konfessionszugehörigkeit sich bis in die Familie hinein gegenseitig diskriminieren.

Vorbei sind heute für viele Christen die Zeiten
- der konfessionellen *Amtsanmaßung*, die Amtshandlungen von protestantischen oder anglikanischen Pfarrern oder Pfarrerinnen (vor allem beim Abendmahl) für ungültig ansieht, die eine konfessionsverbindende Ehe als Vergehen und die aktive Teilnahme an einem evangelischen Abendmahl als religiöses Delikt betrachtet und ökumenische Gottesdienste am Sonntag strikt verbieten will;

- der konfessionellen *Gemeinschaftsverweigerung*, die von der Großzahl der katholischen wie evangelischen Gläubigen nicht mehr verstanden und hingenommen wird, ja, die ihnen gegen den Geist Jesu zu verstoßen scheint, der bekanntlich alle, auch die von der frommen Gesellschaft Ausgeschlossenen, an seinen Tisch geladen hatte.

Johannes Paul II. hat während seines langen Pontifikats immer wieder Gesten guten Willens gemacht. Immerhin konnte eine gemeinsame katholisch-lutherische Erklärung zur Rechtfertigungslehre feierlich verabschiedet werden. Aber – viele hat enttäuscht, dass den ökumenischen Worten und Gesten keine wirklichen ökumenischen Taten folgten. Im Gegenteil: Die Beziehungen zum Weltrat der Kirchen tragen wegen des andauernden römischen Machtanspruchs wenig Frucht und die Beziehungen zur russischen orthodoxen Kirche sind wegen römisch-katholischer Missionierungsbestrebungen belastet.

Deshalb *meine vierte große Bitte* im Namen auch vieler Freunde in den anderen christlichen Kirchen: Wählen Sie einen Papst,

- der die Ergebnisse der ökumenischen Dialogkommissionen sich zu eigen macht und energisch in die Tat umsetzt;
- der die durch ökumenische Kommissionen schon längst empfohlene und vielerorts schon praktizierte Anerkennung protestantischer und anglikanischer Ämter endlich vollzieht;
- der die ›Verwerfungen‹ aus der Reformationszeit und die Exkommunikation Martin Luthers aufhebt;
- der die in vielen Gruppen und Gemeinden schon längst ohne großes Aufsehen praktizierte eucharistische Gastfreundschaft und die vielfältige praktische Zusammenarbeit begrüßt und fördert.

In einem Wort: Wählen Sie, liebe Mitbrüder, einen *ökumenischen Vermittler* zum Papst. Denn: Für alle Gläubigen, heißt es im Johannesevangelium (Jo 17,21), ›bitte ich, dass alle eins seien‹.

(5) Ein Garant für Freiheit und Offenheit in der Kirche: Spätestens seit dem Vatikanum II sind die Zeiten vorbei, da man unseren christlichen Glauben als die einzig legitime Religion auf Erden bezeichnen konnte, ja, den Glauben der anderen als Ausgeburt der Unwissenheit, der Selbstrechtfertigung und der Sünde diffamieren durfte. Unvereinbar mit dem Geist des Nazareners, der vielen Nichtjuden Sympathie, ja, Liebe entgegengebracht hat, sind

– der europäische *Kolonialismus*, der in Christi Namen andere Religionen und Kulturen vor allem in Lateinamerika und Afrika mutwillig und planmäßig zerstörte;

– der römische *Imperialismus*, der alteingesessene (apostolische) wie junge christliche Kirchen zu gängeln und auf ein in vieler Hinsicht fragwürdiges Kirchenrecht und eine Liturgieregulierung zu verpflichten trachtete, statt die Kirche zu Selbstunterhalt, Selbstverwaltung und Selbstverbreitung anzuhalten.

Johannes Paul II. hat auf vielen seiner Reisen regelmäßig die Begegnung mit Vertretern anderer Religionen gesucht. Die von ihm initiierten Friedensgebete in Assisi 1986 und 2002 waren wichtige Zeichen. Trotzdem ließ er es zu, dass in einem von ihm approbierten Lehrschreiben behauptet werden konnte, Nichtchristen lebten ›objektiv in einer schwer defizitären Situation‹. Das hat viele Nichtchristen abgestoßen und der Glaubwürdigkeit des Papstes schwer geschadet. Er brachte so das kritisch-selbstkritische Gespräch mit den Weltreligionen – sieht man von seinen Aussagen über Judentum und Holocaust ab – in keiner nennenswerten Weise voran.

Deshalb meine *fünfte große Bitte* an Sie in Verantwortung für eine bessere und friedlichere Welt: Wählen Sie einen Papst,

– der bei allem Anspruch auf Wahrheit kein Wahrheitsmonopol beansprucht;

– der die anderen Religionen nicht nur belehren, sondern auch von ihnen, von ihren ästhetischen, spirituellen, liturgischen, ethischen und theologisch-philosophischen Traditionen, ohne alle synkretistische Vermischung lernen will;

– der den National-, Regional- und Lokalkirchen eine angemessene Autonomie lässt, damit sie in eigener Verantwortung ihren Lebens- und Organisationsstil gestalten können;

– der auch unangenehme ›Anfragen‹ (wie die nach Bevölkerungsexplosion, Empfängnisverhütung und kirchlicher Unfehlbarkeit) ernst nimmt und beantwortet;

– der somit statt des römisch-absolutistischen Herrschaftsprimats einen vom Evangelium her erneuerten und der Freiheit verpflichteten pastoralen Dienstprimat (nach dem Vorbild Johannes' XXIII.) vertritt.

In einem Wort: Wählen Sie, liebe Mitbrüder, einen *Garanten für Freiheit und Offenheit in der Kirche.* Denn: ›Wo der Geist des Herrn ist, da ist Freiheit‹ (2 Kor 3,17).

Schluss:
Anders als zur Zeit Johannes' XXIII. und des Zweiten Vatikanischen Konzils herrscht in großen Teilen unserer Kirche heute Pessimismus und Defätismus. Das erfüllt mich mit tiefer Sorge, habe ich doch ein Theologenleben lang dafür gearbeitet, dass Menschen *trotz großer Enttäuschungen in unserer Kirche die Hoffnung bewahren.* Jetzt freilich liegt es an Ihnen, durch die Wahl eines neuen Papstes *die Hoffnung der Menschen zu stärken* und die Kirche aus der Hoffnungskrise herauszuführen. So viele Menschen in und außerhalb der katholischen Kirche erwarten, dass der Reformstau aufgelöst und die schon längst anstehenden strukturellen Probleme offen besprochen und einer Lösung zugeführt werden – sei es durch den neuen Papst persönlich oder aber durch die Bischofssynode oder schließlich durch ein Drittes Vatikanisches Konzil.«

So weit mein Offener Brief an die Kardinäle zur Papstwahl 2005. Wieweit dieser Brief seine Adressaten erreicht hat, ist mir unbekannt. Schon 2004 hatten wir die Adressen vorbereitet, um den Brief möglichst direkt an die betreffenden Kardinäle gelangen zu lassen. Auch haben wir uns bemüht, ihn in den verschiedenen römischen Kardinalsresidenzen an den Mann zu bringen. Es war jedenfalls ein ziemlich mühseliges Unterfangen, besonders angesichts der nun gegenüber den Medien aufgerichteten Informationssperre. Aber wie immer, ich bin froh, dass ich mir diese ganze Mühe gemacht habe: Denn erstens brachte der Offene Brief in umfassender Weise die Desiderate ungezählter Katholiken, ja, überhaupt Christen, an den kommenden Papst zum Ausdruck; zweitens wurde er auch durch die Medien weiterverbreitet; drittens bietet der Brief ein gut strukturiertes Anforderungsprofil, nach welchem der neue Papst in Zukunft beurteilt werden kann. Wer wird es sein?

Die Wahl Joseph Ratzingers 2005 – eine Riesenenttäuschung

Alte Riten können auch in modernen Zeiten ihren Reiz haben, besonders wenn sie als Weltereignis medial verbreitet werden. Die Papstwahl erfolgt in der Cappella Sixtina, deren Kamin anzeigt: schwarzer Rauch (aus verbrannten Stimmzetteln und Moos): keine Entscheidung. Weißer Rauch: Papst gewählt. Schon der erste Wahlgang ergibt für Ratzinger 47 Stimmen, für den Jesuiten und Erzbischof von Buenos Aires Bergoglio zehn, für Kardinal Martini von Mailand (der Kandidat vieler Reformkräfte) neun, für den konservativen Ruini sechs und den früheren Kardinalstaatssekretär Sodano vier. Im dritten Wahlgang erhält Ratzinger 72 Stimmen, Bergoglio 40. Doch da platzt die Bombe: Bergoglio erklärt, er würde die Wahl nicht annehmen. Damit ist im Grunde die Entscheidung gefallen. Im vierten Wahlgang bricht die Sperrminorität von einem Drittel, auf die wir unsere Hoffnung gesetzt hatten, mangels eines Kandidaten zusammen, und Ratzinger wird mit 84 von 115 Stimmen gewählt. Immerhin haben 31 gegen ihn gestimmt.

Ich selber sitze bei jenem entscheidenden Wahlgang mit meinem Team in Tübingen vor dem Fernseher. An diesem

19. April 2005 um 18.41 Uhr verkündet der Kardinalprotodiakon Jorge Medina, ein früher mit mir befreundeter chilenischer Konzilstheologe, die »große Freude«: »Habemus Papam, Eminentissimum ac Reverendissimum Dominum, Dominum Josephum ...« Ich brauche das Ende des Satzes nicht abzuwarten, um zu wissen, was die Stunde geschlagen hat. Ich sei aschfahl geworden, hätte die Hände über dem Kopf zusammengeschlagen, sei vom Stuhl aufgesprungen und an die Terrassentür gegangen, erzählen später meine Mitarbeiter. Was mir undenkbar schien, ist eingetroffen: Ratzinger, der Großinquisitor und Gegner aller Kirchenreform, ist Papst! Doch ich habe mich rasch einigermaßen gefasst und sage: »Faktum ist Faktum. Ratzinger ist gewählt. Man wird sehen. Es muss ihm eine Chance gegeben werden.« Genau das drücke ich auch in der folgenden Pressemitteilung aus, die ich unmittelbar danach den Medien zur Verfügung stelle:

»Die Wahl von Kardinal Joseph Ratzinger zum Papst ist eine Riesenenttäuschung für die Ungezählten, die auf einen reformerischen Seelsorgepapst hofften.

Aber man muss *abwarten*. Die Erfahrung zeigt: Der Petrusdienst in der katholischen Kirche ist heutzutage eine derartige Herausforderung, dass er jede Person verändern kann: Wer als progressiver Kardinal ins Konklave ging, kann als konservativer Papst herauskommen (Montini – Paul VI.). Wer als konservativer Kardinal ins Konklave ging, kann als progressiver Papst herauskommen (Roncalli – Johannes XXIII.).

Die *ersten Signale* werden wichtig sein:

1. die Ernennungen für die wichtigsten Kurienämter, vor allem des Kardinalstaatssekretärs und des Chefs der Glaubenskongregation;

2. die Antrittsrede, die das Programm andeuten wird;

3. die erste Enzyklika, die den Kurs abstecken wird;

4. die ersten Entscheidungen in Sachen Organisation der Kurie und weitere Äußerungen in Lehr-, Moral- und Disziplinarfragen.

Der gewählte Name Benedikt XVI. lässt die Möglichkeit offen, dass ein gemäßigter Kurs eingeschlagen wird. Geben wir ihm also eine *Chance*: Wie bei einem Präsidenten der USA, sollte man einem neuen Papst 100 Lerntage zubilligen. Er steht in jedem Fall vor gewaltigen, längst aufgestauten und vom Vorgänger nicht erledigten *Aufgaben*:

– die Ökumene der christlichen Kirchen aktiv voranbringen;
– die Kollegialität des Papstes mit den Bischöfen und die allenthalben gewünschte Dezentralisierung der Kirchenleitung zugunsten einer größeren Autonomie der Ortskirchen realisieren;
– die Ebenbürtigkeit von Mann und Frau in der Kirche garantieren und die volle Partizipation der Frauen auf allen Ebenen der Kirche durchführen.«

Aber gilt für Joseph Ratzinger der Satz Friedrich Schillers (Thema meines Matura-Aufsatzes):»Es wächst der Mensch mit seinen höheren Zwecken«? Was tun?

Eine Sensation: Benedikt XVI. lädt seinen Kritiker ein

Ratzingers Vorgänger, Papst Wojtyła, hatte mir weder vor noch während noch nach meiner Verurteilung rechtliches Gehör gewährt. So war mir klar, dass ich auf den nächsten Papst warten musste. 27 lange Jahre sollte das dauern. Ich hatte mir vorgenommen, den nächsten Papst, wer immer es sei, um ein Gespräch zu bitten – nicht um eine huldvolle Audienz, sondern um ein echtes Gespräch.

An Joseph Ratzinger habe ich dabei sicher nicht gedacht, aber nun ist er Papst, und warum soll ich es bei ihm nicht versuchen? Eile tut freilich nicht not, er muss sich zuerst in sein Amt einleben. Und so warte ich nicht nur die pompösen Einsetzungsfeierlichkeiten ab, sondern lasse auch noch einige weitere Wochen verstreichen, überlege mir die Sache gut, denke viel über Form und Inhalt dieses Briefes nach und mache einen Entwurf. Am Freitag, dem 27. Mai, fahre ich, nach einer erfolgreichen Kirchentagsveranstaltung der Stiftung Weltethos, mit dem Deutschen Fußballbund zusammen mit Dr. Alfred Sengle, dem früheren DFB-Syndikus und rotarischen Freund, und Prof. Karl-Josef Kuschel von Hannover zurück nach Stuttgart. Im Speisewagen diskutieren wir eifrig meinen Briefentwurf. Beide sind der Meinung, ich könne Papst Ratzinger nicht einfach vor die Alternative stellen: Gespräch im Vatikan (bzw. Castel Gandolfo) oder überhaupt kein Gespräch; ich müsste ihn vielmehr etwa in Bayern oder sonstwo im Verborgenen treffen, das andere sei für den Papst eine Herausforderung und eine Zumutung. Ich aber bin der Meinung, entweder er sagt Ja, und dann kann das auch in Rom geschehen, oder er will es nicht, dann kommt es ohnehin auf den Ort nicht an.

Am 30. Mai 2005 schreibe ich, protokollarisch korrekt, »Seiner Heiligkeit Papst Benedikt XVI., Palazzo Apostolico, V-00120 Città del Vaticano«. Es folgt die persönliche Anrede in Handschrift: »Heiliger Vater, lieber Herr Ratzinger«. In diesem Fall ist es wichtig, den Brief in vollem Wortlaut wiederzugeben:

»Dass ich Sie auch mit Ihrem persönlichen Namen anzusprechen wage, wie ich es stets getan habe, seit wir uns vor fünf Jahrzehnten kennengelernt hatten, geschieht in der Hoffnung, dass trotz unserer zunehmend verschiedenen Wege doch das entscheidend Gemeinsame geblieben ist: die Gemeinsamkeit des Christseins, des priesterlichen Dienstes an derselben Kirche und des gegenseitigen menschlichen Respekts bei allen Kontroversen.

Was ich mir von unserem neuen Papst erhoffe, wissen Sie aus meinen öffentlichen Stellungnahmen. Darin habe ich auch betont, dass ich mich trotz aller Kritik nach Ihrer Wahl in meinem Urteil zurückhalten und Sie um ein Gespräch bitten würde. Dies tue ich jetzt mit diesem Brief, da für Sie die Zeit weit über einen Monat nach Ihrer Wahl doch etwas ruhiger geworden sein dürfte. Zugleich gratuliere ich Ihnen zum höchsten

Dienstamt in unserer Kirche und wünsche Ihnen dafür von Herzen Gottes Segen.

Ihre und meine Position innerhalb der katholischen Kirche waren und sind in vieler Hinsicht verschieden. Um Ihnen unnötige und möglicherweise unangenehme Diskussionen zu ersparen, gestatte ich mir deshalb, meinen in verschiedenen Zeitungen vor dem Konklave publizierten Offenen Brief an die Kardinäle beizulegen, den Sie möglicherweise nicht kennen. Er stellt meine Sicht des künftig notwendigen Kurses in der Kirche umfassend dar. Doch möchte ich es ganz Ihnen überlassen, ob Sie in dem von mir gewünschten Gespräch darin genannte Einzelpunkte ansprechen wollen, bei denen man sich begründete Hoffnungen auf Gemeinsamkeit machen kann. Sie haben ja selber die Ökumene der christlichen Kirchen und den Dialog der Religionen als Schwerpunkte Ihres Pontifikats angekündigt und vor Kurzem in Bari kraftvoll bestätigt.

Was also soll der Zweck dieses Gespräches sein? Sicher werde ich Sie nicht um die Rückgabe der Missio canonica bitten. Meine ich doch nach 1979 gezeigt zu haben, dass ich, notgedrungen, auch ohne diese eine Theologie treiben kann, die in und außerhalb unserer Kirchengemeinschaft als katholisch anerkannt war und ist, die ich aber niemandem als ›die‹ katholische aufgedrängt habe. Es ist Ihnen indes bewusst, dass ich dabei Anliegen vertrete, die von großen und gewichtigen Teilen unserer katholischen Kirche mitgetragen werden. Es geht mir also nicht um meine Person, sondern um die gemeinsame christliche Sache, und es wäre für viele in aller Welt ein unübersehbares Hoffnungszeichen Ihres Pontifikats, wenn es zu einem solchen Gespräch käme. Was zwischen Ihnen und mir im Juli 1983 in Adelholzen/Chiemsee und was zwischen dem Präsidenten der Deutschen Bischofskonferenz, Kardinal Lehmann, und mir auf dem letzten Katholikentag in Ulm möglich war, müsste doch zwischen Ihnen und mir auch jetzt möglich sein: ein ernsthafter, ehrlicher und freundlicher Austausch auch unterschiedlicher Auffassungen über die Zukunft der

Kirche, die uns beiden am Herzen liegt. Dazu gehört nicht zuletzt das Projekt Weltethos, zu dem Sie sich zu meiner Freude vor Kurzem grundsätzlich positiv geäußert haben.

So möchte ich Sie denn in aller Form um ein persönliches Gespräch, trotz aller Ihrer Verpflichtungen in möglichst absehbarer Zeit, bitten, für welches ausreichend Zeit zur Verfügung stehen sollte. Ich bin überzeugt, dass dieses Gespräch dem gegenseitigen Verständnis und dem Wohl unserer Kirche dienen wird. Und allzu viele Jahre sind uns Altersgenossen und früheren Tübinger Kollegen jetzt ohnehin nicht mehr geschenkt.

In der Hoffnung auf eine positive Antwort auf meinen Brief sende ich Ihnen freundliche Grüße und Wünsche
Ihr Hans Küng«
Ich lege dem Papst meinen Offenen Brief an die Kardinäle bei.

Erfreut bin ich, dass ich schon nach zwei Wochen, am 15. Juni 2005, einen freundlichen Brief als Antwort erhalte. Ich finde es fair, sie ebenfalls in vollem Wortlaut abzudrucken. Ich tue das umso lieber, als Papst Benedikt in diesem Brief in sehr nobler Weise auf mich zugeht.

»Lieber Herr Küng!
Für Ihren freundlichen Brief vom 30. Mai danke ich Ihnen bestens. Dankbar bin ich Ihnen besonders, dass Sie das gebliebene Gemeinsame und den gegenseitigen menschlichen Respekt bei aller Kontroverse unterstreichen, der für Christenmenschen immer selbstverständlich bleiben muss.
Natürlich bin ich zu einem Gespräch mit Ihnen bereit. Ein solches Gespräch wird freilich von allen Seiten sehr aufmerksam beobachtet werden; die unterschiedlichsten Interessenperspektiven werden sich darauf richten und es je auf ihre Weise auszulegen und zu gebrauchen versuchen. Deswegen ist es unerlässlich, dass Ziel und Grenzen der Begegnung genau definiert werden, um Missbrauch so weit wie möglich zu

vermeiden, durch den am Ende der Schaden größer werden könnte als der Nutzen.

Sie haben dankenswerterweise klargestellt, dass Sie nicht um die Rückgabe der Missio canonica bitten werden. Das ist eine wichtige Klärung, der ich eine weitere hinzufügen möchte. Es kann nicht darum gehen festzulegen, ob und inwieweit Ihre Theologie als katholisch im Sinn des Glaubens der katholischen Kirche bezeichnet werden kann bzw. welche Ihrer Positionen innerhalb des katholischen Glaubens und der katholischen Kirche möglich sind und welche nicht. Wenn es Ziel der Begegnung wäre, darüber verbindliche Ergebnisse zu erreichen, müsste der Weg der kirchlichen Ordnung eingehalten werden, das heißt es müssten zunächst die für Sie unmittelbar zuständigen Bischöfe – der Bischof von Basel und der Bischof von Rottenburg-Stuttgart – gehört und ins Gespräch einbezogen werden. Auch innerhalb des Heiligen Stuhls müssten dann die entsprechenden Organe eingeschaltet werden. Der Papst ist – das wissen Sie am besten – kein absoluter Monarch; seine Entscheidungsvollmacht und -pflicht setzen die gebührende Form der Beratung voraus. Wenn Sie also Ergebnisse in dieser Richtung für nötig oder wünschenswert hielten, müsste das Gespräch diesen weiteren institutionellen Rahmen erhalten.

Ein persönliches Gespräch ohne diesen institutionellen Kontext ist dann möglich, wenn diese Begegnung von jeder Art von Entscheidungszwängen frei gehalten wird. Dann würde es sich um einen brüderlichen Austausch handeln, bei dem jeder auf seine Weise lernt, aber keiner versucht, Bestätigungen welcher Art auch immer nach Hause zu tragen. Es wäre dann – angesichts aller Erwartungen der Öffentlichkeit – auch notwendig, dass wir selber ein Kommuniqué erarbeiten, in dem wir – verbindlich für uns beide – der Öffentlichkeit mitteilen, worum es in dieser Begegnung ging und worum nicht.

Ich möchte Sie nun bitten, mir mitzuteilen, welchen Gesprächstypus Sie wählen. Wenn Sie sich für die zweite Hypothese, das heißt für eine brüderliche Begegnung ohne den

Versuch institutionell verwertbarer Ergebnisse entscheiden können, werde ich die ›Prefettura della Casa Pontificia‹ bitten, im Mosaik der Termine dieses Herbstes (in Castel Gandolfo) Vorschläge für Sie einzuplanen und Ihnen möglichst bald mitzuteilen.

Mit Recht machen Sie am Ende Ihres Briefes darauf aufmerksam, dass ›allzu viele Jahre … uns Altersgenossen und früheren Tübinger Kollegen jetzt ohnehin nicht mehr geschenkt‹ sein werden. Das wird es uns erleichtern, uns ganz dem Urteil des uns erwartenden Herrn zu unterstellen und nicht nach den Benotungen zu fragen, die uns von der Öffentlichkeit zugeteilt werden.

In diesem Sinn verbleibe ich in freundlicher Verbundenheit im Herrn Ihr

Joseph Ratzinger
Papst Benedikt XVI.«

Am 27. Juni 2005 antworte ich dem Papst auf den Brief, der »mir in Inhalt und Ton Freude bereitet« habe. Herzlich danke ich für seine Gesprächsbereitschaft und füge hinzu: »Selbstverständlich bin ich mir über die Implikationen dieses Gesprächs für die Öffentlichkeit im Klaren. Ich bin Ihnen dankbar, dass Sie die beiden Gesprächstypen klar unterscheiden. Sosehr ich stets auf meine Katholizität Wert gelegt habe, so zielte doch mein Brief vom 30. Mai auf den zweiten von Ihnen beschriebenen Gesprächstypus: auf eine brüderliche Begegnung, ohne den Versuch institutionell verwertbarer Ergebnisse. Selbstverständlich ist es mir auch sehr recht, wenn wir ein Kommuniqué erarbeiten, in dem wir verbindlich der Öffentlichkeit mitteilen, worum es in dieser Begegnung ging und worum nicht.«

Was das Datum betrifft, weise ich den Papst darauf hin, dass ich im September am Kongress der Academia Europaea zum Einstein-Jahr in Potsdam teilnehmen soll, wo ich über den Ursprung des Kosmos zu reden habe, was ich ungern absagen würde. Ich würde ihm vorab mein am 15. September erscheinendes Buch »Der Anfang aller Dinge. Naturwissenschaft und Religion« zukommen lassen, welches deutlich mache, »dass wir bei aller unterschiedlichen Beurteilung der Politik des Lehramtes doch in zentralen Fragen christlicher Theologie, die mich nach wie vor intensiv beschäftigen, übereinstimmen«. Und was das Weltethos betreffe, würde ich ihm das kleine Buch »Weltethos – christlich verstanden« zusenden, das ich mit der evangelischen Pfarrerin Dr. Angela Rinn-Maurer (Mainz) herausgegeben habe.

In Castel Gandolfo – freundschaftliche Unterredung

Am 31. August 2005, nach meiner Rückkehr von Sursee nach Tübingen, ruft mich der päpstliche Privatsekretär Dr. Georg Gänswein an, um einen gemeinsamen Termin zu finden. Nach einigem telefonischen Hin und Her können wir den Samstag, 24. September, in Castel Gandolfo festlegen. Das Gespräch mit Gänswein ist unkompliziert, und die mir bekannte intimere Atmosphäre von Castel Gandolfo scheint mir geeigneter zu sein als der große Palazzo Apostolico des Vatikans, der 1000 Augen hat. Der Sekretär verspricht mir, ein Auto an den Flughafen Fiumicino zu schicken. Und ich betone, dass ich sämtliche Hotel- und Reisekosten aus eigener Tasche bezahlen würde.

Am 23. September fliege ich von Berlin über Zürich nach Rom. Dort werde ich von einem Auto des Vatikans abgeholt und direkt in die Albaner Berge nach Castel Gandolfo gefahren. Das Hotel liegt ganz nah beim Päpstlichen Palast. Ich habe einen wunderbaren Blick auf den Albaner See und Rocca di Papa, wo die Schriftstellerin Luise Rinser gelebt hatte. Am nächsten Vormittag, dem 24. September, mache ich einen kleinen Spaziergang durch Castel Gandolfo und will an der Ecke ein paar Früchte fürs Mittagessen kaufen, befinde dann aber, dass ich vielleicht meine Kräfte noch brauche. Und so gehe ich in das Gartenrestaurant unseres Hotels.

Zu meiner größten Überraschung sehe ich ein paar Tische weiter den Mann, der mein Kandidat für die Papstwahl gewesen war, Kardinal Carlo Maria Martini, Erzbischof von Mailand. Durch den Kellner schicke ich ihm meine Visitenkarte, und er lädt mich an seinen Tisch ein. Er sei am Morgen beim Papst gewesen, erfahre ich, und habe ihm drei Punkte für die Zukunft vorgeschlagen: Sehr viel weniger tun als der Vorgänger; die Präsidenten der Bischofskonferenzen zu einem freien Meinungsaustausch zusammenrufen; die Führer der Weltreligionen nicht zum Gebet, sondern zu einem mächtigen Zeugnis für Religion in der heutigen Welt zusammenbringen. »Kann Papst Ratzinger sich noch ändern?«, frage ich. Martini zögernd: »Sí, sí, aber nur langsam.« Ratzingers große Chance sei: Er könne in der Kirche Reformen durchsetzen, die er, Martini, als Papst nie hätte durchsetzen können. Und dass er mich, seinen schärfsten Kritiker, nun zu einem Gespräch empfange, sei ein Zeichen der Hoffnung, das sicher in der Kirche der ganzen Welt wahrgenommen werde.

Nachmittags um fünf Uhr am Eingang zum Palazzo Apostolico werde ich begrüßt vom Major der Schweizergarde, unterhalte mich kurz mit den beiden Gardisten, dann begleitet mich ein Italiener zum Lift, hinauf zu den Salotti Privati. Oben werde ich vom Privatsekretär Dr. Gänswein herzlich empfangen, der mich in ein kleines Empfangszimmer führt. Nur ein Augenblick, und ich werde geholt und hinübergeführt ins Arbeitszimmer des Papstes.

Er kommt mir sofort lächelnd entgegen, gibt mir die Hand und sagt:»Ich danke Ihnen.« Ich meinerseits:»Heiliger Vater, ich danke Ihnen sehr herzlich, dass Sie mir Gelegenheit zu diesem Gespräch geben; ich sehe dies als keineswegs selbstverständlich an.« Er meint:»Ja, es ist ja auch schon einige Zeit her, 1983 war's wohl, am Chiemsee.« Ich sage:»Ja, 1983.« Er bittet mich, Platz zu nehmen. Ob ich Tee nehme? Gerne. Ich erzähle ihm, dass ich schon 1948 zum ersten Mal in diesem Palazzo gewesen sei. Er staunt:»Schon unter Pius XII.?« Ich:

»Ja, mit den Germanikern des ersten Jahrgangs und den Primizianten.« Das könnte man heute nicht mehr machen, sagt er, es gebe in Rom zu viele Kollegien, die das auch wollten. Die Stimmung ist von Anfang an recht entspannt, fast so wie zu Tübinger Zeiten. Keine besonderen Feierlichkeiten. Während er jedoch bei unserer letzten Unterredung am Chiemsee eher verkrampft wirkte und wir schon beim ersten Gesprächspunkt völlig verschiedene Positionen hatten, ist er jetzt wieder, wie ich ihn von früher her kenne: liebenswürdig, aufmerksam, freundlich, immer noch sehr rasch im Begreifen und rasch im Formulieren, und bei bestimmter Gelegenheit auch zu einem sehr spontanen Lachen fähig. Das Gespräch spielt sich durchgängig auf hohem intellektuellem Niveau ab. Man merkt, dass er sich in der Geschichte gut auskennt und natürlich auch viele Kenntnisse hat von der Welt, wie sie ihm besonders durch seine ständigen Kontakte mit dem Episkopat zufließen.

Nach dieser Einleitung fragt der Papst dann prosaisch: »Und nun, worüber wollen Sie reden?« Ich antworte: »Wir haben ja vereinbart, dass wir nicht die kontroversen Kirchenfragen ansprechen, vielmehr die grundlegenden Fragen, die heute für Kirche und Gesellschaft wichtig sind.« Da scheine mir eben das Problem der Säkularisierung besonders zentral, wo wir hier ein gemeinsames Anliegen hätten und wo es eben auch darauf ankomme, wieder neu Religion und Ethos zur Sprache zu bringen.

Und ich erzähle ihm nun von Potsdam, dass ich gerade auch vor Physikern und anderen Naturwissenschaftlern davon gesprochen habe, wie wichtig Ethos sei. In dem Moment wird er sofort sehr lebendig und sagt: »Ja, das ist ungeheuer wichtig, und ich danke Ihnen sehr herzlich für das Buch (›Der Anfang aller Dinge‹), das Sie mir geschickt haben. Das ist ja hervorragend, wie Sie das gemacht haben. Es gibt leider kaum noch jemanden in der deutschsprachigen Theologie, der das auf diesem Niveau tut und Akzeptanz findet. An sich wären die

Fundamentaltheologen zuständig, aber da gibt es kaum einen, der das ernsthaft betreibt. Ich finde es sehr gut, dass Sie das gemacht haben.«

Er will mir nun auch seinerseits ein Buch dedizieren, in dem er zum Problem der Säkularisierung Stellung nimmt; er hat es geschrieben zusammen mit dem atheistischen Philosophen und italienischen Senatspräsidenten Marcello Pera: »Ohne Wurzeln. Der Relativismus und die Krise der europäischen Kultur« (Augsburg 2005). Er geht zum Schreibtisch und schreibt dort die schöne Widmung hinein: »Professor Hans Küng freundschaftlich zugeeignet, Benedikt XVI., Joseph Ratzinger, Castel Gandolfo 24. 9. 2005.«

Wir reden dann noch einige Zeit über das Verhältnis der Religionen zu den *Naturwissenschaften*. Mit Anspielung auf eine unglückliche Kolumne seines Schülers Kardinal Christoph Schönborn (Wien) betone ich, wie sehr es gerade in der Evolutionstheorie darauf ankomme, dass man bei den Fakten ansetze, die Wissenschaftler dort abhole, wo sie selber seien, und nicht zu früh theologische Hypothesen einführe. Es fällt durch das ganze Gespräch hindurch kein einziges kritisches Wort von seiner Seite, keine Mahnung, keine Kritik an irgendetwas, was ich getan hatte. Insofern ist die Atmosphäre äußerst angenehm.

Natürlich bringe ich dann das Gespräch auf das *Weltethos*. Da dankt er mir auch gleich für das Buch »Weltethos christlich verstanden«. Es sei »sehr schön, dass es ein solches Buch gebe, wie man Weltethos christlich begründen könne«. Und die evangelische Theologin Angela Rinn-Maurer habe ja einige interessante Beiträge verfasst, die ihm sehr gut gefallen hätten. Ich sage: »Das wird sie sicher sehr freuen, wenn sie das von mir hört.« Er will daraufhin ausdrücklich wissen, was unsere Stiftung tut. Ich schildere ihm vor allem, was wir in Schulen und Erwachsenenbildung tun, und überreiche ihm bei dieser Gelegenheit unsere Ausstellungsbroschüre »Weltreligionen – Weltfrieden – Weltethos«, mit der Widmung, die ich vorher

schon darauf geschrieben hatte:»Für Papst Benedikt XVI.
In herzlicher Dankbarkeit für seine Gesprächsbereitschaft,
24. 9. 2005.« Er schaut sie gleich durch, wie sie aufgebaut ist,
und wir reden darüber. Ich merke dann aber an:»Das Weltethos ist nichts ›Abstraktes‹, wie Sie einmal geschrieben haben:
Hier können Sie sehen, dass das Weltethos so wenig abstrakt
ist, wie die Zehn Gebote abstrakt sind. Und in der Weltethos-
Erklärung, die ich zu verfassen hatte, kann man auch sehen,
wie konkret diese Normen in die heutige Zeit hinein übersetzt
werden können.«

Er erklärt dann, er habe mit »abstrakt« nur gemeint, dass
»das Ethos eigentlich nur dann wirksam werden kann, wenn es
in einer konkreten Religionsgemeinschaft verwurzelt« sei. Ich
antworte, das sei zwar richtig und selbstverständlich könne die
Religion mit einer Konkretheit argumentieren, wie man das
mit einer Weltethos-Erklärung nicht könne. Aber die andere
Seite der Problematik sei: Viele Menschen in Europa vor allem,
und im Westen überhaupt, aber auch im früheren Ostblock
bis China, sind nicht mehr in der Religion verwurzelt und beanspruchen trotzdem, Moral zu haben. Darauf schwenkt er
sofort ein:»Selbstverständlich müsste man auch die Ungläu-
bigen einschließen.« Ich sage, dass das Weltethos-Projekt eben
von vornherein für Glaubende und Nichtglaubende gedacht
worden sei, wobei er zustimmt.

Unterdessen ist die Zeit schon gegen 18 Uhr vorgerückt.
Der Papst hatte mir Freiluftarbeiter, wie er weiß, schon vorher
vorgeschlagen, ob ich nicht mit ihm im Park spazieren gehen
wolle, was ich selbstverständlich mit Freuden bejahte. Zuvor
aber will er doch schon zusammenfassen, was in das Kommuniqué kommen solle. Großen Wert legt er darauf, dass die
Unterhaltung in einer freundschaftlichen Atmosphäre stattge-
funden habe, und er fasst gewandt und konzentriert die drei
Hauptpunkte zusammen:

Das Verhältnis von Religion und Naturwissenschaften,
zweitens der Dialog der Religionen und drittens die gemein-

samen ethischen Standards des Weltethos. Er hatte übrigens zuvor gefragt, ob man zwei verschiedene Kommuniqués machen solle oder nur eines. Ich habe selbstverständlich für ein gemeinsames Kommuniqué plädiert.

Wir gehen dann hinunter, wo die persönliche Limousine des Papstes schon wartet. Der Chauffeur kniet nieder und küsst ihm die Hand, und ich steige links von ihm ein, vorn beim Chauffeur der Sekretär. So fahren wir dann mit ziemlich scharfem Tempo durch den einsamen Park, der flächenmäßig größer ist als die Vatikanstadt. Wir gehen dann durch den schönen Ölgarten spazieren und kommen schließlich zu einer Madonna-Statue, die Pius XI. hier aufstellen ließ, der ja überhaupt damals durch die Lateranverträge das Geld erhalten hatte, um Castel Gandolfo und seine Gärten wunderschön auszubauen. Da steht schon ein brauner Betstuhl, aber der Papst kniet nicht darauf hin, sondern betet stehend mit uns lateinisch den »Angelus Domini«. Ohne alles frömmelnde Drum und Dran, auch nachher nicht, als er mir seine Privatkapelle zeigt. Auf diesem Spaziergang durch den Park sprechen wir vor allem über internationale und deutsche Politik. Die Lage der katholischen Kirche in Irland und Spanien sieht er nicht weniger kritisch als ich.

Auf einen Wink kommt das Auto wieder nachgefahren. Wir fahren in den Palazzo zurück und können uns gleich zum Abendessen setzen. Unser Gespräch setzt sich fort: Auf meine Frage, warum er sich denn in seinen Memoiren so ausführlich und so negativ über die Konfrontation mit den Tübinger 68ern geäußert habe, spricht Benedikt von hässlichen Szenen in Senat und Festsaal der Universität, wo er als Dekan unserer Fakultät hatte dabei sein müssen und sogar der damalige Rektor Ludwig Raiser gewaltsame Szenen erlebt habe. Auf meine Frage, ob er nicht auch mit der Studentengemeinde Probleme gehabt habe, sagt er: Ja, aber das sei nicht so schlimm gewesen. Auch reden wir von einigen anderen Tübinger »Fällen« in jener Zeit und sprechen schließlich auch über die in Italien gerade brennende Debatte über die Homosexualität: Ich werbe dafür, dass man die zivile Registrierung homosexueller Partnerschaften anerkennen solle, wie sie auch die Regierung des Reformkatholiken Romano Prodi anstrebt. Er aber meint, so geriete man auf die schiefe Ebene; das bestehende Zivilrecht würde ausreichen für solche Verträge, und man sollte die homosexuellen Partnerschaften nicht immer mehr den ehelichen angleichen. In der Folge zieht denn auch der Vatikan den frivolen Silvio Berlusconi, der theoretisch für die römisch-katholische Sexualmoral eintritt und andererseits Sexpartys auch mit Minderjährigen anbietet, dem ernsthaften und integren Katholiken Romano Prodi als Regierungschef Italiens vor.

Da am Samstagabend keine Sekretärin mehr da ist, schlage ich vor, dass Benedikt allein das Kommuniqué formulieren und es am Montag nach Tübingen faxen lassen möge; ich würde den Text dann umgehend durchsehen. Allerdings möge sich der vatikanische Pressesprecher Joaquín Navarro-Valls (vom Opus Dei) nicht einmischen, was Papst und Sekretär verständnisvoll lachend bestätigen.

Der Abschied ist herzlich. Gute vier Stunden sind inzwischen vergangen. Wir haben beide den Eindruck, dass eine Kommunikationsebene zustande gekommen ist, die auch in Zukunft Bestand haben könnte. Der Papst wünscht mir beim Abschied alles Gute, und ich danke und wünsche ihm meinerseits Gottes Segen. Der Sekretär begleitet mich im Lift nach unten. Ich sage ihm, er könne jederzeit bei mir anrufen, wenn er irgendeine Information oder Hilfe brauche oder irgendetwas der Erklärung bedürftig sei. Ja, er wolle diesen Kommunikationsfaden aufrechterhalten. Ich verabschiede mich von den Gardisten, und der Major der Schweizergarde begleitet mich bis zum Hotel und erzählt mir noch seine ganze Lebensgeschichte. Ich schlafe friedlich ein, habe aber doch noch etwas Mühe, alles zu verarbeiten.

Das gemeinsame Kommuniqué

Frohgemut fliege ich am Sonntag, dem 25. September, nach Stuttgart zurück. Das Gespräch und die ganze Begegnung haben meine Erwartungen mehr als erfüllt. Das drücke ich in meinem Dankschreiben vom folgenden Tag aus:

»In aller Kürze, aber auch in aller Herzlichkeit, möchte ich mich bei Ihnen bedanken für die für mich unvergesslichen Stunden, die ich mit Ihnen in Castel Gandolfo verbringen durfte. Dass Sie mich so liebenswürdig empfangen und mir so viel Zeit gewidmet haben, war schon eine besondere Auszeichnung. Dass dann aber auch das Gespräch auf hohem Niveau in so konstruktiver und freundschaftlicher Weise geführt werden konnte, war besonders erfreulich. Und dass schließlich das Ganze noch in einem kleinen ›Symposion‹ mit Ihrem von mir hochgeschätzten Privatsekretär endete, bei dem wir alle möglichen Erinnerungen austauschen konnten, hat die Begegnung noch würdig abgerundet.

In der Beilage lasse ich Ihnen einige Materialien zukommen, über die wir gesprochen haben.

So danke ich Ihnen herzlich und sende Ihnen freundliche Grüße«

Am selben Tag erhalte ich das Kommuniqué aus dem Vatikan und akzeptiere es umgehend ohne Veränderungen. Wann hat schon einmal ein Papst zusammen mit einem Theologen ein gemeinsames Pressekommuniqué über ein Gespräch veröffentlicht! Hier der Text, wie er vom Vatikan sogleich publiziert wurde, im Wortlaut:

»Begegnung von Papst Benedikt XVI. mit Professor Hans Küng:

Am Samstag, den 24. September 2005, fand in freundschaftlicher Atmosphäre ein Gespräch zwischen Papst Benedikt XVI. und Professor Hans Küng (Tübingen) statt. Beide Seiten waren sich einig, dass es nicht sinnvoll sei, im Rahmen dieser Begegnung in einen Disput über die Lehrfragen einzutreten, die zwischen Hans Küng und dem Lehramt der katholischen Kirche umstritten sind. Das Gespräch konzentrierte sich deshalb auf zwei Bereiche, die besonders in jüngerer Zeit im Vordergrund der Arbeit von Hans Küng stehen: die Frage des Weltethos und der Dialog der Vernunft der Naturwissenschaften mit der Vernunft des christlichen Glaubens.

Professor Küng stellte heraus, dass es bei dem *Projekt Weltethos* keineswegs um eine abstrakte intellektuelle Konstruktion gehe. Es werden vielmehr die moralischen Werte ins Licht gesetzt, in denen die großen Religionen der Welt bei allen Unterschieden konvergieren und die sich von ihrer überzeugenden Sinnhaftigkeit her auch der säkularen Vernunft als gültige Maßstäbe zeigen können. Der Papst würdigte positiv das Bemühen von Professor Küng, im Dialog der Religionen wie in der Begegnung mit der säkularen Vernunft zu einer erneuerten Anerkennung der wesentlichen moralischen Werte der Menschheit beizutragen. Er stellte heraus, dass der Einsatz für ein erneuertes Bewusstsein der das menschliche Leben tragenden Werte auch ein wesentliches Anliegen seines Pontifikates darstellt.

Ebenso bekräftigte der Papst seine Zustimmung zu dem Mühen von Professor Küng, den Dialog zwischen *Glaube und Naturwissenschaft* neu zu beleben und die Gottesfrage dem naturwissenschaftlichen Denken gegenüber in ihrer Vernünftigkeit und Notwendigkeit zur Geltung zu bringen. Professor Küng seinerseits drückte seine Zustimmung zu dem Mühen des Papstes um den Dialog der Religionen wie um die Begegnung mit den unterschiedlichen gesellschaftlichen Gruppen der modernen Welt aus.

Città del Vaticano, 26. September 2005«

Diese Pressemeldung geht um die Welt. Sie verschafft meinem theologischen Standpunkt Ansehen, aber auch Papst Benedikt viel Sympathie: »Vielleicht ist er auch noch zu anderen kühnen

Taten fähig …« Im Vatikan ist man verblüfft und verunsichert. Selbst lang gediente »Vaticanisti« (Vatikanexperten) sind völlig überrascht. Was sich im Vatikan sofort an Gegenkräften bildet, ist mir nicht bekannt.

Natürlich mache ich mir keine Illusionen: Wir haben zwar auch manche Fragen heutiger Weltpolitik besprochen, uns aber verabredungsgemäß auf Fragen kirchlicher »Außenpolitik« (Vatikanum II: Ecclesia ad extra) konzentriert und die in der Kirchengemeinschaft heftig umstrittenen Fragen kirchlicher Innenpolitik (Ecclesia ad intra) höchstens am Rande gestreift. Ich hoffe, Papst Benedikt erwartet nicht, dass ich in Zukunft meine Reformanliegen – es sind ja wahrhaftig nicht nur die meinen – verschweigen würde. Schon unser Gespräch an sich ist zweifellos für viele in der Kirche ein Hoffnungszeichen, dass Papst Ratzinger vielleicht doch nicht so festgelegt sei, wie man das aufgrund seiner römischen Jahrzehnte befürchten muss. Er braucht freilich Zeit, und ich registriere aufmerksam, dass er auf der noch vom Vorgänger vorbereiteten Bischofssynode den Bischöfen vorsichtig freie Zeit zur Diskussion gewährt. Auch bin ich nach unserem Gespräch überzeugt, dass er in Zukunft konstruktive Initiativen ergreifen wird, etwa in Bezug auf den Dialog der Religionen oder die orthodoxen Kirchen.

Aber selbstverständlich kommt es bei alldem weniger auf Worte und Gesten als auf Taten an. Und solche dem widerstrebenden kurialen Hofstaat abzuringen, dürfte für den Papst, wenngleich man ihm theoretisch die volle Jurisdiktionsgewalt zuschreibt, nicht einfach sein. Doch kennt Ratzinger wie kein Zweiter die Kurie und den Episkopat und ist anders als sein Vorgänger ein guter Administrator und zugleich ein Gelehrter von Format. Er könnte, wenn er wollte, Reformen durchführen, so sagte mir ja Kardinal Martini, die ein mehr progressiver Kardinal und Papst nicht so leicht durchführen könnte. Und in der Tat: Ist er nicht in der Lage eines CFO (Chief Financial Officer), der über die Buchhaltung zu wachen hatte, in Zahlen vertieft und in steter Sorge um Überschreitungen des Budgets, der jetzt aber CEO (Chief Executive Officer) geworden ist, also Leiter des ganzen Konzerns? Er muss sich nun freilich auch um die Menschen kümmern, die eigene Belegschaft vor allem, aber auch um die Öffentlichkeit. Er ist auf Sympathien und Unterstützung angewiesen, wenn er erfolgreich sein will, muss Menschen bewegen, gewinnen, motivieren können. In diesem Kontext muss er dann Topentscheidungen fällen, die das Ganze betreffen.

Obwohl ich in vielen innerkirchlichen Reformfragen, wie vielfach dokumentiert, konstant eine andere Auffassung vertrete als Joseph Ratzinger, so bin ich zu diesem Zeitpunkt noch überzeugt: Dieser Papst ist

– ein eher ruhiger, nachdenklicher, um Reflexion bemühter Gelehrter, der nicht ständig auf große öffentliche Auftritte aus ist; sowohl die Reisen wie die Minutenaudienzen hat er reduziert;

– ein eher langsamer, in kleinen Schritten vorangehender Oberhirte, der Zeit braucht und mit kleinen Änderungen versucht, große Veränderungen in Gang zu setzen; relativ lange Zeiten für Diskussion in der Bischofssynode haben mindestens einen Anfang von Kollegialität gezeigt;

– ein noch in manchem freier, jedenfalls nicht in allen Punkten festgelegter Konservativer, der (wie in der Annahme des Gesprächs mit mir) die Welt noch mit eigenen Entscheidungen überraschen dürfte;

– einer, der von Amts wegen unter starkem Druck der (in Rom so genannten) wojtylistischen Tendenzen in der Kurie steht, von denen er sich aber in einer »discontinuità dolce« zu distanzieren versucht; einen hohen Kurialen, der ihm eine Ernennungsliste für Führungspositionen vorgelegt hat, soll er rasch freundlich verabschiedet haben.

Doch auch diese Frage bleibt: Wohin steuert Benedikt XVI.? Der Analyse hilft eine schematische Vereinfachung: Der Papst hat die Wahl zwischen einer Rückzugsstrategie in die vormoderne, vorreformatorische Konstellation (Paradigma) des Mittelalters – oder einer Vorwärtsstrategie in die nachmoderne Konstellation, in welche die Welt schon längst eingetreten ist.

Selbstverständlich verfolge ich Weg und Taten von Papst Benedikt nach unserem Treffen aufmerksam. Und muss feststellen: Leider werden die Erwartungen vieler Menschen auf weitere kühne Taten des Papstes nicht erfüllt. Für viele stellen sich bald schon die ersten Enttäuschungen ein, die hier nur kurz registriert werden sollen: Ich nehme dazu ohne großes Aufsehen in einzelnen Pressekommentaren kritisch Stellung.

Erste Enttäuschungen: Regensburg – Istanbul – Konstantinopel – Aparecida/Brasilien – Washington

Regensburg (12. September 2006), Islam: Der Papst zitiert in einem Vortrag über Vernunft und Glaube an der Universität Regensburg einen historischen Dialog zwischen dem byzantinischen Kaiser Manuel II. Palaiologos und einem persischen Gelehrten aus dem späten 14. Jahrhundert: Darin hatte der Kaiser die muslimische Glaubensverbreitung durch Gewalt als widersinnig kritisiert und dem islamischen Propheten Mohammed vorgeworfen, »nur Schlechtes und Inhumanes« in die Welt gebracht zu haben.

Mit seiner als islamkritisch aufgefassten Rede hat Benedikt zwar mit Sicherheit keine gezielte Provokation der islamischen Welt beabsichtigt. Dem Papst ist aber aus mangelnder Information über den Koran und den Islam ein vermeidbares Missverständnis unterlaufen. Hier zeigen sich die Grenzen des Theologen Ratzinger, der sich mit anderen Religionen nie ausreichend auseinandergesetzt hat.

Die Vorwürfe islamischer Verbände gegen die Papst-Rede sind durchaus berechtigt. Es ist höchst unklug, das historische Dokument eines christlichen, byzantinischen Kaisers zu nehmen, um darzulegen, wie der Islam zu verstehen sei. Ich rate zu Mäßigung in der aufflammenden Debatte. Das Verhältnis zwischen Christentum und Islam kann ja nicht auf das Thema Gewaltanwendung reduziert werden. In der Geschichte aller drei monotheistischen Religionen einschließlich des Judentums gab und gibt es neben Blut und Tränen immer auch viel Positives. Der christliche Westen muss sich im Umgang mit der islamischen Welt allerdings immer bewusst bleiben, dass die Ära der Kolonialisierung und Unterdrückung der muslimischen Welt von Marokko bis Indonesien im 19. Jahrhundert im Bewusstsein der Muslime unverändert eine große Rolle spielt. Die Kriege in Afghanistan, Irak, Palästina und Libanon lassen den Westen, der sich stets seiner Demokratie und Friedfertigkeit rühmt, als Aggressor erscheinen.

Istanbul (30. November 2006), Türkei: Papst Benedikt hat in der Folge gelernt: Seine falschen Regensburger Aussagen über den Islam hat er nicht wiederholt. Vielmehr lässt er sich in Istanbul vom Präsidenten der staatlichen Religionsbehörde Ali Bardakoglu in aller Öffentlichkeit über den Islam belehren. Der vom Papst geforderte ehrliche Dialog setzt in der Tat seriöse Information voraus. Darüber hinaus setzt der Papst positive Zeichen, die er sich in Regensburg wohl selbst nicht hätte träumen lassen: vornehme Zurückhaltung in der früher christlichen Hagia Sophia; Beten mit dem Großmufti in der Blauen Moschee, muslimisches Gegenstück zur Hagia Sophia; Schwenken einer türkischen Fahne ... Bilder und Gesten sind oft wirkkräftiger als Worte.

Doch sie rufen nach Konsequenzen: Es braucht jetzt einen andauernden Dialog auf allen Ebenen. Und konkrete Fortschritte, natürlich auch für die christlichen Minderheiten in der Türkei. Diese macht unter der Regierung Erdogan das epochale Experiment durch, wie weit sich säkularer Staat und Islam verbinden lassen. Wenn die katholische Kirche Jahrhunderte brauchte, um endlich im Vatikanum II (1962–65) Menschenrechte und insbesondere Religionsfreiheit zu akzeptieren, so sollte das auch im Islam möglich sein. Die Entwicklung in der Türkei wird in der ganzen islamischen Welt aufmerksam beobachtet: ob es gelingt, einen Weg zu gehen zwischen antireligiösem Säkularismus und religiösem Fundamentalismus. Der 11. September 2001 und die terroristischen Anschläge haben jedenfalls dazu geführt, dass in vielen muslimischen Ländern eine Diskussion über Gewalt und Terrorismus in Gang gekommen ist: Auch dies ist wichtig für einen aufrichtigen Dialog. Zu dieser Zeit konnte man freilich noch nicht ahnen, dass die Politik Erdogans in den folgenden Jahren viele Hoffnungen zunichtemachen würde.

Konstantinopel (30. November 2006), Orthodoxie: Mehrfach ist nach dem Zweiten Vatikanischen Konzil die Wiederherstellung der »vollen Einheit« zwischen katholischer und orthodoxer Kirche als Ziel beschworen worden, und Benedikt XVI. lädt – ähnlich wie seine Vorgänger Paul VI. und Johannes Paul II. – zu einem »brüderlichen Dialog« ein, »um die Art und Weise zu bestimmen, wie das Petrusamt ausgeübt werden könnte und dabei gleich dessen Natur und Wesen respektiert wird«. Tatsächlich ist die geforderte universale päpstliche Jurisdiktionsgewalt, also letztlich über alle Teile der Kirche bestimmen zu können, ein völlig ungelöstes Problem zwischen den Kirchen.

Nun sind freilich keine weiteren Jahre Kommissionsarbeit in Sachen Papstamt notwendig. Lösungsvorschläge liegen seit Jahrzehnten auf dem Tisch, werden aber von Rom ignoriert. Es fehlt nicht an theologischer Erkenntnis, sondern an der römischen Bereitschaft zum Verzicht auf Machtansprüche. Was würden unsere Kirchenoberhäupter zu Christen sagen, die sich versöhnen wollen, aber immer nur »neue Gespräche«, »kleine Schritte«, »mehr Gebet« und »Hoffnung auf den Heiligen Geist« ankündigen? Es kommt doch in erster Linie auf den Papst an. Aber seine Begegnung mit dem ökumenisch aufgeschlossenen Patriarchen Bartholomaios I. ist enttäuschend. Sie geht kaum über den Bruderkuss hinaus, den schon Paul VI.

1964 mit Patriarch Athenagoras in Jerusalem ausgetauscht hatte. Damals war immerhin die gegenseitige, neun Jahrhunderte andauernde »ex-communicatio« des Jahres 1054 aufgehoben worden. Warum also 40 Jahre nach der Jerusalemer Begegnung nicht endlich positiv die frühere »communio« wiederherstellen und durch eine gemeinsame Eucharistiefeier bezeugen? Doch stattdessen wohnt der Bischof von Alt-Rom einer Eucharistiefeier des Bischofs von Neu-Rom nur passiv bei. Haupthindernis für die Wiederherstellung der alten Kircheneinheit ist in der Tat der seit der Gregorianischen Reform des 11. Jahrhunderts erhobene Machtanspruch des Papstes über die Ostkirchen. Joseph Ratzinger hatte als mein Kollege in Tübingen noch ganz vernünftig vertreten: »Rom muss vom Osten nicht mehr an Primatslehre fordern, als auch im ersten Jahrtausend formuliert und gelebt wurde.« Das würde für heute bedeuten: Statt eines unbiblischen und erst seit dem 11. Jahrhundert von Rom beanspruchten *Jurisdiktionsprimats* über die östlichen Kirchen, aber auch statt eines belanglosen *Ehrenprimats* wäre die Lösung – in der gemeinsamen Tradition des ersten Jahrtausends – ein ökumenischer *Pastoralprimat* des Bischofs von Rom. Als Vorbild könnte Johannes XXIII. gelten, der sich weitgehend auf geistliche Führung, auf Inspiration, Mediation und Koordination beschränkte. Wehmütig denke ich an meinen eigenen Besuch im Phanar, in der Residenz des Ökumenischen Patriarchen Bartholomäus I. zurück, wo sich in einem langen auf Deutsch geführten Nachtgespräch ein großer Konsens in den notorischen Streitfragen abzeichnete.

Aparecida/Brasilien (13. Mai 2007), Missionierung: Auf seiner Brasilienreise 2007 vermeidet der Papst die bekannten heißen Themen. Auch zur Befreiungstheologie sagt er nichts Neues, nimmt aber zur Frage der christlichen Mission bzw. der spanischen Conquista in Lateinamerika Stellung, dies allerdings in einer völlig unpassenden Weise:

Die katholische Kirche habe sich den Indios in Lateinamerika nicht aufgezwungen. Vielmehr hätten die Stämme die Ankunft der Priester im Zuge der spanischen Eroberung »still herbeigesehnt«. Kein Wunder, dass diese Einschätzung bei den Vertretern der indigenen Völker – angesichts der Massaker an diesen Völkern, ihrer Dezimierung und der Auslöschung ihrer Kultur – höchste Empörung auslöst. Auch viele europäische Fachleute kritisieren diese Aussagen. Der Kölner Historiker Hans-Jürgen Prien, ein Spezialist für die Kirchengeschichte Lateinamerikas, wirft Benedikt »unglaubliche Geschichtsklitterung« vor. Die Rede sei »das Oberflächlich-Schönfärberischste«, was er aus päpstlichem Mund zur Mission Lateinamerikas seit 30 Jahren vernommen habe.

Washington (16. April 2008), Papst und Präsident: Für mich ist es unbegreiflich: Wie kann der Papst seinen 81. Geburtstag gerade an der Seite von George W. Bush feiern, der ihn im Weißen Haus als »persönlichen Freund« begrüßt, der aber für seine Politik die niedrigste Zustimmung seit Beginn der Statistik aufweist? Er hat ja seine große demokratische Nation mit einem Lügengeflecht sondergleichen in einen völkerrechtswidrigen und unmoralischen Krieg im Irak geführt, der Zehntausenden das Leben gekostet und Hunderte von Milliarden Dollar vergeudet hat. Ein Politiker, den viele Menschen genauso wie Slobodan Miloševic lieber vor einem Kriegsverbrechertribunal statt an der Seite des Papstes sehen möchten. Und dabei kein Wort des Papstes über den Irakkrieg, die Folterungen, die Verletzung der Menschenrechte im In- und Ausland. Feigheit vor dem »Freund« … Offensichtlich sind dem Vatikan wieder einmal gemeinsame Machtinteressen und eine gemeinsame Front gegen Pille, Kondome und Abtreibung wichtiger.

Doch präsentiert sich Benedikt XVI. in den USA in einer großen Charmeoffensive ganz als freundlicher, liebenswürdiger und bescheidener Hirte, der zu allen »harten Themen« – Empfängnisverhütung, Zölibat, Frauenordination, Abtreibung,

Sterbehilfe – schweigt. Offensichtlich will er alle Fettnäpfchen vermeiden. Erfreulich deutlich aber drückt der Papst in den USA nach monatelangem Zögern doch seine »tiefe Scham« über die zahllosen von Priestern begangenen Sexualdelikte an Kindern und Jugendlichen aus. Auf öffentlichen Druck hin empfängt er schließlich auch Repräsentanten von Opfern, allerdings unter Ausschluss jeglicher Öffentlichkeit. Und er zögert auch nicht, die amerikanischen Bischöfe zu kritisieren, welche auf die klerikalen Pädophilie-Skandale schlecht reagiert hätten. Allerdings unternimmt er keine Aktion gegen Bischöfe, die eklatant moralisch versagt haben. Auch vermeidet er als langjähriger früherer Präfekt der Glaubenskongregation, die für die Bearbeitung klerikaler Sexualdelikte zuständig ist, jedes Eingeständnis der Mitschuld. Als ob die weltweite Vertuschungs- und Verschiebungspraxis der Bischöfe nicht von Rom approbiert und gesteuert gewesen wäre! Doch hat kein amerikanischer Bischof den Mut, den Papst daran zu erinnern, dass man sich schließlich an die römischen Richtlinien gehalten habe.

Die Rede des Papstes vor den Vereinten Nationen auf derselben USA-Reise ist eher ein akademischer Vortrag, in dem er Hochschätzung für die UNO ausdrückt und nachdrücklich auf den Menschenrechten insistiert, ohne aber irgendwo konkret zu werden. So können denn alle höflich Beifall klatschen und im Übrigen weitermachen wie zuvor. Zweideutig aber ist seine Rede, die er vor mehreren Hundert katholischen Akademikern hält. Er bejaht den großen Wert der akademischen Freiheit, setzt ihr aber klare Grenzen mit den römischen »Positionen«: »Jeder Appell an das Prinzip der akademischen Freiheit, um Positionen zu rechtfertigen, die dem Glauben und der Lehre der Kirche widersprechen, würde die Identität und Sendung der Universität behindern oder gar verraten.« Trotzdem viel Beifall, kaum Einspruch. All die lehramtlich Gemaßregelten haben also mit keiner Rehabilitation zu rechnen.

Was aber hat der Papst in den USA wirklich erreicht? Kurzfristig viel römisch-katholische Begeisterung und viele positive Kommentare von weithin angepassten Medien – aber langfristig? Es sind Pyrrhussiege. Ein früherer Sprecher der amerikanischen Bischofskonferenz erinnert an die ebenfalls von den Medien massiv angeheizten Triumphe von Papst Ratzingers Vorgänger Wojtyła 20 oder 25 Jahre zuvor, nach denen es allen Statistiken zufolge trotzdem mit der katholischen Kirche der USA ständig bergab ging: weniger Gottesdienstteilnehmer, Priester, Priesteramtskandidaten, Ordensangehörige, mehr Skandale, Finanzierungsprobleme, Schließung von Schulen und anderen katholischen Institutionen. Der Vatikankorrespondent der angesehenen katholischen Zeitschrift »The Tablet« (London), Robert Mickens, beschließt seine Reiseberichterstattung mit dem Urteil eines älteren Priesters aus New York: »Es war, wie wenn man seinen Schwiegervater zu Besuch hat. Man versteckt den ganzen ›Dreck‹ (›mess‹), und dann, wenn er wieder gegangen ist, holt man alles wieder heraus.«

Abkehr vom Konzil: Konzilsfeindliche Bischöfe akzeptiert

Joseph Ratzinger verpasst als Papst die historische Chance, das Zweite Vatikanische Konzil mit seinen zukunftsweisenden Impulsen auch im Vatikan zum Kompass der katholischen Kirche zu machen und ihre Reformen mutig voranzutreiben. Im Gegenteil: Immer wieder relativiert er die Konzilstexte und interpretiert sie gegen den Geist der Konzilsväter nach rückwärts. Er nennt dies eine »Hermeneutik der Kontinuität«, welche die Umbrüche und Neuansätze des Konzils nicht wahrhaben will.

Ja, Papst Benedikt stellt sich sogar ausdrücklich gegen das Ökumenische Konzil, das nach der großen katholischen Tradition die oberste Autorität in der katholischen Kirche darstellt: Am 15. Dezember 2008 hebt Papst Benedikt XVI. die Exkommunikation der außerhalb der katholischen Kirche illegal ordinierten Bischöfe der traditionalistischen Pius-Bruderschaft auf, die das Konzil in zentralen Punkten (vor allem Religions-freiheit, Liturgie, Ökumene, Judendekret) ablehnen. Ohne alle Vorbedingungen nimmt er sie in die Kirche auf. Erschwerend kommt noch hinzu, dass unter vier allesamt antisemitischen Bischöfen der Engländer Richard Williamson ein ausdrück-licher Holocaust-Leugner ist, was den Papst, offensichtlich ahnungslos, erneut in Konflikt mit den Juden bringt. Zudem fördert Benedikt mit allen Mitteln die mittelalterliche Tridenti-nische Messe und feiert selber die Eucharistiefeier gelegentlich wieder auf Latein mit dem Rücken zum Volk. Dabei ist es durchaus zu begrüßen, dass Benedikt XVI. Ausgegrenzten die Hand zur Versöhnung reicht. Aber viele Katholiken sind empört darüber, dass er gerade diese um-strittene antiökumenische und reformfeindliche Bruderschaft wieder in die Kirche eingliedern will, und fragen: Warum übt er nicht dieselbe Toleranz zum Beispiel auch gegenüber Befreiungstheologen und Reformern? Und wenn er mit der Rechtfertigung seiner Maßnahme auch noch die Gottesferne der heutigen Zeit beklagt, übersieht er dann nicht, dass viele Menschen in den letzten Jahren und Jahrzehnten der katholi-schen Kirche den Rücken gekehrt haben gerade wegen jenes restaurativen Kurses, den Kardinal Ratzinger schon als Vor-sitzender der Glaubenskongregation ganz wesentlich mitge-staltet hat und den er jetzt als Papst Benedikt XVI. offenbar fortsetzen möchte?

Alle Dankbarkeit für unser Castel-Gandolfo-Gespräch 2005, bei dem mir Joseph Ratzinger sein positives Gesicht zeigte, darf mich nicht daran hindern, gegen konzilsfeindliche Aktionen Papst Benedikts öffentlich Stellung zu beziehen. Als »Le Monde« in dieser angespannten Situation zwei Redakteure von Paris nach Tübingen zu einem Interview schicken will, sage ich zu. Natürlich stellen Nicolas Bourcier und Stéphanie le Bars die Fragen, die sich in dieser Situation aufdrängen. Als ich danach dieses Gespräch zur Approbation zugestellt be-komme, sage ich meinen Mitarbeitern: »Da findet sich aber auch gar nichts Positives.« Aber wirklich Positives im Sinne von Zukunftsweisendes ist in den Aktionen dieses Papstes beim besten Willen nicht zu entdecken.

So gebe ich denn das Interview frei, und »Le Monde« publiziert es am 25. Februar 2009 auf einer ganzen Seite mit großem Foto unter dem Titel »L'Eglise risque de devenir une secte«. Dieses Interview schlägt im Vatikan ein wie eine Bombe, besonders nachdem es auch noch auf Italienisch in »La Stampa« veröffentlicht worden ist. Der Erzbischof von Turin, Kardinal Severino Poletto, und die Norditalienische Bischofskonferenz nehmen öffentlich Stellung im »Osservatore Romano«. Auch der frühere Staatssekretär Kardinal Angelo Sodano meldet sich. Schließlich liest man im römischen »Messaggero«, dass der Papst bei der Lektüre dieses Interviews »amareggiato« (»verbittert«) gewesen sei.

Doch konnte Papst Benedikt wirklich damit rechnen, mich durch jenes freundschaftliche Gespräch auf die Dauer ruhiggestellt zu haben? Einzelne Kritiker hatten schon vermutet, der Wolf habe Kreide gefressen. Aber Kreide fressen ist meine Art nicht. Wenn es nun einmal unabdingbar ist, nehme ich Stellung. Das tue ich in verschärfter Form am 22. Mai 2012 durch eine weitverbreitete warnende Pressemeldung, provoziert durch verstärkte päpstliche Bemühungen um »Versöhnung« mit den traditionalistischen Bischöfen und Priestern:

»… Diese (›Versöhnung‹) soll selbst dann geschehen, wenn die Piusbrüder, die entscheidende Konzilstexte weiterhin ablehnen, mit kirchenrechtlichen Kunstgriffen in die Kirche eingegliedert werden müssten. Davor müsste der Papst, nicht zuletzt von den Bischöfen, in aller Form gewarnt werden. Denn: Der Papst würde auch ungültig geweihte Bischöfe und Priester definitiv in die Kirche aufnehmen. Gemäß der Apostolischen Konstitution Pauls VI. ›Pontificalis Romani recognitio‹ vom 18. Juli 1968 sind die von Erzbischof Lefebvre vollzogenen Bischofs- und Priesterweihen nicht nur unerlaubt, sondern auch ungültig. Diesen Standpunkt vertritt neben anderen auch ein maßgebliches Mitglied der ›Versöhnungs-kommission‹, Karl Josef Becker SJ, jetzt Kardinal.

Mit einer solch skandalösen Entscheidung würde sich Papst Benedikt in seiner allseits beklagten Abgehobenheit noch mehr vom Gottesvolk entfernen. Ihm sollte die klassische Lehre vom Schisma eine Warnung sein. Ihr zufolge geschieht eine Spaltung der Kirche, wenn man sich vom Papst trennt, aber auch wenn man sich vom übrigen Leib der Kirche trennt.

›So könnte auch der Papst zum Schismatiker werden, wenn er nicht mit dem ganzen Leib der Kirche die geschuldete Einheit und Verbundenheit halten will‹ (Francisco Suarez SJ, maßgebender spanischer Theologe des 16./17. Jh.).«

Ein schismatischer Papst verliert gemäß derselben Kirchen-rechtslehre sein Amt. Zumindest kann er nicht auf Gehorsam rechnen. Papst Benedikt würde also die schon überall wachsende Bewegung des »Ungehorsams« gegenüber einer Hierarchie, die ihrerseits dem Evangelium gegenüber ungehorsam ist, fördern. Für das schwere Zerwürfnis und den Unfrieden, den er damit in die Kirche hineintrüge, hätte er allein die Verantwortung.

Statt sich mit den ultrakonservativen, antidemokratischen und antisemitischen Pius-Brüdern zu versöhnen, hätte sich der Papst lieber um die reformbereite Mehrheit der Katholiken und um die Versöhnung mit den Kirchen der Reformation und der ganzen Ökumene kümmern sollen. Er soll ja einen, nicht spalten. Dies betrifft nicht zuletzt die große anglikanische Gemeinschaft.

Papst fischt in anglikanischen Gewässern

Nachdem Benedikt schon die reformfeindlichen Pius-Brüder wieder eingemeindet hat, möchte er 2009 die gelichteten römisch-katholischen Klerikerreihen auch noch mit anglikanischen Rom-Sympathisanten auffüllen. Sie sollen leichter zur katholischen Kirche übertreten können. Übergetretene anglikanische Priester und Bischöfe werden vom Zölibatsgesetz befreit. Sie sollen auch als Verheiratete ihren Status behalten dürfen. »Traditionalisten aller Kirchen, vereinigt euch«, könnte man sagen, und zwar unter der Kuppel von St. Peter! Der Menschenfischer fischt am äußersten rechten Rand. Aber die Wasser dort sind trüb. Bei dieser römischen Aktion handelt es sich um nichts weniger als einen dramatischen Kurswechsel: weg von der vom Konzil bejahten bewährten ökumenischen Strategie eines Dialogs auf Augenhöhe und einer echten Verständigung. Und hin zu einer unökumenischen Abwerbung von Priestern und Bischöfen. Dabei beruft sich das diesbezügliche päpstliche Kommuniqué in ruchloser Weise auf die wahrhaft ökumenischen Dokumente der *Anglican-Roman Catholic International Commission* (ARCIC), die in jahrelangen mühseligen Verhandlungen zwischen dem römischen Einheitssekretariat und der anglikanischen Lambeth-Konferenz erarbeitet worden waren: über die Eucharistie (1971), über Amt und Ordination (1973) sowie über die Autorität in der Kirche (1976/81). Kenner aber wissen, dass diese drei Dokumente, seinerzeit von beiden Seiten unterzeichnet, nicht auf Abwerbung, sondern auf Versöhnung ausgerichtet sind.

Diese Dokumente echter Versöhnung bieten nämlich die Grundlage für eine Anerkennung der anglikanischen Weihen, denen Papst Leo XIII. 1896 mit wenig überzeugenden Argumenten die Gültigkeit abgesprochen hatte. Aus der Gültigkeit der anglikanischen Weihen aber ergibt sich auch die Gültigkeit der anglikanischen Eucharistiefeiern. Und so wären eine gegenseitige eucharistische Gastfreundschaft, ja, Interkommunion, und ein langsames Zusammenwachsen zwischen Katholiken und Anglikanern auf Gemeindeebene ohne Weiteres möglich.

Doch die vatikanische Glaubenskongregation hatte damals dafür gesorgt, dass die ARCIC-Dokumente möglichst rasch in den Verliesen des Vatikans verschwanden. »Schubladisieren« habe ich das schon in den 70er-Jahren genannt. Man lässt Kommissionen Dokumente erarbeiten und sie, wenn unbequem, gleich wieder verschwinden. Warum? »Zu viel Küng-Theologie«, hieß es damals in einer vertraulichen Meldung der katholischen Nachrichtenagentur KNA aus dem Vatikan. In der Tat hatte ich die englische Ausgabe meines Buches »Die Kirche« dem damaligen Erzbischof von Canterbury, Dr. Michael Ramsey, gewidmet: mit Datum vom 11. Oktober 1967, dem fünften Jahrestag der Eröffnung des Zweiten Vatikanischen Konzils: in der »demütigen Hoffnung, dass in den Seiten dieses Buches eine theologische Basis gelegt ist für ein Arrangement zwischen den Kirchen von Rom und Canterbury«.

Man findet in diesem Buch auch die theologische Lösung für die leidige Frage nach dem Primat des Papstes, welche diese beiden Kirchen, aber auch Rom und die Ostkirchen, Rom und die reformatorischen Kirchen, seit Jahrhunderten trennt. Es wäre eine »Wiederaufnahme der Kirchengemeinschaft etwa zwischen der katholischen Kirche und der anglikanischen Kirche möglich«, wenn »einerseits der Church of England die Garantie gegeben würde, dass sie ihre gegenwärtige autochthone und autonome Kirchenordnung unter dem Primas von Canterbury voll beibehalten könnte« und »andererseits die Church of England einen Pastoralprimat des Petrusdienstes als oberste Vermittlungs- und Schlichtungsinstanz zwischen den Kirchen anerkennen würde«. »So würde«, hoffte ich damals, »aus dem römischen Imperium ein katholisches Commonwealth!«

Papst Benedikt jedoch will unbedingt das päpstliche Imperium Romanum restaurieren. Der Anglican Communion, die er ohnehin auseinanderbrechen sieht, macht er keine Konzessionen. Vielmehr will er das mittelalterliche zentralistische römische System für alle Zeiten erhalten – auch wenn es eine Einigung der christlichen Kirchen in grundlegenden Fragen verunmöglicht. Der päpstliche Primat – nach Papst Paul VI. zugestandenermaßen der »große Felsblock« auf dem Weg zur Einheit der Kirchen – wirkt offensichtlich nicht als »Fels der Einheit«. Fröhliche Urständ feiert die alte Aufforderung einer »Rückkehr nach Rom«, jetzt durch Übertritt besonders von Priestern, möglichst in großer Zahl. In Rom träumt man von einer halben Million übertrittswilligen Anglikanern mit 20 bis 30 Bischöfen; faktisch sind es bis November 2012 nur 81 Priester und 1350 Laien (»The Tablet«, 3. 11. 2012). Warum sucht der Papst nicht die Versöhnung mit den 76 Millionen Anglikanern, die nicht römisch-katholisch werden wollen?

Offensichtlich gescheitert ist eine Strategie, die sich in den vergangenen Jahrhunderten als Wunschdenken erwiesen hat und gegenwärtig bestenfalls zur Gründung einer mit Rom »unierten« anglikanischen Minikirche in Form von personalen (nicht territorialen) Diözesen führen wird. Ein ähnlicher Status also wie das Opus Dei, ganz dem Papst unterstellt und bischöflicher Aufsicht entzogen.

Doch die Folgen dieser Strategie? Für die anglikanische Kirche bedeutet diese Abspaltung eine weitere Erosion. Viele anglikanische Gläubige (und Pfarrer) werden verunsichert und fragen sich aufgrund der römischen Strategie, ob anglikanische Priester überhaupt gültig geweiht sind. Zugleich aber ist eine Verärgerung im katholischen Klerus und Volk feststellbar, weil anglikanischen Priestern gestattet wird, was katholischen verboten bleibt: die Ehe. Fazit: Wie schon im ost-westlichen Schisma (11. Jh.), in der Reformationszeit (16. Jh.) und im Ersten Vatikanischen Konzil (19. Jh.) spaltet römisches Machtstreben einmal mehr die Christenheit und schadet der eigenen Kirche. Ein Trauerspiel. Doch es sollte noch schlimmer kommen.

Vertuschung des Sexualmissbrauchs: Ratzingers Mitverant-wortung

Massenhafter sexueller Missbrauch von Kindern und Jugendlichen durch katholische Kleriker von den USA über Irland bis Deutschland: ein enormer Imageverlust der katholischen Kirche, aber auch eine Offenbarung ihrer tiefen Krise! Der mutige Jesuitenpater Klaus Mertes, Rektor des Berliner Canisius-Kollegs, bringt im Januar 2010, ausgehend von Fällen an diesem Kolleg, den Skandal in die deutsche Öffentlichkeit und fördert damit die längst fällige Auseinandersetzung.

Kaum ein Bischof hat sich bisher offen und ehrlich zu seiner Mitschuld bekannt. Dabei könnte er darauf verweisen, er sei nur den Weisungen Roms gefolgt. Aus Gründen absoluter Geheimhaltung hatte in der Tat die verschwiegene vatikanische Glaubenskongregation alle wichtigen Fälle von Sexualvergehen von Klerikern an sich gezogen. So waren die Fälle in den Jahren 1981–2005 auf den Tisch ihres Präfekten Kardinal Ratzinger gekommen. Dieser sendet noch am 18. Mai 2001 ein feierliches Schreiben über die schweren Vergehen (»Epistula de delictis gravioribus«) an alle Bischöfe der Welt, in welchem die Missbrauchsfälle unter die »päpstliche Geheimhaltung« (»secretum Pontificium«) gestellt werden, deren Verletzung unter schwerer Kirchenstrafe steht.

Dürfte also die Welt nicht auch vom Papst, in Kollegialität mit den Bischöfen, ein »*mea culpa*« erwarten? Und dies verbunden mit der Wiedergutmachung, dass das Zölibatsgesetz, das auf dem Zweiten Vatikanischen Konzil nicht diskutiert werden durfte, jetzt endlich frei und offen in der Kirche überprüft werden kann. Mit der gleichen Offenheit, mit der inzwischen die Missbrauchsfälle selbst aufgearbeitet werden, müsste auch eine ihrer wesentlichen strukturellen Ursachen, das Zölibatsgesetz, diskutiert werden. Dies hätten die Bischöfe unerschrocken und mit Nachdruck Papst Benedikt XVI. zusammen mit anderen dringenden Reformen vorschlagen sollen.

Dieser Abschnitt über die Vertuschung des Sexualmissbrauchs findet sich auch im Band 3 meiner Erinnerungen »Erlebte Menschlichkeit« (S. 572f). Ich habe diesen dritten Band wie die beiden vorausgegangenen Papst Benedikt XVI. zugeschickt. Am 24. 1. 2014 verdankt ihn dieser herzlich. Er fügt hinzu: »Ihre Klarstellung, dass Gegnerschaft in der Sache für Sie nie persönliche Feindschaft bedeutet hat, ist wichtig und dankenswert.« Nur meine Darstellung seiner Rolle in der Sache des Sexualmissbrauchs findet er unsachlich und unfair, und gerne gebe ich hier eine ergänzende Information weiter, die er mir in seinem Brief mitgeteilt hat.

Zuerst sei zu bedenken, dass Ratzinger sich mit Fällen konfrontiert sah, die häufig Jahrzehnte zurückreichen, aber erst in seiner Amtszeit in großem Ausmaß in die Öffentlichkeit kommen. So habe er erst im Laufe der Zeit die ganze Schwere der Problematik realisiert und sich auch dann erst zu konkreten Aktionen entschlossen. Weiter schreibt »Papa emeritus«, er habe ohne Vertuschung, aber auch im Respekt vor den betroffenen Personen das Nötige in dieser Sache getan. So konnte er »eine Novellierung der betreffenden Teile des Strafrechts des C.I.C. von 1983 erreichen, das einseitig den Täterschutz gegenüber dem Opferschutz herausgestellt hatte und nicht gestattete, in relativ kurzer Zeit die Entscheidungen zu fällen, die die Sache verlangt«.

Doch trotz anerkennenswerter Initiativen der Aufarbeitung der Missbrauchsfälle in einer Reihe von Diözesen und trotz der Tatsache, dass Papst Benedikt in seinen letzten zwei Amtsjahren fast 400 Priester wegen Kindesmissbrauch entlassen hatte, verfolgt der lange Schatten der Skandale den Vatikan weiter. Im Januar 2014 müssen Vertreter des Vatikans erstmals vor dem UN-Ausschuss für die Rechte des Kindes öffentlich und ausführlich zu den Missbrauchsskandalen Rede und Antwort stehen. Erzbischof Silvano Tomasi, Vatikanbotschafter bei der UNO in Genf, und Bischof Charles Scicluna, früherer Strafverfolger der Glaubenskongregation für die Missbrauchsfälle, auf den sich Joseph Ratzinger in seinem Brief an mich beruft, verweisen auf die Fortschritte der letzten Jahre. Doch der offizielle Bericht des UN-Ausschusses verurteilt den Umgang des Vatikans mit den Missbrauchsfällen scharf und fordert eine umfassende Aufarbeitung. Die vatikanische

Reaktion ist zwiespältig: Man werde die Empfehlungen zur Missbrauchsproblematik prüfen und sich für den Schutz der Kinder einsetzen. Doch die Empfehlungen des UN-Ausschusses zu Fragen der Verhütung, Abtreibung und Homosexualität werden als Einmischung in wichtige Kirchenlehren abgewehrt. Aber lässt sich Roms moralischer Rigorismus und dogmatische Verbohrtheit in der Welt von heute noch überzeugend vertreten? Angesichts der eklatanten Reformunwilligkeit sind in erster Linie die Bischöfe herausgefordert, ihre kollegiale Verantwortung wahrzunehmen.

Fünf Jahre Benedikt XVI. – eine Zwischenbilanz: Offener Brief an die katholischen Bischöfe weltweit (2010)

Keiner der fast 5000 Bischöfe wagte es, in der 35 Jahre dauernden Periode der beiden Restaurationspäpste aus Polen und Deutschland die nötigen Strukturreformen unerschrocken anzumahnen. Deshalb greife ich im April 2010 zu einem ungewöhnlichen Mittel: Ich verfasse einen Offenen Brief an den Weltepiskopat.

Es handelt sich um ein Dokument, das bisher Gesagtes zusammenfasst, manches wiederholt und alles auf die Bischöfe zuspitzt. Dabei nehme ich bewusst eine gewisse »Redundanz«, einen »Überfluss« an Informationen in Kauf, der nicht zuletzt der Tatsache geschuldet ist, dass seit über drei Jahrzehnten in der katholischen Kirche kaum echte Reformen angepackt wurden. Den Lesern wie den Bischöfen aber wird auf diese Weise der historische und sachliche Zusammenhang der Probleme bewusst gemacht.

April 2010

»Verehrte Bischöfe,

Joseph Ratzinger, jetzt Benedikt XVI., und ich waren 1962 bis 1965 die beiden jüngsten Konzilstheologen. Jetzt sind wir die beiden ältesten und einzigen noch voll aktiven. Mein theologisches Schaffen verstand ich stets auch als Dienst an der Kirche. Deshalb wende ich mich am 5. Jahrestag der Amtseinsetzung von Papst Benedikt in einem Offenen Brief an Sie, in Sorge um diese unsere Kirche, die in der tiefsten Vertrauenskrise seit der Reformation steckt. Eine andere Möglichkeit, an Sie zu gelangen, habe ich nicht.

Ich habe es sehr geschätzt, dass Papst Benedikt mich, seinen Kritiker, bald nach seinem Amtsantritt zu einem vier Stunden langen Gespräch einlud, das freundschaftlich verlief. Dies hat mir damals Hoffnung gemacht, dass Joseph Ratzinger, mein früherer Kollege an der Universität Tübingen, doch den Weg finden würde zur weiteren Erneuerung der Kirche und ökumenischen Verständigung im Geist des Zweiten Vatikanischen Konzils.

Meine Hoffnungen und die so vieler engagierter Katholikinnen und Katholiken wurden leider nicht erfüllt, und ich habe dies Papst Benedikt in unserer Korrespondenz auch verschiedentlich wissen lassen. Er hat zweifellos seine alltäglichen päpstlichen Pflichten gewissenhaft erfüllt und uns auch drei hilfreiche Enzykliken über Glaube, Hoffnung und Liebe geschenkt. Aber was die großen Herausforderungen unserer Zeit betrifft, so stellt sich sein Pontifikat zunehmend als einer der *verpassten Gelegenheiten und nicht der genutzten Chancen* dar:

– Vertan die Annäherung an die *evangelischen Kirchen*: sie seien überhaupt keine Kirchen im eigentlichen Sinn, deshalb keine Anerkennung ihrer Ämter und keine gemeinsamen Abendmahlsfeiern möglich.

– Vertan eine nachhaltige Verständigung mit den *Juden*: Der Papst führt eine vorkonziliare Fürbitte für die Erleuchtung der Juden wieder ein und nimmt notorisch antisemitische schismatische Bischöfe in die Kirche auf, betreibt die Seligsprechung Pius' XII. und nimmt das Judentum nur als historische Wurzel des Christentums und nicht als fortbestehende Glaubensgemeinschaft mit eigenem Heilsweg ernst. Empörung von Juden weltweit über Benedikts Hausprediger in der päpstlichen Karfreitagsliturgie, der Kritik am Papst mit antisemitischer Hetze vergleicht.

– Vertan der vertrauensvolle Dialog mit den *Muslimen*: Symptomatisch Benedikts Regensburger Rede, in der er, schlecht beraten, den Islam als Religion der Gewalt und Unmenschlichkeit karikiert und damit anhaltendes Misstrauen unter Muslimen bewirkt.

– Vertan die Versöhnung mit den kolonisierten *Urvölkern Lateinamerikas*: Der Papst behauptet allen Ernstes, sie hätten die Religion ihrer europäischen Eroberer ›ersehnt‹.

– Vertan die Chance, den *afrikanischen Völkern* zu helfen: im Kampf gegen Überbevölkerung durch Bejahung der Empfängnisverhütung und im Kampf gegen AIDS durch Erlaubnis von Kondomen.

– Vertan die Chance, mit den *modernen Wissenschaften* Frieden zu schließen: durch unzweideutige Anerkennung der Evolutionstheorie und differenzierte Bejahung neuer Forschungsgebiete wie Stammzellenforschung.

– Vertan die Chance, den Geist des Zweiten Vatikanischen Konzils endlich auch im Vatikan zum Kompass der *katholischen Kirche* zu machen und ihre Reformen voranzutreiben.

Der letzte Punkt, verehrte Bischöfe, ist besonders schwerwiegend. Immer wieder relativiert dieser Papst die Konzilstexte und interpretiert sie gegen den Geist der Konzilsväter nach rückwärts. Er stellt sich sogar ausdrücklich gegen das Ökumenische Konzil, das nach katholischem Kirchenrecht die höchste Autorität in der katholischen Kirche darstellt:

– Er hat außerhalb der katholischen Kirche illegal ordinierte Bischöfe der traditionalistischen Pius-Bruderschaft, die das Konzil in zentralen Punkten ablehnen, ohne Vorbedingungen in die Kirche aufgenommen.

– Er fördert mit allen Mitteln die mittelalterliche Tridentinische Messe und feiert selber die Eucharistiefeier gelegentlich auf Latein mit dem Rücken zum Volk.

– Er realisiert nicht die in offiziellen ökumenischen Dokumenten (ARCIC) vorgezeichnete Verständigung mit der Anglikanischen Kirche, sondern versucht, verheiratete anglikanische Geistliche durch Verzicht auf die Zölibatsverpflichtung in die römisch-katholische Kirche zu locken.

– Er hat durch Ernennung antikonziliarer Chefbeamter (Staatssekretariat, Liturgiekongregation u. a.) und reaktionärer Bischöfe in aller Welt die antikonziliaren Kräfte in der Kirche gestärkt.

Papst Benedikt XVI. scheint sich zunehmend von der großen Mehrheit des Kirchenvolkes zu entfernen, das sich ohnehin immer weniger um Rom kümmert und sich bestenfalls noch mit Ortsgemeinde und Ortsbischof identifiziert.

Ich weiß, dass auch viele von Ihnen darunter leiden: Der Papst wird in seiner antikonziliaren Politik voll unterstützt von der *Römischen Kurie*. Diese versucht, Kritik in Episkopat und Kirche zu ersticken, und Kritiker mit allen Mitteln zu diskreditieren. Durch erneute barocke Prachtentfaltung und medienwirksame Manifestationen versucht man in Rom eine starke Kirche mit einem absolutistischen ›Stellvertreter Christi‹ zu demonstrieren, der legislative, exekutive und judikative Gewalt in seiner Hand vereint. Doch Benedikts Restaurationspolitik ist gescheitert. Alle seine Auftritte, Reisen und Dokumente vermochten die Auffassung der meisten Katholiken in kontroversen Fragen, besonders auch der Sexualmoral, nicht im Sinne römischer Doktrin zu verändern. Und selbst päpstliche Jugendtreffen, besucht vor allem von konservativen charismatischen Gruppierungen, konnten weder die Kirchenaustritte bremsen noch mehr Priesterberufungen wecken.

Gerade Sie als Bischöfe werden es zutiefst bedauern: Zehntausende Priester haben seit dem Konzil, vor allem wegen des Zölibatsgesetzes, ihr Amt aufgegeben. Der Nachwuchs an Priestern, aber auch an Ordensleuten, Schwestern und Laienbrüdern, hat in quantitativer wie qualitativer Hinsicht abgenommen. Resignation und Frustration breiten sich im Klerus und gerade unter den aktivsten Kirchenmitgliedern aus. Viele fühlen sich mit ihren Nöten im Stich gelassen und leiden an der Kirche. In vielen Ihrer Diözesen dürfte es so sein: immer mehr leere Kirchen, Priesterseminarien, Pfarrhäuser. In manchen Ländern werden Kirchgemeinden wegen Priestermangels, oft gegen ihren Willen, zusammengelegt zu riesigen ›Seelsorgeeinheiten‹, in denen die wenigen Priester völlig überlastet sind und wodurch eine Kirchenreform nur vorgetäuscht wird.

Und nun kommen zu den vielen krisenhaften Entwicklungen auch noch himmelschreiende Skandale: vor allem der Missbrauch von Tausenden von Kindern und Jugendlichen durch Kleriker, in den Vereinigten Staaten, Irland, Deutschland und anderen Ländern – dies alles verbunden mit einer nie da gewesenen Führungs- und Vertrauenskrise. Es darf nicht verschwiegen werden, dass das weltweit in Kraft gesetzte Vertuschungssystem von klerikalen Sexualvergehen gesteuert war von der römischen Glaubenskongregation Kardinal Ratzingers (1981–2005), wo schon unter Johannes Paul II. unter strengster Geheimhaltung die Fälle gesammelt wurden. Noch am 18. Mai 2001 sandte Ratzinger ein feierliches Schreiben über die schwereren Vergehen (›Epistula de delictis gravioribus‹) an alle Bischöfe. Darin werden die Missbrauchsfälle unter das ›Secretum Pontificium‹ gestellt, bei dessen Verletzung man sich schwere Kirchenstrafen zuziehen kann. Zu Recht fordern deshalb viele vom damaligen Präfekten und jetzigen Papst ein persönliches ›Mea culpa‹. Doch leider hat er in der Karwoche die Gelegenheit dafür verpasst. Stattdessen hat er sich am Ostersonntag ›urbi et orbi‹ vom Kardinaldekan seine Unschuld attestieren lassen.

Die Folgen all der Skandale für das Ansehen der katholischen Kirche sind verheerend. Dies wird unterdessen auch von hochrangigen Amtsträgern bestätigt. Zahllose untadelige und hochengagierte Seelsorger und Jugenderzieher leiden unter einem Pauschalverdacht. Sie, verehrte Bischöfe, müssen sich der Frage stellen, wie es denn mit unserer Kirche und Ihrer Diözese in Zukunft weitergehen solle. Doch möchte ich Ihnen nicht ein Reformprogramm skizzieren; das habe ich vor und nach dem Konzil mehrmals getan. Ich möchte Ihnen nur *sechs Vorschläge* machen, von denen ich überzeugt bin, dass sie von Millionen von Katholiken, die keine Stimme haben, mitgetragen werden:

1. *Nicht schweigen*: Durch Schweigen machen Sie sich angesichts so vieler schwerer Missstände mitschuldig. Vielmehr sollten Sie dort, wo Sie bestimmte Gesetze, Anordnungen und Maßnahmen für kontraproduktiv halten, dies auch in aller Öffentlichkeit sagen. Schicken Sie keine Ergebenheitsadressen nach Rom, sondern Reformforderungen!

2. *Reformen anpacken*: So viele in Kirche und Episkopat klagen über Rom, ohne selber etwas zu tun. Aber wenn heute in einer Diözese oder Gemeinde der Gottesdienst nicht mehr besucht, die Seelsorge wirkungsarm, die Offenheit gegenüber den Nöten der Welt beschränkt, die ökumenische Zusammenarbeit minimal ist, dann kann die Schuld nicht einfach auf Rom abgeschoben werden. Ob Bischof, Priester oder Laie – jeder tue selber etwas für die Erneuerung der Kirche in seinem größeren oder kleineren Lebensbereich. Viel Großes in den Gemeinden und in der gesamten Kirche ist durch die Initiative Einzelner oder kleiner Gruppen in Gang gekommen. Als Bischof sollten Sie solche Initiativen unterstützen und fördern und gerade jetzt auf die berechtigten Klagen der Gläubigen eingehen.

3. *In Kollegialität vorgehen*: Das Konzil hat nach heftiger Debatte und gegen anhaltende kuriale Opposition die Kollegialität von Papst und Bischöfen dekretiert – im Sinn der Apostelgeschichte, wo Petrus auch nicht ohne das Apostelkollegium tätig war. Aber Päpste und Kurie haben in der nachkonziliaren Zeit diese zentrale Konzilsentscheidung ignoriert. Seit Papst Paul VI. schon zwei Jahre nach dem Konzil – ohne jegliche Beratung mit dem Episkopat – eine Enzyklika zur Verteidigung des umstrittenen Zölibatsgesetzes veröffentlicht hatte, wurde wieder im alten unkollegialen Stil päpstliches Lehramt und Politik betrieben. Bis hinein in die Liturgie präsentiert sich der

Papst als Autokrat, gegenüber dem die Bischöfe, mit denen er sich gerne umgibt, wie Statisten ohne Recht und Stimme wirken. Deshalb sollten Sie, verehrte Bischöfe, nicht nur als Einzelne handeln, sondern in Gemeinschaft mit den anderen Bischöfen, den Priestern und dem Kirchenvolk, Männern und Frauen.

4. *Uneingeschränkter Gehorsam allein Gott geschuldet*: Sie alle haben in der feierlichen Bischofsweihe einen uneingeschränkten Gehorsamseid gegenüber dem Papst abgelegt. Aber Sie wissen auch, dass uneingeschränkter Gehorsam nie einer menschlichen Autorität, sondern Gott allein geschuldet ist. Sie dürfen sich deshalb durch Ihren Eid nicht gehindert sehen, die Wahrheit zu sagen über die gegenwärtige Krise der Kirche, Ihrer Diözese und Ihres Landes. Ganz nach dem Beispiel des Apostels Paulus, der dem Petrus ›ins Angesicht widerstand, weil er sich selber ins Unrecht gesetzt hatte‹ (Gal 2,11)! Ein Druck auf die römischen Autoritäten im Geist christlicher Brüderlichkeit kann legitim sein, wo diese dem Geist des Evangeliums und ihrem Auftrag nicht entsprechen. Volkssprache in der Liturgie, Änderung der Mischehenbestimmungen, Bejahung von Toleranz, Demokratie, Menschenrechten, ökumenische Verständigung und so vieles ist nur durch beharrlichen Druck von unten erreicht worden.

5. *Regionale Lösungen anstreben*: Im Vatikan stellt man sich oft taub gegenüber berechtigten Forderungen aus Episkopat, Priesterschaft und Laienschaft. Umso mehr müssten in kluger Weise regionale Lösungen angestrebt werden. Ein besonders heikles Problem, das wissen Sie, ist das aus dem Mittelalter stammende Zölibatsgesetz, das gerade im Kontext der Missbrauchsskandale zu Recht weltweit infrage gestellt wird. Eine Änderung gegen den Willen Roms scheint beinahe unmöglich. Trotzdem ist man nicht zur Passivität verurteilt: Ein Priester, der nach reiflicher Überlegung zu heiraten gedenkt, müsste nicht automatisch von seinem Amt zurücktreten, wenn Bischof und Gemeinde hinter ihm stehen. Einzelne Bischofskonferenzen könnten mit einer regionalen Lösung voran-

gehen. Aber besser wäre es, eine gesamtkirchliche Lösung anzustreben. Deshalb:

6. *Ein Konzil fordern*: Wie es zur Realisierung von Liturgiereform, Religionsfreiheit, Ökumene und interreligiösem Dialog eines Ökumenischen Konzils bedurfte, so auch zur Lösung der jetzt dramatisch aufgebrochenen Reformprobleme. Das Reformkonzil von Konstanz im Jahrhundert vor der Reformation hat die Abhaltung von Konzilien für alle fünf Jahre beschlossen, was aber von der Römischen Kurie unterlaufen wurde. Zweifellos wird diese auch jetzt alles tun, um ein Konzil, von dem sie eine Beschränkung ihrer Macht befürchten muss, zu verhindern. Es liegt in Ihrer aller Verantwortung, ein Konzil oder wenigstens eine repräsentative Bischofsversammlung durchzusetzen.

Dies ist angesichts einer Kirche in der Krise mein Aufruf an Sie, verehrte Bischöfe, Ihre durch das Konzil wieder aufgewertete bischöfliche Autorität in die Waagschale zu werfen. Die Augen der Welt sind in dieser notvollen Situation auf Sie gerichtet. Ungezählte Menschen haben das Vertrauen in die katholische Kirche verloren. Nur ein offener und ehrlicher Umgang mit den Problemen und konsequente Reformen können helfen, dieses Vertrauen wiederzugewinnen. Ich bitte Sie in allem Respekt, das Ihre beizutragen, womöglich in Zusammenarbeit mit Ihren Mitbischöfen, notfalls aber auch in apostolischem ›Freimut‹ (Apg 4,29.31) allein. Geben Sie Ihren Gläubigen Zeichen der Hoffnung und Ermutigung und unserer Kirche eine Perspektive.

Es grüßt Sie in der Gemeinschaft des christlichen Glaubens

Ihr Hans Küng«

Die Krise spitzt sich zu

Und was war der Erfolg dieses in verschiedenster Weise unter den Bischöfen verbreiteten Offenen Briefes? Wie viele Bischöfe haben reagiert? Es bedrückt mich, feststellen zu müssen: Kein einziger der fast 5000 Bischöfe hat sich zu äußern gewagt, weder mündlich noch schriftlich, weder öffentlich noch privat, weder zustimmend noch ablehnend. Die Antwort war ein *großes Schweigen!*

Wie ist dies zu erklären? Der Hauptgrund: Durch eine autoritäre Personalpolitik und ein perfektioniertes römisches Selektionsverfahren, dann durch sakrale Vereidigung jedes Bischofs auf den geistlichen Führer und schließlich durch die ständige Beaufsichtigung der Bischöfe durch Nuntien, Informanten und Denunzianten hat sich aus den in der Konzilszeit so lebendig diskutierenden und initiativen Gremien der Bischöfe ein fügsamer und bürokratischer kirchlicher Apparat entwickelt. In seiner Struktur kann er mit Leitungskadern in anderen totalitären und diktatorialen Systemen und ihren Überwachungs- und Disziplinierungsmaßnahmen verglichen werden, wo auch niemand öffentlich eine abweichende Meinung zu äußern wagt.

Auch ein »Theologenpapst« könnte ein effizienter Leiter der Kirche sein, wenn er vor seiner Amtszeit seine theologischen Hausaufgaben erledigt hätte und sich jetzt mit voller Kraft auf die Leitung der Kirche konzentrieren könnte. Aber leider ist beides bei Joseph Ratzinger nicht der Fall. Als »Glaubenspräfekt« hat er sich vorwiegend mit Administration, Inquisition und Produktion von Lehrdokumenten aller Art zur Absicherung der nachkonziliaren Restauration beschäftigt; ein bedeutendes wissenschaftliches Œuvre konnte so nicht entstehen. Dass er es ersehnte, zeigt die Tatsache, dass Joseph Ratzinger noch als Papst Bücher schreiben und sich als großer Theologe präsentieren wollte. Aber dabei entgleitet ihm die Kontrolle über den kurialen Apparat immer mehr, obwohl er meint, durch die Einsetzung von gefügigen früheren Untergebenen für ein sicheres Funktionieren gesorgt zu haben. Aber gerade in der Person des Staatssekretärs erweist sich dies als Selbsttäuschung.

Es hätte Papst Benedikt eine Warnung sein müssen: Er hatte einen hervorragenden Mann zum Generalsekretär des Vatikanstaates ernannt, Erzbischof Carlo Maria Viganò. Dieser ging entschieden gegen Filz und Korruption im Vatikan vor und stieß allerdings dabei immer mehr auf Widerstand. Er wandte sich mehrfach an Kardinalstaatssekretär Bertone und an den Papst selber. Doch Benedikt schenkt dem machtbesessenen und intriganten Staatssekretär Bertone mehr Vertrauen als dem Reformer Viganò. Diesen Unbequemen befördern die beiden schließlich als Apostolischen Nuntius weg ins ferne Washington und schützen ihn nicht gegen Verleumdungen in den Medien. Daraufhin gelangen dessen Klagebriefe in die Öffentlichkeit. Für Papst Benedikt ein gewaltiger Autoritätsverlust, besonders in Italien.

Die Autorität des deutschen Papstes hat indes auch in Deutschland schwer gelitten, und dies gerade durch jene Papstreise 2011, die der Stärkung der päpstlichen Autorität und überhaupt des römischen Systems hätte dienen sollen. Papst Ratzinger selber macht es auch noch für die größten Optimisten klar, dass er erstens keine strukturellen Reformen in der Kirche wünscht und sich zweitens einer echten ökumenischen Verständigung entgegenstellt. So erweist sich die ganze Reise als kontraproduktiv. Die immensen Kosten (allein für die Erzdiözese Freiburg 28 Millionen Euro!) für diesen Personenkult, die von den Gläubigen und von den Steuerzahlern zu begleichen sind, werden zunehmend scharfer Kritik unterzogen.

Die Lage der katholischen Kirche hatte sich seit dem Jahr 2010 drastisch verschärft. Die Aufdeckung der klerikalen Missbrauchsskandale hat schließlich auch der großen Öffentlichkeit und der römisch-katholischen Hierarchie die Problematik der gesamten kirchlichen Entwicklung der letzten Jahre deutlich gemacht. Selbst uneinsichtige Hierarchen müssen sich schließlich zum Eingeständnis ihrer Verantwortung bekennen. Solange Kirchenfunktionäre zumeist nur miteinander kommunizierten, konnten sie die riesige Kluft zwischen ihrer Wahrnehmung der Kirchenwirklichkeit und der Mehrheit ihres Kirchenvolkes ignorieren. Aber seitdem man die Bischöfe vor die Medien und manchmal auch vor Gerichte und Finanzbehörden zitiert, müssen sie sich wohl oder übel ihrer Verantwortung stellen und Millionenzahlungen (in den USA manchmal beinahe bis zum diözesanen Bankrott) für die Opfer leisten. Das Pochen auf ihre Autorität und die traditionelle Kirchenlehre hilft ihnen wenig. Das gilt auch für die abwehrende vatikanische Reaktion auf den bereits erwähnten Bericht des UN-Ausschusses für die Rechte des Kindes vom Februar 2014.

Reformen von unten

Nachdem aber »von oben«, vom Papst und den meisten Bischöfen, kaum wichtige Reformimpulse zu erwarten sind, müssen die *Reformen »von unten«* erkämpft werden, mit Energie, Ausdauer und Augenmaß. Schon in den 1990er-Jahren hatte sich, ausgehend von Österreich, eine »Kirchen-VolksBewegung« gebildet, die von Hunderttausenden engagierter Katholiken unterstützt wurde und in die internationale Bewegung »*Wir sind Kirche*« einmündete. Sie mahnt seither unermüdlich in Stellungnahmen und Veröffentlichungen die dringenden Reformen an.

Wiederum in Österreich bildet sich 2006 als Antwort auf verschiedene Skandale eine »*Pfarrerinitiative*«, die vom früheren Wiener Generalvikar und Caritas-Direktor Mag. Helmut Schüller der Öffentlichkeit vorgestellt wird. Große Breitenwirkung erreicht die Initiative durch ihren »Aufruf zum Ungehorsam« vom 19. Juni 2011. Darin fordert die Pfarrerinitiative die Kommunion auch für wiederverheiratete Geschiedene, Mitglieder anderer Kirchen und Ausgetretene. Weiter will man einen Wortgottesdienst mit Kommunionspendung künftig als »priesterlose Eucharistiefeier« ansehen und auch so nennen.

Zudem will die Initiative »das Predigtverbot für kompetent ausgebildete Laien und Religionslehrerinnen missachten«. Man werde sich einsetzen für Pfarrgemeindeleiter unabhängig von Geschlecht, Familienstand oder kirchlicher Anstellung sowie für die Zulassung von Frauen und Verheirateten zum Priesteramt.

Vor diesem Hintergrund schlage ich bei einem Podiumsgespräch bei der »Passauer Neuen Presse« (2011) in sieben Punkten *Strategien für Reformen auf Orts- und Regionalebene* öffentlich vor und finde dafür viel Zustimmung:

1. Möglichst viele Pfarrer und Diakone mögen sich als Gruppen oder als Einzelne der österreichischen Pfarrerinitiative anschließen.

2. In den Gemeinden mögen sich Reformgruppen von Frauen und Männern bilden, welche die Reformen auf Gemeindeebene vorantreiben.

3. Priesterlose Gemeinden sollen nicht nur Wortgottesdienst halten, sondern auch priesterlose Eucharistiefeiern: Die Kommunion soll erst nach dem von einem Vorbeter oder gemeinsam gesprochenen biblischen Abendmahlsbericht ausgeteilt werden.

4. Die Kirchenspaltung zwischen katholischen und evangelischen Ortsgemeinden soll überwunden und immer mehr gemeinsame Veranstaltungen und auch Gottesdienste gehalten werden.

5. In den diözesanen und nationalen Gremien sollen die Reformen auch deutlich an die Adresse der Bischöfe gerichtet werden; deren ständige Ausreden (»weltkirchliche Aufgabe«, »Rom«) können nicht mehr hingenommen werden.

6. Die Reformvorschläge aus Klerus und Volk sollen von den Bischöfen mit deutlicher Empfehlung an den Papst weitergereicht werden.

7. Das Internet soll zur Vernetzung der Kommunikation der Reformkräfte und zur Organisation gemeinsamer Aktionen genutzt werden.

Bei dieser dramatisch zugespitzten Krise fragen sich manche: Wo bleibt eigentlich unter diesem Theologenpapst die Stimme der Theologie?

Niedergang der katholischen Theologie?

In den 1960er-Jahren hatte die katholische Theologie an deutschen Universitäten höchstes Ansehen genossen. Ich erinnere an die von dem Rhetorikprofessor und Literaten Walter Jens 1968 herausgegebene Nummer der Tübinger Universitätszeitschrift »Attempto«, in welcher gleichzeitig die evangelischen Theologen Hermann Diem und Jürgen Moltmann und die Katholiken Joseph Ratzinger und ich schrieben. Jens in der Einleitung voller Begeisterung: »Und dann, dieser Glücksfall! Ein Grundsatz-Artikel aus Ratzingers Feder, Fundament fortwirkender Überlegungen, daneben, kühn in die Lüfte steigend, eine Rakete, abgefeuert in helvetischen Marken, nun über Tübingen kreisend ... und in der Redaktion die Frage auslösend: sollte der Papst kein Leser von ›Attempto‹ sein – wie können wir ihm unsere Zeitschrift zugänglich machen? Ein Dank den Theologen ... ein *solches* Gunstgeschick erleben Redakteure nicht alle zehn Jahre!«

Nach dem Konzil war das Theologiestudium auch für Laien attraktiv geworden, da Männer wie Frauen gute Berufschancen als Pastoralassistenten und Pastoralassistentinnen bekamen, die an kein Zölibatsgesetz gebunden waren. Die Aufbruchstimmung führt zu einem enormen Anstieg der Studentenzahlen, allerdings bei gleichzeitig starkem Rückgang der Priesteramtskandidaten.

Aber in den 1970er-Jahren zeigt die Unfehlbarkeitsdebatte bereits die Grenzen der Freiheit in katholischer Forschung und Lehre auf, unter denen sowohl Professoren wie Studenten zu leiden beginnen. Ich wage damals die Prognose, dass die katholische Theologie einen Schrumpfungsprozess durchmachen würde: Die großen Alten (Rahner, Balthasar, Haag,

Congar, Chenu, de Lubac …) würden sterben, einige Begabte meiner Generation würden sich anpassen und in die Hierarchie überwechseln (Ratzinger, Lehmann, Kasper …), um so der theologischen Auseinandersetzung möglichst zu entgehen. Nur ein Teil würde auf der Linie des Konzils weiterdenken und -publizieren. 40 Jahre später hat sich meine Prognose leider bewahrheitet. Doch gibt es erfreulicherweise an vielen Universitäten weiterhin reformorientierte Professoren und vor allem Professorinnen – nicht nur unter meinen Schülern –, die mutig die schwierige Gratwanderung zwischen Freiheit des theologischen Denkens und Redens und kirchlicher Loyalität auf sich nehmen. Ein ermutigendes Zeichen ist im Februar 2011 ein Memorandum zur Kirchenreform,»Kirche 2011: Ein notwendiger Aufbruch«, das von einer Gruppe von Universitätstheologen und -theologinnen verfasst und von über 300 weiteren Theologen weltweit unterschrieben wird.

Freilich hat niemand ahnen können, wie sich die Situation in den theologischen Fakultäten unter den Restaurationspäpsten Wojtyła und Ratzinger verschärfen würde. Das Studium der katholischen Theologie wurde für freie und kreative Köpfe immer weniger attraktiv. Viele brennende Themen sind tabuisiert, und die Berufsaussichten in der Kirche und an theologischen Fakultäten sind für Laien und besonders für Frauen immer geringer geworden, von den Berufsaussichten in der römischen Kurie ganz zu schweigen. Man kann natürlich manches auch mit Humor nehmen. So habe ich aus dem Kloster Einsiedeln folgenden Witz gehört:»Eine Schnecke und eine Ziege wetten, wer zuerst im Machtzentrum der katholischen Kirche in Rom ankomme. Die Ziege gibt sich siegessicher. Aber die Schnecke macht das Rennen, denn mit Schleimen kommt man im Vatikan weiter als mit Meckern …«

So ist es denn nicht erstaunlich, dass eine von der Deutschen Bischofskonferenz in Auftrag gegebene Studie»Zur Lage des wissenschaftlichen Nachwuchses in der katholischen Theologie«, die im März 2012 veröffentlicht wird, eine dramatische Entwicklung aufzeigt. Nur noch 2200 Studenten absolvieren ein Vollstudium der katholischen Theologie, gerade halb so viele wie 15 Jahre zuvor. Frauen interessieren sich so gut wie gar nicht mehr für das Studium der katholischen Theologie, da sie keine Karrierechancen in katholischen Einrichtungen haben. Aber auch die Zahl der Professoren ist eingebrochen: Es gibt 19 Prozent weniger Professuren als fünf Jahre zuvor, und im akademischen Mittelbau sind die Stellen um 20 Prozent zurückgegangen. Seit 2006 ist die Zahl der Promotionen um ein Viertel gesunken. Vor allem für die lehramtlich gegängelte Moraltheologie sind kaum noch Bewerber auf Lehrstühle zu finden. So ist wohl in Zukunft die Schließung von Fakultäten oder zumindest ihre starke Verkleinerung nicht zu vermeiden. Die Folge: Die Stimmen der katholischen Theologie werden im öffentlichen Diskurs kaum noch ernst genommen. Umso dankbarer muss ich sein, dass meine Bücher und Vorträge weiterhin ein breites Publikum ansprechen.

Schlimm ist, dass sich in der katholischen Theologie wieder jene Angst einnistet, wie sie vor dem Konzil geherrscht hat. Gegen bestimmte Tendenzen in kirchlich-konservativen Kreisen, die theologische Ausbildung ganz in kirchliche Einrichtungen zu verlegen, hat der Deutsche Wissenschaftsrat zur Neuordnung der Theologie betont, dass es nicht im Interesse der Gesellschaft wäre, wenn sich die Theologien aus den Universitäten verabschieden würden. »Der moderne demokratische Rechtsstaat hat ein vitales Interesse daran, religiöse Orientierungen seiner Bürger für die Stabilität und Weiterentwicklung des Gemeinwesens fruchtbar zu machen« (»Tagesspiegel«, Berlin, 2. 3. 2012).

In dieser Situation fühle ich mich gedrängt, meine Verantwortung als Theologe noch deutlicher öffentlich wahrzunehmen.

»Ist die Kirche noch zu retten?« (2011)

Jeder deutsche, österreichische und schweizerische Bischof erhält von mir im Jahr 2011 das Buch »Ist die Kirche noch zu retten?« als Geschenk mit freundlichen Grüßen zugesandt. Selbstverständlich schicke ich es auch an Papst Benedikt. Durch den päpstlichen Privatsekretär lässt er mir seine Bestätigung des Empfangs dieses hochkritischen Buches zukommen und mir erstaunlicherweise »herzliche Grüße« ausrichten. Ob das Hoffnung machen kann? Um nicht als Richter zu erscheinen, sondern eher als Arzt, verwende ich in diesem Buch oft die medizinische Sprache. Was ist meine Diagnose der Entwicklung von den Anfängen der Kirche bis zur Gegenwart? Die Ursachen der Krise liegen weit zurück am Beginn des zweiten Jahrtausends: Die katholische Kirche, diese große Glaubensgemeinschaft, ist ernsthaft krank, sie leidet schon lange unter dem römischen Herrschaftssystem.

Dieses System trägt zwar nicht die alleinige, aber, wie schon angedeutet, doch die Hauptverantwortung an den drei großen Spaltungen der Christenheit: die erste zwischen West- und Ostkirche im 11. Jahrhundert, die zweite in der Westkirche zwischen katholischer und protestantischer Kirche im 16. Jahrhundert und schließlich im 18./19. Jahrhundert die dritte Spaltung zwischen römischem Katholizismus und aufgeklärter moderner Welt. Sowohl die protestantische Reformation wie die moderne Aufklärung kamen nur bedingt dagegen an. Und selbst das Zweite Vatikanische Konzil, das sowohl das Paradigma der Reformation wie das der Aufklärung zu integrieren versucht hatte, konnte sich nur teilweise durchsetzen. Ja, es kommt in Rom nach dem Konzil unter dem polnischen und dem deutschen Restaurationspapst, wie wir feststellen mussten, zu einem Rückfall in die vorkonziliare Konstellation, der die Kirche immer tiefer in die Krise geführt hat.

Seit den 1960er-Jahren waren ja alle Kirchen nicht nur mit der sexuellen Revolution, sondern auch mit Konsumismus und Materialismus, mit Multikulturalismus und Relativismus konfrontiert. Aber wie darauf antworten? Ich habe nie Joseph Ratzingers These geteilt, die er 2005 in seiner »Wahlrede« zur Papstwahl proklamiert hat, von einer »Diktatur des Relativismus«, hinter der sich lediglich die eigene Position der »Diktatur des Dogmatismus« verbarg. Aber ich bin andererseits auch nicht bereit, auf jeder Welle des Zeitgeistes mitzuschwimmen. Etwa wenn ein schwuler episkopalischer Pfarrer unbedingt Bischof von New Hampshire werden will und dies auch gegen den heftigen Widerstand vieler Gemeindemitglieder und angesichts der drohenden Spaltung der ganzen anglikanischen Weltgemeinschaft unbekümmert durchkämpft.

Angesichts der durch das Konzil verursachten Veränderungen in der katholischen Kirche schien es mir schon früh notwendig, die zentralen Fragen zu stellen: Was wollen wir als Christen eigentlich, was ist die christliche Botschaft? Was muss bei allen Veränderungen doch bleiben? Was ist das unterscheidend Christliche?

Zweierlei Annäherungen an Jesus

Schon lange hatte ich die Absicht, aufgrund der für das Buch »Christ sein« geleisteten Arbeit ein ganz auf Jesus konzentriertes Buch zu schreiben, und dies auf der soliden Grundlage historischer Forschung. So erscheint 2012 mein Buch »Jesus« (Piper, München). Gleichzeitig hat ja auch Joseph Ratzinger, Papst Benedikt XVI., seine schon in die Tübinger Jahre zurückreichende Darstellung von Jesus Christus geschrieben. Nicht von ungefähr war deshalb in der römischen Kurie die Kritik laut geworden: Statt die Kirche zu leiten und sich ihren unbequemen Problemen zu stellen, schreibt dieser Papst Tag für Tag an seinen Büchern, die er besser als Professor in Regensburg oder als Präfekt der Glaubenskongregation in Rom geschrieben hätte. Diese Kritik ist berechtigt, übersieht aber die Absicht des Papstes, gerade in diesem Buch die

Grundlage zu legen für seine Leitung der Kirche und die von ihm geforderte geistige Erneuerung. Beide Jesus-Bücher haben zweifellos auch eine »kirchenpolitische« Funktion. Doch der Unterschied ist: Ich habe die Auseinandersetzung mit der historisch-kritischen Forschung aufgenommen, während ihr Ratzinger nur Lippenbekenntnisse zollt. Die für die Dogmatik unbequemen Ergebnisse der historisch-kritischen Exegese ignoriert er und überspielt sie mit Zitaten der Kirchenväter und der Liturgie auf zugegeben geistreiche Weise. Sein Jesus-Bild »von oben« hat er entscheidend vom griechisch formulierten christologischen Dogma der Konzilien des 4./5. Jahrhunderts und von der Theologie Augustins und Bonaventuras inspirieren lassen. Er interpretiert – nicht ohne Zirkelschlüsse – die synoptischen Evangelien vom viel später verfassten Johannes-Evangelium her und dieses wiederum vom Konzil von Nicäa (325) aus. Ich respektiere selbstverständlich dieses erste Ökumenische Konzil, verstehe es aber aus seiner Zeit heraus und messe seine hellenistischen christologischen Formeln immer am Neuen Testament. So präsentiert Ratzinger durchgehend ein stark vergöttlichtes Jesusbild, während ich den geschichtlichen Jesus und seinen lebensgefährlichen Konflikt mit der religiösen Hierarchie und der traditionellen Frömmigkeit herausarbeite.

Die Konsequenzen sind offenkundig: Ratzingers dogmatisierter Jesus Christus dient indirekt der Rechtfertigung des gegenwärtigen römischen Systems. Wie man vom Christus Pantokrator (Allherrscher) her die Vormachtstellung des byzantinischen Kaisers begründen konnte, so seit dem Mittelalter die Vormachtstellung des römischen Bischofs, der aus dem Nachfolger Petri immer mehr zum Stellvertreter Christi, ja Gottes, überhöht wurde. Göttliche Autorisierung macht dieses autoritäre System unangreifbar, aber auch unreformierbar. Der Jesus der Geschichte hat in diesem System wenig zu sagen: für mich ist er ganz konkret die kirchliche Instanz. Doch denen, die meiner Christologie vorwerfen, sie vernachlässige die Tradition und die offizielle Kirchenlehre, sei gesagt: Ich habe mich durchaus der kirchlichen Tradition gestellt, habe das offizielle »Apostolische Glaubensbekenntnis« im Buch »Credo« (1992) den »Zeitgenossen erklärt«. Und die Entwicklung der Christologie »von oben«, vor allem der Präexistenz und der Erlösungslehre, habe ich in meinem Band »Das Christentum. Wesen und Geschichte« (1994) ausführlich dargestellt. Doch schließlich sind es nicht Dogmen und Doktrinen, die das Herz eines Christenmenschen erfreuen und erwärmen, sondern jener Jesus, der mit seiner Botschaft, seinem Verhalten und seinem Geschick so vielen Menschen wahrhaft zur Freude geworden ist. Nicht so dem Papst und seiner Kurie.

Die »Vatileaks«-Affaire

Der Theologenpapst steht in zunehmender Kritik wegen seines »Pleiten-, Pech- und Pannenpontifikats«. Er leidet zunächst wegen der sich ständig noch ausbreitenden Missbrauchsskandale, zu deren Vertuschung er, wie berichtet, als Kardinal mit seinem Brief an die Bischöfe (Mai 2001) gesorgt hatte. Dazu kommt nun aber 2012 die »Vatileaks«-Affäre, die Veröffentlichung einer Fülle von vertraulichen Dokumenten, welche die Kurie als einen Ort der Machtkämpfe, Vetternwirtschaft, Intrigen und Sexskandale zeigen.

Die Veröffentlichung so vieler vatikanischer Geheimdokumente zeugt nicht zuletzt von einem wachsenden Widerstand gegen den intriganten Kardinalstaatssekretär Bertone und belastet den Papst: »Intrigen und Machtkämpfe wie zur Zeit der Renaissance« (»Corriere della Sera«). Die Verhaftung des päpstlichen Kammerdieners Paolo Gabriele, der zahlreiche Dokumente vom Schreibtisch des Papstes entwendet und weitergegeben hatte, und seine Begnadigung vor Weihnachten 2012 – ohne Aufklärung der Hintermänner und Hintergründe – dienen mehr der nachhaltigen Verschleierung der Missstände.

2012, sieben Jahre nach seinem Amtsantritt, heißt es, dass kaum unter einem anderen Pontifikat der neueren Zeit im Vatikan so viel Korruption und Misswirtschaft geherrscht habe wie unter Benedikt XVI. Eine Illustration bietet der von Gianluigi Nuzzi veröffentlichte Dokumentenband »Sua Santità« (Mailand 2012), dt. »Seine Heiligkeit« (München 2012). Jetzt muss sich dieser Papst Fragen von den Medien gefallen lassen, ob mit ihm wirklich der richtige Mann zum Papst gewählt worden sei.

Parallel zum öffentlichen Prozess im Vatikan gegen seinen Kammerdiener gab Papst Benedikt zur Aufdeckung der Hintergründe und Hintermänner drei Kardinälen den Auftrag, für ihn einen *Geheimbericht* auszuarbeiten, der ihm offensichtlich noch vor Weihnachten 2012 vorgelegt worden war. Dieser Bericht ist bisher nicht veröffentlicht, doch musste der Papst bei seiner Lektüre wohl in Abgründe sehen.

Der mehrfach ausgezeichnete Journalist Antony Thomas erarbeitete sich Zugang zu Insidern im Vatikan und erzählt aus der Perspektive von Beteiligten die Turbulenzen in Benedikts Pontifikat. Besonders schockierend wirkt hier der ambivalente Umgang des Vatikans mit Homosexualität: Einerseits die schroffe Ablehnung von Homosexuellen im Klerus, andererseits die geheime Duldung von Partys schwuler Kleriker in Rom (vgl. die TV-Dokumentation »Die Vatikanverschwörung« in Phoenix/SWR März 2015; Enthüllungen mit verdeckter Kamera). Man fragt sich: Was wird der Papst in dieser Situation tun?

Ein unerwarteter, mutiger Papstrücktritt

Schon vor dem Beginn des Zweiten Vatikanischen Konzils hatte ich anhand der kirchenrechtlichen Literatur jene fünf Fälle behandelt, nach denen der Papst sein Amt beziehungsweise seine Leitungsvollmacht verliert (vgl. »Strukturen der Kirche«, 1962, Kap. VII, 3: Der Konfliktfall zwischen Papst und Kirche):

Tod, Verzicht, Geisteskrankheit, Häresie und Schisma. Zum *Verzicht* führte ich damals aus: Wie der Papst durch freie Annahme der Wahl sein Amt erlangt, so verliert er es auch durch freie und öffentlich erklärte Demission. Die Kirchenrechtler beziehen sich vor allem auf den von Coelestin V. verfochtenen und von seinem Nachfolger Bonifaz VIII. in seine Gesetzessammlung aufgenommenen Rechtssatz:»Romanum Pontificem posse libere resignare« (»Der römische Pontifex kann frei zurücktreten«).

Daraus folgerte ich: Es gibt außerordentliche Situationen in der Kirchengeschichte, in denen ein Papst nicht nur resignieren darf, sondern sogar muss:»propter necessitatem vel utilitatem Ecclesiae universalis, propter pacem et concordiam in Ecclesia«,»wegen der Notwendigkeit oder Nützlichkeit für die universale Kirche, wegen Frieden und Eintracht in der Kirche« (so der führende spanische Barockscholastiker Franciscus Suarez SJ). Die moralische Verpflichtung ergibt sich für mich aus der grundlegenden Struktur des Petrusamtes: Das Petrusamt ist nicht da, um über die Kirche absolutistisch zu herrschen, sondern um der Kirche und ihrer Einheit zu dienen. Sieht ein Papst, dass er – verschuldet oder unverschuldet – in einer bestimmten Notsituation diese grundlegende Funktion des Petrusamtes nicht mehr zu erfüllen vermag, so ist er moralisch verpflichtet, um der Kirche, ihrer Einheit und ihres Friedens willen und auch um der glaubwürdigen Darstellung des Petrusamtes selbst willen, auf sein Amt zu verzichten und einem anderen Papst freiwillig Platz zu machen, der die grundlegende Funktion des Petrusamtes wahrnehmen kann. So weit die klassische Rechtslage. Aber von diesem Recht auf freien Rücktritt hatte bisher nur ein Papst, der genannte Coelestin V., Gebrauch gemacht: im Jahr 1294. Das war vor über 700 Jahren.

Dass Joseph Ratzinger zu einem Verzicht auf das Amt fähig wäre, habe ich persönlich nie bezweifelt. Ist er doch ein Mann von großem Pflichtbewusstsein und Verantwortungsgefühl.

Er hat auch auf diesen Fall schon früher in einem Gespräch mit einem Journalisten angespielt. Er kann sich dabei auch auf Kanon 332, § 2 des revidierten Kirchenrechts berufen, wo es heißt: »Falls der Papst auf sein Amt verzichten sollte, ist zur Gültigkeit verlangt, dass der Verzicht frei geschieht und hinreichend kundgemacht, nicht jedoch, dass er von irgendwem angenommen wird.« Aber völlig überrascht hat auch mich der Zeitpunkt der *Rücktrittserklärung*: am 11. Februar 2013 – ausgerechnet am deutschen Rosenmontag, was viele bei uns deshalb zunächst als einen Faschingsscherz auffassen! Aber Ratzinger begründet seinen Rücktritt auf den 28. Februar 2013 mit seinen abnehmenden Kräften, die es ihm nicht mehr gestatten würden, weiterhin diese Verantwortung zu tragen.

So habe ich dem mutigen Entschluss von Joseph Ratzinger in aller Öffentlichkeit volle Anerkennung gezollt. Mir scheint es lobenswert, dass er nicht dem Beispiel seines Vorgängers Karol Wojtyła gefolgt ist, der sein Leiden und Sterben öffentlich, sogar für die Medien, zelebriert hatte, aber zumindest die letzten Monate völlig unfähig war, sein Amt noch auszuüben; faktisch hatte viele Dinge im Vatikan vor allem sein polnischer Privatsekretär Stanisław Dziwisz entschieden.

Jetzt aber wird deutlich, dass durch den Rücktritt eine *Entmystifizierung des Papstamtes* in Gang gesetzt wird, deren Auswirkungen noch nicht abzusehen sind. Wiederholt habe ich ja darauf hingewiesen, dass der Papst ohnehin anders als ein Bischof oder Priester keine besondere Weihe empfängt, sondern durch Wahl einen speziellen Auftrag wahrnimmt, den er selbstverständlich auch zurückgeben kann.

Der »Papa emeritus«

Bedenklich erscheint mir, dass Joseph Ratzinger als »emeritierter Papst« sich nicht in seine bayerische Heimat oder an einen schönen Ort in Italien zurückzieht, sondern künftig mitten im Machtzentrum Vatikan, unmittelbar neben dem

Apostolischen Palast, Residenz nimmt. Und dies nicht in einem Kloster, wie man fälschlicherweise verbreitet, sondern in einem zu einer hübschen vielräumigen Residenz ausgebauten ehemaligen Kloster, wo er sich wie bisher von vier Schwestern eines italienischen Laienordens betreuen lässt und wo ihm vor allem auch sein bisheriger Sekretär Georg Gänswein zur Verfügung steht. Ob das klug ist und bei Streitfragen nicht zu Polarisierungen in Kurie und Kirche führt, wird die Zukunft zeigen. Jedenfalls warne ich in einem »Spiegel«-Gespräch (18.2.2013) vor einem *Schattenpapst*, der zwar abgedankt und seinem Nachfolger »absoluten Gehorsam« versprochen hat, aber indirekt weiter Einfluss nehmen kann und will. Denn dass er vorher noch rechtzeitig seinen Sekretär, zum Unwillen vieler Kurialen, zum Erzbischof geweiht und ihn zu guter Letzt sogar noch zum Präfekten des Apostolischen Palastes mit weitreichenden Vollmachten ernannt hat, finde ich für die Zukunft beunruhigend. Dies erscheint auch in der Kurie manchen als Nepotismus neuer Art. Aber noch mehr beunruhigt viele die Ernennung des reaktionären Bischofs von Regensburg und Herausgebers seines theologischen Nachlasses, Gerhard Ludwig Müller, zum Chef der Glaubenskongregation.

Deshalb die große Frage, die nicht nur in Rom diskutiert wird: Wie kann und soll der zu wählende Nachfolger mit dieser vertrackten Situation fertigwerden?

Franziskus, Bergoglio (seit 2013)

17. 12. 1936	Geboren in Buenos Aires (Argentinien)
1958	Eintritt in den Jesuitenorden. Philosophisch-theologische Studien im Colegio Máximo San José in San Miguel (Argentinien)
1969	Priesterweihe
1973–1979	Provinzial der argentinischen Jesuitenprovinz
1992	Weihbischof von Buenos Aires
1998	Erzbischof von Buenos Aires
2001	Kardinal
13. 3. 2013	Wahl zum Papst als Franziskus

VII. Franziskus – Jorge Mario Bergoglio

»Ein vatikanischer Frühling?«

Mit diesem Titel überschreibe ich vor dem Konklave einen Artikel für die »New York Times« vom 28. 2. 2013, der auch in »La Repubblica« (Rom), in »El País« (Madrid) und im »Handelsblad« (Rotterdam) übernommen wird. Der Arabische Frühling hat eine ganze Reihe autokratischer Regime erschüttert. Ob Ähnliches nicht auch in der katholischen Kirche möglich ist: ein vatikanischer Frühling? Doch das System der römischen Kirche ähnelt nicht so sehr dem demokratiefreundlichen Tunesien, sondern eher einer absolutistischen Monarchie wie Saudi-Arabien. Hier wie dort keine echten Reformen, sondern nur kleine Zugeständnisse. Hier wie dort eine Berufung auf Tradition und Kontinuität, die im Fall Saudi-Arabiens freilich nur zwei Jahrhunderte, im Fall des Papsttums aber 20 Jahrhunderte zurückreichen.

Aber ist der päpstliche Absolutismus wirklich so alt? Katholische Traditionalisten wollen in der Kirchengeschichte einseitig nur die Kontinuität, wie sie diese verstehen, gewahrt sehen: »Alles, was der Kontinuität nützt, ist gut für die Kirche. Was sie unterbricht, ist nicht gut für die Kirche« (so der Schriftsteller Martin Mosebach im »Spiegel«-Gespräch der Pfingstnummer 22/2015). Doch übersehen solche Traditionalisten die historische Tatsache, dass die katholische Kirche ein ganzes Jahrtausend ohne ein monarchisch-absolutistisches Papsttum, wie wir es heute kennen, ausgekommen ist. Es war eine »Revolution von oben«, angestoßen von Papst Gregor VII. (»Gregorianische Reform«), die uns im 11. Jahrhundert drei bleibende Charakteristika des römischen Systems beschert hat: ein zentralistisch-absolutistisches Papsttum, einen forcierten Klerikalismus und die Zölibatspflicht auch für den gesamten Weltklerus. Die Reformkonzilien des 15. Jahrhunderts, die

Reformatoren des 16. Jahrhunderts, die Aufklärung und die Französische Revolution des 17./18. Jahrhunderts und der Liberalismus des 19. Jahrhunderts haben mit ihren kirchlichen Reformen nur Teilerfolge erzielt. Auch das Zweite Vatikanische Konzil (1962–1965) hat zwar viele Anliegen der Reformatoren und der Moderne aufgenommen, aber sie gegen die Macht der römischen Kurie nur teilweise durchsetzen können. Die römische Kurie, in der heutigen Form ebenfalls ein Produkt des 11. Jahrhunderts, bildet bis heute das Haupthindernis für eine durchgreifende Reform der katholischen Kirche, auch für eine aufrichtige ökumenische Verständigung mit den anderen christlichen Kirchen und den Weltreligionen, und schließlich für eine kritisch-konstruktive Einstellung zur modernen Welt. Unter dem Regime Wojtyła-Ratzinger kam es erneut statt zu einer gründlichen Reform zu einer fatalen innerkirchlichen Restauration. Aber nun machte der erste Papst-Rücktritt seit 700 Jahren die sich schon längst abzeichnende fundamentale Krise einer winterlich erstarrt scheinenden Kirche offenkundig. Und die ganze Welt fragt jetzt: Wird der neue Papst in der katholischen Kirche vielleicht doch einen neuen Frühling herauführen?

Dafür plädiere ich in meinem Artikel vor dem Konklave: In dieser dramatischen Lage braucht die katholische Kirche einen Papst, der geistig nicht in einer Kirchenstruktur des Mittelalters lebt, der also keine mittelalterliche Theologie, Liturgie oder Kirchenverfassung vertritt. Vielmehr einen Papst, der offen ist für die Anliegen der Reformation und der Moderne. Es braucht einen Papst, der nicht nur in Predigten für die Freiheit der Kirche in der Welt eintritt, sondern mit Rat und Tat für Freiheit und Menschenrechte auch innerhalb der Kirche, für die Anliegen von Theologen, von Frauen und all den Katholiken, die offen die Wahrheit sagen wollen. Ein Papst, der die Bischöfe nicht länger auf eine reaktionäre Parteilinie festlegt. Der eine angemessene Demokratisierung der Kirche nach urchristlichem Vorbild realisiert. Und der sich nicht von einem neben ihm im Vatikan residierenden »Schattenpapst« und dessen Getreuen beeinflussen lässt.

Die Herkunft des neuen Papstes, schrieb ich damals, darf nicht die Hauptrolle spielen. Es muss schlicht der beste Mann gewählt werden. Leider sind, wie bereits erwähnt, seit Papst Wojtyła alle Bischöfe mittels eines Fragebogens in den kontroversen Fragen auf die römische Doktrin verpflichtet, was durch einen unbedingten Gehorsamseid gegenüber dem Papst besiegelt wird. Deshalb gibt es bisher unter den Bischöfen kaum öffentliche Abweichler. Ob sich jetzt endlich ein Kardinal oder Bischof findet, der nicht einfach so weitermachen will wie bisher? Einer, der erstens erkennt, wie tief die Krise der Kirche ist, und zweitens Wege weist, um aus ihr herauszukommen? Über diese Fragen müsste vor dem Konklave und während des Konklaves offen diskutiert werden, ohne dass den Kardinälen wie beim letzten Konklave 2005 schon vorher ein Maulkorb verpasst wird und sie in von der Kurie dominierten Sitzungen auf Linie gebracht werden.

Als der neben Papst Benedikt letzte noch aktive Konzilstheologe frage ich mich, ob sich vielleicht nicht auch am Anfang des Konklaves, wie damals am Anfang des Zweiten Vatikanischen Konzils, eine Gruppe mutiger Kardinäle finden könnte, die entschieden den römischen Hardlinern die Stirne bieten und einen Kandidaten fordern könnten, der neue Wege zu gehen bereit ist. Vielleicht durch ein neues Reformkonzil oder, besser, eine repräsentative Versammlung aus Bischöfen, Priestern und Laien?

Sollte das nächste Konklave einen Papst wählen, der weitermacht wie bisher, würde die Kirche keinen neuen Frühling erleben, sondern in eine neue Eiszeit geraten und Gefahr laufen, zu einer immer weniger relevanten Großsekte zu schrumpfen. – So schloss ich meinen Artikel »Ein vatikanischer Frühling?« ab.

Konklave und Wahl eines Überraschungskandidaten ✓

Im gegenwärtigen Kardinalskollegium scheinen die Voraussetzungen zu fehlen, um in dieser schwierigen Situation einen geeigneten Nachfolger für Benedikt XVI. zu finden. Fast alle seine Mitglieder sind von den Restaurationspäpsten Wojtyła und Ratzinger ernannt worden. Mir ist indes auch klar, dass sich die Perspektive der Kardinäle mit dem Abtreten des alten Papstes ändern wird. Vor allem die auswärtigen Kardinäle denken in dieser Situation in erster Linie an ihre eigene Diözese und ihr eigenes Land. Und es haften in ihrem Gedächtnis auch manche missliebige Erfahrungen mit der oft arroganten und ignoranten kurialen Verwaltung. Kurienkardinäle sind deshalb zumeist keine »Papabili« (aussichtsreiche Papstkandidaten).

Doch ist es der deutsche Papst, der die Verantwortung dafür trägt, dass die Zahl der Italiener im Kardinalskollegium auf die außerordentliche Zahl von 28 gestiegen war. Die Frage ist, welcher Kandidat die notwendige Zweidrittelmehrheit auf sich vereinen könnte. Ich meinerseits erwarte, dass jeder der in den Medien jetzt fotografierten und diskutierten »Papabili«, da sie nicht nur mir als ungeeignet erscheinen, zumindest ein Drittel *gegen sich* haben wird.

Wegen des schlechten Rufs der vorwiegend italienischen Kurie haben die italienischen Kardinäle schlechte Karten. Und ganz schlecht ist, dass die Italienische Bischofskonferenz schließlich ihren eigenen Kandidaten torpediert, den Kardinal-Erzbischof von Mailand, Angelo Scola: Ihre voreilige Gratulation zu seiner Wahl wird publik! Dies führt zu einer gemeinsamen Frontstellung der auswärtigen Kardinäle gegen Kurie und Italiener. Einer dieser Auswärtigen hält auf dem Arbeitstreffen der Kardinäle unmittelbar vor dem Konklave eine kurze programmatische Rede, die faktisch ein Gegenprogramm zum Kurs Papst Benedikts skizziert. Es ist ein gewisser Kardinal Jorge Mario Bergoglio aus Buenos Aires, der schon im Konklave vor acht Jahren eine respektable Anzahl Stimmen auf sich vereint hatte. Wie schon in Kapitel VI bemerkt, trat er damals als Kandidat zurück, um das Konklave nicht unnötig zu verlängern, nachdem Kardinal Ratzinger die einfache Mehrheit, aber nicht die notwendige Zweidrittelmehrheit der Stimmen erhalten hatte.

Und siehe da: Schon im fünften Wahlgang wird am 13. März 2013 ebendieser Erzbischof von Buenos Aires, Kardinal Jorge Mario Bergoglio, als *erster Lateinamerikaner und erster Jesuit zum neuen Papst gewählt*! Zur Überraschung der ganzen Welt nimmt er den Namen Franziskus an. Er präsentiert sich vom ersten Moment an als bescheidener und freundlicher Bischof von Rom, der auch in seiner äußeren Erscheinung, Kleidung, Gestik und Sprache eine wohltuende Schlichtheit und Menschlichkeit ausstrahlt.

Während der ganzen Dauer des Konklaves und besonders nach der Wahl werde ich von Medien aus aller Welt buchstäblich belagert und lasse folgende Pressemeldung verbreiten: »Was soll der neue Papst tun? Die Gretchenfrage an den neuen Papst lautet: ›Wie hältst Du's mit Reformen?‹ Führt er endlich die Reformen in der Kirche durch, die sich über Jahrzehnte unter seinen Vorgängern angestaut haben? Oder soll es im Grunde so weitergehen wie bisher? Die Konsequenzen sind offenkundig:

– Wenn der Papst Reformen anpackt, findet er breite Zustimmung weit über die katholische Kirche hinaus.

– Wenn er aber weitermacht wie bisher, wird der Ruf ›Empört euch! Indignez-vous!‹ mehr und mehr auch in der katholischen Kirche erschallen und Reformen von unten provozieren, auch ohne Billigung durch die Hierarchie und oft sogar gegen die Vereitelungsversuche der Hierarchie.«

Für mich persönlich hat sich plötzlich eine völlig neue, erfreuliche Konstellation ergeben. Man hatte in meiner Umgebung gescherzt: »Küng geht – Papst Ratzinger bleibt.« Nun heißt es umgekehrt: »Küng geht – aber der Papst noch vor ihm!« Am 19. März 2013, meinem 85. Geburtstag und dem Rücktrittsdatum von meinen Ämtern in den Stiftungen Weltethos und »Für Freiheit in der Kirche«, erfolgt bereits der Amtsantritt des neuen Papstes Franziskus. Das sei für mich »das schönste Geburtstagsgeschenk«, meint jetzt der belgische Journalist Freddy Derwahl, früher Verfasser einer ganz Ratzinger-freundlichen Doppelbiografie über Ratzinger und mich: »Der mit dem Fahrrad und der mit dem Alfa kam.« Das Symbol einer großen Wandlung: Der damals (als Professor in Tübingen) mit dem Fahrrad kam, verlässt uns heute im Hubschrauber! Eine solche Wandlung erfordert mein Weg nicht: Ich bleibe mit Freude und Leidenschaft der Professor der Theologie, der ich das schon seit über einem halben Jahrhundert bin.

Warum bisher kein Papst den Namen Franziskus zu wählen wagte

Ob Jorge Mario Bergoglio voll realisiert hat, weswegen bisher kein einziger Papst den Namen Franziskus zu wählen wagte? Jedenfalls war sich der Argentinier bewusst, dass er mit dem Namen Franziskus an Franz von Assisi anknüpft, den weltberühmten Aussteiger des 13. Jahrhunderts, jenen ehedem lebenslustigen, mondänen Sohn eines reichen Textilkaufmanns aus Assisi, der mit 24 Jahren auf Familie, Reichtum und Karriere verzichtet und selbst seine prächtigen Kleider an den Vater zurückgibt.

Und siehe da: Es ist erstaunlich, wie Papst Franziskus von der ersten Minute seiner Amtsführung an einen *neuen Stil* wählt: anders als sein Vorgänger keine Mitra mit Gold und Edelsteinen, keine purpurne, mit Hermelin eingesäumte Mozetta (Schulterumhang), keine eigens angefertigten roten Schuhe und Kopfbedeckungen, kein Prachtthron mit Tiara, auf die Paul VI. schon verzichtet hatte.

Erstaunlich auch, dass der neue Papst auf hohle pathetische Gesten und hochgestochene Rhetorik bewusst verzichtet und in der *Sprache des Volkes* redet, wie sie auch Laienprediger, damals wie heute von Päpsten verboten, praktizieren können. »Buona sera« ist das erste Wort, das er ganz selbstverständlich an die riesige Menge auf dem Petersplatz richtet.

Erstaunlich schließlich, wie dieser »Papst vom Ende der Welt« seine *Mitmenschlichkeit* betont: Er bittet um das Gebet des Volkes, bevor er es selber segnet; bezahlt wie jeder andere seine Hotelrechnung; realisiert Kollegialität mit den Kardinälen durch gemeinsame Fahrt im Autobus, in der gemeinsamen Residenz, beim offiziellen Abschied; wäscht am Gründonnerstag jungen Strafgefangenen, auch Frauen, sogar einer Muslimin, die Füße und küsst sie. Ein Papst, der sich als Mensch mit Bodenhaftung präsentiert. Und was niemand sich vorstellen konnte: Papst Franziskus weigert sich, Wohnung im prunkvollen Apostolischen Palast zu nehmen. Er bleibt einfach im bescheidenen vatikanischen Gästehaus Santa Marta wohnen, wo er schon während des Konklave als Kardinal logiert hatte und wo er jetzt mit seinen Mitarbeitern seine persönliche Schaltzentrale besitzt.

Franz von Assisi – die Alternative zum römischen System Innozenz' III.

Alles das hätte den Mann aus Assisi gefreut und ist das Gegenteil von dem, was zu seiner Zeit Papst Innozenz III. (1198 bis 1216) repräsentierte. Zu ihm war Francesco im Jahre 1209 mit elf »Minderbrüdern« (»fratres minores«) nach Rom gereist, um die päpstliche Approbation für seine Lebensweise »nach der Form des heiligen Evangeliums« in gelebter Armut und Laienpredigt zu erhalten. Innozenz III., mit nur 37 Jahren zum Papst gewählt, war ein in Paris ausgebildeter Theologe, scharfsinniger Jurist, gewandter Redner, fähiger Administrator und raffinierter Diplomat. Nie in der Geschichte hatte ein Papst größere Macht als er, ein absoluter Herrscher, Gesetzgeber und Richter der Christenheit.

Doch der triumphale Pontifikat Innozenz' III. erwies sich auch als Wendepunkt. Schon unter ihm zeigten sich die Verfallserscheinungen, die zum Teil bis in unsere Tage hinein Kennzeichen des römisch-kurialen Systems geblieben sind: Nepotismus und Verwandtenbegünstigung, Raffgier, Korruption und dubiose Finanzgeschäfte. Im Gegenzug entwickelten sich schon seit den 70er- und 80er-Jahren des 12. Jahrhunderts mächtige nonkonformistische Buß- und Armutsbewegungen (Katharer, Waldenser). Päpste und Bischöfe gingen gegen diese bedrohlichen Strömungen mit Verboten der Laienpredigt, Verurteilung der »Ketzer«, Inquisition und sogar »Ketzer«-Kriegen vor. Doch es war gerade Innozenz III., der bei aller Ausrottungspolitik gegen hartnäckige »Ketzer« (Katharer) versuchte, evangelisch-apostolische Armutsbewegungen in die Kirche zu integrieren. So billigte er schließlich nach einigem Zögern die Regel des Franz von Assisi.

Faktisch stellte und stellt Franz von Assisi die Alternative zum römischen System dar. Was wäre geschehen, wenn schon Innozenz und die Seinen das Evangelium wieder neu ernst genommen und dieses zentralistische, juridisierte, politisierte und klerikalisierte Machtgefüge zerschlagen hätten? Innozenz III. wäre wohl der einzige Papst gewesen, der aufgrund außergewöhnlicher Qualitäten und Machtbefugnisse der Kirche mit einem Konzil einen grundsätzlich anderen Weg hätte weisen können. Dies hätte dem Papsttum im 14./15. Jahrhundert Aufspaltung und Exil und der Kirche im 16. Jahrhundert die protestantische Reform ersparen können.

So aber bleiben die urchristlichen Kernanliegen des Franz von Assisi bis heute Fragen an die katholische Kirche und jetzt an einen Papst, der sich programmatisch Franziskus nennt: Paupertas (Armut), Humilitas (Demut) und Simplicitas (Schlichtheit). Das erklärt wohl, warum bisher kein Papst den Namen Franziskus anzunehmen wagte: Zu hoch erschienen die Anforderungen, und Franziskus stand aller selbstherrlichen Hierarchie zu fern, ließ sich nicht einmal zum Priester weihen.

Was bedeutet es für einen Papst heute, den Namen Franziskus anzunehmen?

Selbstverständlich darf auch die Person des Franz von Assisi, die ihre Einseitigkeiten, Exaltationen und Schwächen hat, nicht idealisiert werden. Seine Lebensweise ist keine absolute Norm für jeden Christen. Aber seine urevangelischen Anliegen der Nachfolge Christi sind unbedingt ernst zu nehmen, auch wenn sie nicht buchstäblich umgesetzt werden müssen, sondern mit Vernunft und Augenmaß in die heutige Zeit hineinübersetzt werden sollten.

Für diese urevangelischen Anliegen soll von Papst und Kirche »Kontinuität« gefordert werden, nicht aber für eine von katholischen Traditionalisten geforderte »Unterwerfung unter das Amt«, das offensichtlich mittelalterlich-barock verstanden wird, wozu sogar die »widerspruchslose Annahme der dazugehörigen Kleidung gehört« (Martin Mosebach). Dass in einem so verstandenen Papstamt »das Charisma eigentlich keine Funktion hat«, wohl aber die »Glaubenskongregation« über die katholische Lehre wachen soll, versteht sich von selbst: »Die Gewänder, die die Päpste früher trugen, sind ein Bild dafür. Die Päpste verschwanden früher förmlich unter ihren Ornaten.« Frage: Was also sind im Lichte der großen Leitfiguren wie Franz von Assisi und Papst Innozenz III. die Alternativen für die Kirche von heute?

(1) *Paupertas, Armut?* Kirche im Geist Innozenz' III. ist eine Kirche des Reichtums, der glanzvollen Selbstdarstellung und des Prunkes, der Raffgier und der Finanzskandale. Dagegen meint eine Kirche im Geist des Franz von Assisi eine Kirche der transparenten, ethisch orientierten Finanzpolitik und der genügsamen Anspruchslosigkeit. Eine Kirche, die sich vor allem um die Armen, Schwachen, Benachteiligten, Hilfsbedürftigen kümmert. Die nicht Reichtümer und Kapital anhäuft, sondern die Armut aktiv bekämpft und ihrem eigenen Personal vorbildliche Arbeitsbedingungen anbietet.

(2) *Humilitas, Demut?* Kirche im Geist von Papst Innozenz ist eine Kirche der Macht und der Herrschaft, der selbstgerechten Bürokratie und der Diskriminierung, der Repression und Inquisition. Dagegen bedeutet eine Kirche im Geist des Franziskus eine Kirche der Menschenfreundlichkeit, des Dialogs, der Geschwisterlichkeit, der Gastlichkeit auch für Nonkonformisten, des unprätentiösen Dienstes ihrer Leiter und der sozialen Solidargemeinschaft, die neue religiöse Kräfte und Ideen nicht aus der Kirche ausschließt, sondern fruchtbar macht.

(3) *Simplicitas, Schlichtheit?* Kirche im Geist von Papst Innozenz ist eine Kirche dogmatischer Unbeweglichkeit, moralistischer Zensur und juristischer Absicherung, eine Kirche der alles regelnden Kanonistik, der alles wissenden Scholastik und der Angst. Dagegen besagt Kirche im Geist des Franziskus eine Kirche der Frohbotschaft und der Freude, einer am schlichten Evangelium orientierten Theologie, die auf die Menschen hört, statt nur von oben herab zu indoktrinieren, eine nicht nur lehrende, sondern immer wieder neu hörende und lernende Kirche.

So lassen sich im Licht der Anliegen und Ansätze des Franz von Assisi grundsätzliche Optionen auch für eine katholische Kirche von heute formulieren, deren Fassade bei großen römischen Manifestationen zwar glänzt, deren innere Struktur im Alltag der Gemeinden in vielen Ländern sich jedoch oft als morsch und brüchig erweist, weswegen viele Menschen sich von ihr innerlich und oft auch äußerlich verabschiedet haben.

Allerdings wird kein vernünftiger Mensch erwarten, dass alle Reformen von einem Mann über Nacht realisiert werden. Immerhin, in fünf Jahren wäre ein Paradigmenwechsel möglich: Das zeigte Johannes XXIII. (1958–1963), der das Zweite Vatikanische Konzil einberief. Heute müsste vor allem die Grundrichtung wieder klar sein: Nicht eine restaurative Rückentwicklung in vorkonziliare Zeiten wie unter dem polnischen und dem deutschen Papst, sondern überlegte, geplante und gut vermittelte Schritte der Reform auf der Linie des Zweiten Vatikanischen Konzils und in seiner Weiterführung.

Zweifellos weckt Papst Franziskus damit vor allem im Machtbetrieb der römischen Kurie mächtige Gegenkräfte, denen es standzuhalten gilt. Die vatikanischen Machthaber werden die seit dem Mittelalter angehäufte Macht kaum freiwillig aus den Händen geben. Wie stark der kuriale Druck sein kann, musste ja auch Franz von Assisi erfahren. Er, der sich in Armut von allem lösen wollte, wurde mit seinen Gefährten je länger, desto mehr von der »heiligen Mutter Kirche« abhängig. Keine zwei Jahrzehnte nach des Franziskus' Tod erscheint die in Italien sich rasch ausbreitende franziskanische Bewegung nahezu völlig von der römischen Kirche domestiziert, sodass sie bald der päpstlichen Politik als normaler reicher Orden zu Diensten steht und sich sogar für die Inquisition einspannen lässt.

Wenn es also möglich war, dass schon Franz von Assisi und seine Gemeinschaft schließlich ins römische System eingebunden wurden, so kann selbstverständlich auch nicht ausgeschlossen werden, dass ein Papst Franziskus, von Haus aus Jesuit, schließlich im römischen System eingefangen wird, das er reformieren sollte. Ein Papst Franziskus – also *ein Paradoxon*? Ob sich Papst und Franz, offensichtliche Gegensätze, je versöhnen lassen werden? Jedenfalls nicht durch einen traditionalistischen Papst der Erstarrung, sondern nur durch einen evangelisch gesinnten Papst der Reformen. Dies ist meine Hoffnung, aber ist sie begründet?

Ein Hoffnungssignal aus Rom

In den ersten zwei Monaten nach seiner Wahl suche ich bewusst noch keinen Kontakt mit Papst Franziskus. Er braucht nun einmal Zeit, sich in sein vielfältiges, schwieriges Amt einzuleben. Doch nach einigen Wochen beruft er acht Kardinäle aus allen Kontinenten als engsten Beraterkreis für die Reform von Kirche und Kurie. Eine neue Form von kollegialer Kirchenleitung deutet sich damit an; ein Foto zeigt die päpstliche Privatbibliothek, die mir seit meinem Gespräch mit Paul VI. in Erinnerung geblieben ist: jetzt überraschenderweise mit einem großen Konferenztisch in der Mitte, an dem der Papst auf gleicher Höhe mit diesen acht Kardinälen sitzt. Dies nehme ich zum Anlass, um am 13. Mai 2013 einen persönlichen Brief an Papst Franziskus zu schreiben, von einem spanischen Freund ins Spanische übersetzt. Ich begrüße zuerst die Wahl eines Südamerikaners und Jesuiten zum Papst und drücke meine Freude aus über den Stilwandel im Geist des heiligen Franz von Assisi, den er schon in den wenigen Wochen im neuen Amt durchgeführt hat. Auch finde ich es gut, dass er mit Personal- und Sachentscheidungen klug abwartet.

Doch dann mein Kernanliegen: »Um aus der gegenwärtigen Krise unserer Kirche herauszukommen, bedarf es zweifellos Überlegungen zu einigen Punkten besonders auch der Morallehre und vor allem grundlegender struktureller Reformen. Solche durchzusetzen wird sehr schwierig sein.« Dazu wünsche ich ihm »viel Weisheit, Mut und Ausdauer«.

Meinem Brief lege ich meinen Artikel »Papst Franziskus – ein Paradoxon?« bei, der auch in der größten Madrider Tageszeitung »El País« am 10. 5. 2013 erschienen ist. Dazu die spanische Ausgabe zweier meiner Bücher: »Was ich glaube« und »Ist die Kirche noch zu retten?«. Ich orientiere ihn darüber, dass ich diese Bücher auch an die acht Kardinäle schicken werde, je nachdem auf Englisch, Italienisch, Französisch, Spanisch oder Deutsch. Und schließe dann: »Wenn ich Ihnen noch einen Dienst leisten kann, den ich mit 85 Jahren zu leisten vermag, lassen Sie mich dies bitte wissen. Von Herzen wünsche ich Ihnen Gottes Segen für Ihre Riesenaufgabe.«

Natürlich bin ich sehr gespannt, ob eine Reaktion erfolgt und in welcher Weise. Zu meiner großen Überraschung erhalte ich wenig später einen an mich persönlich von Hand adressierten Brief mit dem ungewöhnlichen Absender:

»F., Domus Sanctae Marthae, 00120 Città del Vaticano.« Hinter »F.« verbirgt sich kein Geringerer als Papst Franziskus. Er schreibt mir aus seiner schlichten Residenz im Gästehaus des Vatikans Santa Marta eine eigenhändige Briefkarte auf Spanisch mit folgendem Wortlaut:

Vatikan, 26. 5. 13

Hochgeschätzter Dr. Hans Küng,
ich habe Ihren Brief vom 13. des Monats erhalten mit einem Artikel und zwei Büchern, die ich gerne (»con gusto«) lesen werde. Vielen Dank für Ihre Freundlichkeit.
Ich bleibe zu Ihrer Verfügung. Ich bitte Sie, beten Sie bitte für mich, denn ich habe es nötig.
Jesus möge Sie segnen und die Heilige Jungfrau Ihnen helfen. Brüderlich,

Franziskus

Er, der Papst, bleibt zu meiner Verfügung (»disposición«)? Am meisten rührt mich die Unterschrift: ohne bischöfliches Kreuzlein vor dem Namen oder ein päpstliches PP (Papa) nach dem Namen, vielmehr ganz einfach und schlicht »brüderlich (›fraternalmente‹), Franziskus«. Wahrhaftig kein päpstlicher, sondern ein brüderlicher Brief – ganz anders als alle bisherigen Briefe aus dem Vatikan, die ich erhalten habe. Für mich und für viele ist dies ein Hoffnungssignal.

Am 28. Juni 2013 danke ich dem Papst für die außerordentliche Freude, die er mir bereitet hat. Dieses Mal auf Deutsch, da er, wie ich gehört habe, sehr gut Deutsch versteht. Und weil sein Schreiben seine Person und sein Wollen so schön sichtbar macht, bitte ich ihn, dass ich seinen Brief in meinen Memoiren abdrucken darf.

Bei dieser Gelegenheit berichte ich ihm noch von einer überraschenden positiven Erfahrung: »Ich habe bei der Revision meiner Erinnerungen meinen Offenen Brief an die Kardinäle vor dem Konklave 2005 wieder gelesen. Während mir bisher im Blick auf Ihren Vorgänger bittere Gedanken hochkamen, waren es diesmal Gefühle der Freude: Denn Sie entsprechen weithin den Kriterien, die ich damals für einen Papst der Zukunft aufgestellt habe. Gerne lege ich Ihnen den Text auf Deutsch und auf Italienisch bei. Daraus können Sie freilich auch ersehen, was an wichtigen Aufgaben tempore opportuno noch zu bewältigen wäre.«

Dass dieser Brief auf eine spannungsgeladene Atmosphäre im Vatikan trifft, ist mir bewusst. Denn in denselben Tagen wird ein hoher vatikanischer Prälat mit zwei Komplizen verhaftet, dem illegale Transaktionen in Millionenhöhe bei der Vatikanbank (IOR) vorgeworfen werden. Kurz darauf müssen der Generaldirektor der Bank und sein Vize zurücktreten. Papst Franziskus hatte schon vorher eine unabhängige Untersuchungskommission für die Vatikanbank eingesetzt. Viele Entscheidungen trifft er am kurialen Apparat vorbei. Der Papst lässt den Worten Taten folgen und scheint zu echten Reformen entschlossen zu sein. Aber das kann nur ein Anfang sein.

Welchen Kurs steuern?

In seinem Apostolischen Schreiben »Evangelii gaudium« vom 26. 11. 2013 verstärkt Papst Franziskus nicht nur seine Kritik am Kapitalismus und der Herrschaft des Geldes, sondern spricht sich auch gegen eine reiche Kirche und für eine Kirchenreform »auf allen Ebenen« aus. Er plädiert konkret für Strukturreformen: Dezentralisierung hin zu den Bistümern und Gemeinden, Reform des Petrusamtes, Aufwertung der Laien, Abbau des ausufernden Klerikalismus, wirksamere weibliche Präsenz in der Kirche, vor allem in Entscheidungsgremien. Ebenso deutlich spricht er sich aus für die Ökumene und den interreligiösen Dialog, besonders mit Judentum und Islam.

Dies alles stößt auf breite Zustimmung weit über die katholische Kirche hinaus. Kritik ruft seine undifferenzierte Ablehnung der Abtreibung und der Frauenordination hervor.

Zeigen sich hier möglicherweise dogmatische Grenzen dieses Papstes? Oder sollte seine Interviewaussage, Maria stehe über den Aposteln und man müsse die Rolle der Frau neu bedenken, doch eine Andeutung sein, dass auch »unfehlbare« Lehraussagen revidierbar sind?

So viel ist in den ersten Wochen bereits deutlich geworden: Papst Franziskus verfügt zweifellos über Führungsqualitäten, um das Kirchenschiff kundig und mutig durch die Stürme der Zeit zu steuern; das Vertrauen des Kirchenvolks wird ihn stützen. Im kurialen Gegenwind muss er freilich oft in Zickzacklinie kreuzen. Aber nur nach dem Kompass des Evangeliums (und nicht des Kirchenrechts) wird er den klaren Kurs in Richtung Erneuerung, Ökumene und Weltoffenheit beibehalten können. »Evangelii gaudium« ist dabei eine wichtige Etappe, aber noch längst nicht das Ziel.

Doch die Hoffnung scheint gut begründet, dass der Papst sich nicht von der Glaubenskongregation und ihrem Präfekten Erzbischof *Gerhard Ludwig Müller* unter Druck setzen lässt. Dieser manifestiert seine erzkonservative Haltung in einem langen Gastbeitrag im »Osservatore Romano« (23. 10. 2013), in dem er den Ausschluss der wiederverheirateten Geschiedenen von den Sakramenten bekräftigt. Wegen des sexuellen Charakters ihrer Beziehung leben sie angeblich im Zustand der Todsünde, außer sie leben »wie Bruder und Schwester« (!) zusammen.

Als klerikaler Hardliner, der zahlreiche Konflikte mit Pfarrern und Theologen, Laiengremien und sogar dem Zentralkomitee deutscher Katholiken provoziert hatte, war Müller als Bischof von Regensburg äußerst umstritten und unbeliebt. In einer Fernsehtalkshow nach dem Tod von Papst Wojtyła habe ich Gelegenheit, ihn in aller Öffentlichkeit in die Schranken zu weisen. Seinem Zorn darüber verlieh er am darauffolgenden Sonntag in seiner Predigt im Regensburger Dom Ausdruck. Dass er trotz allem von Papst Ratzinger als treuer Parteigänger und Herausgeber seiner gesammelten Schriften zum Präfekten der Glaubenskongregation berufen wurde, erstaunte weniger, als dass er von Papst Franziskus schon früh in diesem Amt bestätigt wurde. Man fragt sich: Wer wird den Kurs der Kirche bestimmen?

Vielen erscheint die Situation widersprüchlich: hier Kirchenreform und dort die unbarmherzige Behandlung wiederverheirateter Geschiedener:

Der Papst möchte vorangehen – der »Glaubenspräfekt« bremst.

Der Papst denkt an die konkreten Menschen – der Präfekt vor allem an die traditionelle katholische Lehre.

Der Papst möchte Barmherzigkeit praktizieren – der Präfekt appelliert an Gottes Heiligkeit und Gerechtigkeit.

Der Papst möchte praktikable Lösungen finden – der Präfekt, früher ein neuscholastischer Dogmatikprofessor, stützt sich auf traditionalistische Argumente, um den unbarmherzigen Status quo beibehalten zu können.

Es kommen Zweifel: Hat der Papst diesen seinen Glaubenswächter wirklich unter Kontrolle? Es war ja nun die reaktionäre Einstellung der Kurie, traditionellerweise konzentriert im Sanctum Officium, der heutigen Glaubenskongregation, welche die Kirche in die aktuelle Krise geführt hat und den Auszug von Millionen aus der Kirche zur Folge hatte, besonders unter den von den Sakramenten ausgeschlossenen wiederverheirateten Geschiedenen. Und soll sich jetzt, 50 Jahre nach dem Zweiten Vatikanischen Konzil, vielleicht ein neuer »Kardinal Ottaviani«, damals mächtiger Chef der Glaubenskongregation bzw. -inquisition, im Vatikan etablieren können, der sich berufen fühlt, seine traditionalistische Glaubensmeinung dem Papst und den Bischöfen, ja, der ganzen Kirche aufzudrängen? Immer wieder hatte ich die katholische Hierarchie auf die Kluft zum Kirchenvolk in wichtigen Reformanliegen hingewiesen. Eine Umfrage in der Bundesrepublik Deutschland von 2014 zeigt: 84 % der Katholiken sind für die Priesterehe, 79 % für die kirchliche Wiederverheiratung von

Geschiedenen, 75 % auch für Frauen als Priester. Weltweit sind nach einer Umfrage unter 12 000 Katholiken in 12 Ländern (im Auftrag von Univision News, veröffentlicht in »La Repubblica« in Partnerschaft mit »El País« und »Washington Post« am 9. 2. 2014) 58 % gegen den Ausschluss der wiederverheirateten Geschiedenen vom Kommunionempfang und 50 % der Befragten gegen den Zwangszölibat. Für die Frauenordination sprechen sich immerhin 45 % aus, und nur 51 % sind dagegen.

Sicher ist: Es wäre ein immenser Schaden für die Glaubwürdigkeit von Papst Franziskus, wenn er von den Reaktionären im Vatikan daran gehindert würde, seinen von Barmherzigkeit und pastoralem Gespür durchdrungenen Worten und Gesten möglichst bald entsprechende Taten folgen zu lassen. Das enorme Vertrauenskapital, das der Papst in seinen ersten Monaten angesammelt hat, darf nicht von der Kurie verspielt werden. Dies alles lege ich ihm in meinem Brief vom 2. Dezember 2013 dar, zusammen mit meinem Artikel über den »Gegenwind in der Kurie« in »El País« (28. 11. 2013). Papst Franziskus antwortet mir wiederum handschriftlich am 17. Dezember: Brief und Artikel hätten ihm »gutgetan« (»me hicieron bien«). Die herzlichen Weihnachtswünsche des Papstes freuen mich natürlich.

Ein kluger Taktiker: Der lehrreiche Fall eines Skandalbischofs

19. März 2014: Ein Jahr ist seit dem Amtsantritt von Papst Franziskus vergangen! Ich feiere am selben Tag meinen 86. Geburtstag im kleinen Kreis. Das erste Pontifikatsjahr ist Anlass für eine kleine Zwischenbilanz. Eine hochkritische Bilanz wie 1979 nach einem Jahr Johannes Paul II. ist erfreulicherweise nicht vonnöten. Papst Franziskus steuert ja immer offenkundiger, anders als seine beiden Vorgänger, keinen Restaurations-, sondern einen Innovationskurs, einen Kurs der Erneuerung von katholischer Kirche und Ökumene im Geist des Evangeliums und des Zweiten Vatikanischen Konzils.

Papst Franziskus hat, wie schon erwähnt, durch seine tief-gläubige, weltoffene und menschenfreundliche Persönlichkeit über Nacht die Atmosphäre in katholischer Kirche und Öku-mene aufgehellt. Er hat durch Auszug aus dem »Apostolischen Palast«, durch Verzicht auf Prunk und Protz und durch andere Sofortmaßnahmen den in der Kirche schon längst in Gang ge-kommenen Paradigmenwechsel auch in der römischen Kurie zumindest eingeleitet und im bereits erwähnten Apostolischen Schreiben »Evangelii gaudium« (26. 11. 2013) für die ganze ka-tholische Kirche einige Reformanliegen zur Sprache gebracht.

Aber nach wie vor werden auch Zweifel geäußert: Wird der sympathische Mann aus Lateinamerika diesen Paradigmen-wechsel und eine Reformagenda gegen die starken beharrenden und reaktionären Kräfte in Kurie und Kirche durchsetzen kön-nen? Es genügt ja für einen Papst in der heutigen komplexen Weltsituation mit ihren ungeheuren politischen, wirtschaftli-chen und kulturellen Umbrüchen nicht, einen tiefen Glauben, einen starken Willen und eine überdurchschnittliche Intelli-genz zu besitzen. Ein Papst heute sollte womöglich auch über zwei zusätzliche Qualifikationen verfügen, die ich bei Papst Franziskus erhoffe, aber erst mit der Zeit erkennen kann, zwei Charakterzüge, die ihn sogar im Vergleich mit Johannes XXIII., mit dem er zu Recht verglichen wird, auszeichnen: eine kluge Taktik und möglicherweise auch eine überlegene Strategie.

Papst Franziskus erweist sich zunächst einmal als *kluger Taktiker*: Was ist ein Taktiker? Nach den alten Griechen ein Mensch, der über die »taktiké téchne«, die (nicht nur mili-tärisch verstandene) Kunst der Anordnung und Aufstellung verfügt. Also heutzutage einer, der nicht nur kühne Beschlüsse fasst, sondern zugleich überlegt, was für ihre Realisierung die zweckmäßigste und zielführendste Vorgehensweise ist, und diese auch geschickt in die Praxis umzusetzen vermag.

Papst Franziskus wagt es, anders als seine Vorgänger, in der eigenen Kurie unfähige Spitzenbeamte, angefangen von Kar-dinalstaatssekretär und Kardinalpräfekt der Bischofskongregation, zu entlassen, zeigt aber andererseits als Bischof von Rom den gebührenden Respekt vor seinen Mitbrüdern im Bischofsamt. Als Paradebeispiel mag der international diskutierte Fall des selbstherrlichen Limburger Skandalbischofs *Franz-Peter Tebartz-van Elst* dienen, der durch autoritäre Amtsausübung und durch einen über 30 Millionen Euro teuren Ausbau seiner Bischofsresidenz das Vertrauen des übergroßen Teils des Kirchenvolks und des Klerus verspielte. Nachdem auch die Deutsche Bischofskonferenz ihn nicht zur Vernunft bringen kann, gelangt der Fall schließlich zu Papst Franziskus. Eine wohl verfehlte Taktik wäre es, wenn der Papst den Fall sofort allein entscheiden und unmittelbar den Bischof absetzen würde, was viele nicht zu Unrecht erwarten. Eine kluge Taktik ist vielmehr die der Verweigerung und des Innehaltens: Nachdem der Bischof Hals über Kopf nach Rom geeilt ist, um möglichst noch vor dem Vorsitzenden der Deutschen Bischofskonferenz mit dem Papst zu sprechen, lässt Franziskus ihn mehrere Tage in Rom warten. Als er ihn – erst nach dem Vorsitzenden! – empfängt, verordnet er ihm eine Auszeit außerhalb seines Bistums, bis eine Untersuchungskommission im Auftrag der Bischofskonferenz einen Prüfbericht zum Limburger Bauprojekt abgegeben hat. Als er diesen endlich erhält, gibt er ihn zur Beurteilung an die kuriale Bischofskongregation weiter, um erst dann zu entscheiden. Ob er aber vielleicht doch auf die mächtigen Fürsprecher des mittlerweile in der Presse so genannten»Protzbischofs« hören wird, auf den Glaubenspräfekten Gerhard Ludwig Müller und den Präfekten des Päpstlichen Hauses und Ratzinger-Sekretär Georg Gänswein, die allen Ernstes über»Lust auf Menschenjagd« und»Rufmord« klagen?

Doch Papst Franziskus empfängt schließlich den Präfekten der Bischofskongregation zur Berichterstattung und dann Bischof Tebartz-van Elst selbst. Am 26. März 2014 vernimmt die Welt das päpstliche Urteil: Bischof Tebartz-van Elst kehrt nicht auf den Limburger Bischofsstuhl zurück, der Papst hat seinen – angesichts seiner Uneinsichtigkeit wohl erzwungenen? –»Rücktritt« angenommen. Begründung ist nicht nur der ungeheure Finanzskandal um den Aus- und Umbau des Limburger Bischofssitzes, sondern auch das offenbar irreversibel zerstörte Vertrauensverhältnis zwischen diesem Bischof (samt Domkapitel und Vermögensverwaltungsrat) und den Gläubigen seines Bistums.

Nach einer weiteren kurzen Unterredung mit dem Papst kann sich Tebartz endlich zum Eingeständnis durchringen, »Fehler gemacht zu haben«, um gequält »alle um Vergebung zu bitten, die unter meinen Versäumnissen gelitten haben oder leiden«. Dabei hat die Affäre bereits längst und offensichtlich den sehr beschränkten Horizont des Limburger Bischofs überstiegen. Der durch ihn bewirkte Imageschaden für die katholische Kirche ist gar nicht abzusehen. Man bedenke: Im Jahr 2010, in dem die sexuellen Missbrauchsfälle bekannt werden, sind in Deutschland rund 181 000 Menschen aus der katholischen Kirche ausgetreten, rund 60 000 mehr als im Jahr zuvor. 2013, als der Limburger Finanzskandal hochkocht, sind es wieder knapp 180 000. Natürlich sind diese Zahlen zu sehen im Kontext des epochalen Säkularisierungsprozesses, von dem auch die evangelische Kirche betroffen ist. Aber die unerhörten Skandale gerade in der katholischen Kirche haben die bisher stärkere Bindung der Katholiken an die Kirche zweifellos besonders beschädigt. Viele engagierte Katholiken, besonders Priester, leiden unter dem in den Medien verbreiteten Bild und oft auch Zerrbild von Kirche.

Das Ende der Tebartz-Geschichte: Nach einer Auszeit im bayerischen Kloster Metten und in Regensburg wird der Bischof nach Rom berufen. Er wird Sekretär des Päpstlichen Rates für die Neu-Evangelisierung. Die Frage drängt sich auf, ob dieser Bischof nicht selbst der Neu-Evangelisierung bedürfte ... Doch bezüglich Papst Franziskus darf ich feststellen: Er hat diese erste Feuerprobe seines Pontifikats, klug taktierend, bestanden. Aber zugleich sieht auch er sich jetzt mit grundsätzlichen Fragen rund um das Führungspersonal der Kirche konfrontiert, die mit noch so kluger Taktik nicht bewältigt werden können. Es sind Lehren aus dieser wie anderen ähnlich gelagerten Affären zu ziehen.

Die vor allem um römische Linientreue besorgte kuriale Personalpolitik unter den beiden Restaurationspäpsten hat der katholischen Kirche allzu viele mediokre Bischöfe beschert, leider bisweilen auch Alkoholiker, Betrüger, Pädophile. Immer mehr Bischöfe, besonders in den USA, haben sich heutzutage vor weltlichen Gerichten zu verantworten. Als entscheidende Kriterien für die Auswahl von Bischöfen sollte in Zukunft nicht der unkritische »Gehorsam« gegenüber Rom gelten, sondern authentische Menschlichkeit, evangelische Gesinnung, pastorale Eignung, geistig-geistliche Führungsqualitäten, Zivilcourage – dies alles in einer Person vereint, in der jüngeren Priestergeneration wohl nicht leicht zu finden.

Die Auswahl der Bischöfe darf jedenfalls nicht weiter der vatikanischen Bürokratie überlassen bleiben, der Parteilichkeit, Intrige und Klientelwirtschaft nicht fremd sind. Vielmehr bedarf es eines klar festgelegten transparenten Berufungssystems, das eine angemessene Beratung und Mitwirkung der Gläubigen einschließt. Nicht an eine allgemeine Volkswahl des Bischofs ist gedacht, wohl aber an ein Einschalten der verschiedenen Diözesanorgane (Priesterrat, Seelsorgerat, Verbände) und unabhängiger Persönlichkeiten.

Wie immer: Es geht hier nicht nur um den Einzelfall eines bischöflichen Irrläufers namens Tebartz, sondern um Fragen der Struktur. Die Zeiten kurialer Allzuständigkeit und eines monarchistischen Verständnisses des Bischofsamtes sind auch nach Auffassung von Papst Franziskus vorbei. Die gegenwärtig herrschende Kirchenordnung ist nicht so »von Gott gegeben«, sondern ist ein Produkt einer Entwicklung, die vor allem im Mittelalter ihren Ursprung hat. Am Papst aber liegt es nun, strategische Entscheidungen in der Richtung, die vom Ursprung der Kirche her gegeben ist, zu fällen. Doch ist er dazu wirklich fähig?

Auch ein überlegener Stratege? Reformagenda wird diskutiert

Was ist ein Stratege? Das griechische »strategós« meint den Heerführer, und »strategía« meint einen genauen Plan des Vorgehens, um ein militärisches oder politisches Ziel zu erreichen. Ein guter Stratege wird alle Faktoren, die in seine eigenen Operationen hineinspielen könnten, von vornherein einzukalkulieren versuchen. Das Vorgehen von Papst Franziskus hatte zunächst den Eindruck erweckt, als sei es allzu spontan und wenig geplant: verschiedene Vorstöße in verschiedene Richtungen, die baldige Entscheidungen in Reformfragen fraglich machen.

Doch ist im Lauf des ersten Amtsjahres immer deutlicher geworden, dass Papst Franziskus so etwas wie einen Plan entwickelt hat, wie er ohne offenen Konflikt, notfalls an der Kurie vorbei, seine eigene Reform vorantreiben kann. Dies geschieht unter Mitwirkung des weltweiten Kardinalskollegiums: Zuerst Einsetzung einer Kommission von acht Kardinälen aus allen Kontinenten zur Reform von Kurie und Kirche. Dann die Diskussion und Ankündigung einer Bischofssynode zu Ehe- und Familienfragen für Herbst 2014. Weiter die überraschende Versendung von diesbezüglichen Fragebögen an alle Bischöfe weltweit und durch sie auch an das Kirchenvolk, deren Ergebnisse gerade in den Sexualfragen eine fatale Kluft sichtbar werden lassen zwischen der offiziellen Kirchenlehre und dem gelebten Leben der Gläubigen, auch wenn die Umfrage uneinheitlich durchgeführt wurde und nicht als strikt repräsentativ gelten kann. Schließlich in der letzten Februarwoche 2014 Schlag auf Schlag: zuerst drei Tage Reformdiskussion in der Acht-Kardinäle-Kommission, dann zwei Tage Diskussionen mit dem gesamten Kardinalskollegium und erst anschließend die Ernennung 19 neuer Kardinäle.

Natürlich fragt man sich allenthalben: Was ist nun bei all den vielen Diskussionen herausgekommen? Wieder einmal nur Reförmchen, die viele Gläubige enttäuschen und die verbreiteten Vorurteile von der Unreformierbarkeit der katholischen Kirche bestätigen? Oder aber eben doch der Beginn einer grundlegenden Reform, die diesen Namen verdient: eine Reform im Geist Jesu und nach den Erfordernissen des 21. Jahrhunderts? Die großen Sex-, Finanz- und Politskandale in der römisch-katholischen Kirche können nicht so rasch vergessen gemacht werden. Wenn die von Papst Franziskus ausgegebene Parole von einer »armen Kirche« auch für die reichen Industrienationen Sinn haben soll, dann ist ein anderer Umgang mit Geld in der Kirche erfordert, aber auch ein anderer Umgang mit Sexualität und bei allem ein anderer Umgang mit der Macht in der Kirche. Die reichen Kirchen müssen, wie Yves Congar schon vor über 50 Jahren erklärte, zu »dienenden Kirchen« werden.

Zur Problematik der wiederverheirateten Geschiedenen: Kardinal Kasper

Im Februar 2014 diskutiert das Kardinalskollegium über die notorisch schwierige Problematik der wiederverheirateten Geschiedenen und ihrer Zulassung zu den Sakramenten. Auffällig ist, dass der Papst das Grundsatzreferat zur Einleitung der Diskussion nicht dem (mit seinem »Osservatore«-Artikel vorgepreschten) Präfekten der Glaubenskongregation, Gerhard Ludwig Müller, überträgt; den ernennt er zum Kardinal. Mit dem Grundsatzreferat beauftragt er vielmehr den emeritierten Kurienkardinal Walter Kasper. Damit hat Franziskus in einem geschickten Schachzug mit dem reformorientierten Ökumeniker den Hardliner Müller überspielt, der kurz zuvor gegen eine Initiative des Seelsorgeamtes der Erzdiöze Freiburg zugunsten der wiederverheirateten Geschiedenen eingeschritten war. Dieser Papst gesteht also weder dem Chef der Glaubenskongregation und noch weniger dem Chef des »Apostolischen Palastes«, Georg Gänswein, ein Vetorecht zu.

Sobald ich die zunächst vertrauliche Nachricht von einem römischen Beobachter erhalte, schreibe ich ein persönliches Gratulationsschreiben an Walter Kasper. Er war ja 1960 mein erster Assistent und später als Professor mein Kollege; in der großen Auseinandersetzung um meine kirchliche Lehrbefugnis 1979/80 entschied er sich leider gegen mich, was zu einer bleibenden Abkühlung unserer guten persönlichen Beziehungen führte. 1980 wurde er Bischof von Rottenburg-Stuttgart, 1999 Sekretär des Päpstlichen Rates zur Förderung der Einheit der Christen und zwei Jahre später Kardinal und Präsident dieses Rates. 2010 musste er Papst Ratzinger aus Altersgründen den Rücktritt anbieten, den dieser ohne viele Komplimente angenommen hat.

Nun kann ich Walter Kasper meine Freude darüber ausdrücken, dass der Papst mit ihm den richtigen Mann ausgesucht hat. Er hatte sich ja schon 1993 als Rottenburger Bischof zusammen mit Erzbischof Oskar Saier (Freiburg) und Bischof Karl Lehmann (Mainz) für eine Lösung der Geschiedenenfrage eingesetzt. Der damalige Präfekt der Glaubenskongregation, Kardinal Ratzinger, aber war ihnen in den Rücken gefallen. Ich hoffe sehr, dass Kasper einen Weg aufzeigen kann, der es dem Papst und der katholischen Kirche ermöglicht, aus der dogmatisch verfestigten Position bezüglich der wiederverheirateten Geschiedenen herauszufinden. Hat er den Weg gefunden?

Schon am 10. März 2014 erscheint Kaspers Rede beim renommierten katholischen Herder-Verlag in Freiburg/Breisgau als kleines Buch unter dem Titel »Das Evangelium von der Familie«. Kaspers Rede ist aufsehenerregend und mutig. Aufsehen erregt sie deshalb, weil er die Problematik der Wiederverheirateten klar formuliert. Ohne Wenn und Aber schlägt er eine Neuregelung nach Maßstäben der Barmherzigkeit vor, wie er sie schon im Juli 1993 als Bischof von Rottenburg zusammen mit seinen Kollegen aus Freiburg und Mainz forderte. Mutig ist die Rede deshalb, weil er vorhersehen kann, wie die Mehrheit der Kardinäle reagieren wird. Sie werden sich auf die Lehrentscheidungen des Konzils von Trient über die Sakramentalität und die Unauflöslichkeit der Ehe berufen und nicht so leicht einer Milderung der gegenwärtigen Praxis zustimmen. Kasper wählt deshalb einen breiten Ansatz und versucht, seine Zuhörer durch eine möglichst lehramtskonforme Interpretation von Schrift und Tradition zu gewinnen.

In den ersten drei Teilen spricht er ausführlich über die »Schöpfungsordnung« (S. 7–28), die »Strukturen der Sünde« (S. 30–34) und die »Erlösungsordnung« (S. 35–44) in der Familie. Inhaltlich Neues ist in diesen drei Teilen nicht zu erfahren, aber es gelingt dem Kardinal wegzukommen vom traditionellen Moralismus und der Fixierung auf Spezialfragen der Sexualmoral. Er stellt das große Ja der Bibel zu Familie und Sexualität und zu dem beglückenden Sinnkosmos heraus, den Mann, Frau und Kinder leben können, wenn ihnen ihre Liebe und ihre Treue gelingen. Besonders wertvoll ist der vierte Teil über die »Familie als Hauskirche« (S. 45–53), denn er zeigt eine lange vergessene Dimension. Zwischen der Kirche im gängigen Sinn (Gesamtkirche, Bistum oder Gemeinde) und der Familie besteht eine besondere Verwandtschaft. Deshalb wurde die Familie auch lange als »kleine Kirche« (*ecclesiola*) bezeichnet. »Die Familien brauchen die Kirche und die Kirche braucht die Familien, um mitten im Leben und in den modernen Lebensmilieus präsent zu sein« (S. 53).

Erst im letzten der fünf Teile geht Kasper auf das Problem der »wiederverheirateten Geschiedenen« ein (S. 54–67). Kasper sieht die Tragödie der wachsenden Zahl von Ehescheidungen. Den Betroffenen sei mit größter Barmherzigkeit zu begegnen, aber den Versuch, die verbindliche Glaubenstradition aufzuheben oder aufzuweichen, nennt er »eine oberflächlich verstandene billige Barmherzigkeit« (ebd.). Dennoch sei den

Betroffenen mit Respekt und mit echter Barmherzigkeit gegenüberzutreten. Sakramental dürften wir sie nicht »verhungern« lassen (S. 62).

Zur Lösung des Problems unterscheidet Kasper zwei Situationen. Die erste Situation (S. 58–61) trifft auf diejenigen zu, die nach eigener Überzeugung nie im vollen Bewusstsein einer christlichen Ehe mit ihren strengen Bedingungen verheiratet waren. Dies sei für immer mehr Betroffene der Fall. Für sie sollte man »mehr geistliche und pastorale Verfahren entwickeln«, die die traditionelle Nichtigkeitserklärung ablösen (S. 59). Die zweite Situation trifft auf diejenigen zu, bei denen die Gültigkeit ihrer (ersten) Ehe außer Zweifel steht (S. 61–67). Kasper erinnert an die Wiederaufnahme von Abtrünnigen in den ersten Jahrhunderten. Das Bußsakrament hat ihnen die Möglichkeit der Rückkehr gegeben. In Analogie dazu schlägt Kasper einen Weg zwischen Rigorismus und Laxismus vor. Er besteht in der Duldung der Wiederverheiratung, wenn bestimmte Bedingungen erfüllt sind. Dazu gehörten die Reue über das frühere Versagen, die einwandfreie Regelung früherer Verbindlichkeiten sowie der Wille, die neue Ehe christlich zu führen und die Kinder im Glauben zu erziehen. Da muss ich nun doch fragen: Packt diese mutige Rede von Kardinal Kasper die Probleme konsequent an, und können Kaspers Vorschläge vielleicht eine tragfähige Lösung herbeiführen?

»Keine Christen zweiter Klasse«: Professor Häring

Der emeritierte Nijmegener Theologieprofessor Hermann Häring greift in einem ähnlich kleinen Herder-Buch den Gesprächsfaden von Walter Kasper auf, um die Thematik zu erweitern und zu vertiefen. »Wiederverheiratete – keine Christen zweiter Klasse« lautet der Titel im Anschluss an ein Wort des Münchner Kardinals Reinhard Marx. Häring erkennt Kaspers Leistung ohne Abstriche an. Er versucht, sich in dessen schwierige Lage vor dem Forum seiner Mitkardinäle zu versetzen und die noch offenen Fragen in sachlichem Ton zu benennen und voranzutreiben.

Zur Klärung der Problematik, die auch für einen Bischof oder Papst nicht leicht zu sichten ist, unterscheidet Häring in Kapitel 1 zwischen einer allgemein menschlichen, einer spezifisch christlichen und der besonderen katholischen Ebene, die nicht voneinander zu trennen, aber je auf ihrer Ebene ernst zu nehmen sind. Ethisch und weltanschaulich sind Humanität und Christlichkeit auch in Ehefragen eng ineinander verwoben. Deshalb müssten auch die katholisch gültigen Sonderregelungen ganz im Sinn einer humanen Ethik und eines humanen Eheverständnisses reformiert werden.

Die ganze Hilflosigkeit der katholischen Pastoral zeigt sich Häring zufolge in den wiederholten, aber erfolglosen Versuchen der vergangenen Jahrzehnte, die gängige unbarmherzige Praxis, also den Ausschluss der Wiederverheirateten von den Sakramenten, durch zufriedenstellende Lösungen zu überwinden. Häring meldet starke Zweifel an Kaspers Vorschlägen an. Wer versucht, den christlichen Charakter von Ehen generell anzuzweifeln, obwohl sie doch guten Glaubens und mit besten Absichten geschlossen wurden, raubt den Betroffenen im Grunde ihre Vergangenheit, ihren christlichen Ernst. Schließlich kann man nicht pauschal davon ausgehen, dass jede Ehetrennung von beiden Seiten mit Schuld verbunden ist. Wer schuldig geworden ist, muss zwar zu dieser Schuld stehen, aber den Gescheiterten und Hintergangenen muss auch die Möglichkeit gegeben werden, zu einem neuen Selbstvertrauen zu finden.

So legt Häring auf der Spur von Kasper zwar einen vorläufigen Vorschlag vor, der die Wiederzulassung zu den Sakramenten ermöglicht. Aber er weist mit gleichem Nachdruck darauf hin, dass ohne eine Revision der Unauflöslichkeitsthese keine endgültige Lösung zu finden ist. Die Revision dieser These bedeutet nicht, dass die gegenseitige Treuepflicht keine Rolle mehr spielt. Im Gegenteil, diese Pflicht wird mehr denn je in die strenge Verantwortung von Partnerinnen und Partnern gelegt. Aber es wird eben damit ernst gemacht, dass dieses Eheband neben einem physischen auch einen moralischen, psychischen oder geistigen Tod sterben kann. Das gehört zum Ernst der menschlichen Situation.

Diese Revision bedeutet auch nicht, dass das biblische Zeugnis oder ernste Grundsätze der Kirche über Bord geworfen werden. Im Gegenteil, die Schrift kennt keine Unauflöslichkeit der Ehe, sondern eine Pflicht zur bedingungslosen Treue; sogar schon Matthäus und Paulus deuten Ausnahmeregelungen an. Vergleichbares gilt für die kirchliche Tradition. Erst seit Augustinus gilt das Postulat der Unauflöslichkeit, und die orthodoxen Ostkirchen kennen aus langer Erfahrung Ausnahmeregelungen, die nicht in Beliebigkeit ausarten. Kasper hat recht, wenn er in tiefem Ernst für das pastorale Handeln die Tugend der Barmherzigkeit einfordert. Aber von Barmherzigkeit muss die kirchliche Ehelehre insgesamt geprägt sein. Barmherzigkeit darf nicht zur späteren Milderung einer unbarmherzigen Sakramentspraxis degenerieren. Eine Lösung ist nur akzeptabel, wenn aus ihrem Kern das Gift der Demütigung verschwindet.

Ich kann nicht leugnen, dass mich Hermann Härings Argumente überzeugt haben. Außerdem hat Professor Norbert Scholl (Pädagogische Hochschule Heidelberg) zusammen mit ihm ein langes Schreiben über die biblischen Grundlagen einer katholischen Ehelehre an den Präfekten der Glaubenskongregation, Kardinal Gerhard Ludwig Müller, gesandt. Eine Kopie schickten sie auch an Papst Franziskus und machten ihn darauf aufmerksam, »dass es schon in der frühen Kirche Ausnahmeregelungen gab und dass selbst das Konzil von Trient in der Frage einen gewissen Spielraum ließ«. Entscheidend ist, dass sich Papst und Bischöfe an Jesus und der urchristlichen Praxis orientieren.

Jesu Wort gegen Ehescheidung: Ein Zielgebot

Jesus selber hat sich unzweideutig gegen die Ehescheidung ausgesprochen: »Was Gott verbunden hat, das soll der Mensch nicht trennen« (Mk 10,9). Doch er tat dies vor allem zugunsten der in der damaligen Gesellschaft juristisch und sozial benachteiligten Frau, und zwar gegenüber dem Mann, der im Judentum allein einen Scheidungsbrief ausstellen konnte. Und so wird sich die katholische Kirche in Jesu Nachfolge auch in einer völlig veränderten gesellschaftlichen Situation nachdrücklich für die unauflösliche Ehe einsetzen, die den Partnern und ihren Kindern eine Chance für stabile und dauerhafte Beziehungen bietet.

Aber traditionelle Exegese ignoriert, dass Jesus nicht einen Gesetzesparagrafen, sondern ein Zielgebot ausspricht, das so wenig wie andere Gebote ein Versagen und ein Vergeben ausschließt. Kann man sich denn wirklich vorstellen, dass Jesus die gegenwärtige Praxis der Behandlung der Geschiedenen gebilligt hätte? Er, der die Ehebrecherin besonders gegen die »Ältesten« in Schutz nahm (Jo 8,1–11), der sich den Sündern und Gescheiterten besonders zuwandte und sogar wagte, ihnen Vergebung zuzusprechen? Mit Recht sagt Papst Franziskus in einem Interview, Jesus solle aus den langweiligen Schablonen befreit werden, in die wir ihn gepackt haben.

Die neutestamentlichen Christen verstanden das Wort Jesu über die Ehescheidung nicht als Gesetz, sondern als ethische Weisung. Das Scheitern einer Ehe entspricht offensichtlich nicht der schöpfungsgemäßen Bestimmung von Mann und Frau. Aber nur dogmatische Starrheit kann nicht ernst nehmen, dass das Wort Jesu über die Ehescheidung schon in apostolischer Zeit mit einer gewissen Flexibilität angewandt wurde, und zwar im Fall von »porneia/Unzucht« (vgl. Mt 5,32; 19,9) und im Fall der Trennung zwischen einem christlichen und einem nichtchristlichen Partner (vgl. 1 Kor 7,12–15). Schon in der Urkirche war man sich offenbar bewusst, dass es

Situationen gibt, die ein weiteres Zusammenleben unzumutbar machen. Aber wiederverheirateten Geschiedenen generell zu unterstellen, sie hätten ihre erste Ehe leichtfertig, leichten Herzens, aus nichtigem Anlass aufgegeben, ist infam. Es gibt wohl kaum eine bitterere Erfahrung als das Scheitern einer Liebe, in die man die Hoffnungen eines ganzen Menschenlebens gesetzt hat. ¡/

Angesichts der heutigen Not von Millionen Menschen in aller Welt, die, obwohl Kirchenmitglieder, am sakramentalen Leben nicht teilnehmen können, hilft es wenig, ein römisches Dokument nach dem anderen zu zitieren, ohne aber die entscheidende Frage überzeugend zu beantworten, warum gerade für dieses Versagen eine Vergebung nicht möglich sein soll. Hat das Lehramt nicht schon in der Frage der Empfängnisverhütung kläglich versagt und sich so in der Kirche nicht durchsetzen können? Ähnliches Versagen sollte in der Frage der Ehescheidung unbedingt vermieden werden.

Es ist jedenfalls keine Lösung, wenn man nur zu neuen »pastoralen Bemühungen« aufruft und großzügiger mit Eheannullierungen umgehen will, wie manche in Rom anregen. Der eigentliche Skandal für viele Katholiken sind tatsächlich nicht Scheidung und Wiederverheiratung, sondern die in vielen Fällen schamlose Heuchelei von Ehenichtigkeitsverfahren – selbst im Falle mehrerer Kinder!

Geht man von den aktuellen Scheidungszahlen aus – sie liegen allein für das Jahr 2012 in Deutschland bei 46,2% im Verhältnis zu den Eheschließungen im selben Jahr –, rechnet man dazu die steigende Zahl von katholischen Paaren, die nur zivil geheiratet haben oder unverheiratet zusammenleben, so dürfte allein in Deutschland annähernd die Hälfte der katholischen Paare von den Sakramenten ausgeschlossen sein. Nicht zu vergessen die vielen mitbetroffenen Kinder, die unter der gestörten Kirchenbeziehung ihrer Eltern leiden, weil sie oft zusätzlich in eine schambesetzte Außenseiterrolle gedrängt werden. Es geht also um pastorale Probleme von größter Tragweite, die heute die Glaubwürdigkeit der Amtskirche und auch des Papstes radikal infrage stellen. Deshalb haben auch manche Bischöfe angemahnt, dass im Lichte der allgemein verfügbaren Erkenntnisse in Gesellschafts- und Sexualwissenschaft, in Theologiegeschichte, Ethik und Exegese unbedingt eine Neubewertung der pastoralen Praxis vorgenommen werden müsse.

Auch die traditionelle Dogmatik kommt, besonders wenn man sich die neuere Dogmengeschichte vor Augen führt, um selbstkritische Überlegungen nicht herum. Dies ist meine große Sorge, die ich auch Papst Franziskus zu kommunizieren hoffe: Mit einer dogmatisch fixierten Bibelauslegung und Dogmeninterpretation lassen sich die großen pastoralen Fragen von Sexualität, Ehe und Familie nicht überzeugend lösen. Die Behauptung der »Unfehlbarkeit« solcher Aussagen hilft im 21. Jahrhundert nicht weiter. Hier könnten Papst Franziskus vielleicht neue Einsichten in die Problematik der auf dem Ersten Vatikanischen Konzil 1870 definierten Unfehlbarkeitslehre helfen. Wir verfügen nämlich seit Kurzem über brisante Erkenntnisse aus dem vatikanischen Geheimarchiv. Ihre Bedeutung für aktuelle Fragestellungen führt mich dazu, an dieser Stelle einen längeren Exkurs einzufügen.

Römischer Inquisitionsprozess gegen P. Joseph Kleutgen SJ

In Kapitel III über Papst Paul VI. Montini habe ich geschildert, wie für mich die Enzyklika »Humanae vitae« (1968) Anlass gab, das Buch »Unfehlbar? Eine Anfrage« zu schreiben. Es erschien pünktlich zum 100. Jahrestag der Unfehlbarkeitsdefinition des Ersten Vatikanischen Konzils am 18. 7. 1970. Die Frage nach der Begründung der Unfehlbarkeitslehre stellte sich mit dieser Enzyklika neu: Paul VI. konnte sich für die Verurteilung der Empfängnisverhütung auch auf das Vatikanum II berufen! In Artikel 25 seiner Konstitution über die Kirche wird nämlich nicht nur die Aussage des Vatikanum I über die

»außerordentliche« Unfehlbarkeit des Papstes (»Magisterium extraordinarium«) eingeschärft, begrenzt auf feierliche Definitionen »ex cathedra«. Neu ist die Aussage über die Unfehlbarkeit des alltäglichen »ordentlichen« Lehramtes (»Magisterium ordinarium«) der Bischöfe »in Einheit mit dem Papst«. In der Tat konnte man sich seinerzeit in Rom Paul VI. gegenüber für die Verurteilung der Empfängnisverhütung nicht nur auf den Konsens der letzten Päpste berufen, sondern auch auf die Unfehlbarkeit in Glaubens- und Sittenfragen des über die Erde verstreuten Episkopats. Erstaunlicherweise wurde diese wichtige neue Aussage im Konzil überhaupt nicht diskutiert. Mir war indes schon damals aufgefallen, wie schwach diese in Schrift und Tradition begründet ist. In jenem Artikel 25 der Kirchenkonstitution findet sich als Beleg nur ein Hinweis auf einen Satz des Vatikanum I über das Magisterium ordinarium (Denzinger 1792), in dem von Unfehlbarkeit jedoch nicht die Rede ist. Als weiterer Beleg wird bloß eine Anmerkung zu einem Schema über die Kirche angeführt, das vom Vatikanum I 1870 jedoch nicht verabschiedet, sondern nur vom Jesuitenkardinal Robert Bellarmin SJ aus dem 16. Jahrhundert übernommen und vom Konzilstheologen Joseph Kleutgen SJ kommentiert worden war. Erwähnt wird auch der Apostolische Brief (»Breve«) »Tuas libenter« von Papst Pius IX. an den Münchner Erzbischof Gregor von Scherr (1863). Joseph Kleutgen also erscheint als eine Schlüsselfigur in diesem ganzen Prozess.

Doch trotz der schwachen Begründung fand die »These« vom »Magisterium ordinarium« Eingang in die neuscholastische Schultheologie, und so musste ich sie an der Päpstlichen Universität Gregoriana für mein theologisches Lizentiat 1955 auch gründlich auf Latein studieren. Aber noch 1970, als ich meine »Anfrage« zur Unfehlbarkeit formulierte, konnte ich nicht ahnen, was für ein skandalöses Doppelleben und Doppelwirken sich hinter dem Kronzeugen Joseph Kleutgen, in den Vorlesungen an der Gregoriana stets mit Respekt genannt, verbarg, und welch zentrale Rolle derselbe Kleutgen für die Formulierung der Unfehlbarkeitslehre des Vatikanum I gespielt hatte.

Erst 2013, im Jahr der Ablösung von Papst Benedikt XVI. durch Papst Franziskus, erfährt die Welt von den hochpolitischen Vorgängen vor und während des Vatikanum I, die bis heute von Bedeutung sind. Wir verdanken dies vor allem Prof. Hubert Wolf, der, in Tübingen einst zum Doktor der Theologie promoviert und habilitiert, heute Mittlere und Neuere Kirchengeschichte an der Universität Münster lehrt. Er hat in dem über 400 Jahre verschlossenen Inquisitionsarchiv die Akten eines einzigartigen Skandals aufgespürt, der in einem Roman von Dan Brown stehen könnte, aber von Wolf mit dem berechtigten Untertitel »Eine wahre Geschichte« publiziert wurde: »Die Nonnen von Sant'Ambrogio« (München 2013). Der Historiker und Vatikankenner, ein exzellenter Erzähler, berichtet hier akribisch von einem zweieinhalbjährigen hochgeheimen römischen Inquisitionsprozess gegen ebendiesen Jesuitenpater Joseph Kleutgen. Ausgelöst wurde er im Juli 1859 durch einen (freilich missglückten) Giftanschlag auf die Novizin Fürstin Katharina von Hohenzollern, die aber aus jenem Kloster Sant'Ambrogio in der Nähe des Vatikans mit Hilfe ihres Cousins, Erzbischof Gustav zu Hohenlohe-Schillingsfürst, fliehen konnte und Anzeige bei der Inquisitionsbehörde erstattete.

Nun ist hier sicher nicht der Platz, um minutiös protokollierte delikate Details dieses Inquisitionsverhörs auszubreiten wie etwa die Verehrung von Nonnen als Heilige, wie Wunder, Dämonenaustreibungen, angebliche Marienbotschaften, »Segnungen« mit erotischen Beigaben wie etwa Zungenküssen, lesbische Intimitäten und so weiter. Doch muss Platz sein für die Schilderung der problematischen Aktivitäten höchster vatikanischer Würdenträger und eines Netzwerks von Jesuiten, unter denen sich einer ganz besonders dadurch auszeichnete, dass er den Begriff des »Lehramtes« revolutionierte.

Die Erfindung des »ordentlichen« Lehramts von Papst und Bischöfen

Der Jesuit Joseph Kleutgen (1811 bis 1883) hatte sich durch sein dreibändiges Werk »Theologie der Vorzeit verteidigt« (1853 bis 1870) als Vorkämpfer der konservativen Neuscholastik profiliert. Zu den von dieser Theologie Begeisterten gehörte in Rom der frühere Erzbischof von München Karl August Graf von Reisach, der auf Druck der bayerischen Staatsregierung vom Papst abberufen und zum Kurienkardinal ernannt worden war. Reisach machte Kleutgen zu seinem theologischen Berater und übertrug diesem, der auch als zweiter Beichtvater im Kloster Sant'Ambrogio amtierte, die Seelenführung seines Beichtkindes Katharina von Hohenzollern, die auf seinen Wunsch dort als Novizin aufgenommen worden war.

In dem von der Fürstin Hohenzollern nach langen Qualen ausgelösten Inquisitionsprozess wurde P. Joseph Kleutgen, der im Nonnenkloster unter dem Pseudonym Giuseppe Peters tätig war, »wegen Glaubens- und Kapitalverbrechen unter Anklage gestellt«. Ich überlasse das Wort jetzt dem Historiker Hubert Wolf: »Reisach als Kardinalmitglied des Heiligen Offiziums versorgte ihn (Kleutgen) mit geheimen Informationen über Anklagepunkte und Zeugenaussagen. Eine unmittelbare Mitwirkung an den Giftanschlägen auf Katharina von Hohenzollern konnte Kleutgen zwar nicht nachgewiesen werden, die Inquisition verurteilte ihn aber wegen zahlreicher Glaubensverbrechen am 18. Februar 1862 wegen formaler Häresie. Zu den Vorwürfen zählten die Verehrung einer falschen Heiligen, Verführung im Beichtstuhl, Bruch des Beichtgeheimnisses und der Glaube an angebliche Briefe der Gottesmutter. Reisach sorgte jedoch für ein mildes Strafmaß: Statt in den Kerkern der Inquisition durfte der Jesuit die zwei Jahre *loco carceris* (anstelle der Kerkerstrafe) in einem Erholungsheim seines Ordens in Galloro am Nemisee in den Albaner Bergen ›absitzen‹. Kleutgen selbst schreibt über seine Zeit in Galloro:

›Merkwürdigerweise haben mich jene nämlichen Kardinäle, die mich *ob formalem haeresim* (wegen formaler Häresie) wenige Tage zuvor verurteilt hatten, nachher gerade so behandelt, als wäre nichts geschehen.‹ Insbesondere Reisach besuchte Kleutgen während seiner ›Verbannung‹ mehrfach. Der Jesuit setzte seine theologische Beratung des Kardinals bruchlos fort. Kleutgen selbst berichtet, Reisach habe sich sofort an ihn gewandt, als er vom Papst beauftragt worden sei, ›über eine sehr wichtige Angelegenheit ein theologisches Gutachten zu besorgen‹. Kleutgens anonym abgegebenes Votum habe der Kardinal umgehend dem Papst und einer anderen hochstehenden kurialen Persönlichkeit vorgelegt. Beide seien ›höchst erstaunt‹ gewesen. Auf Nachfrage habe Reisach dann das Geheimnis gelüftet, und Pius IX. habe ihn – Kleutgen – wegen der ›Tüchtigkeit‹, die aus seinem Votum sprach, umgehend begnadigt und ihm erlaubt, nach Rom zurückzukehren.« So fasste Hubert Wolf auf einer Tagung der Katholischen Akademie in Bayern das monatelange Inquisitionsverhör und dessen Folgen zusammen (vgl. Themenheft »zur debatte«, 1/2014, S. 22).

Und was war die »wichtige Angelegenheit«, für die der kirchlich verurteilte Kleutgen auf Wunsch von Kardinal Reisach ein Gutachten erstellen sollte? Sie bezog sich auf die kritische deutsche Universitätstheologie. Kleutgens Gutachten ging ein in Pius' IX. Apostolischen Brief »Tuas libenter« vom 21. Dezember 1863. Dieser richtete sich einerseits gegen die Münchner Gelehrtenversammlung unter der Leitung des berühmten Theologen Ignaz von Döllinger, der auf dieser Versammlung in einer programmatischen Rede die Freiheit der Theologie einforderte. Andererseits war er gegen den Philosophen Jakob Frohschammer gerichtet, der sich ebenfalls nicht beugte, die Freiheit der Philosophie vom kirchlichen Lehramt verteidigte und exkommuniziert wurde.

Hier stand und steht noch heute Grundlegendes auf dem Spiel. Schon der Apostel Paulus hat sich in 1 Kor 12 gegen die Absorption der anderen Charismen oder Dienste der Verkündigung und gegen die Monopolisierungsgelüste Einzelner gewendet. Neben den Aposteln nennt er mit Nachdruck zwei andere Gruppen:»zweitens die Propheten, drittens die Lehrer« (1 Kor 12,28). Schon in meinem Buch»Die Kirche« (1967) bin ich auf mehreren Seiten auf die Bedeutung der Nachfolge der Lehrer oder Theologen (neben der der Apostel und Kirchenleiter) eingegangen. Dabei wusste ich auch Thomas von Aquin hinter mir, der – darauf machte mich früh Yves Congar aufmerksam – ein doppeltes Lehramt vertrat: Neben dem pastoralen Lehramt der Hirten, dem»Magisterium cathedrae pastoralis«, das Lehramt der Theologen an der Universität, das»Magisterium cathedrae magistralis«, dem die intellektuelle Durchdringung des Glaubens und die aktive Fortentwicklung der kirchlichen Lehre anvertraut sind (Einzelheiten dazu bei: Klaus Unterburger,»Vom Lehramt der Theologen zum Lehramt der Päpste?«, Freiburg 2010).

Ganz anders Kleutgen: Er spricht nicht vom doppelten Lehramt der Hirten und Theologen (nach Thomas), sondern vom doppelten ordentlichen und außerordentlichen Lehramt. Und er fordert die Unterordnung und Überwachung der Theologie durch ein kirchliches»Lehramt«, verstanden als eine Institution oder Behörde, die sich weder in der Schrift noch in der alten Tradition findet. Erst spät wurde dieser Begriff »Lehramt« (in der Einzahl) überhaupt eingeführt, und zwar im Zusammenhang mit der Unfehlbarkeitsdoktrin des Vatikanum I und der neuen Unterscheidung zwischen lehrender und lernender Kirche, wie sie schon der führende Dogmatiker der älteren Generation an der Gregoriana, Giovanni Perrone SJ (»Praelectiones theologicae« 1835–1842), entwickelt hatte.

Doch unter den Theologen dieser Generation setzt sich keiner so erfolgreich zugunsten des römischen»Lehramts« ein wie eben Kleutgen. Er spricht sich aus für die Verhinderung solcher Gelehrtenversammlungen, sie würden Foren bilden für aufrührerische und irrige Ansichten, und er bejaht deshalb Inquisition, Bücherzensur und Index. Die Durchsetzung der Neuscholastik und die Unterdrückung der historisch-kritischen deutschen Theologie gehen Hand in Hand. Nach »Tuas libenter« (1863) verkündet Pius IX. einen »Syllabus Errorum« (1864), einen Rundumschlag gegen sage und schreibe 80 »Irrtümer« der Moderne, darunter auch Religions- und Gewissensfreiheit. Kleutgen setzt die Neuscholastik sogar gegen alle Opposition im Jesuitenorden durch. Sie wird die Jesuitentheologie schlechthin und schließlich unter Leo XIII., dem Nachfolger Pius' IX., die einzig legitime katholische Philosophie und Theologie, wie die von Kleutgen ausgearbeitete Enzyklika »Aeterni Patris« (1879) erklärt. Kleutgen wird denn auch von Papst Leo XIII. als »Vater der Neuscholastik« bezeichnet.

Durch diese philosophisch-theologische Schule der Neuscholastik bin auch ich in meinen sieben römischen Jahren an der Gregoriana gegangen. Aber durch dieselbe Schule ist wenig später in Argentinien am Colegio Máximo San José in San Miguel auch Jorge Mario Bergoglio gegangen. Dies ist der Grund, weswegen ich so weit ausgeholt habe und jetzt nochmals auf die dunkle andere Seite P. Kleutgens zu sprechen kommen muss, wie sie sich im Licht der neuesten historischen Forschung manifestiert.

»Magisterium ordinarium« – ein Bruch in Kirchen- und Theologiegeschichte

Gewiss, P. Kleutgen ist nicht der einzige Akteur in der Affäre Sant'Ambrogio, aber ein Hauptakteur. Wie auch Prof. Wolf nicht der einzige Historiker ist, der sich mit diesem Problemkomplex beschäftigt, aber der Hauptautor. In 14-jähriger Forschungsarbeit hat er aufgrund der Entdeckung und Auswertung der Verhörprotokolle des Inquisitionsprozesses zur Sant'Ambrogio-Affäre der Fachwelt zu einer neuen Klarheit über den Begriff des Lehramts und zu einer neuen Einschätzung der Person und Tätigkeit Kleutgens verholfen (vgl. den zitierten Vortrag Wolfs in der Münchner Katholischen Akademie). Für die Verantwortlichen in der Kirche heute, und besonders für Papst Franziskus, ist wichtig zu wissen:

1. Es war P. Kleutgen, der den Begriff eines »Magisterium ordinarium« buchstäblich erfunden hat. Im ersten Band seiner »Theologie der Vorzeit« (1853) spricht er ausdrücklich von einem »doppelten Lehramt«: das feierliche außerordentliche und das ordentliche, alltäglich ausgeübte Magisterium. Hubert Wolf zufolge ist vor Pius' IX. Apostolischem Brief »Tuas libenter« von 1863 in römischen Dokumenten nirgendwo von einem »Magisterium ordinarium« die Rede. Elke Pahud de Mortanges hat in ihrer Studie von 2005 »Philosophie und kirchliche Autorität« über den Fall Jakob Frohschammer vor der römischen Indexkongregation (1855–1864) Näheres berichtet. Dort habe der Indexgutachter Kleutgen gegen Frohschammer unvermittelt auf ein »Magisterium ordinarium« rekurriert und diesen Begriff schließlich durchgesetzt gegen den Zweitgutachter Angelo Trullet. Dieser hat das »Magisterium ordinarium« heftig als eine untaugliche Neuerung zur Beurteilung der Orthodoxie von Büchern bekämpft, kam aber gegen Kleutgen nicht an.

2. Mit dieser neuen Kategorie von Lehramt kann der Papst die römischen Kompetenzen beträchtlich ausweiten: Bisher hatte sich der dem Lehramt der Kirche geschuldete Gehorsam auf die Dogmen bezogen, welche die ökumenischen Konzilien und Päpste feierlich verkündigt hatten. Jetzt aber bezieht er sich durch das neue »Magisterium ordinarium« auf alle Äußerungen der Päpste und zugleich auf alle Dekrete der römischen Kongregationen – besonders die des Heiligen Offiziums und der Indexkongregation – und sogar auf den angeblichen einmütigen Konsens der »rechtgläubigen« (römischen) Theologen.

3. Um den Neuerungscharakter der »Erfindung« des »ordentlichen Lehramtes« zu verschleiern, behauptet man in Rom, man stehe in einer ununterbrochenen, »ewigen« Lehrtradition. Gleichzeitig diffamiert man die Verteidiger der

Freiheit der Theologie als »Neuerer«, womit eine Kontinuität des römischen Lehramtes vorgespiegelt wird. Die historische Wahrheit aber ist nach Wolf: »Pius' IX. ›Tuas libenter‹ stellt einen grundsätzlichen Bruch in der Kirchen- und Theologiegeschichte dar, der an Bedeutung vielleicht sogar die Dogmatisierung des päpstlichen Juristidiktionsprimats und der Unfehlbarkeit auf dem Ersten Vatikanum übertrifft.«

4. Joseph Kleutgen aber erweist sich als ein nicht nur theologisch, sondern eben auch moralisch höchst dubioser Verteidiger dieses doppelten Magisteriums. Die präzisen Verhörprotokolle jenes Inquisitionsprozesses zeigen mit erschreckender Konkretheit, wie im Zentrum der Sant'Ambrogio-Affäre die schöne, junge, heiligmäßige und sexbesessene Novizenmeisterin und Madre Vicaria, Maria Luisa, steht. Sie zeigen auch: Ihr Hauptliebhaber ist kein anderer als ihr Beichtvater, der Jesuitenpater Joseph Kleutgen alias Giuseppe Peters. Er tauscht mit ihr nicht nur Zärtlichkeiten aus, sondern teilt auch in regelmäßigen, meist nächtlichen Zusammenkünften seine Zelle mit ihr. Im Inquisitionsprozess aber versucht er – dialektisch geschult und bestens vorbereitet durch den das hochheilige Secretum Sancti Ufficii mehrfach verletzenden Kardinal Reisach –, sein Vorgehen spirituell-mystisch zu rechtfertigen. Kleutgen geht sogar so weit, Maria Luisa zu einem ihrer (gefälschten) himmlischen Briefe der Gottesmutter Maria zu inspirieren, mit dem er den hochgeachteten P. Carlo Passaglia SJ, seinen theologischen Hauptopponenten innerhalb des Jesuitenordens, als Homosexuellen diskreditieren und als Professor an der Gregoriana ausschalten kann. Passaglia, völlig desillusioniert, tritt später aus der Gesellschaft Jesu aus und schließt sich dem italienischen Risorgimento an. Der als Häretiker verurteilte ruchlose Kleutgen aber macht als höchst nützlicher Protegé des Unfehlbarkeitspapstes Pius IX. Karriere. Hubert Wolf berichtet über die nachfolgenden erstaunlichen Ereignisse im letzten Kapitel seines Buches über die Nonnen von Sant'Ambrogio (S. 421 ff.):

354

Die graue Eminenz hinter der Unfehlbarkeitsdefinition

Denn auf dem Ersten Vatikanischen Konzil von 1870 wird derselbe Kleutgen eine höchst gewichtige Rolle spielen. Er nimmt als Konzilstheologe seines Ordensbruders, des apostolischen Vikars von Kalkutta, Erzbischof Walter Steins, am Konzil teil. Dieser ist Mitglied der zentralen dogmatischen Kommission:»In dieser Funktion war Kleutgen maßgeblich an der Entstehung der beiden Dogmatischen Konstitutionen des Konzils über den katholischen Glauben und die Kirche Christi mit dem Unfehlbarkeitsdogma beteiligt. Sein Konzept des ordentlichen Lehramtes hätte ohne das Erste Vatikanische Konzil kein so großes Gewicht erlangen und keine derartige Wirkungsgeschichte entfalten können« (S. 430).

Nachdem der erste Entwurf für eine Dogmatische Konstitution über den katholischen Glauben von den meisten Konzilsvätern als zu weitschweifig abgelehnt worden war, wird auf Wunsch von Papst Pius IX. kein anderer als Joseph Kleutgen mit der Überarbeitung beauftragt. Tatsächlich trägt er die Hauptverantwortung für die Formulierung des endgültigen Textes. So ist es nicht verwunderlich, dass in der am 24. April 1870 verabschiedeten Konstitution des Konzils Kleutgens Konzept des doppelten Lehramtes erneut auftritt (Denzinger 1792).

Aber auch an der zweiten Dogmatischen Konstitution vom 18. Juli 1870 über die Kirche Christi, mit der das Konzil das Unfehlbarkeitsdogma und den päpstlichen Jurisdiktionsprimat definiert (Denzinger 1826–1840), wirkt Kleutgen entscheidend mit. Er ist es, der eine Formel für die Definition der Unfehlbarkeit vorlegt, die von den Konzilsvätern den höchsten Beifall erhält. Der endgültige Text des Dogmas geht nach der Aussage von Kardinal Andreas Steinhuber SJ, Rektor des Collegium Germanicum (von 1867 bis 1880) und späterer Präfekt der Indexkongregation, auf Kleutgen zurück:»Eine gute Anzahl definierter Sätze sind von ihm formuliert.«

Mich erinnert diese Funktion Kleutgens an die Funktion seines – freilich moralisch untadeligen – holländischen Ordensbruders Sebastian Tromp SJ im Zweiten Vatikanum. Er war mein Lehrer in Fundamentaltheologie und hatte als Sekretär der Theologischen Kommission auf die Vorbereitungsdokumente, vor allem das Schema über die Kirche, einen entscheidenden Einfluss. Tromp verfüge über das Charisma, sagt mir Yves Congar, das er selber nicht besitze, nämlich aus dem Stand auf Latein »denzingerreif« zu formulieren. Diese Gabe setzt Wolf zufolge auch P. Kleutgen ein, was die Groteske nur noch steigert: »Ein wegen formaler Häresie von der obersten Glaubensbehörde der Kirche verurteilter Ketzer wirkte kurze Zeit nach seiner Verurteilung an der Formulierung von Glaubenssätzen und einem neuen Dogma von der Infallibilität des Papstes mit, das für die Katholiken bis heute verbindlich ist« (S. 434).

Ich frage mich: Sollten diese unter sehr dubiosen Umständen formulierten neuen Lehren nicht hinterfragt werden dürfen? Die Offenlegung jenes unerhörten Skandals durch einen gescheiten und mutigen Kirchenhistoriker unserer Tage könnte ein Anlass sein, die leidige Unfehlbarkeitsfrage erneut aufzugreifen. Jemandem wie mir jedenfalls erscheint es wie eine Ironie der Geschichte: Vor Weihnachten 1979 wurde mir die kirchliche Lehrbefugnis entzogen, weil ich als katholischer Theologieprofessor eine ausführliche und gut begründete kritische »Anfrage« an die neuen Lehren vom ordentlichen und außerordentlichen unfehlbaren Lehramt gestellt hatte, die – wie man jetzt weiß – von einem theologisch wie moralisch höchst fragwürdigen Theologen wie Kleutgen entscheidend vorangetrieben und formuliert worden waren. In der streng römisch-katholischen Historiografie wird nichts berichtet vom Häretiker, Verführer und Verbrecher Kleutgen; dies gilt auch für alle drei Auflagen (1934, 1961, 1997) des »Lexikons für Theologie und Kirche«, das wichtigste katholische Nachschlagewerk. Es wäre schon viel gewonnen, wenn jetzt in der katholischen Kirche und Theologie endlich eine Enttabuisierung und eine offene Diskussion dieser Fragen erreicht würde. Mit P. Joseph Kleutgen hatten auch andere Jesuiten (an Jesuitenkurie, Gregoriana, Zeitschrift »Civiltà Cattolica«) im 19. Jahrhundert eine entscheidende Rolle gespielt für die problematische Dogmatisierung der päpstlichen Unfehlbarkeit. Seit dem Zweiten Vatikanischen Konzil hat sich der Orden aber unter seinem Generaloberen Pedro Arrupe (1965–1981) entschieden für die Erneuerung der katholischen Kirche engagiert. Wäre es deshalb nicht gerade für den ersten Papst aus dem Jesuitenorden angemessen, wenn er einer Klärung dieser Grundlagenfragen wenigstens nicht im Wege stünde? Ich meinerseits werde meinen letzten Beitrag zur Erhellung dieser brisanten Problematik liefern im fünften Band meiner »Sämtlichen Werke«, der den Titel »Unfehlbarkeit« trägt und im Frühjahr 2016 erscheinen wird.

Von der römischen Kurie ein Paradigmenwechsel gefordert

Mit einer Auferstehungsdarstellung von Victor Delhez (1961) überrascht mich am 6. Mai 2014 abermals ein Handschreiben von Papst Franziskus. Mit der Anrede »Estimado hermano«, »Verehrter Bruder«, schickt er mir einen herzlichen Gruß mit seinen besten Wünschen für eine heilige und glückliche Osterzeit. »Immer erinnere ich mich an Sie und bete für Sie; bitte beten Sie auch für mich.« Am Ende wieder: »Brüderlich Francisco.«

Am nächsten Tag antworte ich ihm:
»Sehr verehrter, lieber Papst Franziskus,
Ihr Osterbrief vom 26. April, der heute bei mir eintraf, hat mich überrascht. Ich wollte Sie meinerseits in einer für Sie sehr anstrengenden Kar- und Osterwoche mit den Heiligsprechungen nicht mit persönlicher Post belasten. Und so danke ich Ihnen von Herzen für die Mühen, die Sie sich mit einem persönlichen Schreiben an mich gemacht haben.

Aber es hat mich sehr berührt, von Ihnen als ›hermano‹ angesprochen zu werden, und der Satz ›Siempre lo recuerdo y rego por Usted‹ bedeutet mir viel. Das gibt mir auch den Mut, Ihnen jetzt meinen ›Kurzbericht‹ an Freunde zu schicken, der Sie über meine gesundheitliche Situation und konkreten Pläne unterrichtet. […] So danke ich Ihnen nochmals für Ihre österlichen Grüße und wünsche Ihnen den Segen des Auferstandenen für alle Ihre so wichtigen Reformmaßnahmen. Mit herzlichen brüderlichen Grüßen bin ich

Ihr Hans Küng«

Nun, im Frühjahr 2015, steht Papst Franziskus bereits im dritten Jahr seines ereignisreichen Pontifikats und provoziert mit seinen Worten und Gesten, Entscheidungen und Ernennungen recht unterschiedliche Reaktionen. Er mutet besonders seiner römischen Kurie einen wahren *Paradigmenwechsel* zu, und ein solcher vollzieht sich normalerweise nicht ohne Widerstände, Kampf und persönliche Opfer. Dies hat schon der Begründer der Paradigmentheorie, der Wissenschaftstheoretiker Thomas S. Kuhn, in seinem Klassiker »The Structure of Scientific Revolutions« (Chicago 1962) am Paradebeispiel der Kopernikanischen Revolution deutlich gemacht, was ich im Blick auf die Theologie-, Kirchen- und Religionsgeschichte durchgedacht habe. Ähnlich wie in der Naturwissenschaft sind auch in Theologie und Kirche bei Annahme oder Zurückweisung eines neuen Paradigmas nicht nur wissenschaftliche, sondern auch außerwissenschaftliche Faktoren beteiligt, sodass der Übergang zu einem neuen Paradigma nicht rational erzwungen, sondern als Conversio, als Bekehrung, beschrieben werden kann.

Aber wie soll eine solche Conversio in der jahrhundertealten römischen Kurie erreicht werden? Seit dem Zweiten Vatikanischen Konzil war mein ständig wiederholtes »Ceterum censeo« stets »Romanam curiam esse reformandam« – sie sei zwar nicht zu »zerstören« (»delendam«), wohl jedoch gründlich zu reformieren. Aber dazu gab selbst Johannes XXIII. kaum konkrete Anstöße. Und was sein Nachfolger Paul VI. am Ende des Konzils als »Kurienreform« ankündigte, war, wie wir sahen, weniger eine grundlegende Reform als eine Modernisierung, Restrukturierung und Zentralisierung der Kurie. So war es für die beiden nachfolgenden konservativen Päpste Karol Wojtyła und Joseph Ratzinger ein Leichtes, in drei Jahrzehnten mit Hilfe ihrer gezielten Personalpolitik und päpstlichen Dekreten eine Restauration des absolutistischen römischen Systems voranzutreiben.

Die durch den Restaurationskurs heraufbeschworene nachkonziliare Krise der Kirche, die im Bekanntwerden des sexuellen Missbrauchs durch Kleriker einen Tiefpunkt erreichte, war für mich schließlich der Anlass, noch unter dem Pontifikat Benedikts jenes Buch zu schreiben mit dem Titel »Ist die Kirche noch zu retten?« (München 2011). Dieses bietet unter Verwendung einer vorwiegend medizinischen Metaphorik eine Diagnostik der Krise mit der zentralen These: Die katholische Kirche ist ernsthaft krank, sie leidet unter dem römischen Herrschaftssystem, das sich im Lauf des zweiten Jahrtausends etabliert hat. Als Krankheitskeime werden analysiert: ein Macht- und Wahrheitsmonopol, Juridismus und Klerikalismus, Sexual- und Frauenfeindlichkeit sowie geistlich-ungeistliche Gewaltanwendung.

Ich habe schon davon berichtet, dass ich dieses Buch im Mai 2013 in einer spanischen Ausgabe an den neu gewählten Papst Franziskus sandte und als Antwort erhielt: Er würde es »con gusto«, »gerne, mit Vergnügen« lesen. Aber ich blieb im Ungewissen darüber, wie er auf meine radikale Kritik am römischen System reagieren würde. In den folgenden Monaten habe ich viele seiner Worte, Gesten und Taten mit Wohlgefallen aufgenommen und mich immer wieder ermutigt gefühlt. Ich kann dies hier nicht im Einzelnen referieren. Ein Paukenschlag war jedoch die große Reformrede, die Papst Franziskus anlässlich des Weihnachtsempfangs für die römische Kurie am 22. Dezember 2014 hielt. Es hat alle meine Erwartungen übertroffen, wie präzis der Papst jene »außerwissenschaftlichen«, genauer moralischen Faktoren analysiert hat, die für einen Paradigmenwechsel der römischen Kurie notwendig sind.

Man hat diese offene Rede vielfach kritisiert. Doch hielt der Pontifex nicht etwa eine »Philippika«, keine leidenschaftlich heftige Kampfrede, wie sie im antiken Griechenland Demosthenes gegen König Philipp II. von Makedonien hielt. Vielmehr findet er im zu wenig beachteten ersten Teil seiner Ansprache durchaus warmherzige Worte der Anerkennung, des Dankes und der Ermutigung für die vielen Kardinäle, Erzbischöfe und Monsignori des päpstlichen Hofes. Er stellt ihnen die Kurie als Modell der Kirche vor, als »Leib« Christi. Aber gerade daraus leitet er die Forderung nach Reformen ab: »Die Kurie ist berufen sich zu bessern, sich ständig zu bessern und an gemeinschaftlichem Miteinander, Heiligkeit und Weisheit zuzunehmen, um ihre Aufgabe gänzlich zu erfüllen. Und doch ist sie – wie jeder menschliche Leib – auch Krankheiten, Funktionsstörungen und Gebrechen ausgesetzt. Und hier möchte ich einige dieser möglichen Krankheiten, ›Kurienkrankheiten‹, erwähnen. Es sind Krankheiten, die in unserem Kurienleben nicht unüblich sind. Es sind Krankheiten und Versuchungen, die unseren Dienst für den Herrn schwächen. Ich glaube, dass der ›Katalog‹ der Krankheiten, von dem wir heute sprechen wollen – ein Katalog nach dem Beispiel der Wüstenväter, die solche Kataloge aufstellten –, uns hilfreich sein wird.«

Der Papst zielt mit seiner adventlichen Bußrede weniger auf Strukturfragen als auf die Veränderungsbereitschaft des Einzelnen. Und kein Kenner der Lage wird bestreiten können, dass diese »kurialen« Krankheiten in Rom, aber auch sonst in der Kirche verbreitet sind: etwa die Krankheit, sich »unsterblich«, »immun« oder sogar »unentbehrlich« zu fühlen und so notwendige Kontrollen und Selbstkritik zu unterlassen. Oder die Krankheit der »schlechten Koordination«, die Krankheit, die Vorgesetzten zu vergöttern, und auch die des »geistlichen Alzheimer«, eines fortschreitenden Verfalls der spirituellen Fähigkeiten. Aufhorchen lässt die ungewohnt direkte, klare und bildhafte Sprache des Papstes. Ich möchte deshalb wenige Passagen wörtlich zitieren; sie überbieten, was ich jemals an Kritik geäußert habe:

–»Es gibt auch die Krankheit der geistigen und geistlichen ›Versteinerung‹: die Krankheit derer, die ein Herz von Stein haben und ›halsstarrig‹ sind (vgl. Apg 7,51); die unterwegs die innere Gelassenheit, die Lebendigkeit und die Kühnheit verlieren, sich hinter den Schriftstücken verstecken und ›Aktenbearbeitungsmaschinen‹ werden anstatt ›Gottesmänner‹. (...)

– Die Krankheit der Rivalität und der Eitelkeit: wenn die äußere Erscheinung, die Farbe der Talare und die Ehrenabzeichen zum vorrangigen Lebensziel werden und man die Worte des heiligen Paulus vergisst: › ...dass ihr nichts aus Ehrgeiz und nichts aus Prahlerei tut. Sondern in Demut schätze einer den andern höher ein als sich selbst. Jeder achte nicht nur auf das eigene Wohl, sondern auch auf das der anderen‹ (Phil 2,3–4). Es ist die Krankheit, die uns zu unaufrichtigen Menschen werden lässt und uns dazu führt, einen vorgespielten Mystizismus und einen vorgespielten ›Quietismus‹ zu leben.

– Die Krankheit der existenziellen Schizophrenie. Es ist die Krankheit derer, die ein Doppelleben führen, Frucht der typischen Heuchelei des Mittelmäßigen und der fortschreitenden spirituellen Leere, die durch Diplome und akademische Titel nicht gefüllt werden kann. Eine Krankheit, die häufig diejenigen befällt, welche den pastoralen Dienst aufgeben, sich auf die bürokratischen Angelegenheiten beschränken und so den Kontakt zur Wirklichkeit, zu den konkreten Menschen verlieren. Auf diese Weise schaffen sie sich eine Parallelwelt, in der sie alles beiseiteschieben, was sie in Strenge die anderen lehren, und beginnen, ein verborgenes, oft ausschweifendes Leben zu führen. (...)

– Die Krankheit des Geredes, des Gemunkels und des Tratsches. Von dieser Krankheit habe ich schon viele Male gesprochen, aber nie genug. Es ist eine schwere Krankheit, die ganz einfach beginnt – vielleicht nur, um ein kleines Schwätzchen zu halten – und sich dann des Menschen bemächtigt, ihn zum ›Unfriedenstifter‹ (wie Satan) macht und in vielen Fällen zum ›kaltblütigen Urheber von Rufmord‹ der eigenen Kollegen und Mitbrüder. Es ist die Krankheit der Feiglinge, die nicht den Mut besitzen, etwas unmittelbar anzusprechen und daher hinter dem Rücken reden. (…)

– Und die letzte Krankheit: die des weltlichen Profits, der Zurschaustellung, wenn der Apostel seinen Dienst in Macht und seine Macht in Ware verwandelt, um weltlichen Nutzen oder mehr Einfluss zu gewinnen. Es ist die Krankheit der Menschen, die unersättlich danach streben, Machtbefugnisse zu vervielfältigen, und die fähig sind, zu diesem Zweck die anderen zu verleumden, zu diffamieren und zu diskreditieren, sogar in Zeitungen und Zeitschriften. Natürlich um sich hervorzutun und sich als fähiger zu erweisen als die anderen.«

Das sind unerschrockene Worte der Wahrhaftigkeit an die eigene Kurie und indirekt an die ganze Hierarchie, wie sie, soweit bekannt, noch kein Papst gewagt hat. Sie erinnern an Jesu Urteil über Schriftgelehrte und Pharisäer, die im 23. Kapitel des Matthäus-Evangeliums sogar mit »getünchten Gräbern« verglichen werden. Überkluge Kritiker kreiden daraufhin dem Papst als politischen Fehler an, er habe die Mitglieder seiner eigenen Verwaltung zurückgestoßen, anstatt sie »mitzunehmen«. Aber Papst Franziskus wird sich vermutlich an die Erfahrung Pauls VI. erinnern, der mit seiner um vieles milderen Rede an die Kurie keinen Reformwillen zu erzeugen vermochte (Kap. III). Und er wird sich darüber im Klaren sein, dass er in seiner eigenen Umgebung Leute hat, die murren und sich gegen seinen neuen Kurs verstecken oder gar offenen Widerstand leisten. Wird er sich durchsetzen können? Auch in der säkularen Presse gibt es Papstkritiker.

Widersacher und Verbündete

»Der Rebell vom Petersplatz«, so lautet die Überschrift der hervorragend recherchierten Titelgeschichte von Walter Mayr in der bereits erwähnten Pfingstnummer des »Spiegel« (22/2015). Es stimmt leider, dass in den Gotteshäusern und Priesterseminaren der alten Welt sich der Niedergang des Katholizismus ungebremst fortsetzt. Aber es stimmt nicht, dass dieser Papst nur ein »Mann der vielen Worte« sei (»Der Spiegel«, 5/2015): Er hat in der Vatikanbank IOR alle Konten durchforsten und alle Personen überprüfen lassen und hat auch in der Verwaltung des Vatikanstaates mit Hilfe externer Fachleute aufgeräumt. Er hat durch seine direkte Sprache, seinen antikurialen Lebensstil und seinen Appell an das Evangelium die ganze Atmosphäre innerhalb des höfisch-römischen Systems mit seinen Seilschaften und Abhängigkeiten gründlich verändert. An der Kurienreform wird in einem Kardinalsrat intensiv gearbeitet. Er hat Männer aus Südostasien und Ozeanien in das bisher eurozentrische Kardinalskollegium aufgenommen. In Lampedusa kritisiert er die europäische Flüchtlingspolitik und vor dem Europäischen Parlament in Straßburg die kapitalistische Wirtschaftsordnung. Er lädt die Staatspräsidenten von Israel und Palästina zum Friedensgebet nach Rom ein, feiert einen Gottesdienst zum Gedenken für die Armenier, die vor 100 Jahren durch den türkischen Genozid umgekommen sind, und betreibt unauffällig die Annäherung zwischen Präsident Obama und dem kubanischen Regime.

Doch unübersehbar ist: Es fehlt diesem Papst innerhalb der oft selbstherrlichen und unprofessionellen Organe der Kurie nach wie vor an reformfreundlicher Unterstützung. Selbstverständlich gibt es auch unter den *Bischöfen* – fast alle von den beiden Restaurationspäpsten ernannt – viele, denen der neue Kurs einer auf die Armen und Marginalisierten zugehenden demütigen und bescheidenen Kirche unbequem ist. Auf der III. Außerordentlichen Generalversammlung der Bischofssynode vom 5. bis 19. Oktober 2014, der ersten Synode über die Familie, kam es unter Laienbeteiligung zu einer ungewohnt offenen Diskussion. Aber 3 der 62 Punkte – über die Sakramentenzulassung der wiederverheirateten Geschiedenen und die pastorale Aufmerksamkeit gegenüber Homosexuellen – erreichten nicht die notwendige Zweidrittelmehrheit der Bischöfe. Immerhin wurden auf Weisung des Papstes sofort alle Punkte veröffentlicht. Es ist aber zur Zeit nicht abzusehen, was die zweite Versammlung der Familiensynode vom 4. bis 25. Oktober 2015 (XIV. Ordentliche Generalversammlung der Bischofssynode) an Entscheidungen bringen wird. Ob es gelingen wird, das weltweite Spannungsgefüge zwischen heutigem Denken und Leben einerseits und dem Festhalten an traditionellen Positionen andererseits zu überwinden?

Einen Testfall dafür dürfte der Umgang mit gleichgeschlechtlichen Lebensgemeinschaften bilden. In diesem Bereich hat ausgerechnet das »katholische« Irland der kirchlichen Hierarchie und den Verfechtern einer traditionellen Morallehre im Mai 2015 ein unüberhörbares Warnsignal entgegengesandt: In einer Volksabstimmung mit hoher Stimmbeteiligung sprachen sich 62 Prozent der Teilnehmer für die Anerkennung gleichgeschlechtlicher Lebensgemeinschaften als Ehe aus (»Homo-Ehe«), darunter auch ein großer Prozentsatz kirchlich gebundener Personen. Der Einsatz der Kirche für das »Nein« lief ins Leere. Zeichen für den rasanten Vertrauensverlust einer skandalgeschüttelten Kirche, von der sich die Menschen – und gerade auch engagierte, sich am Evangelium orientierende Gläubige! – nicht mehr in ihre private Lebensführung hineinreden lassen wollen. Kirchliche Lehre und gesellschaftliche Entwicklung klaffen hier weit auseinander. Wie auch immer man zur »Homo-Ehe« stehen mag: Die Synode im Herbst 2015 wird gut beraten sein, einen »Realitätscheck« vorzunehmen, so wie dies der Erzbischof von Dublin, Diarmuid Martin, nach dem irischen Referendum in sehr vernünftiger Weise von seiner Kirche forderte.

Der Papst wünscht sich eine Kirche, die näher bei den Menschen ist. Da wird auch er selber neu gefordert sein. Der bescheidene, leutselige und herzliche Südamerikaner genießt nach wie vor inner- und außerhalb der katholischen Kirche gewaltige Sympathien. Wie froh bin ich, dass er 2014 von drei politisch wie religiös höchst anspruchsvollen Pastoralreisen – Israel/Palästina, Straßburg, Türkei – gesund und heil zurückgekehrt ist; dass ihm auch auf historisch schwierigstem Gelände keine Panne unterlaufen ist; dass er überall mit Wohlwollen aufgenommen wurde. Besonders dankbar bin ich ihm, dass er große Anliegen, für die ich seit Jahrzehnten arbeiten durfte, kraftvoll, bescheiden und klug, mit klaren Worten und feinen Gesten vertreten hat: Versöhnung der christlichen Kirchen, den konstruktiven Dialog mit Judentum und Islam, Frieden und Gerechtigkeit in der Welt. Eine große Ermutigung bedeutet für mich sein Appell in Bosniens Hauptstadt Sarajevo im Juni 2015:»Der interreligiöse Dialog ist hier wie überall in der Welt eine Voraussetzung für den Frieden. Er ist eine Pflicht für alle Gläubigen.«

Wenn Italien und Spanien am Ursprung der Gegenreformation standen sowie Frankreich und Deutschland die Quelle der Reformen des Vatikanum II waren, könnte jetzt im 21. Jahrhundert nicht Lateinamerika entscheidende Reformimpulse liefern? Immerhin lebt von den 1,3 Milliarden Katholiken mehr als die Hälfte auf der südlichen Hemisphäre. Zahllose Christen weltweit erhoffen sich vom argentinischen Papst konkrete Schritte. Dazu gehört nach dem dringenden Wunsch vieler Gläubigen, Gemeinden und ökumenischen Kommissionen die Förderung der eucharistischen Gastfreundschaft, die Zulassung von wiederverheirateten Geschiedenen zu den Sakramenten und schließlich die ehrliche Diskussion von Priestermangel und Zölibatsgesetz. Die neuesten Zahlen aus der Weltkirche dürften auch Papst Franziskus zu denken geben: Auch in Südamerika hat der Rückgang geistlicher Berufungen mittlerweile europäische Ausmaße angenommen und übertrifft ihn teilweise sogar. Die Situation in Chile (−11,2 %), Peru (−11,2 %) und Kolumbien (−10,5 %) unterscheidet sich nicht mehr von der in Österreich (−10,9 %), der Tschechischen Republik (−13 %) oder Großbritannien (−11,5 %). Selbst im katholischen Polen waren es zuletzt zehn Prozent weniger. Dieser Befund ist für die katholische Kirche umso alarmierender in Anbetracht des hohen Durchschnittsalters der Priester (Mitteilung der Katholischen Nachrichtenagentur KNA nach der neuesten Ausgabe des »Statistischen Jahrbuchs der Katholischen Kirche« für 2013).

Ein Papst zwischen Menschenfreundlichkeit und Dogmentreue

Allerdings werden zu Beginn seines dritten Amtsjahres auch vermehrt kritisch-konservative Stimmen laut, und sie sind ernst zu nehmen, wenngleich sie bisweilen eine verborgene oder offene Nostalgie nach der früheren Papstherrlichkeit verraten. Spontane päpstliche Äußerungen wie dass Katholiken sich nicht wie Kaninchen vermehren sollen, oder Verständnis für einen Vater, der bei seinen Kindern noch Schläge als Erziehungsmittel einsetzt, haben Irritationen ausgelöst. Er redet manchmal »nicht wie ein Papst, sondern ungeschützt wie ein Stadtpfarrer aus Buenos Aires«, liest man in der deutschen Presse.

Andererseits sind saloppe Formulierungen in spontaner Rede in ihrer Bedeutung nicht überzubewerten. Schlimm ist nicht der provozierende Kaninchenvergleich an sich, schlimm wäre nur, wenn er damit Geburtenkontrolle zwar im Prinzip bejahen, überlegte natürliche oder künstliche Empfängnisverhütung aber definitiv ablehnen würde. Eine Hauptursache der Armut in der Dritten Welt ist ja zweifellos die Überbevölkerung, die nach einer verantwortungsvollen Familienplanung ruft.

Eine andere Hauptursache der Armut, besonders, aber nicht nur in Italien, ist der Papst mit größtem Mut angegangen: die organisierte Kriminalität. Jahrzehntelang wusch sich die Mafia mit Hilfe der katholischen Religion im öffentlichen Ansehen moralisch rein. Doch im Juni 2014 sprach Franziskus als erster Papst die faktische Exkommunikation für Mafiamitglieder aus:»Die Mafia ist nichts anderes als die Anbetung des Bösen und Verachtung des Gemeinwesens. Diejenigen, die die Straße des Bösen einschlagen, wie die Mafiosi, sind nicht in Gemeinschaft mit Gott. Sie sind exkommuniziert.« Diese historische Kampfansage zielt auf die Verbindungen mafiöser Clans zu den Pfarreien vor Ort. Der britische Historiker und Mafiaexperte John Dickie hat in einer Dokumentation in ARTE und ZDF (Erstsendung 2.6.2015) untersucht, wie sehr die Mafiosi den katholischen Glauben benutzen, um ihre Machtstrukturen zu untermauern, und welche Konsequenzen die Exkommunikation in den Mafiahochburgen hat.

Natürlich freuen wir uns darüber, dass sich dieser Papst so entschieden gegen menschenverachtende Mafiaorganisationen und für eine menschenfreundliche Praxis der barmherzigen Seelsorge einsetzt. Aber um die Fragen der richtigen Lehre wird er letztlich nicht herumkommen: Ob es der katholischen Kirche gelingt, unverständlich gewordene Dogmen des Glaubens oder der Moral ehrlich und kritisch zu diskutieren und neu zu interpretieren? Bedenkenswert ist bei all dem freilich auch die Einschätzung von Walter Mayr (»Der Spiegel«, 22/2015):»Dieser Papst ist ... ein Konservativer, der an den Fundamenten der Kirche nur wenig verändern will und kann ... Die Nähe zu den Gläubigen, die Distanz zum Apparat bedeutet nicht unbedingt Distanz zu dessen Doktrin, zu dessen Dogmen.«

Sicher ist: Wenn dieser Papst eine umgehende Reform der Kirche bewirken will, so gewiss nicht im Alleingang. Er braucht auf seinem Reformkurs unbedingt die Unterstützung vieler, nicht nur von Reformgruppen wie der Internationalen KirchenVolksBewegung »Wir sind Kirche« (IMWAC), sondern vor allem von Bischöfen und Priestern. Der Publizist

Dr. Thomas Seiterich, guter Kenner der katholischen Kirche und des Vatikans, hat recht, wenn er schreibt: »In dieser bedrängten Lage benötigt Franziskus in der Kirche entschiedene Unterstützer, ja Freunde seiner menschlichen Art, Papst zu sein. Gewiss, die Jesuiten unterstützen ihn als einen der Ihren. Doch das genügt nicht. Wo bleiben die aufgeschlossenen Bischöfe und Christen? Bislang schauen viel zu viele dem dornigen und widerstandsreichen Weg des Franziskus bloß abwartend zu« (»Publik-Forum«, 1/2015).

Doch mehren sich die Zeichen der Reformfreudigkeit auch unter Bischöfen. So hat zum Beispiel die Deutsche Bischofskonferenz im Mai 2015 mit einer Zweidrittelmehrheit eine Reform des Arbeitsrechtes für kirchliche Mitarbeiterinnen und Mitarbeiter beschlossen, die im Einzelfall wiederverheirateten Geschiedenen und eingetragenen Lebensgemeinschaften entgegenkommt und sie nicht wie bisher mit automatischer Kündigung bestraft. Unter den deutschen Katholiken sehen 72 Prozent den Argentinier gerne als Papst, nur 12 Prozent wünschen sich den deutschen Papst zurück. Unter den Bundesbürgern insgesamt finden es 68 Prozent gut, dass Franziskus das Papstamt ausübt (Forsa-Umfrage April 2015).

Natürlich können sich solche Meinungsumfragen jederzeit ändern. Man kann gespannt sein, welche Überraschungen der Pontifikat von Papst Franziskus noch für die katholische Kirche und die Welt bereithält. Doch geht es bei all dem nicht nur um die Zukunft des einzelnen Pontifikats, sondern um die Zukunft des Papsttums überhaupt.

Epilog: Welches Papsttum hat Zukunft?

Papsttum im Wandel: sieben Päpste, wie ich sie erlebt habe, meine persönlichen Erfahrungen und Erkenntnisse. Wie unterschiedlich waren doch die sieben Pontifikate, wie verschieden die Persönlichkeiten, die das päpstliche Amt kurze oder lange Zeit prägten. Ich habe versucht, ihnen allen, so gut ich konnte, gerecht zu werden. Aber es sollte nicht vergessen werden, dass ich – bei allen offensichtlichen Variablen – bei meinen Analysen und Beurteilungen immer die im Neuen Testament grundgelegten Konstanten des Petrusdienstes im Auge hatte.

Ein Primat des Bischofs von Rom macht also durchaus Sinn in der Kirche, wenn er nicht traditionalistisch vom mittelalterlichen Paradigma, sondern authentisch vom Neuen Testament her verstanden und ausgeübt wird. Um die Kontinuität und Konstanz dieser Auffassung vom biblischen Petrusdienst in der Kirche zu demonstrieren, gestatte ich mir eine Erinnerung an die Ambivalenz des biblischen Petrus, wie ich sie schon unmittelbar nach dem Konzil am Endes des Buches »Die Kirche« beschrieben habe.

Drei Verheißungen – drei Versuchungen

Es ist fraglich, ob sich der wirkliche Petrus in dem Bild wiedererkannt hätte, das man im Lauf der Kirchengeschichte von ihm gemacht hatte. Nicht nur weil er kein Apostel-Fürst war, vielmehr bis zum Ende seines Lebens der bescheidene Fischer, jetzt Menschenfischer, der in der Nachfolge seines Herrn dienen wollte. Sondern darüber hinaus, weil er nach allen Evangelien übereinstimmend eine zweite Seite hatte, die immer wieder den Irrenden, Fehlenden, Versagenden, eben den so recht menschlichen Petrus zeigt. Es ist beinahe skandalös, wie jedem der drei klassischen Texte für einen Vorrang

Petri ein außerordentlich scharfer Kontrapunkt beigegeben ist, dessen dunkler, harter Klang den hellen Oberton beinahe übertönt, jedenfalls im Gleichgewicht hält. Den drei hohen Verheißungen entsprechen drei tiefe Verfehlungen. Und wenn ein Papst die Verheißungen in Anspruch nimmt, wird er nicht darum herumkommen, auch die drei Verfehlungen, die für ihn jedenfalls drei Versuchungen sind, auf sich zu beziehen.

Und wenn die Verheißungen in großen schwarzen Buchstaben auf goldenem Grund die Peterskirche als Fries umziehen, dann müssten ihnen eigentlich, um nicht missverstanden zu werden, die Gegen-Sätze in goldenen Lettern auf schwarzem Grund beigegeben sein. Hätte der große Gregor, der in dieser Kirche begraben ist, dafür nicht ebenso Sinn gehabt wie Johannes XXIII. und jetzt gewiss auch Papst Franziskus?

Die *erste Verheißung*: »Du bist Petrus, und auf diesen Felsen werde ich meine Kirche bauen« (Mt 16,18). Doch gleich anschließend:

Die *erste Versuchung*: »Hinweg von mir, Satan, du bist mir ein Ärgernis« (Mt 16,23).

Die Versuchung: sich über den Herrn zu stellen, den Meister überlegen »beiseite zu nehmen«, besser zu wissen als er, wie es nun eigentlich gemacht werden und wie es weitergehen soll: ein triumphalistischer Weg, der am Kreuz vorbeiführen soll! Und gerade diese besserwissenden Einfälle einer theologia gloriae sind eben Menschengedanken, die in geradem Gegensatz stehen zu dem, was Gott denkt und will: eine fromme theologia satanae, des Versuchers schlechthin.

Wenn immer ein Nachfolger Petri ganz selbstverständlich voraussetzt, Gottes Gedanken zu denken, wenn immer er so – vielleicht ohne es zu merken! – aus dem Bekennenden von Mt 16,16 der Verkennende von 16,22 wird und statt für Gott für Menschliches Partei ergreift, dann dreht ihm der Herr den Rücken zu, und ihn trifft das Wort, das härter nicht sein könnte: »Hinweg von mir, Satan! Du bist mir ein Ärgernis; denn du sinnst nicht, was Gottes, sondern was menschlich ist!«

Die *zweite Verheißung*: »Wenn du dich bekehrt hast, stärke deine Brüder« (Lk 22,32). Auch die *zweite Versuchung* folgt sofort: »Der Hahn wird heute nicht krähen, ehe du dreimal geleugnet hast, mich zu kennen«(Lk 22,34). Besondere Stellung und besondere Begabung bedeuten besondere Verantwortung. Aber gerade dies schließt Erprobung und Versuchung nicht aus: Auch hier erscheint der Satan, der sich ausgebeten hat, jeden Jünger Jesu im Sieb zu schütteln wie Weizen. Des Petrus' Glaube soll nicht wanken.

Aber sobald ein Nachfolger Petri selbstbewusst meint, seine Treue sei selbstverständlich und sein Glaube unangefochtener fester Besitz, sobald er nicht mehr weiß, dass er am Gebet des Herrn hängt und Glaube und Treue immer wieder neu empfangen muss, sobald er seine Bereitschaft und seinen Einsatz als eigene Leistung ausgibt, sobald er also selbstsicher sich selbst überschätzt und nicht mehr auf den Herrn sein ganzes Vertrauen setzt, dann ist die Hahnenstunde der Verleugnung da, da kennt er seinen Herrn nicht mehr, da ist er fähig, ihn nicht nur einmal, sondern dreimal, und das heißt vollständig, zu verleugnen: »Ich sage dir, Petrus: Der Hahn wird heute nicht krähen, ehe du dreimal geleugnet hast, mich zu kennen!«

Die *dritte Verheißung*: »Weide meine Lämmer!« (Jo 21,15). Wieder sofort die *dritte Versuchung*: »Was geht das dich an, du folge mir nach« (Jo 21,22). Von Petrus, der den Herrn dreimal verleugnete, ist dreimal die Liebe gefragt worden: »Liebst du mich mehr als diese?« Nur so, nur unter dieser Bedingung wird ihm die Leitung der Gemeinde übergeben; er hütet die Lämmer und weidet die Schafe, indem er Jesus in Liebe nachfolgt. Der Petrus aber, der nicht auf Jesus sieht, der Petrus, der sich umwendet, der sieht den, der ihn schon immer in der Liebe übertroffen hat. Und auf seine deplatzierte Frage, wie es mit diesem da stehe, was mit diesem da geschehen soll, wird ihm die Antwort zuteil, die zu seinem allgemeinen Hirtenauftrag im Widerspruch zu stehen scheint: »Was geht das dich an!«

Es gibt also Dinge, die Petrus nichts angehen. Wann immer ein Nachfolger Petri sich nicht um seine eigene Aufgabe kümmert, wann immer er sich um alles kümmern will, wann immer er nicht sieht, dass es Schicksal gibt, über das er nicht befinden kann, wann immer er vergisst, dass es besondere Beziehung zu Jesus gibt, die nicht über ihn läuft, wann immer er neben seinem Weg nicht auch andere Wege gelten lässt, dann muss er das Wort hören, das ihn hart treffen muss und ihn doch wieder neu in die Nachfolge ruft:»Was geht das dich an! Du folge mir nach!«

Die Größe der Versuchung entspricht der Größe der Sendung. Und wer könnte die ungeheure Last der Verantwortung, der Sorge, des Leides und der Not ermessen, die auf dem Petrusdienst liegt, wenn er *wirklich* Fels sein will, Schlüsselträger und Hirte im Dienst an der Gesamtkirche? Denn die Zeiten, in denen man – wie der Medici-Papst Leo X. zur Zeit Martin Luthers gesagt haben soll – das Papsttum, da es gottgegeben, auch genießen konnte, sind längst vorbei. Wie oft wird da bei all der mit diesem Dienste verbundenen Mühsal und Trübsal, bei all dem Unverstandensein und beim eigenen Unfähigsein der Glaube wanken wollen (vgl. Lk 22,32), die Liebe versagen (vgl. Jo 21,17), die Hoffnung, gegen die Pforten der Unterwelt anzukommen (vgl. Mt 16,18), verblassen wollen! Mehr als irgendein anderer Dienst ist dieser auf die Gnade des Herrn angewiesen, jeden Tag neu. Dieser Dienst darf auch von seinen Brüdern und Schwestern viel, sehr viel erwarten, mehr als ihm oft gegeben wird und ihm nicht helfen kann: nicht servile Unterwürfigkeit, nicht kritiklose Devotion, nicht sentimentale Vergötterung, sondern: tägliche Fürbitte, loyale Mitarbeit, konstruktive Kritik, ungeheuchelte Liebe.

Ein Pastoralprimat

Vielleicht kann doch auch der orthodoxe und der evangelische Christ es dem Katholiken ein wenig nachfühlen, wenn er der Überzeugung ist, es würde der Kirche und vielleicht auch der Christenheit etwas fehlen, wenn dieser Petrusdienst plötzlich nicht mehr da wäre; etwas, das für die Kirche nicht unwesentlich ist. Es ist etwas Großes um diesen Dienst, wenn er im Lichte der Heiligen Schrift nüchtern und unsentimental verstanden wird als das, was er sein soll: Dienst an der Gesamtkirche!

Deshalb habe ich, wie berichtet, schon früh mit Kollegen Richtlinien dafür entwickelt, was für einen Papst unsere Kirche für die Zukunft braucht, *fünf Kriterien*, die am Neuen Testament, an der großen katholischen Tradition und am Zweiten Vatikanischen Konzil ausgerichtet sind. Er soll sein: 1. ein evangelisch gesinnter Papst, 2. ein kollegialer Mit-Bischof, 3. ein frauenfreundlicher Seelsorger, 4. ein ökumenischer Vermittler, 5. ein Garant für Freiheit und Offenheit in der Kirche.

Die volle biblische Kategorie des Dienstes sprengt bei Weitem die juristischen Kategorien des Ersten Vatikanischen Konzils von 1870. Dieser Dienstprimat ist mehr als ein Ehrenprimat (primatus honoris), den in der Kirche des Dienstes ohnehin niemand zu vergeben hat und der in seiner Passivität auch niemandem helfen kann. Dieser Dienstprimat ist aber auch mehr als ein Jurisdiktionsprimat (primatus iurisdictionis), der als reine Gewalt und Macht verstanden ein gründliches Missverständnis wäre und der nach seinem Wortlaut verstanden gerade das Entscheidende, den Dienst, wenn vielleicht auch nicht verleugnet, so doch verschweigt. Petrusdienst wird biblisch richtig bezeichnet als *Dienstprimat*, als *Pastoralprimat*: primatus servitii, primatus ministerialis, primatus pastoralis!

Ein so verstandener Pastoralprimat wäre auch im 21. Jahrhundert eine Chance für Kirche und Christenheit, ja, für die Gesellschaft überhaupt, vorausgesetzt, ein Papst nutzte in glaubwürdiger Weise die konkreten Möglichkeiten, die das Amt ihm bietet:

Ein Papst kann *reden*: Die Macht des Wortes ist für sein Amt grundlegend, und wenn er den richtigen Ton findet und schriftwie zeitgemäß die Botschaft verkünden kann, so wird er auch gehört, weit über die katholische Kirche hinaus, weltweit.

Aber er kann und muss auch *handeln*: Die richtigen Worte sind gut, die richtigen Taten sind noch besser. Selbst wenn die Vollmacht eines Papstes nicht absolut ist, sondern ihre Grenzen hat, so reicht sie doch dazu aus, wirkmächtige Impulse zu geben für eine vitale und glaubwürdige Kirche im dritten Jahrtausend.

So kann ein Papst in Wort und Tat weit über die Kirche hinaus inspirieren, bei konkurrierenden Meinungen moderieren, Reformen und Problemlösungen vorantreiben und koordinieren, bei Konflikten und Spaltungen versöhnen.

Kein exklusives Parteiprogramm

Wie der Petrusdienst, wie schließlich auch die Wiedervereinigung der getrennten christlichen Kirchen in der Zukunft aussehen wird, weiß heute niemand. Jede christliche Kirche hat aufgrund ihrer Geschichte ihre eigenen Besonderheiten, die von den anderen in dieser Weise nicht akzeptiert werden, hat gleichsam ihre »Spezialität«. Für die Katholiken ist dies nun einmal der Papst. Aber sie sind nicht allein damit! Auch die Orthodoxen haben ihren »Papst«: die orthodoxe »Tradition«. Und auch die Protestanten: die »Bibel«, wenn sie wortwörtlich verstanden wird. Und schließlich auch die Freikirchen: die »Freiheit« von allen Zwängen.

Aber man beachte: Wie das geschichtlich gewordene »Papsttum« der Katholiken nicht einfach der Petrusdienst des Neuen Testaments ist, so ist die heutige »Tradition« der Orthodoxen nicht einfach die apostolische Überlieferung, so ist die polemisch gelesene »Bibel« der Protestanten nicht einfach das Evangelium, so ist die propagierte »Freiheit« der Freikirchen nicht einfach die Freiheit der Kinder Gottes. Auch die beste Losung wird dann missbraucht, wenn sie zum *konfessionellen Parteiprogramm* wird, unter dessen Zeichen man in den

Kampf um die Macht in der Kirche auszieht; zu einem exklusiven Parteiprogramm, das dann auch meist mit dem Namen eines Führers verbunden wird; zu einem Parteiprogramm, das die anderen aus der einen Kirche ausschließen muss. Das Phänomen ist nicht neu, schon in der Urkirche gab es Parteien. Sie hatten ihr Programm – wir kennen es im Einzelnen nicht – an einen Führer geheftet, den sie feierten und über die anderen erhöhten, wobei sie den anderen die Autorität absprachen. Deshalb schreibt der Apostel Paulus um 54/55 n. Chr. an die Gemeinde von Korinth gegen die Aufspaltung in rivalisierende Gruppen: »Es wurde mir über euch, meine Brüder und Schwestern, von den Leuten der Chloe berichtet, dass es Streitigkeiten unter euch gibt. Damit meine ich, dass jeder von euch Partei ergreift: ich gehöre zu Paulus – ich zu Apollos – ich zu Kephas – ich zu Christus« (1 Kor 1,11ff.).

Wenn ich mir hier einen Anachronismus gestatten darf, so wird man die Katholiken zweifellos mit der Partei des Kephas identifizieren, der sie wegen seines Primates, seiner Schlüssel- und Hirtengewalt doch jedenfalls gegenüber allen Übrigen ins Recht setzt. Und die Orthodoxen wären dann die Partei jenes Apollos, der aus der großen Tradition griechischen Denkens heraus die Offenbarung geistvoller, gedankenreicher, tiefsinniger, auch »richtiger« erklärt als alle anderen. Und die Protestanten wären gewiss die Partei des Paulus, der doch der Vater ihrer Gemeinde, der Apostel schlechthin, der einzigartige Verkünder des Kreuzes Christi ist, welcher mehr gearbeitet hat als alle übrigen Apostel. Und die Freikirchen schließlich wären vielleicht die Partei Christi selbst, die nämlich in Freiheit von allem Zwang dieser Kirchen, ihrer Autoritäten und Bekenntnisse sich allein auf Christus als den einzigen Herrn und Meister stützt und von daher das brüderliche Leben ihrer Gemeinden gestaltet.

Und für wen entscheidet sich Paulus? Gewiss für Petrus, denn Kephas ist doch der »Fels«, auf den die Kirche gebaut ist? Doch Paulus übergeht den Namen Petri mit Schweigen, taktvoll ebenso den des Apollos. Das Erstaunliche aber: Er desavouiert auch seine eigenen Parteigänger. Er will nicht, dass sich Gruppen an einen Menschen hängen und einen Menschen zum Programm machen, der nicht für sie gekreuzigt wurde, auf dessen Namen sie nicht getauft sind. Paulus hat den Korinthern die Taufe gebracht. Aber nicht auf seinen, sondern auf Christi, des Gekreuzigten, Namen wurden sie getauft, und auf wen sie getauft sind, dem gehören sie auch. Und deshalb darf selbst der Name des Paulus, der die Gemeinde begründete, nicht zum Parteinamen werden.

Versöhnte Verschiedenheit

Was folgt daraus für die verschiedenen konfessionellen Parteien in der Kirche? Sie haben ihren Platz, dürfen aber nicht exklusiv gegeneinandergesetzt werden:

Der Petrusdienst mag für die Kirche, ihre Einheit und ihren Zusammenhalt noch sosehr Fels sein; er darf doch nicht zum Kriterium schlechthin werden dafür, wo Kirche ist.

Die Tradition mag für die Kirche, ihre Kontinuität und Beständigkeit noch so gute Leitlinie sein; sie darf doch nicht zur Scheidelinie werden, jenseits derer statt Orthodoxie nur Heterodoxie sein kann.

Die Bibel mag für die Kirche, ihr Glauben und Bekennen noch sosehr Fundament sein, sie darf doch nicht zum Steinbruch werden für Steine, die nicht zum Aufbauen, sondern als Wurfgeschosse verwendet werden.

Doch es ist auch keine Lösung, statt auf einen Apostel sich auf Christus direkt zu berufen. Dieser Partei hält Paulus entgegen: »Ist der Christus zerteilt?« (1 Kor 1,13) Nein, selbst Christus, der Herr, darf nicht dazu benützt werden, als Schild für eine Partei zu dienen, die damit gegen andere in ein und derselben Kirche Sturm laufen will!

Verschiedenheit in der Christenheit ist willkommen, aber nicht Verschiedenheit unversöhnt neben- oder gegeneinander, sondern versöhnt miteinander. Also nichts gegen besondere Akzentuierungen und Ausprägungen in den verschiedenen Kirchen. Die Bibel als helfende und befreiende Botschaft, die getreue Überlieferung des ursprünglichen Zeugnisses, der Petrusdienst als selbstloser Hirtendienst an der Kirche, die freie Versammlung der Brüder und Schwestern unter dem Geist – das alles ist gut, wenn es nicht exklusiv verstanden wird, wenn es nicht gegen die anderen gewendet wird, wenn es im Dienste Christi steht, der der Herr über die Kirche und alles, was sie ausmacht, ist und bleibt. Kein Apostel, kein Papst und keine Kirche kann letztlich über sich selbst urteilen. Jede ist Paulus zufolge in die Feuerprobe ihres Herrn gestellt. Da wird zum Vorschein kommen, was an ihrer Sondergestalt, ihrer Sonderüberlieferung, ihrer Sonderlehre Holz, Heu und Stroh oder aber Gold, Silber und Edelstein ist, was wertlos vergeht und was sich erhalten und bewähren wird (vgl. 1 Kor 3, 12–15).

Die Zukunft für die Kirche ist offen, und offen ist die Zukunft auch für das Papsttum.

Dankeswort

Es gäbe eine lange Liste von Namen, wollte ich alle diejeni-gen nennen, die mich auf dem jahrzehntelangen Weg mit den »Sieben Päpsten« begleitet haben. Doch muss ich hier meinen Dank konzentrieren auf diejenigen, die konkret am Entste-hen dieses Buches mitgewirkt haben: Dr. Stephan Schlensog, Dr. Günther Gebhardt und Anette Stuber-Rousselle, M.A., haben in bewährter Weise meinen Text immer wieder über-prüft und verbessert sowie zahllose Korrekturen angebracht. Das fertige Manuskript wurde dann von meinen Kollegen und Freunden Prof. Dr. Hermann Häring und Prof. Dr. Karl-Josef Kuschel gelesen, die wertvolle Verbesserungen beigetragen haben. Sie alle verdienen meinen herzlichen Dank!

Im Piper Verlag betreute Anne Stadler als Lektorin dieses Buch, das nun die 40-jährige hervorragende Zusammenarbeit mit dem Piper Verlag krönt.

Tübingen, im Juni 2015   *Hans Küng*

Bildnachweis

Die persönliche Bilanz eines großen Denkers.

Hans Küng
Erlebte Menschlichkeit
Erinnerungen
Piper, 752 Seiten
€ 26,99 [D], € 27,80 [A]*
ISBN 978-3-492-05601-4

Das Leben geht weiter – aber wie? So fragte sich Hans Küng in den dunkelsten Stunden seines Lebens, als ihm vom Papst die Lehrbefugnis entzogen worden war. Was niemand erwartet hatte, trat ein: Hans Küng wird nicht zum Schweigen gebracht, sondern entfaltet seine Wirkung als universaler Denker – weit über die bloße Kirchenkritik hinaus. Mit großer Offenheit berichtet er über Erfolge, aber auch über bittere Erfahrungen, über Erkenntnisse und Fragen, die sich ihm stellen und die jeden Menschen angehen.

PIPER